晨曦初露

著名青年小提琴家陈曦母亲回忆儿子的成长经历

（第二版）

李建华 著

中央音乐学院出版社
CENTRAL CONSERVATORY OF MUSIC PRESS

·北京·

图书在版编目（CIP）数据

晨曦初露 / 李建华著. —2 版. —北京 ：中央音乐学院出版社，2018.8（2025.1 重印）

ISBN 978－7－81096－934－5

Ⅰ.①晨… Ⅱ.①李… Ⅲ.①陈曦—生平事迹 Ⅳ.①K825.76

中国版本图书馆 CIP 数据核字（2018）第 122065 号

Chénxī Chūlù

晨曦初露（2 版）   李建华著

出版发行：中央音乐学院出版社

经　　销：新华书店

开　　本：880mm × 1230mm　特 16 开

印　　张：31.25　字数：420 千字

印　　刷：三河市金兆印刷装订有限公司

版　　次：2018 年 8 月第 1 版　　印次：2025 年 1 月第 2 次印刷

书　　号：ISBN 978－7－81096－934－5

定　　价：298.00 元

中央音乐学院出版社　　北京市西城区鲍家街 43 号　　邮编：100031

发行部：（010）66418248　　66415711（传真）

第二版序一

《晨曦初露》再版，是广大琴童家长和提琴爱好者的福音。12年前，陈曦母亲李建华女士将儿子陈曦成长的坎坷经历整理成书，激励了无数琴童热爱音乐，学好音乐。书中详细介绍了陈曦从启蒙到考入中央音乐学院附小直至出国留学的学琴路上的点点滴滴，欢乐与坎坷，非常值得一读。

在2002年初一次排练中，陈曦妈妈找到我，让我听听陈曦拉琴，说是要参加"老柴"比赛，想找机会和乐团合作，那时我认识了陈曦。听了他的演奏，我非常激动，觉得他确实是个好苗子。4月，我推荐他到深圳乐团合作演出了参赛曲目西贝柳斯《d小调小提琴协奏曲》。以后，我们曾多次合作演出，无论是他的舞台雄风还是谦逊低调的做人态度都给我留下了深刻印象。众所周知：陈曦17岁成为"老柴"比赛的首奖获得者，至今我们小提琴还没有刷新该奖项，陈曦是我们中央音乐学院的骄傲，也是中国人的骄傲！

他留学世界音乐顶级乐府美国柯蒂斯音乐学院和耶鲁大学音乐学院，学成归国，报效祖国，现执教于中央音乐学院管弦系，将林耀基教授的教学精髓和自己多年来的演奏与教学经验完美结合，为祖国培养着新一代的小提琴演奏人才。今年，陈曦的学生江枕毅同学在柴科夫斯基青少年音乐大赛上为祖国夺得铜牌，真可谓是师道有心成大愿，桃李不言薪火传。

祝陈曦在教学和演奏事业上不断取得新成就！双丰收！

陈曦妈妈这位平凡的母亲，以对小提琴艺术的热爱、执着和勇气，不仅培养了陈曦这么优秀的儿子，现在又创办了琴之家小提琴艺术中心，在为小提琴普及教育播种耕耘，也祝琴之家越办越好！

俞　峰

2018 年元月

第二版序二

这是一本值得琴童和家长们阅读的好书。陈曦是我非常熟悉、非常了解和欣赏的很有作为的中国青年小提琴家之一。他一路成长，历经波折，取得了很大的成功，特别是获得国际柴科夫斯基比赛最高奖。祝他继续努力，勇攀世界音乐艺术的高峰！

盛中国

2018 年 2 月 1 日

北　京

第二版序三

　　《晨曦初露》要再版了，使我想起陈曦成长过程中的许多故事，如果当初 15 岁的陈曦是一抹亮丽晨曦的话，现在的他是如日中天，华光四射了。

　　几十年如一日的苦练，夺冠，他的事迹可以激励千万琴童。后来经历了出国、手伤、手术、恢复，重新站上舞台和讲台的故事，虽然没有在这本小书中收入，但比他前半段的人生更为激荡、波折、感人。磨难是一种财富，是一种砥石，只有坚强的意志和对理想的不屈不挠的追求，才能成为一位伟大的艺术家。

　　陈曦的成功当然要感谢恩师林耀基的栽培和提携，但在这里我觉得更要感谢的是此书的作者、陈曦的妈妈李建华，这是一位伟大的母亲。在发现了陈曦的音乐才能以后，是她辞去了一切工作，来到北京，住进几十个家长合租的大院里，成为一位全职陪读妈妈。每次上课都全程录像，每次课后都写好完整的笔记，她曾经告诉我她保存了上百卷的林耀基教授授课录像资料和上课记录，我们可以想象这背后是多少时间和心血的付出。

　　陈曦的故事是一个激动人心的故事，希望有更多的琴童追随他的足迹，成为小提琴家，追随自己的理想成为一位艺术家，追随自己人生的目标，成为一个对社会有用的人。

郑 荃

2018 年 2 月 5 日

初版序

　　陈曦的母亲，李建华女士，写完《晨曦初露》后，嘱我写点什么，我很爽快地答应了。

　　因为陈曦一入中央音乐学院，我就关注他的成长，我把他当做小朋友看待，我眼见着他一步一步地辉煌，琴艺比身体长得还快，从全国比赛的第三名到第一名直至柴科夫斯基大赛的小提琴组银奖（金奖空缺），那年他才17岁。当然，在他学琴的道路上，也充满着坎坷，这些，本书有详尽的记述。

　　李建华在本书里，还准确地记录了陈曦学琴从启蒙到发展再到提高几个阶段的老师教学观念和方法，如王冠、赵薇、隋克强、林耀基等。特别是林耀基教授，是被迪蕾称赞的世界著名小提琴教育家，是我们中华民族的国宝，他为我国小提琴事业的发展与提高做出了重大贡献，陈曦只是他的教学成果之一。

　　陈曦赶上一个改革开放的好时代，在家长、学校、老师的关怀下，思想、文化、琴艺得到全面均衡的发展，他已经走上了国际舞台。现在他就读于美国著名的音乐大师的摇篮——柯蒂斯音乐学院，向更高的目标迈进。

　　陈曦对祖国充满着热爱，对母校中央音乐学院深含着眷恋之情。他身在美国，经常和我联系，谈论他的学习心得。他只要有机会探家，就回到母校，重新感受这大家庭的温暖。

我衷心地祝愿陈曦珍惜这宝贵的学习机会，取得更大的成绩，为祖国增光，为母校添彩。

我也希望更多的校友，拿起笔，记录自己学习音乐的经历和喜怒哀乐，让他成为我们中央音乐学院的宝贵财富，去启发、感动更多的学习音乐的朋友。

王次炤

2005 年 1 月 6 日

艺术家寄语

（按艺术家姓氏拼音排序）

　　陈曦，一位通过演出让全世界观众激动不已的国际级小提琴家。当他在 17 岁的时候就成为柴科夫斯基国际音乐大赛最年轻的最高奖获得者！评委和观众从他的演奏中看到了一种少见的天赋，那就是他将情感和智慧融为一体。他将乐谱的音符舞动起来，涌入他的心田，并通过他的心传递到每一个观众的心灵。他的手伤实际上增加了他表演中对音乐的情感和意义的深度。这些经历也共同体现在作为一名成功的教育家的他身上。所以，我要推荐的这本书，它讲述了我们这个时代最重要的音乐家之一！

——美国著名钢琴家、耶鲁大学音乐学院院长罗伯特·布洛克先生

　　我们非常高兴将这把名贵的古董名琴授予年轻的古典音乐艺术家陈曦使用，陈曦不但是一位才华横溢的音乐艺术家，也是我所认识的最优秀的人才之一。我非常愿意将斯特拉迪瓦里最精美的杰作授予这位年轻的艺术大师。（在 2005 年北京太和殿授琴仪式上的致辞——作者注）

　　……陈曦先生是中国的英雄，协会曾经资助过帕尔曼、温格洛夫等小提琴家，今天，我们把协会最重要的小提琴"红宝石"授权给陈曦使用，说明陈曦值得拥有世界最好的小提琴。（在接受中央电视台采访时的讲话——作者注）

——美国斯特拉迪瓦里名琴协会主席 杰弗里·富士 先生

我怀着最喜悦的心情回忆起陈曦和他那非凡的演奏，他是一位精彩绝伦的艺术家和杰出的表演者。

——美国著名钢琴家，柯蒂斯音乐学院院长，郎朗、王羽佳、张昊辰的导师加里·格拉夫曼大师

陈曦是我看着成长起来的优秀小提琴家，他今天取得的骄人成就与他的各位老师特别是林耀基老师的辛勤指导是分不开的，也与他妈妈陪读付出的辛劳是分不开的。这本书详细记录了他的成长历程，非常值得一读。

——中国著名歌唱家、教育家郭淑珍

陈曦是我见过并教过的绝世奇才。他作为一个音乐家的成就是非凡的，他已经成为世界领先的小提琴家和有远见的人。我一直很欣赏他作为一个智慧、正直和热情的人。他的表演吸引了全球的观众，他们每次都被他的表演迷住了。

——世界著名小提琴教育家、美国茱莉亚音乐学院和耶鲁大学教授、沙哈姆和莎拉张的导师、恩师姜孝

陈曦是中国很有前途的青年小提琴家，他演奏的《丰收渔歌》让我格外喜欢，他在小提琴领域里的出色表现有目共睹，希望他再接再厉，为中国的小提琴事业发展多做贡献。

——中国著名小提琴家、作曲家李自立

陈曦是我国自己培养的柴科夫斯基国际大奖的获得者，他完成了我的梦想。他是一个用心演奏的小提琴家，一个潜心钻研音乐的好学生。陈曦的获奖代表着中央音乐学院小提琴的教学成果，代表着一个时代的高峰。

——中国著名小提琴教育大师、恩师 林耀基

陈曦是中国年轻一代最优秀的小提琴家之一，我非常喜欢他的演奏。习琴更是习人，这本书记载了陈曦从学琴到去美国学习的经历，我觉得值得学生和家长借鉴。

——中国著名小提琴家吕思清

这是一位母亲充满爱的记录。孩子是妈妈的宝贝，陈曦在爱与关怀下成长，在弓弦交错中历练。如今，优雅帅气的小提琴家陈曦依然保持着内心那份纯真，指尖下流淌的满是动人的故事和爱的表达。

——中央电视台著名主持人孙晓梅

人生就是一座矿，含金量是决定一生是否成功的主要因素，家庭培养、社会教育、个人的顽强拼搏精神和老师的正确引导，再加上机遇，才能成材。陈曦具备了这些条件，因此他的成功是必然的！师父领进门，修行在个人，青出于蓝而胜于蓝，他的轨迹必将使他成为一个新的开拓者和里程碑！

我们这一代老教师都不是演奏家，是一个很大的缺憾！你们这一代都是战场上的斗士，就像中国的乒乓球教练本身都是冠军，所以中国独霸世界！你们这一代的佼佼者只要能热爱教育事业必然会成为新时代的缔造者！

——中国著名小提琴教育家、恩师王冠

母爱深如海，加上自己的努力，陈曦取得了让国人骄傲的成绩。祝他欣欣向上，为大家带来更多、美好的音乐。

——世界著名大提琴演奏家王健

没有任何的折桂之路是三步并两步即可抵达的。因此陈曦的每一步才更像是一本教科书，一堆教材叠在这本书里，值得学琴者细细慢慢品读。

——单簧管演奏家、中央音乐学院副教授王弢

陈曦是我最好的朋友，我很珍惜和他的友谊。我们在柯蒂斯留学期间经常合作室内乐和奏鸣曲。他不仅是一位非常优秀的小提琴家，而且还是一位非常好的人，乐于帮助朋友，而且他很幽默，经常让我开心地笑出声来！希望每个琴童都可以从这本书了解到一个音乐家的成长历程。

——世界著名钢琴家王羽佳

陈曦是我教过的最有思想、最有主见、善于思考而又勤奋学习的学生，他那么年轻就取得了辉煌的成绩。他是世界很少有的天才小提琴家，他的音乐是有灵魂、有思想的，他的演奏可以引领着观众到达他想要的地方。我为能成为他的老师而感到荣幸。

——美国著名小提琴家、指挥家、教育家、恩师 约瑟夫·席尔维斯坦

陈曦的脚步是中国小提琴事业走向世界的一个缩影。

祝愿祖国旭日高升、遍地芳华！

——中国著名小提琴教育家、恩师赵薇

《晨曦初露》是一部非常值得广大琴童阅读的励志书。我是看着陈曦成长的，特别是在莫斯科参加"老柴"比赛期间，他的出色表现让全体评委和观众惊讶和赞叹，确实太给中国人争气了。现在他留学回国任教，教学上也小有成就，当年人见人爱的小家伙，现在已是优秀的演奏家和教育家了，真为他高兴和祝福。希望他不骄不躁，不负使命。

——中国著名钢琴家、教育家周广仁

陈曦简历

世界最权威的音乐杂志《斯特拉底》称他是"一位拥有强烈个性、极其光彩辉煌的演奏家。"

纽约时报称他是"一位演奏光辉的小提琴家"。2002年，由中国文化部选派，年仅17岁的陈曦，在莫斯科问鼎国际最顶级赛事——被称为音乐界奥运会之称的第12届柴科夫斯基国际音乐大赛小提琴最高奖，成为这项举世瞩目赛事历史上最年轻的首奖获得者。在颁奖典礼现场，俄罗斯总统普京出席并给予高度评价！而陈曦的获奖照片也被坐落在柴科夫斯基故居的纪念馆收藏并对外展示，这是目前在这位伟大音乐巨匠的博物馆中展出的唯一一张中国音乐家照片！

陈曦3岁随父习琴，7岁登台演出，11岁考入中央音乐学院附小，12岁举办个人独奏音乐会，13岁升入附中开始同国内外顶尖交响乐团合作演出，多次荣获国际国内比赛大奖。1999年他被世界著名小提琴教育家林耀基教授收入门下，他还曾师从于王冠、赵薇、隋克强和小提琴家薛伟等名师。在此期间，陈曦于1997年获得中央音乐学院比赛儿童组第一名，1998年获得第六届全国小提琴比赛少年组第三名及中国作品演奏优秀奖。2000年，陈曦在第八届维尼亚夫斯基国际小提琴比赛中获奖。2001年，16岁的陈曦一年两夺全国性比赛冠军，分别是文化部全国国际比赛选拔赛第一名和第七届全国小提琴比赛暨"文华奖"青年组第一名及中国作品演奏优秀奖。

2003 年，陈曦从母校中央音乐学院附中毕业后以优异的成绩考入美国费城著名的柯蒂斯音乐学院，在这所曾经培养出伯恩斯坦、巴伯等大师的音乐学院，传统是只能老师选择学生，由于陈曦的演奏博得了所有评委的一致选择，院长兼著名钢琴家、郎朗的老师格拉夫曼先生亲自打电话告诉陈曦他是唯一一名可以选择老师的学生，最终陈曦师从著名教育家、演奏家、指挥家，波士顿交响乐团首席兼副指挥约瑟夫·希尔维斯坦先生。2008 年，陈曦考入美国耶鲁大学音乐学院，师从于著名教育家姜孝。随后他获得耶鲁大学硕士学位，并获得音乐学院最高荣誉院长奖。

近年来，陈曦活跃于国际国内音乐舞台，足迹遍及中国大陆各省市及香港、澳门、台湾地区，并多次在美国、加拿大、俄罗斯、法国、土耳其、意大利、日本、韩国等国家以独奏家身份与知名乐团合作演出，并举办大师班。合作过的乐团有中国爱乐乐团、中国国家交响乐团、中央歌剧院、北京交响乐团、深圳交响乐团、澳门乐团、美国 South Bend 交响乐团、Bangor 交响乐团、Sejong 独奏家室内乐团、辛辛那提音乐学院交响乐团、斯坦福大学交响乐团、土耳其交响乐团、莫斯科国立交响乐团、俄罗斯国家交响乐团和韩国 KBS 交响乐团等。

陈曦还在许多国际国内著名的音乐厅举办过独奏音乐会，例如：音乐圣地纽约卡内基音乐厅，现代音乐厅的代表洛杉矶迪士尼音乐厅，举办奥斯卡颁奖典礼次数最多的柯达剧院，波士顿乔丹音乐厅，东京歌剧院音乐厅，台北中正音乐厅，首尔艺术殿堂，莫斯科柴科夫斯基音乐厅，巴黎卢浮宫礼堂，以及北京国家大剧院等。

2003 年 1 月，在著名指挥家、现任中央音乐学院院长的俞峰教授的率领下，作为两位青年音乐家的代表人物，钢琴家郎朗和小提琴家陈曦随中国少年交响乐团成功赴台湾巡演并举办个人独奏音乐会。6 场的演出在台湾各界引起轰动，成为当时两岸文化交流的破冰之旅！

2005 年，香港凤凰卫视在紫禁城故宫举办"太和邀月颂和平"故宫中秋晚会，陈曦奏响了由美国斯特拉迪瓦里名琴协会提供的、具有 300 年历史的、著名小提琴传奇《流浪者之歌》的作者萨拉萨蒂的小提琴——当时价值 600 万美金的斯特拉迪瓦里古董名琴"红宝石"（1708 年），成为第一位在故宫太和殿演奏的小提琴家。

2007 年 5 月 25 日，作为中国音乐家代表，陈曦出席了在中、日、韩三国于纽约联合国总部联合举行的"潘基文当选联合国秘书长庆祝音乐会"，他的精彩演奏，受到了包括潘基文秘书长在内的各国领导人赞许，成为第一位在联合国总部为 100 多位多国政要演出的中国小提琴家。

2008 年 7 月，陈曦受邀参演"2008 相约北京——中国国际青年艺术周"开幕式演出，与著名现代舞表演艺术家金星及指挥家蔡金东率领的美国斯坦福大学交响乐团在国家大剧院和人民大会堂合作演出，并随后在著名的斯坦福大学再度与金星合作她的代表作《半梦》。

2002 年和 2009 年，陈曦先后参加中山音乐堂、国家大剧院中国十大小提琴家音乐会，2012 年被中央电视台誉为"光荣绽放"中国十大小提琴家之一。

2013 年，陈曦曾与 11 次指挥维也纳新年音乐会的著名指挥大师洛林·马泽尔大师在中央音乐学院与中国青年交响乐团一同示范演奏了贝多芬《D 大调小提琴协奏曲》并获得大师的赞誉。

2016~2017 年乐季，陈曦受聘为深圳交响乐团驻团艺术家，并与林大叶总监一起在欧洲卢布尔雅那、艾米利亚 - 罗马涅等重量级音乐节上演出。而具有欧洲十大音乐节之一之称的梅拉诺音乐节更是汇聚了斯卡拉歌剧院、巴黎管弦乐团等世界顶级乐团，与里卡多夏伊、希拉里哈恩等大师，陈曦在演奏完西贝柳斯《d 小调小提琴协奏曲》后应欧洲观众的热烈要求两次加演，充分得到了欧洲观众的认可。

独奏之外，他也拥有丰富的室内乐表演经验，与著名大提琴大师王健，著名钢琴家王羽佳、张昊辰，著名小提琴大师奥利维拉、卡瓦科斯，中提琴家 Laurence Dutton（埃默森四重奏成员）等在国际重大音乐节和音乐会上一起演出。

2005 年由中央音乐学院出版社出版的陈曦传记文学《晨曦初露》至今已印刷两次。陈曦还多次出版专辑，2011 年由世界最大的 Naxos 唱片公司出版的波兰作曲家李宾斯基（波兰著名的李宾斯基—维尼亚夫斯基比赛就是纪念他和维尼亚夫斯基）的随想曲精选，唱片里的音乐是陈曦使用价值千万美金古董名琴——1724 年的瓜内里·德尔·耶稣小提琴在耶鲁大学音乐厅录制。2009 年由著名音乐人邹铁夫监制、星文唱片公司出版的《妈妈教我一支歌》在中国大卖，多次再版，陈曦更是使用了极其名贵的 1708 年的斯特拉迪瓦里"红宝石"古董名琴。陈曦是国内极少数使用斯特拉迪瓦里和瓜内里·德尔·耶稣这两把传奇名琴录制唱片的小提琴家之一。

2013 年陈曦开始参加伊斯顿音乐节夏令营，并担任音乐总监。

2015 年陈曦被著名小提琴大师盛中国先生提名并被中国音乐家协会小提琴学会增补为理事。

作为中国在演奏与教学均有突出成绩的音乐家，陈曦多次被日本 NHK、韩国 KBS、俄罗斯国家电视台、美国 CNN、英国 BBC 电视台采访并作专题节目。他的音乐会被法国、美国、加拿大、韩国等广播电台播放。他还参加录制了中央电视台《音乐人生》《艺术人生》，湖南卫视《快乐大本营》《天天向上》等综艺节目。中国邮政"魅力中国"系列也为陈曦出版纪念邮票。

2015 年陈曦在中国首部音乐电影《大音》中与单簧管家王弢、著名演员寇镇海一起担任领衔主演，并实音演奏音乐。

此外，他还在 APEC、中德建交等诸多国事活动中为德国前总理施罗德、俄罗斯总统普京，美国前国务卿鲍威尔和赖斯等演出。

陈曦目前使用一把非常昂贵的由中国周氏收藏家赞助的 1690 年彼得·瓜内里古董名琴。

目录 Contents

引 子

2002 年 6 月 23 日下午 6 点钟，莫斯科柴科夫斯基音乐学院金碧辉煌的葛兰特大厅流光溢彩，座无虚席，连台阶上的过道里也站满了观众，第 12 届柴科夫斯基国际音乐比赛闭幕式在激昂的号角声中开始……

激动人心的颁奖时刻到来了。一阵阵此起彼伏的掌声过后，终于，小提琴评委会主席斯皮瓦科夫先生宣读到最后一位前来领奖者的名字——"Xi Chen，中国！"顿时，掌声和欢呼声排山倒海般地响起，我眼含热泪看着我的儿子——年仅 17 岁的中国

陈曦激动地接过证书和奖牌
（2002年6月23日）

少年陈曦从斯皮瓦科夫手中接过奖牌和获奖证书，向主席先生和为他而激动不已的观众们深深地鞠躬，致谢！他荣获了本届大赛小提琴比赛的最高奖——银奖（金奖空缺），他是自 1958 年第一届柴科夫斯基国际音乐比赛至今获首奖选手中年龄最小的一位。那一刻，他的名字传遍了莫斯科，传遍了全世界。

就在时隔 8 个月后，美国时间 2003 年 2 月 23 日上午，陈曦参加了美国柯蒂斯音乐学院的复试。下午，院长格拉夫曼先生亲自打电话给陈曦："现在告诉你一个好消息，你被柯蒂斯音乐学院录取了。我们评委一致认为，你表现很好，学校历来有个规矩是老师选学生，现在我们六个评委都选了你，那么，你就可以打破这个规矩自己来选老师了。"就这样，他以最优秀的成绩考取了世界一流音乐院校——美国柯蒂斯音乐学院。

美国柯蒂斯音乐学院是一所专门培养世界顶级音乐人才的专业音乐学院。1924 年，玛丽·路易斯·柯蒂斯·博克女士创办了这所学校。她的宗旨是：将具有特殊天才的青年音乐家培养成为具有最高专业水平的表演艺术家。从 1928 年起该校开始颁发全额奖学金，为天才的青年音乐家提供无经济后顾之忧的学习机会。入学条件虽然优厚，但录取的条件更为苛刻。只有当一个学生显示出具有音乐天资并且对某种乐器有特殊能力和个人特点，以及表现出有继续发展成为最高专业水准的职业音乐家的可能性时，才有可能被录取。这里集中了世界最优秀的音乐教师，被人们称为培养音乐天才的贵族学校。全校有 20 多个专业，仅有 160 余名学生。当今风靡全球的天才钢琴家——郎朗，就毕业于这所学校。

美国著名的柯蒂斯音乐学院

自从陈曦崭露头角以来，他的音乐和他的成长历程一直为人们所关注和关心。那些和我一样望子成龙的琴童父母们则一次次地追问我的教育心得，平心而论，陈曦是我们作为父母的骄傲。我相信，当他站在世界领奖台上的一刻，他也是我们国家的骄傲。而另一方面，我更知道，陈曦的成长历程并非一路凯歌，而是历尽艰辛。从3岁半开始，漫长的学琴路，一步一个脚印，让我们经历了外人无法想象的太多痛苦和磨难，说起来是苦乐掺半，细品起来却是止不住的辛酸。

今天，当为鲜花、掌声、欢呼声而喜悦、振奋和激动之余，我细细地回味着这十几年来走过的路，总觉得太苦太苦。孟子曰："天将降大任于斯人也，必先苦其心志，劳其筋骨，饿其体肤。"虽然知道这样的道理，但是如果一开始学琴就知道要遇到这么多的不幸和磨难，我可能会选择放弃，我又何尝不希望儿子能有一个快乐无忧的童年和少年时代。

再说教育，很多的家长只看到了我们今天的辉煌，其实我们也有很多血的教训，至今想起仍觉得扼腕痛心，这正是我写这本书的初衷。我希望那些关心陈曦的人们，能从这本书中更多地了解他；更希望我们一家的经历能让现在和今后学琴的孩子少走些弯路，让那些对孩子寄予厚望或者和昨天的我一样漂泊异乡陪读的家长们，能从中吸取我们沉痛的教训和成功的经验，和孩子一道向理想的目标努力奋斗。

我衷心地希望我们的国家能培养出更多的陈曦，甚至超过陈曦。因为，当你的孩子站在世界领奖台上的时候，他已经不仅是你自己的儿子，而成为了国家的荣誉，民族的骄傲。

陈曦在第12届柴科夫斯基国际音乐比赛小提琴比赛决赛现场

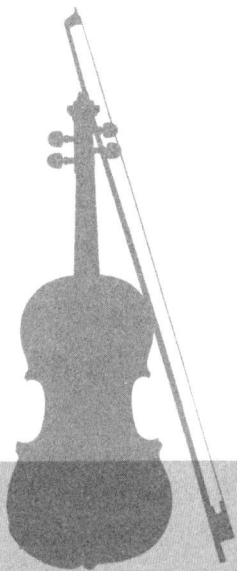

第一部
稚子学琴　一波三折写传奇

天生拉琴的手

2003 年 8 月 26 日下午，我心爱的儿子陈曦告别了家乡，告别了祖国，飞越太平洋，踏上了赴美留学的征程，去实现他的远大理想和抱负。他曾在一篇文章中阐述了自己出国学习的目的，他说，"我要广学知识，积累经验，把这些知识最终带回中国。毕竟中国的西方古典音乐的整体水平还不是很强，我应该有责任为中国与西方架起更多的音乐桥梁，让西方古典音乐在中国更快速地发展。"我对儿子的宽阔胸怀和赤子之心敬佩不已。

那天下午，我从首都国际机场送儿子回来，坐在静静的、空荡荡的北京的家里，心潮翻滚，思绪万千。还不满 19 岁的儿子今天终于离开了与他朝夕相处的妈妈爸爸，离开养育了他近 19 年的这个家，那份无法割舍的骨肉之情和母亲的无限牵挂，让我的眼泪止不住地流淌，流淌……

我的脑海里不断地浮现出他孩提时学琴的情景，耳边总是回荡着他那眷美而富有激情的琴声。从他呱呱坠地，到 3 岁半举起小提琴踏上学琴路；从他 11 岁考进中央音乐学院附小，直至今天走出国门；从父亲对他进行音乐启蒙，到他幸运地先后拜师名门；从他 9 岁在省内夺魁，13 岁获得中央音乐学院小提琴比赛儿童组第一名，14 岁获得全国小提琴比赛少年组第三名，16 岁获得全国小提琴比赛青年组第一名，到他 17 岁获得第 12 届柴科夫斯基国际音乐比赛小提琴比赛（习惯称"老柴"比赛）的头奖；在这学琴的路上和耀眼的光环背后，他历经了常人难以承受的磨难，却都丝毫不曾动摇过他热爱小提琴、学习小提琴的坚定决心。他这种锲而不舍的精神，一直感动着我这个做母亲的心。

往事历历在目，我静静地、默默地回味着，沉思着，抑制不住的泪水像一根长长的线，把我带回到那个无法忘怀的深秋时节。

1984年10月的沈阳，秋风瑟瑟，寒气袭人。我常常独自漫步在南运河带状公园的"皂角园"内，枯萎的皂角不时地被阵阵寒风从树杈上吹落，在空中打了几个滚儿后便怅然无力地摔落在地上，有时还会飘落到我的头上。这样的天气是很容易让人产生感时伤怀的情绪。

而我不然。我只觉得天高云淡，心旷神怡。我的脚步说不出地轻盈，我的心头洋溢着春天般的温暖，因为，我就要做妈妈啦！

对于这个即将到来的小生命，我的心中充满爱与祈盼，虽然我不知道他是男孩儿还是女孩儿？长得什么样？我却已经和他有了心心相通的默契。在经过了漫长的十月怀胎后，我带着胜利般的喜悦期待着和他见面的那一刻。

是不是所有的母亲在临产前都怀着和我一样的心情呢？

10月22日的晚上，我被一阵阵剧烈的腹痛惊醒，妈妈轻轻地走到我的床边，伏下身子，贴在我耳边轻声道："建华，别着急，每个要做母亲的女人都得遭这份罪，挺一挺吧，啊。"我无奈地看着妈妈，点点头。

夜阑人静，繁星闪烁，整个城市都在沉睡之中。而我的阵痛越来越频繁，越来越规律，妈妈便从干休所里要辆车将我送到解放军202医院，29年前，我就是在这所医院里出生的。

儿子是在次日下午3点20分左右出生的。躺在产床上，我听见医生一次次拍打着他的小屁股，一会儿吸氧，一会儿吸痰，我又急又心疼，暗暗埋怨医生出手太重。

"哇！哇哇！"随着新生儿的第一串啼哭，医生护士都乐了，我也长出了一口气。过了一小会儿，"儿子，你的黑儿子，看一眼吧！"一位小护士把已经包好的儿子送到我的眼前，我支撑着过于疲惫的身体，强抬起眼皮，呵！好漂亮的儿子啊，大眼睛，双眼皮，高鼻梁，刹那间，我的整个身心都被幸福淹没了，我真的开始做母亲啦！后来听说，当天我的丈夫陈康回到部队营房时，高兴地直喊："我有儿子啦！我当爸爸啦！"

刚才那一眼，在我眼前整整浮现了3天（那时候还没有母婴同房，我只有等到出院才能见到儿子）。后来朋友们听了我的讲述都笑话我，说刚出生的婴儿哪里会睁眼睛？可我的记忆中真的是那样，那是我们母子第一次相见，怎么可能记错呢！

在这个小生命刚刚开始孕育的时候，我们就给他取好了名字——陈曦，是晨曦的同音，不管是男孩女孩，我们都希望他（她）能像旭日东升时喷薄欲出的晨光一样绽放，勃勃生辉，充满希望。丈夫陈康比我想的更具体，当我的肚子一天天隆起的时候，他经常用录音机播放古典音乐给我听，陈康说这是让陈曦听呢。他已为这个孩子设计好了未来，那就是当一名小提琴家，实现他的未竟之志。

陈曦周岁全家福（1985年10月）

　　产后第三天，我们娘俩从医院回到生着火墙的暖融融的家里，刚把孩子放好，陈康悄悄地打开包裹儿子小被的一角，轻轻地掏出一只还握着拳头的小手，抚平了手指，上下仔细地端详着，眼神中有兴奋，有满足，还带着几分得意和欣赏。过了一会儿，他指着儿子的小手指对我说：

　　"你看，咱儿子的手指多长啊，小拇指都超过了无名指上面的横线，你明白不，这就是拉小提琴的手啊！"

多灾多难的人之初

　　陈曦满月时，按照东北习俗回到我的娘家，很不巧，快 2 岁的小侄儿患小儿肺炎住进了医院，陈曦不能幸免地被传染并被送到解放军 202 医院住院。在门诊处，医生用听诊器在儿子的小胸脯上听了一会儿，又是吃惊又是埋怨地质问我们："这孩子肺部的水泡音已经满了，怎么才送来呀？如果再晚一天恐怕命都保不住了，你们太粗心，实在是很危险啊！"

　　医生话没说完，我已经吓出了一身冷汗，完全没有了主意，只是在那里一迭声地求医生一定把孩子的病治好。医生微微地笑了，她安慰我说：

　　"只要进到我们医院就不会有危险，你放心吧！唉，也难怪你，刚做妈妈没经验。咦？你是不是叫李建华？如果我没记错的话，咱们是小学同学啊。"

　　"噢，对对，你的哥哥和我是同班同学，想起来了，真不好意思，我已经让孩子闹晕了。谢谢，请多照顾吧。"我忙做解释，她真是对我很照顾，现挤出个床位让我们住进医院，一住就是 9 天。

　　这一次肺炎的后果是，陈曦自此落下个肺炎底子，三天打针两天吃药，隔三差五住医院打吊针，我的心情也跟着阴多晴少。俗话说，福无双至祸不单行。1985 年的春天我差点命丧汽车轮下，说来也跟儿子生病有关。

　　这是一个春雨淋漓的早晨，我穿着雨衣骑车往单位赶。头天下午儿子刚出院，我把他放在了我妈妈家。妈妈是个慈祥而细心的老人，家中还有保姆，把孩子交给她们，我应该一百个放心。然而，我的心情非常烦躁，耳边总是响着孩子的哭声，心中茫然地不知不觉地骑到市政府广场，一辆公共汽车从后面驶来，准备左转弯的人们通通紧急刹车，我骑着28车，理应下车等候比较安全，可我只顾着想心事，便左脚踩地，右脚踏在脚蹬上，整个人还是骑在车上等候。突然，右侧的一个妇女下车时被雨衣刮着没站住猛地摔在我身上，我一下子失去了重心，贴着公共汽车的前门倒在了车底下，只听车里车外的人立刻呼喊起来：

"不好啦！快停车！压人啦！"

此时的我躺在车底下，头朝里，脚在外，头脑异常清醒，眼见车轮滚滚向我拦腰压来，刹那之间……

啊！谢大谢地！司机听到了震天的喊声来了个紧急刹车，就听"咔嚓"，黑黑的车轮在距我腰部不足一尺远停下了。

大难不死，我在众目睽睽之下从车底下爬了出来，冷汗掺着雨水顺着额角往下淌，车上车下的人都冲着我喊："这人命真大呀！今晚回家包饺子吧！"我的腿和手都摔得血糊糊的，我看了一眼把我撞倒的那人和急匆匆跑过来的交警，感觉他们都有些愣愣地站在我面前，仿佛等着我说什么，我一声没吭，钻出围观的人群，蹬车朝工厂骑去。

直到这天午饭后，我那被惊吓后的沮丧心情才稍稍安定了些。我来到厂里真空镀膜机室的小车间里，把自己车轮下遇险的经过细说给同事刘姐听。刘姐没等我说完就哭了，"陈康经常不在家，你又看孩子又得上班太累了，瞧你遭这个罪，今天腿磕破了不要紧，要是出大事那可咋整？你这年轻轻的，嗨，想起来都后怕呀！"两个女人说着说着，都哭了。

砰！砰！砰！三声敲门声响过，科里有名的大嗓门张建闯了进来，冲着我就喊上了："哎呀我的妈呀，全厂都让我找遍了，闹了半天你跑到这里来了。快回家吧，你妈来电话说，你儿子又发烧了要住院，我已经给你请完假了，快走吧，快走吧，你的宝贝儿子等你住院呢！"

"天哪！这还让不让我活了！"我气都喘不上来了，手脚冰凉、浑身发抖，骑上自行车就往家赶，恨不得脚踩风火轮。又是在市府广场，一辆从西向东飞驰而来的自行车把我撞倒在地，人说祸不单行，我是成双还挂单呢。心烦意乱、焦躁不安的我依然奋力骑车赶着回家送孩子住院。

妈妈在医院发现我的手背和腿都破了，心疼地追问我，我撒谎说路滑不小心摔的，至今我也没有和老人家讲过那个噩梦般的早晨。做了母亲之后，我越来越深刻地理解了母亲的艰辛与牵挂，又怎忍心再让年迈的妈妈为我受惊吓。

妈妈抱着不到2岁的小陈曦合影（1986年）

自幼培养成功品格

陈曦的动作机能发育很快，不到周岁就已经行走自如了。我和陈康对他的教育计划也渐次展开。陈康负责他的音乐启蒙，我负责他的生活起居和德育教育。现在想起来，我们那些教育方法很有些摸着石头过河的味道。好在有一点是绝对没错的，那就是无论是对孩子的音乐启蒙，还是对他的品德、性格的培养，我们都相信应该尽早开始。孩子在幼儿时期如果养成一些不良习惯，往往会危害一生。如果到了十几岁、二十几岁的时候，即便痛改前非，其本身也是一个很痛苦的过程，不仅孩子痛苦，父母也痛苦。我不希望在陈曦身上留下这样那样的遗憾，决定从他能走路那天起开始我的培养计划。

对于想学习小提琴的孩子来说，从小学会坚忍和吃苦尤为重要。一次，我在家里看书，他自己在地上来回跑着玩，一不小心绊在门坎上跌倒了，"哇！"的一声，他叫了起来，可脸上却一滴眼泪也没有，竟趴在地上眯缝着小眼睛观察我的反应。我装没看见，继续看我的书，用余光观察他的反应。过了一会儿，他像什么也没发生似地从地上爬起来，回头打了一下门坎，说："坏！坏！"又玩自己的玩具去了。

陈曦小时候我们家住的是平房，入冬时家家都买几百斤白菜储藏过冬。一个街坊把家里养的几只鸡放出来吃菜叶，儿子见到鸡格外兴奋，追着鸡到处乱跑，吵得四邻不安。我心里过意不去，又怕单纯的教训伤了儿子的自尊心，想来想去，有了。我指着邻居家的鸡舍告诉儿子："鸡是有家的"，我又教他帮着把鸡往鸡窝里赶，陈曦欣然照作。街坊和我趁势夸奖他是好孩子，他一高兴更来劲了。我们很多家长常常只知道训斥孩子的错误行为，却忘了告诉他正确的做法，孩子挨了骂仍然迷惑不解。其实对孩子来说，教给他该做什么比告诉他不要做什么更重要。

"天安门真美丽！"
（1986年国庆前夕于天安门）

陈曦快2岁的时候，湖北十堰市家中父亲病危，让长子陈康速归。因为我们当年已经去看望过他老人家，陈康与我商量，"孩子太小，你们娘俩别去了。"我坚决反对："老人在弥留之即，一定会倍加思念亲人，我会照顾好孩子，不要留下终身遗憾。"在那里，我隔一天就带孩子到医院看望爷爷，陈康则几乎日夜守候床边。老人全然不知病情已经恶化，只是疑惑我们为何出差迟迟不归。我们还拍下许多照片作为最后留念。也许上帝体谅到了我们的苦心，有意延续了老人的生命，就在陈曦过完两周岁生日的第3天，老人安详地闭上了眼睛。

三代人团聚于湖北十堰市黄龙医院的最后合影（1986年10月）

父母是孩子的第一任老师，即使为了孩子，也应该修身养性，言传身教，从自己做起。

陈曦从小到大都是个极为孝顺的孩子，而且善良宽容，这一点和他的音乐事业一样让我们引以为傲。

在陈曦不到3岁的时候，一天，我自办的幼儿园里的阿姨到我家做客时，不小心把他心爱的大飞机玩具踩坏了，他当即大哭起来，任凭阿姨怎样道歉，仍然不依不饶一个劲地哭。哭就哭吧，小孩子心疼自己的玩具，心里一时转不过弯来也是正常的，我也没多管他。哪知道他哭过之后，拉着我的手认真地说："妈妈，她踩坏了我的大飞机，是个坏阿姨，把她送到公安局吧。"

儿子知道公安局是个抓坏人的地方，谁损坏了他的东西谁就是坏人，就应该送公安局，全然忘记阿姨平日领他玩耍对他的好处，这样做可不好，人要学会宽容别人才行。我擦净他的小脸，一字一句地讲给他听："阿姨是不小心弄坏的，不是故意的，你要原谅阿姨，阿姨平时对你那么好，你就一下子全忘了？你看阿姨一个劲儿地向你道歉就行了呗，别没完没了的，你自己也有弄坏玩具的时候啊，阿姨是坏人，那你是也坏人喽？公安局可不要你们这样的。"

儿子似乎明白了自己的不对，羞答答地钻进我的怀里小声地说："妈妈，我错了，我不该说阿姨是坏人，我就是喜欢这个大飞机才这么说的。"

"知道错，以后改就好了，可不许这样对待阿姨，让阿姨多伤心啊。去，到阿姨那里说对不起。"

"那好吧，"他乖乖地答应。

从那以后，类似的事情没有再发生过。

陈曦的宽容甚至超乎我们的想象。在他不到 6 岁那一年，一个夏日的午后，他独自在楼前骑着小自行车玩，我在做家务，时不时地从阳台上看他一眼。忽然，我发现他正在和一个陌生的高个子小伙子说话，感到不大放心，就在家住的七（层）楼窗前大声问他。他答应一声，就同那小伙子又说了什么，等那人走了才上楼。原来，那个小伙子骑车不小心碰倒了陈曦，正下车询问他是否受伤，听见我喊他，陈曦忙对那小伙子说："我没有事，那是我妈，

"我开的可是真的小汽车啊"（1987年）

你快走吧，不然我妈该下楼说你啦。"那小伙也是个半大孩子，听他一说赶忙走了。儿子的做法很让我感动。我告诉儿子，你这样谅解别人是对的，没有什么伤害就不要纠缠人家，妈妈可不是那种不讲理的人，你把妈妈看渺小了。

　　陈曦开始学琴的日子，专业上我帮不上忙，对他的品行教育我从来没有放权过。记得那是他上小学一年级，一次，我带他去一个朋友家练琴。到人家不一会儿，就看他上衣的小兜里装着满满的东西从外面回来，边跑边往外撒小食品，特别奇怪的是，他的小手里还握着钱。我忙追问儿子，他很轻松地回答："不是刚才在家里王叔叔看我们时给我的过年压岁钱嘛，你放在你羽绒服的兜里，我刚才坐在你的自行车后面，手往你兜里一插，就把钱拿出来了。"

"妈妈带我游北陵公园"（1987年夏）

　　当着朋友的面我不好说什么，心里却窝了一肚子的火。回到家，关起门来就冲陈曦一通数落。我几乎是怒气冲冲地问他为什么随便拿家里的钱，我把这种行为斥之为小偷行为，并告诉他妈妈为此感到非常伤心。儿子一脸无辜地看着我："那钱是叔叔给我的，我可以拿它买东西。以前，别人给我的那么多压岁钱我都没要过。"

听儿子这么一说，我忍不住微微一笑，不再像刚才那么生气了。我笑儿子太单纯，钱在他的眼中就是这样的简单；笑他这么坦白诚实。我以为他大了，不用说也应该懂得这些眼前的道理了。可事实告诉我他并不明白。小提琴不仅占据了他生活的大部分，也占据了他的心灵，儿子缺的是生活课，我必须及时对他进行引导和教育。我俯下身，拍着他的小肩膀说道："钱是大人为家里买东西用的，我们吃的、穿的、用的都需要钱，不管钱是谁给的，都属于家里，由爸爸妈妈管理，你不能不经我们同意自己拿钱买东西，这是犯最大的错误。小孩经常乱花钱，慢慢就会学坏，难道为了你，还让妈妈在抽屉上安把锁吗？"

儿子听着，嘻嘻地笑了，摇晃着小脑袋，摆晃着小手，说："那不用，那不用。"

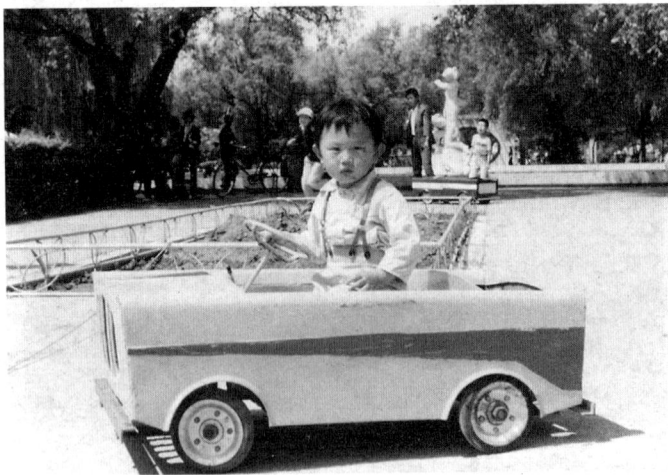

"我最喜欢开小电动车"（1987年夏）

钱，是让人很敏感的东西，在大人手中尚且摆弄不明白，何况是孩子呢。小孩子对钱的概念很单一，只把它当作换取物品的媒介。可是，概念可以随着生活和环境的变化、年龄的增长而发生改变。现在，我常常看到一些书教孩子们从小学会理财，我倒觉得，教给孩子正确的金钱观比这些更重要。我在北京陪读的时候，常看到一些孩子大把大把地花钱，下课买零食，放学逛商场，三天两头下饭店，花掉了父母的血汗钱，浪费了宝贵的时间，心中很替他们惋惜。

陈曦特别让我感动的是另一件事，这件事我至今想起来仍觉得后怕和愧疚。那是1992年春天的一个早上，他趴在桌上用了15分钟还没有吃完一小碗蛋炒饭，我很着急，就问他吃完没有？他说吃不了。吃不了就不吃，干吗趴在那里不说话呀，早上时间本来就很紧张。我气得一把将他拽过来，抬起右脚踢他的屁股，陈曦下意识地用左手一挡，刚好踢到他的左手上（我穿的是厚底的全牛皮鞋，鞋帮是很坚硬的）。他当时就疼得哭了，我没在意，骑上车就带他上学去了。下午，他的手肿起来了，不能碰，我才感到不妙，赶紧带他到辽宁中医院挂个急诊，值班医生一看说："这手指恐怕要折啊，你看，只要肿起来，骨头就容易出问题，拍个片子吧。"

我的头发差点竖起来，天啊！这不是闯大祸了吗？拉提琴的手不可受到一点伤害，右手拿弓，左手按弦，左手除大拇指以外的四个手指的机能训练最最重要，所谓从小学琴学的是什么，主要就是这四个指头在弦上触弦的音准和奔跑的速度训练。小指专业上叫它四指，是最关键也是最薄弱的。平常人说这孩子的手长，基本上讲的就是四指的长度，技巧的难度主要表现在四指上，四指受伤很可能就断送了儿子的前程啊！

等待结果的半个小时，我坐在板凳上，心里慌得要命，手紧张得冰凉，牙齿也跟着打颤，心里祷告着：上帝保佑啊，儿子的手千万别断啊！菩萨保佑啊，儿子的手千万不能断啊！一定、一定、一定要这样。30分钟不知是漫长还是短暂，我既盼着出结果又怕看到那个可怕的……

片子终于出来了，我从还滴着水珠的片子上清清楚楚地看到小指与手掌完全断开。完了，一切全都完了！我只觉得天旋地转，两条腿像钉了钉子一样动弹不得，心疼又悔恨的泪水无声地涌了出来。陈曦见我难过成这样，顾不得自己的手痛，一个劲地伸出右手给我擦眼泪，边擦边安慰我："妈妈，别哭了，都怨我不小心，爸爸回来了，我就告诉他是我自己玩时不小心摔断的，不然，他该跟你吵架了。"儿子如此懂事，更加重了我的悔恨，可是，于事无补啊！

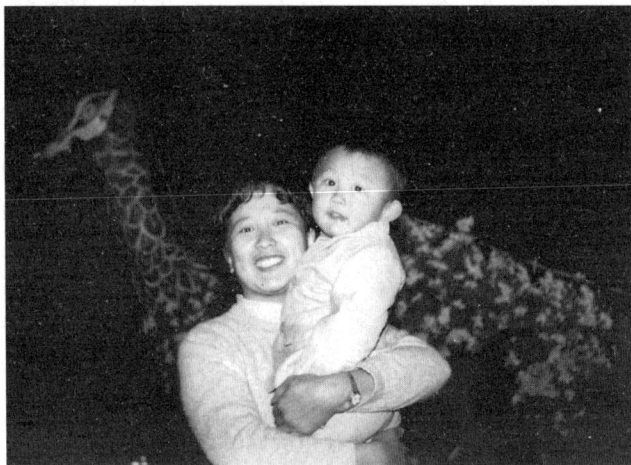

"儿子，妈妈爱你"（1986年国庆前夕于天安门）

"儿子，我该受到惩罚了。这完全是我的错，你这么小，不应该替我承担过错，你的手这么疼还想护着妈妈，妈妈实在是太对不起你呀！"在儿子面前，我惭愧得无地自容。

善良的儿子坚持说："妈妈没关系，反正我的手也坏了，我爸不能怎么说我，说我，我就不吱声。"

"好了儿子，你这样讲，妈妈心里会更难受，你的心意我领了，事情已经这样了，妈妈必须向爸爸说实话，咱们都接受这次教训，我今后不再打你，你吃饭动作一定要快，别让妈妈生气。哎！我的心都堵得慌，明天早上到骨科来看吧。"

回到家里，我向刚下班到家的陈康讲述了事情的经过，他没有像我想象的那样大发脾气跟我吵个天翻地覆，只是低垂着脑袋，嘴里一个劲地嘟哝着："我打了这些年也没说打坏，吓唬吓唬就行了，你一个女人，一个当妈妈的，怎么这么狠，把孩子的手还给踢折了，这不是天下奇闻吗！这下好了，至少两个月练不了琴了。"

第二天，我们托朋友在辽宁中医院找了骨科手指方面的专家石黎医生，做了连接复位治疗。医生说："没关系，有半个月就好了，拉琴不会受影响。小孩儿骨头软恢复得快，你们不用着急，如果不是他拉小提琴的话，这不是什么大事，几天就好了。"医生的话给了我很大的安慰，我迫切期待儿子的手快些好起来。

虽然左手坏了，陈曦却没有停止一天练琴，只是时间上少了点。爸爸教他用缠着绷带的左手托着琴，在 E 弦的空弦上练连顿弓、跳弓，分段练弓根、弓尖上的连顿弓等弓法，练右手指和手腕的灵活运用，这些完全是一些新东西。陈康告诉儿子，"本来右手上的东西应该是等你大一点再教你的，现在左手不行了，只好趁这机会训练右手吧。"

在教的过程中，陈康发现儿子的右手机能也是非常好，他得意地对我说，有些动作是很多大人都做不出来的，甚至有的人拉一辈子琴都做不好，陈曦一看就做出来了，确实是块好料。

陈曦的左手在一两个月后就基本康复了，留下的后遗症是四指在弦上有时会突然伸出去而弯不回来，拉琴时间长了就会感到疼痛，多少年来，他

幼儿园秋游时展示琴艺（1989年秋）

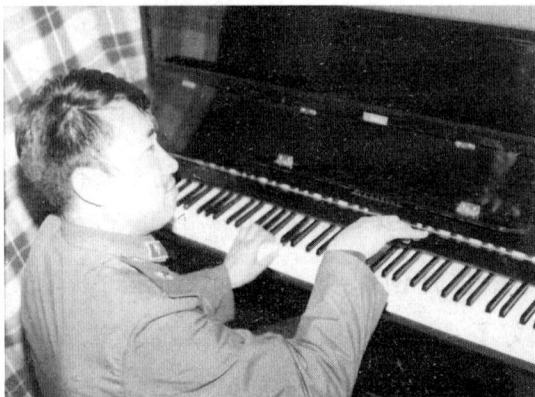

弹琴给儿子听——音乐熏陶（1985年冬）

从没有埋怨过我一句，也从不向任何人讲这件事。后来，我在听林耀基老师给他上课的时候，四指有瞬间不听使唤的现象，林老师敏锐地察觉到这一情况，当问他是怎么回事时，他也只说是自己的手指有毛病。林老师说他教了这么多年琴，这种病却是闻所未闻，几次追问陈曦原由，他依旧回答如故，守口如瓶。我不想辜负儿子的一片真诚，也没有对林老师讲，心里却更加感到愧疚和感激。

2岁成了小乐迷

从陈曦出生开始，我们经常给他听古典音乐。说来也怪，陈曦小时候无论怎样哭闹，一听音乐就会安静下来，这使我们隐隐感到他身上有着某种音乐天分，对于开发儿子的音乐潜能也更有紧迫感。那时陈康还在沈空下属的部队里工作，只有每个星期六才能回家度周末。每次回来他都会抓紧一切时间对儿子进行音乐启蒙。他不仅购买了大量古典音乐的磁带，还用录音机从收音机里转录下许多好听的古典乐曲，再把它编辑起来放给儿子听。等到陈曦稍大一点，陈康每到周末休息，就会一边带着儿子欣赏音乐，一边搜肠刮肚地给他讲音乐方面的常识和故事。比如，贝多芬是谁呀？哪部交响乐是他的作品呀？莫扎特是谁呀？柴科夫斯基是谁呀？芭蕾舞剧《天鹅湖》的音乐为什么好听呀？这些故事让陈曦非常地着迷，每当爸爸惟妙惟肖的讲述时，陈曦就会像一只小猫咪伏在爸爸的膝头，安静、乖巧地听着，眼睛里充满了好奇。

陈曦1岁多的时候，我们几乎花掉了家中的全部积蓄为陈曦买了一架钢琴。从此以后，一家人就经常围坐在钢琴旁边弹唱，那是我们全家最快乐的时刻。今天想起来，那也是在陈曦的学琴生涯中我们一家最快乐的一段时光。陈康吹、拉、弹、唱样样都会，他教陈曦唱歌、打拍子，累了就听交响乐，陈曦很喜欢。每当他看到爸爸和着交响乐指挥的时候，常常是乐得"哏儿、哏儿"地前仰后合，边笑还边跟着手舞足蹈地模仿，逗得我们也合不拢嘴地笑。看着儿子开开心心地茁壮成长，我们心里比儿子还乐呢。

应该说，陈康是儿子当之无愧的启蒙老师，而我则是一个地道唱歌走调的音乐爱好者。当时，我为办好自己的幼儿园，参加了省幼师中专班的学习，弹琴唱歌是必修的课程。为了练好唱歌我拼命地在家里唱，儿子喜欢在我身边也"哼哼呀呀"地唱他的儿歌、电影插曲什么的，他一唱，我就给他弹伴奏（非常简单的伴奏），他越唱越来劲。一轮到我唱的时候，儿子就笑我音不准，说我是跑调大王，有时逗得他俩捧腹大笑，我也跟着他俩乐。从小就是这样每天跑调唱过来的，习惯了别人笑话我，娱乐娱乐，不就是为了个乐嘛！

当然，陈康从没忘记自己的诺言，为了从小培养儿子对小提琴的感情，他经常拉小提琴给陈曦听。看爸爸拉琴，陈曦就不同于听交响乐那么兴奋，而是安安静静地听、看。父子俩一个拉得陶醉，一个

"钢琴声音真好听"（1987年）

听得痴迷，那情景常常使在一边忙家务的我也深受感染，有时甚至会放下手中的活加入到他们的氛围中。记得当时正在播放电视连续剧《济公传》，这是我们每天晚餐时候的佐餐节目。有一次，我们正边吃边看，儿子忽然夺下我手中的筷子，左手拿一根夹在左下颌下，右手拿一根搭于其上，然后模仿拉小提琴的样子，边来回拉动右手中的筷子，边哼着含糊不清的"鞋儿破，帽儿破……"直把我看得目瞪口呆，又惊又喜，眼见饭菜都凉了，我提醒他先吃饭然后再玩，他竟伸出一个食指放在小嘴唇中间"嘘"，示意我保持安静，仿佛他手中真的拿着一把可以奏响优美旋律的小提琴，而那旋律就在他耳边。后来这个动作成了他倾听音乐时对付大人说话的"武器"，赶上这个武器的"效果"不佳，他会干脆跑过去用他的小手捂住说话人的嘴。

"泡"在音乐里长大的陈曦2岁时就称得上是一个小古典乐迷了。姨姥（家里请的保姆）经常对我说："曦曦可爱听音乐了，一坐就是两钟头，一点也不闹。"一天上午，我从我承包的沈阳扬声器厂幼儿园回到家，姨姥正在厨房做饭。陈曦一人在沙发上坐着，专心地听着录音机里的交响乐。他见我进来，瞥了我一眼没吱声，没有了平时见到我又搂又亲的亲热劲。

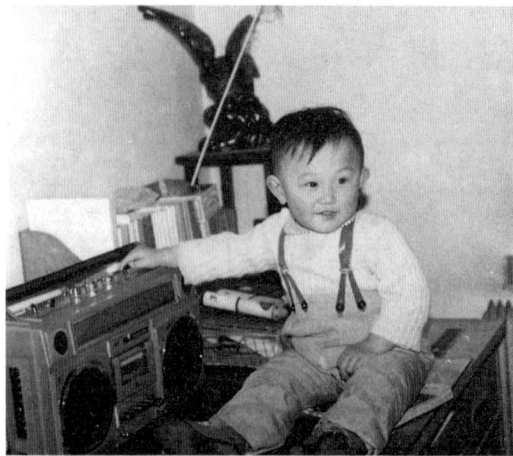

"瞧，我在听音乐"（1986年冬）

等到一曲终了，他指着录音机冲着我努努嘴儿说："贝多菲（芬）的《命运》。"他还特意把"命运"两个字拉得很长，孩子的发音不大清楚，"运"字很含糊，我没听懂他的话，冲着他皱了皱眉头，他又大声说了一遍："妈妈，这是贝多菲的《命运交响曲》。"

　　我吃了一惊，不得了哇！我的小儿子都知道贝多芬的《命运》了，比我这个当妈妈的强多了。见我一脸兴奋，陈曦也来了兴致，屁颠颠地跑到录音机前，熟练地打开磁带盒换上另一盘，边装磁带边煞有介事地解说："这是莫搭（扎）特的曲子，莫……搭……特……"怕我听不清他还特意把声音拉长。我忍不住抱起儿子亲了又亲，心里涌起一股热流，陈康这两年的努力总算是初见成效。

　　那时候，他已经能把一整盘磁带的儿歌都跟着唱下来。常常是录音机里上一首歌刚结束，他就唱出下一首歌的第一句歌词来，以此向我炫耀他能背着唱。他喜欢边唱边打节奏。我们也常常放一些"幼儿音乐故事"类的给他听。像《葫芦娃》《火焰山》这样的经典音乐故事，他可以一字不漏地背诵下来。

　　一次，他边听《葫芦娃》边背给我听，我当然也很认真地听，因为我要了解孩子智力发展的情况。陈曦背着背着突然停了，又紧忙向前倒带一段再听，我奇怪地问他："你背得挺好的，落下一段就不好了。"说着，我去按键子想找回那一段。他马上按住我的手，说："别动！"然后，有些羞怯地告诉我，"这段音乐是蝎子精吐火要烧死葫芦娃，我害怕火的声音，不敢听这段音乐。"《火焰山》音乐故事里也有描写火的声音，他同样不敢听，不是捂耳朵就是躲在门后面。我意识到儿子已经能听得懂音乐的语言了，虽然对儿子如此胆小有些担忧，但我们还是为这个发现兴奋不已。

爸爸的欲擒故纵法

　　那几年陈康经常出差，每次出差回来都带回一件玩具给儿子。约在陈曦3岁半的时候，陈康从北京带回了一件不寻常的礼物。

　　那天晚上，陈康刚一进门就把儿子叫到跟前，眼睛里充满了兴奋与慈爱："儿子，猜猜看，爸爸给你带回什么玩具啦？"心领神会的儿子马上依偎在爸爸身边，眨着大眼睛说：

"是大飞机模型？"

"不是。"

"大火车？"

"不是。"

"装甲车？"

"也不是。"

"那是什么呀？你快告诉我呗！"儿子终于没了耐心，倚在爸爸的怀里撒娇地扭来扭去。只见陈康像变戏法似地从身后的手提兜里拿出了一个葫芦样的黑盒子，又一脸神秘地打开。哇！一把崭新、娇小、精美的小提琴，典雅别致的造型，油亮照人的橘红色彩，简直就像商店橱窗里展示的小巧玲珑的工艺品！儿子顿时喜得直流口水，拍着小手又蹦又跳。

"谢谢爸爸！谢谢爸爸！"好像小嘴里流淌的不是口水而是蜜。

你看他两只小手不停地在衣襟上蹭来蹭去，想去抓琴又怕弄脏这心爱的宝贝，想去洗手又舍不得离开，闪亮的小眼睛一会儿盯着盒里的马上就属于自己的小提琴，一会儿低头看着自己脏兮兮的小手，一会儿又用祈求的目光看着爸爸。任何食品、玩具都没有这样吸引过他。

"儿子，爸爸爱你"（1987年夏）

我也是第一次见到这么小的琴，心里暗暗地夸奖陈康，这家伙真行！对培养儿子真用心，只是不知他从哪弄到这么小的小提琴。

陈康好像看出了我的心

思，得意地说："怎么样？你以为我是说着玩儿的呢，我早就在北京托朋友给订做好了。"说着，拍下儿子的屁股，说：

"曦子，去，跟妈妈洗手去，必须把手洗干净才能拿小提琴。"

陈曦像得了圣旨一样很快将洗得白白的、擦得干干的一双小手举到爸爸的眼前。陈康这才从盒里把琴取出来，小心翼翼地放在儿子的手里，准许他拿着看一看。儿子就这样捧到了他的第一把小提琴。他高兴得哪里合得拢嘴呀！一边一个劲儿地用衣袖揩着口水，生怕口水滴到琴上，一边翻来覆去地瞧啊，看哪，爱不释手。现在回想起来，一个注意力都不能集中5分钟的3岁半的孩子，怎么能喜爱一样东西到如此地步呢？也许真应了王冠老师的那句话，"陈曦天生就是拉小提琴的命"。

"看！我拉琴，爸爸给伴奏"（1988年冬）

说干就干，陈康来了劲。他盼这一天已经盼了3个半年头，今儿个说啥也得让儿子比量比量，试吧试吧。他熟练地装上了琴弦，又给琴弓抹上了松香，陈曦在一旁一会儿用衣袖揩着口水，一会儿拍着爸爸的大腿，围前围后跟着忙乎，那股高兴劲儿就甭提啦。

"现在咱们的儿子陈曦，开始学习小提琴，指导教师，陈康。"

　　陈康一本正经地自我宣布。他成了儿子学习小提琴的第一任老师。琴看起来虽小，可夹在陈曦的小下颌下，伸直了左胳臂，左手还是勾不住琴头。胳膊短没关系，反正先要拉空弦，因为是十六分之一小小琴，没有配肩垫，琴夹不住，怎么办？陈康穿针引线的连夜缝制了一个小肩垫。

　　谁曾料到，一位未来21世纪小提琴家，就这样开始了他学琴生涯的第一天。

　　陈康是个非常有心的爸爸，他并没有让小提琴成为陈曦可以随意摆弄的高级玩具，因为玩具玩长了会使人感到厌倦。小提琴是一件高雅特别的乐器，她不像钢琴只要你按下键子就会发出好听的声音；小提琴在没有人指导的情况下乱拉，只会产生刺耳的噪音，孩子可能会怀疑她的魅力，对她失去兴趣，甚至讨厌害怕她的声音。

　　陈康为了避免这种情况发生，采用了奖励的方式来吊儿子的胃口。表现好了就教他拉一会儿，几分钟或十几分钟，然后就把琴收起来。有时陈曦还没有拉够，他就不让拉了，惹得儿子来找我说情，眼泪顺着脸蛋流下来直滴到衣襟上，两只小手拽着我的手指摇来摇去，可怜巴巴地说："妈妈，我还想拉小提琴，我还想拉小提琴，爸爸不让我拉。"我开始不解陈

全家福（1988年冬）

康的用意，总想替儿子争辩，后来听他解释后才恍然大悟。

陈康在我的心里本是个粗心大意的人，但这件事证明了他在教育孩子方面非常有独到之处，正是他的欲擒故纵使对小提琴的追求和向往深深地扎根在儿子幼小的心灵里。我们至今仍珍藏着这把小提琴和那个粗针乱线缝制的红色小肩垫，每当看到它们，就仿佛又看到童年的儿子和他学琴的日日夜夜，那是我们永远都无法忘怀和刻骨铭心的记忆。

开始学琴时，陈曦很认真、很好奇，经常指着琴的某个部件问爸爸这个东西是做什么用的，那个东西有什么用途，为什么？陈康恨不能把自己知道的关于小提琴的知识一古脑儿都告诉儿子。周末是玩琴时间（那时候陈康还没有正式教陈曦，是属于培养兴趣阶段，所以与其说学琴不如说玩琴更准确），父子俩一个教，一个学，合作默契。陈康不在家的一周里，陈曦就按照爸爸的指示自己练琴，我们不给他规定时间，喜欢练多长时间就练多长时间。陈康特意嘱咐我不要强迫孩子练琴，免得孩子感到受琴所累而积极性受挫，甚至产生逆反心理。当时我承包厂里的幼儿园事务非常多，我忙得不可开交，正好乐得顺水推舟顺其自然。

陈曦有好多电动玩具、飞机模型、塑料插板，还有好多幼儿图书。本来陈曦很宝贝它们的，自从有了这把琴后，它们都被冷落一旁，只有在玩琴累了之后，才去光顾它们。小提琴成了儿子形影不离的好朋友，渐渐地从拉空弦到拉音阶，爸爸掰着他的小手指头在琴的指板上挪

顽皮的小陈曦（1991年于沈阳故宫）

来挪去，拉一下，听一听，再拉一下，再听一听，有时玩着玩着父子俩还会闹脾气。（陈曦正式学琴后我才知道，当时陈康发的那点脾气实在算不了什么。）我则在一旁忍受着开始学琴者拉出的杀鸡宰鹅的动静，常常等他们俩练完琴后，我凑过去打趣儿地问：

"曦子，今天你杀了多少只鸡呀？"儿子头发一甩，小脸一扬："100只！"

培养大红苹果

1988年10月2日，那天是个值得纪念的日子。下午，将满4周岁的陈曦双手握着爸爸送他的那把心爱的擦得锃亮的小提琴，直直地站立在乐谱架前，脸上带着喜悦的笑容，等待着爸爸即将委以他的重任。陈康翻开霍曼的小提琴谱第一页（小提琴初级教材），对着摄相机镜头一脸充满自豪自信的神态，郑重其事地向世人（偷笑）宣告说："朋友们，女士们，先生们：我的儿子陈曦，从今天起正式随父亲陈康学习小提琴。"说完，就在谱子上郑重地记下了这天的日期。陈康满意地自导自演完毕后，我们兴高采烈，儿子为能有足够的时间拉琴更是乐得手舞足蹈。我们以为从今往后一家人就可以在充满世界最美好的音乐艺术大道上勇往直前，岂不知那条理想的路上布满了荆棘，陈曦的艰苦磨难也由此开始。

正式学琴就得有个正式的样子，每天练几个小时、完成多少作业，陈康都有规定，每个周末从部队回家检查，我很少过问所留的作业。现在想起来，他学琴的自觉性很强，基本上都能较好完成。教小孩拉琴很不容易，因为小提琴不像钢琴属于键盘乐器，手指下去就是一个标准音，也不像弹拨乐器有品，用不着每个音都要去找音准。学习小提琴首先听力要好，要求每个音都要在弦上找准了位置才能拉，这要求老师不仅要有耐心，还要有一套系统的教学方法。陈康没有教学经验，摸着石头过河，凭着感觉摸索着教，有时儿子反复几次做不好，他的急脾气就上来了，轻则喊，重则打。

　　一天晚上，陈康带着陈曦在南屋练琴，我忙完家务在北屋看电视。看着看着，就听见陈康吼起来，陈曦吓得直哭，我扒着门缝往里瞧，陈康瞪了我一眼，我赶紧关上门。从晚上7点拉到10点，一个连喊带骂让人烦心，一个抽抽涕涕让人揪心，咳，我哪还有心思看什么电视！我在北屋一会儿站起一会儿坐下，看看表，又看看南屋的房门，眼看着10点半了，我蹑手蹑脚地走到门口，扒着门缝往里看，只见可怜的儿子一边拉琴一边抽泣，泪水滴滴哒哒落到地上，两条小腿累得直打晃。我心痛极了，都这么晚了，孩子这么小，练这么长时间怎么受得了？我忍不住推门进去，刚要……只见陈康猴脸一变："收琴。"俩人立刻滚打玩耍在一起，父子脸上霎时间露出了笑容，儿子更是乐得脸上像朵水灵灵的小花，还挂着泪珠。我看着这爷俩不禁摇头哭笑不得，心里悄悄地祷告：这样玩耍的时刻多些、再多些该有多好啊！！！

　　那一阵子，港台电视剧在大陆火起来，《昨夜星辰》《一剪梅》《在水一方》《万水千山总是情》等等一部接着一部。我每天上班很累，晚上就看看电视全当休息。陈曦拉琴累了休息时也凑过来瞧一眼，不知不觉地他

"小提琴是我的小宝贝"（1989年）

会拉电视剧里的主题歌了，我很知足，陈曦也很得意。陈曦5岁时正赶上大陆自拍的首部电视连续剧《渴望》上演，陈康听同事说这部电视剧不错，同意每天让陈曦看一集，一是受受教育，二是激发激发乐感。别说，小小的陈曦好像很懂一样，好几次都被里面的故事情节感动得流了泪。一个意外的收获是陈曦在这里学会了《梁祝》里的"化蝶"一段。有时陈曦会拉一些从电视剧里学到的曲子，本以为会得到爸爸的表扬，谁料想陈康根本不允许儿子拉这些东西，说这样练不正规会拉坏，一定要从基本功做起。他坚持让陈曦每天拿出三分之二的时间练音阶，剩下的时间练曲子。音阶练习是枯燥无味的，不像拉歌曲可以很容易带来成就感，陈曦当然不情愿。但陈康在这个问题上从不让步，绝不妥协，陈曦拗不过爸爸只好服从，慢慢地他尝到了甜头。

"嘿嘿，开始练琴了"（1989年）

陈康后来对我谈了他当时的想法，他说："那时候，对于刚刚学琴不久的陈曦来说重点要抓技术，抓手指机能的培养训练，音乐上的问题可以先顺其自然，等他大一点了，随着他头脑的成熟和对音乐理解的加深，再提高他的音乐表现力也不迟。陈曦那时候技术优于音乐，我就在技术辅导上下功夫，脑子里总有个目标，要拉出辉煌点，闪光点。"

他的话是对的。我想告诉我们的家长：想要孩子学得好，有后劲，千万不要急于多拉歌曲，一定要扎扎实实地从音阶开始，一个音一个音地练准。有的妈妈跟我说，孩子真不容易，老拉音阶太枯燥了，换换样拉拉歌曲会有兴趣，有的甚至让孩子拉流行歌曲，这是误导。

孩子的可塑性相当大，适应性极强，家长不能拿自己的眼光去揣摩孩子的感受。枯不枯燥那是家长的感觉，有的时候什么苦啊，累啊，没意思呀，这些话都是孩子从家长的嘴里学来的，再用来对付家长。保持孩子学琴的兴趣固然重要，但不能以牺牲孩子的基本功训练做代价。学琴毕竟不是玩玩具，没有坚定的意志品质和良好的耐力是不可能出成绩的。回头看看陈曦走过的路，有很多值得总结的地方，有一点非常重要，我想告诉我们那些琴童的家长们，初学者一定要在基本功上狠下功夫，俗话讲，磨刀不误砍柴工。这是真理。

后来陈曦投师于沈阳音乐学院王冠教授门下，更验证了陈康这个观点的正确。王老师给陈曦上的第一课就是讲基本功，而基本功的开头就是讲他总结出来的左手的"五种手指练习"，主要是不同节奏的落指、打指、敲指等等，是比较枯燥的音阶练习。它练就的是左手的机能。陈康看到了它的价值，不折不扣地要求儿子照老师的要求练琴。每天早上6点钟准时响琴，第一弓就是这个内容，一练就是半个小时。陈曦考进中央音乐学院附小后，依然坚持按此法练琴。聪明的学生无论换几个老师，都不会把已经学到的精华丢掉的。

在 2002 年 6 月第 12 届柴科夫斯基国际音乐大赛中，陈

感恩王冠老师（2006年）

曦不幸被疯狂的俄罗斯球迷当成日本人打伤左臂，致使三天不能拉琴。当第四天他吃力地举起琴的时候，第一弓就是拉这个"五种手指练习"，我当时曾疑惑地问他："什么时候啦，还拉这小儿科的东西。"儿子一本正经地回答我："它是恢复手指机能最快、最好的方法，我必须这样做。"

记得当年在中央音乐学院附中的小提琴期末考试上，小提琴教授隋克强老师指着台上正在演奏的一个学生对我说："陈曦妈妈你看，他是个'小红苹果'，长不大。"我不懂他的意思，因为这个学生的音乐感相当地好，技术也可以，所以我请教老教授为什么？

他直截了当地说道："因为他的基本功不牢靠，毛病太多，难改了，将来也就这样了，不会有什么太大的进步。这叫苹果没长大就红了。"我若有所悟地点点头。

隋教授又指着陈曦说："他现在是一个还在长着的'大青苹果'，因为他很有潜力，音乐可以随着年龄呀、文化生活的积累丰富起来，手头的功夫可是要从小就打好底，陈曦的基本功一看就扎实，他还那么听话、刻苦，所以将来就是一个'大红苹果'。"

"大青苹果"和隋老师（1997年）

第一位恩师——王冠教授

写到这儿，就不能不提到一位对陈曦来讲功不可没的人来，那就是陈康的战友、原沈空文工团的乐队指挥白光玄老师。正是他在听了陈曦的演奏之后受我们之托，把陈曦介绍给沈阳音乐学院的著名小提琴教授王冠老师。这位老师我们久闻大名，早就想让陈曦拜师门下，一直苦于没人牵线。机会终于来了，那几天，爷俩拧成一股绳玩命地练琴，要拿出最好的水平给王老师看，生怕老师不收。

1989年5月6日下午，我们第一次叩响了王冠老师的家门，那是一套窄小而又简陋甚至有些杂乱的小屋，到处都是堆放的书籍和乐谱，书架上几把小提琴向前来拜访的客人提示着主人的音乐素养和职业。我和陈康规规矩矩地坐在一旁听陈曦拉琴，心里打着小鼓。

记得当时拉的是《开塞》的第24课和铃木改编的帕格尼尼的《女妖之舞》，还有阿克莱《小提琴协奏曲》。陈曦表演完，只见王老师慢慢地站起来，看看儿子的手，又拍拍儿子的头，这才面带笑容慢条斯理地对儿子说：

"你呀，啥也不要想了，就是拉琴的命啦！"我和陈康匆忙对视了一眼，成了！

接下来的问题是老师问我们的。王老师说："你们都是做什么工作的？你们俩得牺牲一个人陪他，这孩子可是块

"老柴"比赛凯旋归来拥抱王老师（2002年）

好料，我看将来能行，不过小时候如果没人看就不行了。"

老师一见面就这么夸奖我的儿子真让我坐不住了，自报奋勇说："我陪，我是办个体幼儿园的，我有时间。"王老师见我们这么干脆就答应了，知道是遇上了一家拼命三郎。他推了推鼻梁上的眼镜，兴致勃勃地说："我要往亚洲放一颗卫星，也像咱们国家的女排一样，冲出亚洲，走向世界。"还有什么比这句话更能令我们信心百倍、充满希望呢！我和陈康仿佛已经看见儿子成功的那一天。

回家的路上，我感到浑身是劲，恨不能脚下生风让儿子马上回家操练。

"我拜在王老师门下啦"（1990年）

王老师教学一丝不苟，极其重视基本功的训练。在他的指导下，陈曦进步飞快，简直是日新月异。沈阳音乐学院离陈曦姥姥家较近，我们从王老师家上完课后总会顺路到姥姥家去看望她，当然练琴是不能停的。每次姥姥都说这回声音比上次好了，声音亮了，弓子拉起来有劲了。快70岁的老人都听得出来，陈曦的进步可想而知。

这年夏季的一天，我们一块儿去上课，不到6岁的陈曦已经会调弦了。只见他调好弦后刚要拉，王老师不紧不慢地说：

"等等，你的弦调准了吗？"陈曦拧了拧调弦的微调，对了对和声后刚又要拉，王老师又不紧不慢地说："先别急，你认为弦调准了吗？"

陈曦心虚地瞅着王老师，笑嘻嘻地说："差不多吧。"

不料，王老师立刻板起脸来，严厉地说："差不多不行，你再调调看。"

由于天气潮，琴轴胀，拧起来很费劲，陈康也帮着调，最后陈曦又笑嘻嘻地对王老师撒起娇来："就差一点点，对付拉吧。"

"噗嗤"一声，王老师被他那副惹人喜爱的小样子逗乐了，说："你这小孩，怎么到我这来还敢对付，胆子还不小呢！行，就这一次啊，下次可不许这么说啦。"

说完，老师拍拍他的头，又对我们说："这孩子耳朵真好使，我是有意考验他听力准确到什么程度。这要一般乐手调到这种程度也就认为准了，就差那一点点是听不出来的。咱们将来是往高处走，从小就要有高水准的听力，可不能对付啊！差一点点都不行。"

这节课使我进一步认识到了音准的重要性，也理解了陈康往日对孩子的严厉，他在音准问题上一直是毫不含糊的。他经常说，音准是小提琴的生命。小孩子从小就要培养做事认真的态度，不能马马虎虎，更不能将就对付。

这一年，沈阳音乐学院邀请俄罗斯著名小提琴演奏家、教育家、大卫·奥伊斯特拉赫的学生、法国蒂博国际小提琴比赛的第二名、莫斯科柴科夫斯基音乐学院教授——奥莉娅·亚历山大·罗夫娜女士举办为期3个月的专家课班。王老师想让陈曦也参加，就向奥莉娅推荐他。

奥莉娅听说是个不到8岁的小男孩，立刻紧锁额眉摇摇头，又拍着胸脯向王老师解释说："不，不，我是堂堂的莫斯科音乐学院的教授，他是一个小孩子，不行，绝对不行。"

"那这样行不行？您先看看，听他拉完再说。"王老师的语气里透着不容置疑的信心。

"奥莉娅教授给我上课"（1992年）

　　正当奥莉娅朝着教室门前走去的时候，她听到了里面传出的乐曲声，那是莫扎特《第四小提琴协奏曲》的第一乐章。清脆优美的声音吸引她快步走进了教室，当她见到是个小男孩在拉琴时，惊奇地喊道："啊，哈拉少！哈拉少（'好'的意思）！"然后，高兴地一把将他抱了起来。

　　随后进来的王老师对她说："他就是我说的那个小男孩，名字叫陈曦。"奥莉娅做出了一个不可思议的姿势说："你拉得比我想象中好得多，你的老师教得很好，技术很棒，就是音乐……（她做了个无可奈何的表

"奥莉娅教授在听我拉琴"（1992年）

"奥莉娅很喜欢我"（1992年）

情。）这不是你的事，你的年龄太小。好，我很高兴收下你这个学生，先给你起个名字，（她想了想）就叫尤拉吧。"

不满8岁的陈曦就这样成了奥莉娅专家班里最小也是唯一的娃娃学生。3个月后，奥莉娅从十几名学生中挑选优秀的6人参加专家课班的结业汇报演出，其中有青年教师、研究生、大学生，只有尤拉是刚上二年级的小学生。

听奥莉娅讲课，陈曦的进步是右手的持弓有所改进，有些僵硬的右臂放松了许多，他掌握了揉弦的基本要领，音乐上的进步更加明显。陈曦第

大师班结束了，感谢奥莉娅

和赵恒芳教授、李娜师姐合影（1992年底）

一次同沈阳音乐学院的钢琴教授赵恒芳老师合伴奏时，赵老师就说："没想到这么小的孩子，一下子就能跟我合下来，配合得非常之好，是个好苗子。"

1992年12月20日，陈曦第一次正式走进音乐厅与专业人士同台演出，我们专门为他买了一套小西装、领带当演出服。上台前，郎朗的妈妈周秀兰阿姨还给化了妆。演出快开始的时候，有的人紧张得两手冰凉，陈曦却在她们的身边跑来跑去直疯得满头大汗，完全没有紧张的意思。有个老师问他上台紧张不？他摇摇头说："不紧张啊，我都准备好了紧张什么呀！"

他演奏的是贝里奥《第九小提琴协奏曲》和马斯涅《沉思》，他的演出获得了最热烈的掌声。许多人都说，这小孩将来肯定能考上中央音乐学院。奥莉娅更是兴奋地连说她不相信中国还会有比尤拉再好的这么小的拉小提琴的孩子了。我听在耳里，看在眼里，嘴里虽然不好说什么，心里却美滋滋的。回头看陈康，他比我还乐呢！

郎朗爸爸的绝招

1990年的时候，陈康听老白（白光玄：沈空文工团乐队首席）说，我们的小区里也住着一位沈空文工团的战友，他的儿子郎朗是个钢琴神童，刚刚获得辽宁省少儿钢琴大赛第一名。这个消息让我们打心眼儿里高兴，我们一直希望能给陈曦找个志同道合的伙伴，孩子之间多接触更容易提高，而郎朗不仅优秀得没得说，又是战友的儿子，这是多么难得的机会呀！

我们第一次去郎朗家拜访就赶上了一个小型音乐聚会。小小的一居室里，大人小孩坐了一地，郎朗的妈妈周秀兰见我来，特意找了一把椅子让我坐下。我一边享受这特殊待遇，一边仔细环视这个大名鼎鼎的神童之家，打量着这个家庭培养出来的小神童。房间虽小，装修却非常讲究、华丽，一面墙的精品柜上摆放着古玩、古董，让我仿佛置身于古董收藏家的房间。郎朗是个墩墩实实的小帅哥，大大的眼睛透着无法遮挡的机灵。他见陈叔叔带着小弟弟来了，高兴得扑上去，搂住陈康的脖子喊着："陈叔，我都想你和曦子啦！怎么才来呀？我们都等你们呢！"看他那股亲热劲儿，不知道的还以为他们是老朋友，而他和他的陈叔顶多只见过两回。我后来觉得，他的热情也充分发挥在了他对艺术的追求中。

郎朗的爸爸郎国任把我们一家介绍给大家："这是我战友陈康一家子，儿子是沈阳音乐学院王冠老师的得意门生，是拉小提琴的。"转身又面向我们："这几位都是我们学钢琴的朋友，周末大家聚在一块儿，让孩子们弹琴，互相学习、比试比试，也算让孩子们放松放松。"

孩子们一个接一个地在钢琴上表演着自己的拿手好戏，这些孩子的年龄各不相同，水平参差不齐，但人人都做得非常认真。陈曦虽然是孩子堆里年龄最小、个头最矮的一个，入乡随俗，也带来了自己的作品。那天他给大家拉了一首马斯涅的《沉思》。

听说郎朗获过大奖，我打心眼儿里喜欢和羡慕他，就问郎朗："你看看小弟弟拉得怎么样？"

小胖墩儿郎朗坐在地毯上摇晃着身体，煞有介事地回答："咱们这些搞音乐人的吧，一般谁弹得好坏都能听出来，什么丢音啦，刮键啦，节奏不对啦都能挑出来。我刚才仔细听他拉了，觉得小曦子拉得不错，是

"我们都是搞音乐的。"
左起：陈曦、郎朗、高珊珊、曲大卫

块好料。阿姨，他这么小，拉到这种程度已经够可以的了，将来他肯定错不了。"

一番点评差点让我晕过去，这哪是孩子说的话呀，简直是一个乐评家啊。我把脸转向他爸爸，毫不掩饰自己的惊诧和佩服。

郎国任看出了我的意思，说："你可别小看他们，他们虽然年龄小，可都是从三四岁开始学琴的，搞音乐都五六年了，他们懂！啥都能看明白。"

周秀兰接下了话茬："陈曦妈妈，你还别那个啥（意思是别怀疑），郎国任说得对，这些小家伙可都是神童宝贝蛋啊！"

这个晚上，在这间窄小的屋子里，我们不仅认识了郎朗一家人，还加入到了一个搞音乐的家庭部落。谁会料到，十几年后，这个小小的群体中竟走出了两位世界级的少年演奏家。

结识郎国任一家还使陈曦得以进入沈阳市重点小学宁山路小学。陈曦本不是属于这个学校学区的新生，郎国任向校长贺秀宇女士举荐陈曦，还称陈曦是一位小提琴"国手"。类似的推荐辞令贺校长见多不怪，当然不能轻信，她要亲自面试一下。结果，面试后陈曦当即被破例收为新生。很巧，我们的群体中还有一个叫曲大卫（现已毕业于中央音乐学院作曲系）的男孩子跟陈曦一个班，这个孩子和郎朗同是师从我国著名钢琴家、沈阳音乐学院朱雅芬教授。三个小家伙被大家称为三个小音乐神童，每次的周末活动都是以他们三人为核心，他们彼此也总是拿出一副才子相惜的劲头。

在一次活动后，郎国任给孩子们布置家庭作业，要求每人自编自演一首曲子在下个周末比赛。到了周末，三个小家伙刚聚到郎朗家里，郎国任就问：“布置的作业都完成了吗？”

“完成了！”小家伙们异口同声地喊道，我们这些家长就在一边抿嘴笑。

“谁先弹？”郎国任话刚出口，

“我！”郎朗抢先举手大喊。

不等爸爸批准，郎朗已经一屁股坐到了钢琴凳上，10个手指立刻在黑白键间飞舞起来，我看得眼花缭乱，听得云里雾里，只觉得像是一片狂轰滥炸，又有趣儿，又好玩。一曲终了，郎朗告诉大家曲子的名字叫《变形金刚》，表现的是代表邪恶势力的霸天虎和代表正义势力的威震天在打仗。我说怎么弹得这么热闹呢。

曲大卫随后亮相。小家伙也弹得如醉如痴，一会儿晃动着身体，一会儿闭着眼睛，一副深深陶醉其中的大师派头。他弹的是《草原之歌》，里

“我们和大师合影。”左起：郭舒、曲大卫、陈曦、郎朗（1991年）

面充满了浓郁的蒙古风情。弹着弹着大卫忘了谱，干脆现编，可是编来编去旋律绕不回去，总也结束不了，大卫急了，头也不摇了，腰也不晃了，眼睛瞪得大大的，关键时刻老子上阵救场。只见老曲左手的大拇指从键盘左边的第一个白键按下，"哗"地依次滑到了琴的键盘右边的最后一个白键子，随即一抬手，这一大串琶音确实是一个绝妙的收尾，我们都笑了。

小不点儿陈曦最后不慌不忙地把小提琴夹在脖子下面，熟练地拉了几个和弦调调音，然后，从靠墙边站到了小屋的中间，没拉曲子先咧嘴送大家一个微笑，用从嗓子眼里挤出的声音告诉大家："我拉的名字是《小朋友做游戏》。"他在家里编这首曲子的时候我在旁边，他边拉边给我讲解，开始是小朋友捉迷藏，中速起拍，慢慢地加快是小朋友跳皮筋，高潮是小朋友相互追逐打闹，这是他拉得最过瘾的地方。他说，他要把老师教他的全部技巧都用上。最后转为慢板是表现小朋友在讲故事，接着，天渐渐黑下来，小朋友都回家了，游戏结束了。他今天的表演也不错。

大家叽叽喳喳地议论开了，都夸大卫好，说他弹得有音乐感，有旋律线，有曲子的味道。郎朗沉不住气啦，一副不服输的模样，郎国任最了解儿子，知道就这样结束他肯定受不了，便提议每人再弹一首《梁祝》。结果大卫还是受到了赞赏，他的音乐感完全超于他的年龄，郎朗、陈曦望尘

"郎朗总是搂着我的脖子，谁叫我个子矮啊"（1991年）

莫及。陈曦不声不响地呆在一边，仿佛这种比试跟自己无关。郎朗更不服气啦，提出下周还比《梁祝》。

结果，一周后的比赛上，有备而来的郎朗超过了大卫，获得了大家的一致夸奖。我站在一边看着郎朗，这孩子刚刚八九岁就有这么强的上进心，对音乐如此执着，难怪人家获大奖呢，就凭这股劲儿，没有干不成的事儿。要是陈曦也有这股劲儿该多好啊。

羡慕郎朗的不仅仅是我。这孩子练琴那股拼命劲儿是周围的琴童们无法相比的。每当我们几个孩子家长聚在一块儿都为调动孩子练琴的积极性伤脑筋的时候，就会羡慕起郎朗来。这个说，郎朗这孩子好，天生要强，谁家有这样的孩子都能学出来。那个说，郎国任管孩子狠啊，照他那样教育没有学不成的。有郎朗在那儿比着，有的家长就埋怨自家孩子不争气，有的说自己心太软，比不上郎国任狠。

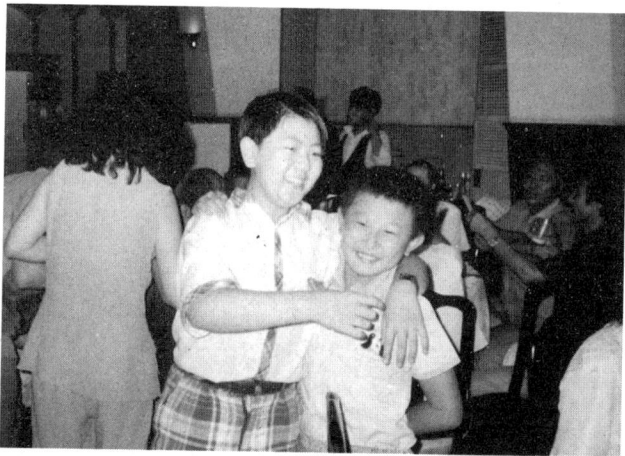

这是郎朗的庆功酒啊（1994年）

我可不这样想。其实刚学琴时，孩子们的年龄都是四五岁左右，如果不是自然条件太差的话，水平不会差距太大。那么，我们的差距在哪儿呢？谁能正确找到自己的差距在哪里，那他的孩子就一定能比别人进步得快、成长得快、成功得快。遗憾的是我们的家长往往找孩子身上的因素多，找自己的因素少，检讨自己的时候更少。

前两年在报上看到一条消息，一个贫困的工人家庭，望子成龙心切，他们用省吃俭用攒下来的积蓄买了架钢琴，然后又强迫女儿学弹钢琴。结果这个不爱弹琴的孩子以自残手指作为对家长的反抗。这则报道把我惊呆了，眼泪刷刷地流下来，一行眼泪为那敢用剪刀剪断自己手指的女孩流淌，她几年来该承受了多大的心理压力和内心的折磨，一个天真活泼的孩子毁了；另一行眼泪为她那好心没得好报的愚昧妈妈流淌，她的心比女儿的心还痛，她要痛上一辈子。

我们为什么不在自己的身上找原因？为什么不思考一下如果成绩是打出来的，那岂不是天上掉馅饼的好事？郎国任怎么打，咱们就怎么打，能打出个郎朗来，甭说大人舍得，就是孩子也能挺得住啊。天下哪有那么简单的事情！郎国任、陈康和大卫的爸爸老曲经常凑到一起探讨孩子学琴的教育和发展前途等问题，时常一唠就到大半夜。大卫的爸爸有一次深深地叹着气说："咱们这些家长打孩子啊，实际上是最无能的表现，压而不服，

和曲大卫同学排练《梁祝》（1992年）

能讲明白道理说服了孩子那才是本事。我虽然没有好的办法管大卫，但我知道打孩子不是办法，一旦哪天打失手了，后悔都来不及呀！前几天，我把他从钢琴凳上一脚踹到了地上，多悬哪，要是摔断了尾骨可怎么办！"

他的话深深触动了我。是啊，人是有思想的，孩子也是如此。不主动练琴不动脑练琴的问题，是每个孩子的通病。我们大人能做的就是找原因，想对策，跟孩子打智慧战，必须、也只能这么做。虽然说，孩子的实际水平和个人潜力千差万别，但只要你找到最适合自己孩子的管教方法就行了。这其中的探索与磨砺，又岂是一个"狠"字能概括得了的呢？

陈康和我也常琢磨陈曦，虽然这孩子练琴的自觉性还说得过去，论起拼命劲儿来跟郎朗比就差多了。有时他练不好琴还是一副不温不火的劲儿，陈康看着就发脾气，说陈曦拉琴不拼命就没法去竞争、去打败对手，别说将来当什么世界小提琴家，就是当中国小提琴家都甭想。陈康的理论是：性格决定命运，付出决定回报。我当然也希望陈曦学有所成，可又怕他把孩子逼坏了，便劝他说，孩子和孩子的性格不一样，比不得。每当此时，陈康少不得又是一番慷慨陈辞。

一天晚上，已经是10点多钟了，陈康和郎国任俩人各自看完孩子练琴，哥儿俩坐到我们家的客厅里喝着茶水开聊。陈康发自内心地说："我是太喜欢你家亮亮（郎朗的小名）了，瞅他弹琴的那股劲儿，就像小老虎似的，咱家曦子就赶不上亮亮，缺少生龙活虎的精神头。二哥（郎国任家中排行老二），给老弟支支招，想法让曦子也上去。"陈康这一问不打紧，郎国任一支招、一点步，让我们用了10年。

他眯缝着眼睛神秘而自信地说："我有一招肯定行，你让曦子参加比赛，别管大小是比赛就行，这他拉琴就有劲了。如果不拿奖，他知道自己不行，那没说的就得拼命练；如果拿了奖，你就多鼓励他、激励他，让他去参加更高一级的比赛。咱们家亮亮就是这样，我就让他比赛，跟年龄大的孩子去比、去闯，我就不信咱们的孩子干不过他们。小孩子就是单纯、

"谋划"孩子前途的父亲们。左起：郎国任、曲兆清、陈康、高原（1991年）

好调动，比赛心里没负担，越比越来神儿，我们大人是干什么的？是用手托着孩子向上走，你得给他创造条件，始终让他有紧迫感才行。"

陈康一个劲儿地点头称是，郎国任喝了口茶水，剥了块糖放进嘴里接着说："现在的孩子生活太优越啦，你不给他压力他不给你往上铆劲儿啊。打，只是吓唬吓唬管一时，不解决根本问题。其实你说说，总打孩子咱们心里也不好受啊，参加比赛得奖都是孩子练琴的动力，不信你就试试看，我说的就是绝招。"

几句话说得我和陈康心痒痒地恨不得马上带儿子参加个比赛比试比试。话说的容易做起来难。我国的小提琴比赛与钢琴相比少得多，我们想抓到机会把陈曦推向赛场闯一闯、拼一拼，把他内心深处的能量调动起来，这个心愿一直到了1993年春天才得以实现。记得那年刚过完春节不久，陈康下班回来拿了张报纸高兴地递给我看："咱儿子的机会来了，沈阳要举行'小神童杯比赛'，有书法、武术、唱歌、舞蹈、民族乐器和西洋乐器等，这可太好了！"

在王老师的课上，陈康提出了要参加比赛的事情，王老师当即表示支持，认为这是件大好事。虽然是五花八门的综合比赛，但对陈曦是个锻炼，也是学琴4年来的一个检验。这个机会不能放过，一定要好好准备。陈曦

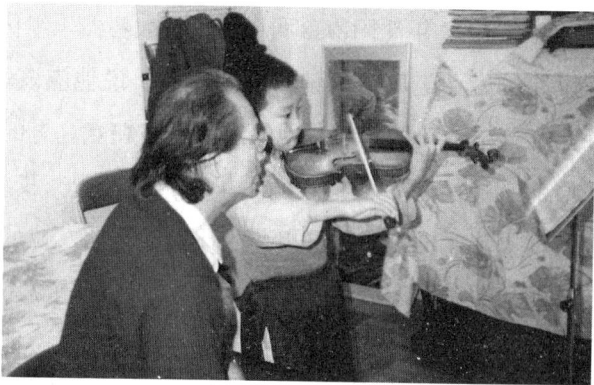

名师出高徒——"王教授正在给我上课"（1992年）

当时是 8 岁，刚上小学二年级，虽然在学校登台演出很多次了，参加比赛还是头一回。王老师选了个相当有难度的曲子作为比赛曲目，是维尼亚夫斯基的《塔兰泰拉舞曲》，它的特点是技术性强，属于炫技性小品。

我们很重视这个比赛，上课的次数增多了，王老师要求得也严了。他深知比赛比的是曲子，看的是基本功，不能只练比赛曲子而忽略了基本功训练。

陈曦也很看重这个比赛。他知道郎朗就是通过比赛才出名的，郎朗无疑是他最好的榜样，向郎朗学习就要参加比赛，就要得奖。虽然他比郎朗小 2 岁，但他不甘落在后面。他见爸爸给自己报了名，老师又留了那么难的曲子，练琴比之前主动多了。学校留的作业基本在课堂上就写完，他又自动取消了看动画片时间，每天放学回到家就闷头拉琴，对爸爸的辅导也更虚心听从认真配合。

那次比赛我没有去，但我清楚记得那是 3 月的一天，灰蒙蒙的天刮着小北风，爷俩穿戴得暖暖和和，早上高高兴兴地去，中午高高兴兴地回。"比赛要取胜，心态要放正，不要贪心大，上台一身轻"，这是通过陈曦多次比赛我总结的四句话。从第一次参加比赛起我们就很注意给陈曦一个好心情，大人高兴放松，孩子基本上就不会紧张。听陈康说，比赛时陈曦发挥得不错。他获得了1993年沈阳市首届小神童杯大赛器乐组优秀奖。

沈阳音乐学院的专业老师还为他打抱不平呢，说他应该取得前三名，他的技巧水平完全超越了他的年龄，他的演奏有辉煌点。有的老师看了他的表演后甚至竖起大拇指称赞他是我们中华民族的希望。我喜欢小提琴，但那时听不太懂小提琴，可是能听得出儿子比其他小朋友拉的声音清脆流畅，弓子行走自如，带点挺潇洒的劲头。至于和中华民族联系起来，我没有想得那么高。就我们当时的心气儿来讲，第一次参加比赛能拿到获奖证书就很知足了。我们把红彤彤的证书摆在了钢琴上的醒目位置。

这次比赛陈曦还得了个粉色的小狗带礼帽的高级转笔刀，后来它成为陈曦最珍贵的学习用具，现在仍在使用它。陈曦初战告捷，学琴果然更来劲了。我和陈康暗暗在心里感谢郎国任，他这一招真灵。

比赛，从此像离弦之箭一发而不可收。

参加沈阳庆祝"六一"儿童节演出（1993年）

这年的春天，辽宁省的文化艺术活动十分活跃，各种比赛频繁展开。辽宁省首届"广播杯"少儿器乐大赛的消息一公布，众多的小琴童们踊跃报名，陈康当然不会放过这个机会。去年是市一级的比赛，今年是省一级的比赛，用郎国任的话说，我们就得托着孩子向上走，把孩子扛在自己的肩膀上。那时陈曦的进步很快，水平已经比同龄的孩子高出许多。王老师经常组织他的业余学生汇报演出，每次陈曦都是最出色的，我们期待着他能够再上一个台阶。

　　这次比赛我一直在现场观看。比赛的场地是个约有五六十平方米的房间，评委坐在一侧，比赛选手站在他们对面，剩下的地方坐的就是家长和参赛的孩子们。8月的沈阳正值盛夏，几十个人挤在这么一间小屋里，室内又没有空调，里面闷热拥挤，浑浊的空气更是让人喘不上气来。比赛整整进行了一天，许多家长孩子都坐不住了，不断地出出进进，陈曦却一直稳稳当当地坐在我旁边，饶有兴致地观看每一个选手的演奏。他是在悄悄地向人家学习？还是在静静地欣赏乐曲？或者是在暗中揣度是否有人会比他的水平高？我没有问过他，但我为儿子有这样良好的心态和竞技状态而暗暗自喜。

　　陈曦又是以一曲具有高难度、高技巧性的曲子萨拉萨蒂的《引子与塔兰泰拉》和《罗德》的第7课而赢得了全场最热烈的掌声，众望所归地摘取了小提琴组的一等奖。郎国任说的没错，自从这次比赛以后，陈曦就明确了自己将要为之奋斗一生的目标。

与小提琴演奏家赵世珂老师
和夫人舞蹈演员王力冰老师
合影（2001年于大连）

那时，原沈阳军区前进歌舞团的小提琴首席赵世柯老师和白光玄老师就预言郎朗和陈曦将成为世界级的演奏家。不管怎么说，荣获小提琴组一等奖无论对陈曦还是陈康都是莫大的鼓舞。又一本通红的证书摆在了钢琴上面，又一件奖品摆上了写字台，那是陈曦自信的源泉，也是我们的骄傲。

9月10日教师节那天，辽宁广播电台文艺台让获得第一名的选手在直播间朗读自己的比赛心得，我有心保留了儿子的手稿：

献给教师节的礼物

最近我在省广播杯器乐大赛中获小提琴组一等奖，感到很高兴，练琴也觉得更有劲儿了。可是我知道这只是刚刚的起步，我还要向更高的目标努力。我十分感谢培养我5年多的老师——沈阳音乐学院王冠教授。因为我的成长和进步离不开王老师的教导和辛劳。今天是教师节，在此，我向坐在收音机旁的王冠老师说一声："老师您辛苦了！我一定不辜负您的期望，刻苦练琴，实现我的理想，成为一名优秀的小提琴家，同时我还要问候我所有的老师和幼儿园的阿姨，祝您们节日愉快！健康长寿！谢谢。

第一届辽宁省广播杯获奖选手合影于1994年辽宁省广播电台大楼前

妈妈的决心之痛

1992 年春天，郎朗父子开赴京城，备考中央音乐学院附小。照郎国任的话说是给我们先蹚路子去了。我们家谁去北京陪读也成了一个必须面对的选择题。为了这个决定，我的思想足足斗争了两年多。

人没有私心是不可能的，即使母亲也一样。每个人来到世上都有权利追求个人幸福和自己所喜欢的事业，我天生又是一个争强好胜的女人。1987 年 2 月我承包了厂里的托儿所，我把它改制成幼儿园，办得非常成功。我喜欢园里的所有孩子，每年送走一批孩子上学都要悄悄地哭一场。有一次，我因为生病两天没到园里去，第三天我一进厂子大门，学前班的几十个孩子一下子趴到了教室的 4 个窗台的 8 个窗口冲着我大喊起来："李老师好！我们想你啦！"那时我的心中充满了幸福感和成就感。1991 年厂里不同意续签合同，考虑到在家办幼儿园能兼顾儿子练琴，我就办了停薪留职，在家里开了个小幼儿园。有了 3 年半的办园经验，操作自家的小幼儿园自然驾轻就熟，我的私人幼儿园仅 1 个月就红火起来，而我的愿望是办一所正规的有特色的艺术幼儿园，我希望幼儿教育成为我的终身事业，而去北京陪读就意味着我的幼儿园要停办，我的事业要终止，我……

当时我还有一个不愿意讲出来的担心。虽然在对待孩子的问题上我和陈康的立场基本上是一致的，但仅就两个人的关系而言，我们谈不上是一个很温馨和睦的家庭。两个人的个性都很强，彼此之间的争吵时常发生。如今社会上婚姻早已变得比纸还脆弱，我如果辞掉工作去陪读，等于断了自己的后路，万一……陈康是部队干部，有着很强的活动能力，经常在外面有应酬。（不过，有一点让我很佩服，他无论什么时候在外面有应酬，都要从酒桌上偷偷地溜出来，回到家里检查陈曦的练琴，哪怕是 10 分钟。然后再回到酒桌上，他的心时刻都放在儿子的琴业上。）而我的活动范围仅仅是三尺门里五尺门外，哪还谈上什么交往啊！万一有一天两人撑不下去分道扬镳，孩子成功了算是值了，没成功我岂不是一无所有，竹篮打水一场空吗？像我这样宁为玉碎不为瓦全的女人又是绝对不会委曲求全的。我一次次地问自己，为了孩子丢掉工作，放弃自己喜欢的事业，还要冒着家庭破裂的风险，去做一件没有十分把握的事情，值吗？可要是陈康去，他同意与否先不说，他那脾气，把儿子放在他身边我根本放心不下。眼看着陈曦一天天进步，我的心也跟着几多欢喜几多愁。周围的朋友也不理解我们，为什么偏要去北京？搞得两地分居、两头牵挂、家不像家，谁像你们这样活着是何苦呢？多累，图个啥呀？

很长时间里，这种困扰无时无刻不在折磨着我，常常整夜地失眠。睡不着的时候，我借着月光看着熟睡的儿子，满脑子都是他拉琴的影子，想着他拉琴时流下的泪水；想着他断指举琴拉空弦；想着他发烧39度还要坚持练琴……，他吃那么多的苦为的就是那一天——考上中央音乐学院附小。我一次次在心里对儿子说，"妈妈不是怕苦，不是懦夫，妈妈是想干点事业，将来，你要在社会上找到自己的位置，实现自己的人生价值，妈妈也有这个心愿啊，转眼已是40，再不干一辈子也就没有机会了，一辈子

难得悠闲，在沈阳市府广场散步（1990年）

都是遗憾啊！你的人生还没有起步，而我的人生已走过一半，儿子，你叫妈妈好为难啊！"

　　然而，两个女人改变了我。一个是我从报纸上看到的。一位目不识丁的农家老妈妈凭着一双劳动的手供养了 5 位大学生，这 5 个亲生骨肉她完全可以留下 3 个在自己身边务农，为她分担生活的压力，可是她没有。她一把子年纪却整年耕作在田间，靠耕作土地来供养大学生，我简直无法想象她是多么地艰难！她浑身能有多大的力气？她是怎么熬过来的？她如何教养了了这么多优秀的孩子？我惊诧不已，许多天没有找到答案，心里放不下这个真实的故事。

　　另一个是我的三嫂。正是她令我茅塞顿开、痛下决心。我的三嫂嫁给我三哥时还是个秀丽端庄的女孩子、家中娇贵的独生女。在我们家孩子一年四季都是穿绿军装的时候，她是夏穿丝绸冬穿呢料，白嫩的面颊粉里透红，迎面一股香粉味儿。老天爷偏偏让她生下个痴呆儿，生下时就被诊断为大脑萎缩，先天性心脏病。她和三哥几乎年年花尽积蓄为儿子看病，明知是不治之症还是痴心不变，他们期盼的是奇迹出现。小侄儿十几岁的时候还大小便失禁，不会说话，走路趔趔趄趄，时常闹病吃药不断。在外玩时不是推倒全院子里的自行车，就是抓坏人家的东西，小孩子们骂他是大傻子，甚至推他打他，善良的三嫂只是淡然一笑，默默地领回自己的儿子。幸好 1984 年初，她又生了一个聪明可爱的漂亮女儿，几年来缺少生气的小家这才又恢复曾有过的温馨。

　　那天，我出门办事，顺路到三哥家里看看。刚一进门，一股刺鼻的屎尿味儿扑面而来，就见三嫂穿着破旧的衣服，蹲在地上正在给小侄儿收拾粪便、擦洗地板。十几年来她都是这样子，一天不知要给孩子换上几套衣服不说，就是喂顿饭都要换三四个围嘴儿，很怕儿子不舒服。

　　我心疼地说："三嫂，你这样累下去啥时是个头啊？差不多就行了，别太要强了，这个家全指望你呢！乐乐（小侄儿的名字）能熬到哪天算哪天吧，你们对得起他了。"

三嫂边干活边认真而平静地对我说："建华，你不能这么说，乐乐这孩子来到世上一天福都没享过，没上过幼儿园，没上过学，整天头疼得撞墙，牙也不好，吃啥嚼不烂，他可太遭罪了。他本来应该是一个健康的孩子，就怨我们不懂常识，怀孕期间乱吃药，造成他今天这个样子。唉！这都是我当妈的错啊！"她起身换了盆干净水继续擦，我坐在一旁的椅子上看着她忙里忙外，她是不许别人插手干活的。

她忽然眼睛一亮，用手指着躺在床上的小侄儿高兴地对我说："你看咱家儿子眉眼多好看，腿还挺长呢，要不有病，他一定是个大高个儿，现在该上中学了。"三嫂夸儿子的这些话我不知听过多少遍，可她说起来依然兴致不减。她忽然停下了手中的活儿，仰面笑着问我：

"噢，对了建华，小曦子琴拉得不错，听说以后还得往北京考是吗？是你陪还是陈康去陪？"。

我本来一直在犹豫之中，她突然一问，我有点不好回答，结结巴巴地说："还，还没有最后定。"

"哎哟，咋还没定呢？你要不去你能舍得吗？咱这乐乐算是完了，啥也学不了，这辈子就跟我这么混吧。"说着，她有点不高兴起来。

"建华，你去，你一定得去，孩子都离不开娘，宁可咱们当妈的受苦，也不能让孩子屈着，我就够对不住乐乐了，我一辈子都对不起他，如果我有来世，我还要伺候他，我伺候不够。我要有你这么好的孩子，不用合计就得去，可惜呀！咱想去还不是那块料呢。"她说着说着声音有点抖，转身看看床上的儿子，一行眼泪扑簌簌地滚落下来。

看着躺在干干净净床上的胖胖的小侄儿，再看着屋外一堆沾着粪便的脏衣物，屋里不是味道，心里更不知是个什么滋味。我的心被她的话、她的行动深深地感染了，从前在我眼里平凡普通的、甚至谈不上作为的女人，现在却是一位让我敬佩的、了不起的母亲。历尽了千辛万苦的三嫂能得到儿子的回报吗？不能。她没有美好的追求吗？她没有美好的向往吗？她曾经不也是一个喜欢穿戴打扮的女人吗？可她为了孩子，她放弃了自我，放弃了一切。她和丈夫为了给乐乐治病做服装生意拼命地挣钱，沈阳五爱批发市场曾有她的摊位（卖货时她的妈妈为她照看孩子），她难道不是有作为的女人吗！

"三嫂，你真了不起，我太敬佩你了！如果我是作家，将来一定写你，我相信你的付出一定会有回报，你一定长寿啊。"我激动得不知道说什么好了。

三嫂用衣袖抹了下眼泪"咯咯"地笑了，笑得爽朗灿烂。

"写我啥呀？我有什么可写的？谁让他有病呢，当妈的不照顾谁还能管呢？回报？我哪敢想回报啊，建华你可真会说，谢谢你！"

我起身要走了，她把我送到门口，拍拍我的肩膀说："建华，北京你一定得去呀！"

"嗯，肯定去，放心吧，再见三嫂。"离开了三嫂的家，我心里开始翻江倒海，一个是从报纸上看到的母亲，一个是我的亲嫂子，她们的行动让我感受到了什么叫母亲，什么叫母爱。从母亲心底迸发出来的爱的能量如此巨大。文化是衡量人知识的尺子，心灵是映射人品质道德高贵低贱的镜

"妈妈和我一起拉琴，很开心"（1993年）

子。我比她们文化高，我的心灵不及她们那么透彻明亮，我自觉惭愧，不该对陪读没有信心，不该去想那些没影的事，我要做一个称职的母亲，我要去北京陪读！

1994年8月，郎朗获得德国埃特林根青少年钢琴比赛第一名和特等奖。从德国回来，我到他家里道喜。周秀兰边给我看照片边不停地夸赞儿子和郎国任，把我说得心直痒痒。看着郎朗站在领奖台上，在大音乐厅里演奏，我因为太过羡慕而忘乎所以地举着双拳喊起来："这要是我儿子该多好！"周秀兰捂着肚子哈哈大笑："建华，我还是头一次看你发疯呢，怎么样，知道着急了吧？那可是一滴滴汗水换来的，这爷俩在北京的两年是连滚带爬骨碌出来的。他们是怎么过的你知道吗？郎国任不会做饭他也得做，你忘了以前我上白班他竟带着亮亮到你家蹭饭去。现在，不会洗衣服也得洗，还得跟居委会老太太们搞好关系，咳，那儿的乱七八糟的事都得应付。陪练是最辛苦的，得动脑筋啊，反正他们可太不容易了。"周秀兰不仅人长得漂亮，而且心地善良，为人直率，善解人意，说话好激动，儿子拿了国际大奖，她当然比任何人都高兴。

我忙说："我知道，我知道，我和曦子到北京去过他们家，家里拾掇得可干净啦。我一进小区就看见郎国任啦，你猜他在干什么？把我可乐够呛，他正站在一大群老头老太太的排里晒太阳、做广播操呢。"

"怎么样？去北京你俩谁去定没？"周秀兰关切地问。

"什么定不定的就我去了，我去陪，也像郎国任似的，给儿子捧个大奖回来。今天看到你们这么辉煌，我心里直痒

"小提琴是我的选择，我高兴"（1994年）

痒，羡慕死我了。我就向郎国任学了，陪就陪出个样来，老周你瞧着吧！"
我说着说着，自己跟自己叫起板了。

"行，建华你行啊，好样的！咱们小曦子将来错不了，你就好好干吧。"

周秀兰鼓励我。打那儿以后，我再没有动摇过去陪读的决心，而且在家里就把精力转向了陪练。

不会忘却的往事与系在心上的结

其实，让儿子学习小提琴不仅是陈康多年的企盼，也是我珍藏多年的心愿。我们虽不是音乐世家，但和小提琴也算得上渊源深厚。说起来，这还得追溯到我的童年时代。

1955 年 12 月，我出生在一个军人家庭里，父亲戎马一生，是个坚定的革命者，也是一位好父亲。妈妈出身名门，是个有教养、有文化的贤妻良母，也是一位老干部、老党员。儿时的记忆甜蜜而幸福。我们在妈妈温暖的羽翼下享受着富足优越的生活，除了怕严厉的爸爸发脾气以外，可以说，我们兄妹几人就没有什么不愉快的地方可言了。

我的母校是沈阳八一小学。这是一所部队的子弟学校，学生全部住校，每周有两次课外活动。学生们分为美术组、唱歌组、舞蹈组、乐器组、体育组等等。我报了乐器组，在分配乐器时，老师让学生们举起左手，我的手被选中拉小提琴，又因为我

亲爱的爸爸和妈妈抗美援朝纪念照

个子小，分到一把四分之一的小琴，浅黄色的琴又新又亮，让人看着就喜欢。那年代大家都不认识乐器，小提琴就成为我生平认识的第一件西洋乐器（钢琴除外）。遗憾的是后来我因为生病缺了两周的课，再上课就跟不上进度了。

史无前例的"文化大革命"改变了我们的生活。学生们不上学，"造反"的"造反"，在家闲呆的闲呆，小学里也有了像"红卫兵""红小兵""红后代"这样的组织。我是积极分子，很爱"造反"，经常跑到公共汽车上背诵毛主席语录，到交通岗楼里念传单。后来，中共中央下来文件，部队家属子女不许参加"文化大革命"，爸爸为了栓住我们的心，答应每个孩子买一件乐器。我们家兄妹6人，5个哥哥，我是最小的，哥哥们买的都是几元钱的口琴、笛子、二胡，四哥是个万斤油，什么乐器都会点，他买了二胡，就鼓动我买小提琴。我是独生女，爸爸当然不在意给我多花点钱啦，于是我就拥有了一把26元钱买的小提琴。在那个年代，即使对于我这样家庭出身的孩子，这也是一件奢侈品。这把琴我一直小心地收藏着，没事时拿出来拉几下，当然纯属胡拉。

13岁那年我上了沈阳二中，又参加了学校的"毛泽东思想宣传队"。我因为天性活泼爱唱爱跳，嗓音条件又不错，后被选为学校的广播员，整天在学校的大喇叭里喊口号，打倒这个打倒那个，出尽了风头。二中的新三届（1970，1971，1972届）几乎无人不晓得李建华的名字。年少轻狂的我很有些少年得志的感觉。偏偏事态在这时发生了巨大的转折。1969年部队内部为了让子女逃避上山下乡

当知青时在家练琴（1973年）

再次招收后门兵，十五六岁以上的孩子都报了名，就连高度近视、个子不足一米五的统统体检合格套上了军装，身材魁梧的五哥却几次体检过不了关，说是高血压。我们家人起初没多想，为了体检合格，五哥没少吃冰棍降压，再体检还是血压高。眼看着连残疾的同学校友都入伍了，一直被蒙在鼓里的爸妈预感到灾难临头了。

爸爸是青岛人，1931年参加革命，1932年入党，是领导山东青岛地区武装斗争的领导人之一。后因叛徒出卖入狱，受尽各种刑法的折磨，做老虎凳被敌人打坏了肾，尿血，还坚持在狱中组建党支部与敌人斗争。这段体现对党忠诚、坚定革命意志的历史被称为"历史问题"。

爸爸李明海参加革命时期
（1913~1986）

是祸躲不过。林彪的"军委一号通令"一夜之间将我们干休所（沈阳军区后勤第一干休所）50户老红军及其家属子女一举迁进了大连金县，我们家却接到通知暂时不走。我们居住的沈阳军区后勤第一干休所立刻变成了沈阳军区政治部考察干部学习班。许多军队高级干部被关押这里，据说有人在这里自杀了，昔日热闹融融的大院如今变得阴森森的。爸爸的情绪一落千丈，迅速恶化的糖尿病直接影响到了他的视力和脾气。每天他都会无缘无故地同妈妈发脾气，妈妈知道爸爸心里委屈，无奈只好偷偷地掉泪。家里和这个大院一样整天阴沉沉的。

1972年12月我高中毕业，二哥三哥因爸爸所谓的"历史问题"被部队处理复员了，五哥早在两年前高中毕业就被分配到商店当营业员，四哥依然在乡下务农。我不想在家吃闲饭，对爸爸提出我要下乡，我告诉爸爸

我的爸爸妈妈和哥哥们（1971年）

妈妈，"别人能去，我也能去，10年，我就做在农村10年的打算，10年之内我一定回来。"爸爸妈妈他们哪里知道，如果我拒绝下乡，学校老师会带着学生到我的家里做下乡动员。这种事情对有的同学来讲也许无所谓，因为他们的家庭实在是非常的困难，没钱支付在农村的开销，而对我来讲却是天大的耻辱，我因为家庭背景的关系而不能去当兵，下乡还是符合条件的。毛主席讲：广阔天地，大有作为。我就不信自己干不出个样子

知青年代的我（1973年）

来。尽管满怀豪情，真的离开家到了农村，17岁的我还是禁不住思乡之情。刚去的第5天，大家都在生产队队部里干活挑黄豆种，一个同学飞快地跑进屋里，上气不接下气地说："有，有辆去沈阳的大卡车，马，马上就要开车了，你们谁回家赶快走，车就在大队门口停着。"

我二话没说，穿上棉大衣，跑到大队门口，翻身爬上车，高高兴兴地回家了。车上仅有三个知青，新来的就我一个。我当时一心想回家，完全不顾后果。月评工分的时候，我几乎是理所当然地成了最低档——每天3毛3分钱。我没有为自己争辩。不是说我高干子女娇气吗？来日方长，我一定要好好干，拿到一等工分，为自己和自己的家庭争口气。

春耕开始了，我同社员一样没日没夜地劳动在田间，累了就躺在路边的壕沟里睡上一小会儿。社员提醒我不要这样睡觉，斜风能把人吹得嘴歪眼斜，我根本听不进去。现在想起来真有点儿后怕。种地时，一人站在一条垄上往前干，我是新知青中遥遥领先的一个。等到春耕结束，我如愿以偿地拿到了知青中的最高分。夏天挂锄后是农闲时期，知青们都回家了，我看队里还有活就接着干下去，一连87天没回家，创下了青年点当时不回家时间最长的记录。我下乡在沈阳东陵区桃仙公社马楼子大队第二小队，

就在现在的沈阳桃仙机场附近，从家骑自行车只需不到3小时。半年后，我被大家选为公社的先进知青，一年后又成为大队80几名知青中仅有的几位知青劳模之一。

尽管如此，那时候回家仍是我特别快乐的事情。在家我常做的事情是拿出爸爸给我买的那把小提琴胡乱拉一气，虽然不得要领也觉得美滋滋的。

下乡一年后，我被调到公社担任广播员兼报道员工作，领导非常满意我的工作，可是我的心里始终不安。广播宣传口是党委的喉舌，我家的成

知青的我（1973年）

分已发生了改变，由红的发紫，到紫的发黑。公社领导信任我，我也要对他们诚实，不向组织汇报是不诚实的表现。可要是向领导汇报了再让我下乡劳动怎么办？在政治运动中成长起来的我，更愿意活得"君子坦荡荡"，不想苟且偷安。想来想去，我向领导做了汇报，并表示同意回到生产队干活。或许是我的命运比爸爸好，我不但没被打回农田还得到了领导安慰，领导和我谈话鼓励我说："没什么，你就好好干吧，不回生产队了。"

我没有在农村呆 10 年。1974 年 12 月 28 日，在下乡两年零 7 天回城，结束了在农村的再教育，被分配到沈阳空军第一招待所做服务员。在度过了一年多相对平静的日子之后，1976 年初爸爸的一场大病使我更深切地体会到了政治的残酷和残忍。

大年初五的早上，我正在招待所里值班，五哥脸色异常难看地找到我。他声音低沉地对我说："建华，马上回家吧。"

"家里出了什么事？"我心头一紧赶忙追问，一种不祥的预感袭遍全身。

"昨天晚上爸爸突然心梗，现正在家里抢救，医生已下病危通知书，24 小时之内是第一危险期，快回去吧！"来不及多想多问，我们骑车飞速回家。

家里一片寂静，妈妈坐在床边不停地抹着眼泪，哥嫂们沉闷不语，只有医生在出出进进地忙碌着。一家人除了看着医生忙碌就只有默默期待着。谢天谢地，经过医护人员 17 天的全力抢救，爸爸的病情趋于稳定。令人气愤的是，当军区后勤门诊部决定送爸爸到沈阳陆军总医院时，因所谓的"历史问题"，军区组织部指示送 202 医院，与一位同样受到迫害得了精神病的老干部住一个病房，那人一会儿哭一会儿笑，爸爸哪能休息得好，险些被再次送回到死亡边缘。

也是在这时候，我从哥哥们那里知道了爸爸发病事情的经过。大年初四夜里 11 点钟，爸爸突然面色苍白呼吸急促，手按着胸部疼得直冒冷汗，妈妈当时吓坏了，幸亏家中除大哥在外地，其余 4 个哥哥都在家住。三哥

爸爸，我们爱您

急速跑到楼上的一位休干叔叔家想借一下电话通知医院出救护车，却吃了意想不到的闭门羹。（我们家的电话早就被取消了。）为了救爸爸的命，4个哥哥兵分两路，妈妈一人在家守护，两个哥哥先到离家最近的解放军202医院取来氧气袋给爸爸输氧，两个人轮换着骑车取送氧气袋，另两个哥哥直奔军区后勤门诊部值班室。

当哥哥向医生提到爸爸的名字李明海时，值班医生惊讶地说："你爸爸是我们的老领导啊，他的糖尿病最重了，活到今天都不容易呀！我们刚刚买了一台手提心电图机，部长（指我爸）千万躺在床上别动，据我们的经验，一动危险就大了。我马上叫救护车，带上抢救的医生护士来，你们先回去吧。"半个多小时后他们赶到了，心电图机一插上，医生拉出一截图纸一看，吓得一拍大腿说："哎呀妈呀，亏得没上医院，左前臂大面积心肌梗塞，马上抢救。"

爸爸在那个有精神病人的病室内也没有住久，就被换到了普通病房。先是四人间，然后又换到八人住的战士病室，医生称他"老李"，战士叫他"老李头"，我为此满心不快，爸爸倒不在意，

爸爸和妈妈在学《毛泽东选集》（1973年）

乐呵呵地和他们有说有笑，他本来就是个老战士嘛，经历了多年的起起落落，爸爸的心态已经相当平静，再说他受这种待遇也不是第一次。有一回他糖尿病犯了，医院还曾经把他安排在战士病房的"加床"上，而那个"加床"其实就是一副离地仅有一尺高的担架。嘻，那个年代只讲立场，不讲人性的。

粉碎"四人帮"后，我们终于又挺起了腰杆。在经历了这些年的风雨之后我们也变得成熟多了。爸爸于1986年岁末与世长辞，享年73岁。他是一位令人尊重的老人，他的一生戎马生涯迭宕起伏，有着横刀立马驰骋疆场的豪迈，也有着身陷囹圄忠诚于党的考验，爸爸出身雇农，家境一贫如洗却酷爱学习，直到生命的终结。我热爱爸爸和妈妈，作为特殊年代长大的孩子，我和他们一道品味了人生的大起大落，如果说我从妈妈那里得到了更多的爱与温暖的话，爸爸则用自己的一生教会我深入地思考世界和人生，并最终选择了自己的人生方向。1980年我在爸爸的支持下考上了中央广播电视大学学习电子专业。（那一年我认识了陈康。）7年后，我又承包了厂里的幼儿园，我希望以不懈的努力来实现自己的人生价值。

我和陈康是经朋友介绍认识的。朋友说他会拉小提琴，多才多艺（当时会点乐器的人就叫多才多艺）这一点让我的心为之一动。第二次见面时，我特意把自己的琴放在桌子上，他看到琴就紧张起来。我厚着脸皮说自己11岁就会拉琴了只是不太好，还边说边心中暗乐，我连五线谱还不认识呢，拿出琴来是想考验一下他的水平。我说，你拉个《梁祝》吧，他一听曲名觉得我很内行，以为是高山流水找到了知音呢。他哪里知道，"文革"期间二哥帮一个同学保存了一架手摇唱机和一张"黄色"唱片，上面写着《梁山伯与祝英台》，我们经常偷着听，让他拉别的经典曲目我也不知道啊。

陈康一拉琴，哎呀，真不错！我听着跟唱片里一个样。（现在回想可差多了，哈哈！）拉着，拉着，他的额头沁出汗来，赶紧停下来擦擦汗再接着拉。我正在一边偷着乐呢，没留神，他把琴递到我的手里，谦逊地说："让我学习学习。"我被将到这里，只好勉为其难摆好了架势，"嗤——"。只这一声他就明白了，眼前这位根本是啥也不会。后来，他来我家的时候常把琴带来，拉琴成了我们谈恋爱的一部分。他的琴声总是引得爸妈哥嫂都来听，有时我和嫂子唱歌他还为我们伴奏。小提琴不仅让陈康博得了我家人的认同，也把我的心紧紧拴住了……

我和陈康合影（1982年）

　　陈康在音乐上很有灵性，笛子啦，二胡啦，他一学就会。他的这点悟性后来一点不少地传给了儿子。"文革"期间，12岁的陈康在舅舅那里看到了一把破旧的小提琴，便一见钟情，想方设法把琴要了下来。没有人教，他就自己琢磨，他把旧小提琴装上配件拾掇好，又买来乐谱纸抄乐谱（他没钱买乐谱。）常常一抄就到深夜。我们相识后，还在他家的屋棚顶上看到了用绳子打上捆的两大厚摞乐谱，足有两尺半厚。最难的就是练琴了。陈康小时候住在姥姥家，姥爷年纪大了，听不了琴声，他就在院里拉琴，晚上在路灯下拉，夏天还好，冬天就惨了，哈尔滨的冬天冰天雪地，滴水成冰。陈康不是站在雪地上拉琴，就是在煤棚里拉一会儿，进屋里暖暖手，再出去拉，两只手全被冻伤了。后来，他被招到哈尔滨铁路"红孩子"宣传队拉小提琴，还曾是哈尔滨市"小燕子"合唱团的队员。

　　中学毕业的陈康被安排在黑龙江省样板戏学习班里拉琴，当时部队来招过几次文艺兵，陈康都落选了。开始他不服气，以为自己拉的东西不少，许多大的曲子还独奏过。后来才知道是因为他没有受过系统的专业训练，拉琴不正规。于是找到一位叫李华国的老师上课，学费是一节课5块钱（在那个时候这份学费可算得上不菲）。训练了一段时间，果然大有长进，部队再来选兵，他终于如愿以偿。

陈康后来告诉我，他感触最深的是在北京欣赏胡坤（现在中国著名小提琴家）演奏《苗岭的早晨》。用他的话说，那声音才美呢，把他的心都拉酥了，才知道小提琴是个什么声音。当时真想把手里的小提琴给砸了，觉得自己根本不配叫拉琴的。后来文工团减员，他和另一个老乡被减了下来。理由还是那个：基本功不行。陈康不得不挥泪告别了自己的演艺生涯。

如果说，小提琴只是我少女时代一份略带遗憾的回忆，对陈康，则成了他一生的伤痛。这种痛苦直到我们有了陈曦后才得到释放，他心中的结也一点点被打开。因为了解他的经历，我也才更加理解他对陈曦的厚望，包括他的方法、他的严厉。有时候我也想，如果陈康有机会成为一名小提琴家，他对孩子的教育可能会有所不同吧。

飞来横祸

我一直认为，学习小提琴虽然是陈康为陈曦设计的人生之路，更是陈曦自己对命运的选择。他由衷地喜欢拉小提琴，他在美妙的琴音中可以达到忘我的境界；他从他父亲那里承袭了对这个事业的热爱，并且有过之而无不及。他对手中的小提琴爱不释手，用时轻轻拿起，用后轻轻放回，然后将盖琴的布小心地蒙在上面。从他3岁半得到第一把十六分之一的小提琴开始，至今十几年如一日，有多少孩子能做到？我常见到的情形是：不少孩子用完琴后，随意地挂在家里的晾衣绳上，墙上，甚至像扔一块木头那样摔在桌上或是床上，一把琴用了几年后可见满目疮痍，毫不心疼何谈爱惜。

幼儿园春节晚会演奏得如醉如痴（1989年）

我曾经问陈曦："你每天拉琴那么累，有时还要挨打，干脆别学了。"他坚决地说："那不可能，打我我也要拉小提琴。"有一次，陈康嫌他没拉好琴，一气之下就吓唬他说："不好好拉就别学了，交着学费浪费钱，还搭着我的时间，明天就把琴送给别人，你现在就到外面玩去吧，快快乐乐地玩去吧！"陈曦信以为真，一下子跪在地上伤心地大哭起来，"我要拉小提琴，我要拉小提琴，我能拉好小提琴，不许把小提琴给别人。"他哭着、喊着、搞得我俩都掉眼泪了，那时他才6岁。

正因为他喜爱小提琴，在他学琴的路上，无论遇到多大的挫折、磨难，他都能忍受克服，给他多大的压力，他都能撑起来顶得住。孩子练琴冬天好熬、夏天难挨，暑假期间又是抓紧时间全力以赴练琴的好时机。陈曦在家经常是一丝不挂地拉琴。陈曦的姥姥家是小独楼，有过堂风凉快些，我们就把他送到那去拉琴。陈康经常去看他练琴，免不了大呼小叫的，70多岁的老人看在眼里疼在心上，躲在一边掉眼泪。在家里住的五嫂对我说："建华呀，这大热的天，人不动弹都一身汗，小曦子天天就这么自己关在屋里练琴太苦啦，我都看不下去，别说咱妈啦，你不心疼啊？咱妈看小曦子拉琴就心疼流眼泪，你还是接他回去吧，别让咱妈上火了，她都这么大岁数了。"妈妈也难过地对我说："接回去吧，眼睛看不见心里还好受点，我要让他多休息一会儿，还怕你们说在我这里把孩子给惯坏了，将来比赛拿不了奖落下埋怨。就看他一身汗一身汗地往下淌还"吱嘎吱嘎"地拉，你说我能忍心就这么听下去吗？你们年轻人想法高，我这老脑筋也跟不上，实在是不理解呀！"为了不让老人太难过，我们只好又把陈曦接回家中继续练琴。

1994年9月30日晚上，我们乘上了驶往北京的列车，踏上了盼望已久的赴京学习的征程。第二天午后，我们叩响了中央音乐学院附中赵薇教授的家门，这是我们第二次见到她。1993年在沈阳曾和她见过一面，她当时40多岁，担任附中的小提琴教研室主任。听说她是最会教小孩子的小儿王，最善于启发孩子的音乐，我们希望陈曦能成为赵老师的学生。

在赵老师家里过圣诞节太高兴了（1995年）

陈康双手递上了王冠老师的推荐信。没想到的是，赵老师把信放在桌上，微笑着说："还是先拉琴吧，看看这小家伙怎么样再说。"想想也是，全国就这么一所中央音乐学院，附小每年招生名额很少，各省市的小提琴老师都把自己手里最好的学生送过来，他们是千挑万选择优留下。他们这样做是对孩子们的前途负责，免得让家长孩子盲目地一条道跑到黑。

因为已经连续3年来看招

生考试或是期末考试，我们已经初步了解了附小的水平，这次拜师比首次去王冠老师家里拜师踏实多了。陈曦先拉了一曲萨拉萨蒂的《引子与塔兰泰拉》，接着又拉了一首维厄唐的《第五小提琴协奏曲》，这两首都是技巧性很高的曲子，我们告诉赵老师这是王老师留的考试曲目。当然，赵老师很高兴地收下了陈曦，并指出维厄唐《第五小提琴协奏曲》的技术难了些，对小孩子不太适合。这时，她才拿起王老师的推荐信看起来，她笑着拍拍陈曦的肩膀对我们说："请你们转告王老师，感谢他给我送来了技术这么好的学生。"赵老师的话里有话，是说陈曦音乐方面差些，我们知道这正是陈曦的弱点，是他亟待提高的方面。

　　从那之后，我们开始隔一周去北京上一次课。周六晚上走，第二天上午找个地方练琴，周日下午上完课晚上往回赶，周一早上陈曦从沈阳火车站直接到学校上学。中转的环节多，去的次数多了就容易出纰漏。记得有一次，我们从北京站出来赶往一个朋友家练琴，结果那个朋友失约家里没人，我们就在他家的电梯口拉琴。开电梯的阿姨见了后很感动，说有个厕所没有人用只是她们放杂物的地方，我忙带陈曦进去。那是个楼梯的下面，棚顶是个大斜面，陈曦只有坐在马盖桶上才能拉开弓子，我们就在那里练起琴来，很庆幸遇上了好人。1995年春节后，我干脆关闭了家里的幼儿园，放弃了已经从事8年的幼教工作，和陈曦带着行李来到北京"安居"学习，

一家人在郎朗家（1991年）

正式从陈康的手中接过培养陈曦的接力棒，实践着在郎朗家里曾立下的誓言。我很清楚的是：幼儿园谁都能办，能陪陈曦到北京学习的人只有我一个。

我们住在北京南苑机场的一个空军招待所里，那里很怪，暖气烧得烫手，房间仍然冷得要命。陈曦在那里每天几乎要练琴7到8个小时，由于曲目的难度大，把位高，要想在考试的时候顺利闯关就只有刻苦练。每天练琴的时候，我就坐在桌前，把谱子再放大复印一份放在桌上。（赵老师上课的要求就写在上面。）对五线谱我只能是摸着看，看得很慢，所以陈曦拉的时候我就跟着感觉往下品，哪儿拉的不好就重来，拉的好了就鼓励表扬。陈康则在沈阳对我们全程遥控，每天来电话询问练琴的情况，还要对陈曦进行一些必要的指点。那时候我们全家人心里只有一个目标，陈曦一定要考上附小。

1995年3月初，备考附小进入冲刺阶段，陈曦每天的练琴日程安排得非常紧。（其实，我们从来就没有不紧张过。）5月初要参加中央音乐学院附小的录取考试，我们的目标是以第一名的成绩考取。目标定的高了，给自己的压力也就大了，人在这种时候心态特别容易失衡，既听不进不同意见，也容不得自家偷懒。陈曦本来志在必得，在我的影响下，头上像套上了紧箍咒，浑身上下的每一个神经都像上了发条，拼命往前旋转。

周围的许多朋友不理解我的做法，指责我这样对孩子有些过分。一位领导关心地对我说："小李呀，你让陈曦每天拉那么长时间的琴，会不会把身体搞坏呀？孩子还小嘛，正是长身体的时候要注意啊！"我不以为然地笑着回答他，"不会的，都说人有享不了的福，没有吃不了的苦。小孩也是一样，没听说拉琴把身体拉坏的，他小时候就是这么走过来的，小孩的能量是可以挖掘的。"我说得振振有词，自以为很有道理，想不到这话说出没多久，一场飞来的横祸，险些毁了陈曦的艺术生命。

起因是赵老师的一堂课。她当时对陈曦的回课很不满意，记得是《罗德》第 5 课和克莱斯勒的《前奏与快板》，说表现的音乐不行，这样下去很可能考不上。赵老师的这番话给我们的震动非同小可。考上中央音乐学院附小是我们一家多年奋斗的目标，怎么能够功败垂成？回到住处后稍做休息，我就催陈曦快点练琴，我的心情很烦燥，一个劲地发火，因为拉琴没进步我不仅要受陈康的埋怨，自己也有责任哪。结果一连几天练琴的时间比以前长了些，加上屋子冷，维厄唐《第五小提琴协奏曲》的把位高、技巧难，第一句的连续三个高把位的琶音又要反复地练。3 月初，陈曦的左手从小指、无名指开始疼痛，小臂连带出现酸痛的感觉，我没有在意，只是每天给他按摩（胡乱揉按），症状稍有减轻就接着练。就这样，疼——按摩休息；不疼——再练，我们当时真是有点走火入魔了。

3 月 8 日我们到赵老师家里上课，陈曦感到左胳膊再次疼痛，我心中没底，便问老师练琴是否会出现这种情况，赵老师说没有，还表扬了陈曦，说是只要到考场上这样拉就够用了。我一高兴跑到商场买了面镜子，对着镜子拉琴，既可以听音色又能看自己表演。陈曦来了劲，手疼也坚持练，技术随之大有起色，意想不到的灾难也在这个时候降临了。

3 月 10 日的晚上，陈曦从外面跳绳回来，右手抱着左臂一脸沮丧，"妈妈，不好了，出事了！"

"怎么啦？胳膊怎么啦？"他的样子令我心里十分不安，儿子是不是遇到了意外？

"我的胳膊坏了。我刚才跳绳的时候，跳着跳着，突然左胳膊'嗖'的一下，像针扎一样地疼。"陈曦心情紧张地

霸气（1989年）

描述着。

"怎么样？现在怎么样？还疼吗？"我等不得他说下去，连珠炮一样地追问。

"疼，妈妈，我不能拉琴啦！"陈曦说着说着"哇哇"地哭起来，一边哭一边紧抱住左胳膊。我本能地一把将儿子搂在怀中，随手拿起毛巾揩着他小脸蛋上的泪水。我的心急速地跳着，千万别出事！千万别出事！我一边在心里不住地祷告，一边平静地安慰陈曦。然而我几乎是明确地预感到：大祸临头了。

"陈曦，别哭，有妈妈在，你就不要怕，告诉妈妈怎么疼法？明天我们上医院看病去。"

"妈妈，现在我胳膊像电打的一样上下窜着疼，整个左胳膊都是麻的，妈妈，我要是不能拉琴了可怎么办哪？"说着，他又"呜呜"地哭起来，我连忙给他按摩胳膊，早早地让他上床休息了。9点多钟，他再次被疼痛折磨得哭起来。

那一夜我几乎没合眼。儿子一定是病了，会不会是累的？会不会耽误他考试？当时我首先担心的还是这个问题。我无论如何都不会想到，这一场病竟让陈曦小小年纪受尽了成人都难以忍受的折磨，这一场病更让我重新认识了自己的儿子。

第二天是周六，我们连着到两家医院看病，一家说是末梢神经炎，另一家说是臂丛神经炎，相同的是两家医院都要求陈曦休息养病。陈康得到消息后也觉得奇怪，他要陈曦慢慢练试试看。周日上午，我在楼下收发室给陈康打电话的工夫，陈曦竟然自己练了起来，左手托不起琴，就用几个枕头摆在茶几上，再用被把枕头围起来支撑整个左臂，结果是拉一下疼一下，而且是一次比一次加重，十几弓过后已是痛得大喊大叫，我们只好罢休。

我仍然没有意识到事情的严重，或者说我当时不愿意相信事情真会有那么严重。当天下午我又让陈曦抱着琴练打指。试了一下，左手无力，我们又试了试，他连我的手都抓不住了，背部也疼痛起来，病情急转直下。

我四处托人在附近的一家小卫生院借到了一台周林频谱治疗仪，据说这种仪器具有舒筋活血和消炎的功效。当天晚上，我让陈曦躺在床上，一边照着频谱，一边用湿毛巾热敷。折腾到半夜，陈曦总算是睡着了。

我们开始了四处求医的生活，小提琴被暂时放在了一边。周一，我们经人介绍到解放军301医院，找到中国著名的颈椎病专家王福根主任看病。那时医学界都知道空军中流传的一句话：王福根的脖子冯天友的腰。冯天友是空军医院的副院长，专治腰病，他们是军中的两位"神医"。我们期望陈曦能在这里找到灵丹妙药，结果是一盆冷水泼到头上，王主任诊断后说："这是臂丛神经炎，小提琴以后就别想拉了，中央也别考了，要好最快也得两个月，要绝对地休息，静养，胳膊要用吊带吊上，不能放下，按时吃药和按摩，一周后再来。"

这不是飞来的横祸吗！

走出了301医院，陈曦噘着小嘴气哼哼地说："我现在最恨这个王主任，他说我以后不能拉琴了，他是瞎说，我才不信呢。我的胳膊肯定能好，我一定能拉琴，我还要当小提琴家呢。"

自信（1995年）

绝处逢生

我们认识了一位好心的外科医生，他每天给陈曦做颈部复位治疗，做强力刺激性按摩。为了尽快治好病，儿子咬着牙没掉一滴眼泪，承受着成人难以忍受的痛苦。眼看考试的日子越来越近，我又心急又心痛，整日偷偷地流泪。

起初，我并没有完全理解陈曦的病痛。有一次，我让陈曦学点文化课，他告诉我说写不了字，左臂"过电"似的疼，我还以为他不愿意学习呢。这些日子以来的桩桩件件一起涌上心头，我不知怎的突然怒火中烧，发疯一样地抓起他的铅笔，先是掰折了然后又狠狠地摔在地上，"自己端水洗脸！"我不由分说地命令他。起初，陈曦没有顶撞我，他默默地出了房间，又颤颤微微地端着半盆水进来，哆哆嗦嗦地放在凳子上，此时，我还没有停止乱吼。终于，陈曦冲着我伤心地大哭起来：

"你心里难受，我更难受。你只管你自己，你想想我吗？我的心里是怎么想的？考不上音乐学院（附小）我的心里是个什么滋味？你自私，你不是好妈妈。"

他边哭边用右手使劲地捏着左臂："妈妈，我越哭，胳膊疼得越厉害，你越说，我胳膊也越疼，我的胳膊什么也端不动了，妈妈我求求你了，别对我喊了，我已经受不了啦！呜……呜……"

陈曦撕肝裂肺的哭声和哀求像一把剪子戳透了我的心，我仿佛从罪恶中清醒，忏悔地扑上前抱住坐在凳子上的儿子的双腿，积压数日的痛苦此刻一起涌上心头，我再也控制不住自己过于悲哀的心情失声痛哭起来。这是我们母子二人第一次面对面地痛哭。我捶打着前胸责备自己：

"儿子，是妈妈对不起你呀！是妈妈急昏了头，妈妈不该对你发火，妈妈错了，妈妈向你道歉。"

我蹲在儿子面前泣不成
声，善良的儿子早已哭成了
泪人，他像大人一样摸着我
的头说：

"妈妈，好妈妈，你别
哭了，你是世界上最好的妈
妈，我不怨你，是我自己把
胳膊弄坏的，都怪我，都怪
我，好妈妈。"

在沈阳北陵公园划船（1991年）

我们在一起痛痛快快地哭了好一阵子，算是对几天来积压在心口痛苦
的一次猛烈地发泄吧。然而灾难和悲哀继续深入地演绎下去，陈曦的病情
仍在向深度发展；整个左臂都失去了知觉，无论我怎样用力掐他的胳膊都没
有了痛感，肌肉也逐渐松懈下来，我可以清楚地摸到他胳膊上有几根筋，
几根骨头，手的握力显示为零。我的心仿佛坠入了万丈深渊，担忧和焦虑
与日俱增。然而，为了让陈曦快乐起来，我努力在孩子面前保持着平静。

令我不能理解的是陈曦的表现，已经饱受病痛折磨的他竟然常常反过
来安慰我，"妈妈，我没事儿，过几天肯定能好。"我无奈地望着懂事的儿
子，反复地掂量着该怎样劝
儿子放弃今年的考试。然而
我的话刚一出口，他就断然
否决，"决不可能！现在我
不拉，到了考试那一天，就
是疼死我也要拉！"

陈曦的回答其实是意料
之中的。我比任何人都了解
陈曦这几年来为学小提琴所

在奶奶家的果树下（1994年夏）

受的苦，当然也更了解他对小提琴的眷恋之情。儿子越懂事，我就越心痛。这样悲壮地回答更让我难以自持的心痛，他是我十月怀胎又辛苦养育的儿子啊，现在我不需要他做什么少年英雄，更不要他承受这样的痛苦折磨，我只要那个健康的儿子快点回到我的身边，起码我们一家人可以快乐地生活在一起，这世界不是有千千万万的人都是这样过着普普通通的生活吗？早知今日，我无论如何也不会让他走这条路。为什么一定要让孩子来实现父母的梦想，一个孩子能承受多少这样的沉重？在一个个不眠之夜，我一次次地为自己赴京以来让他超负荷的练琴追悔莫及。

我带着陈曦又来到北京骨科医院，这次看病与其说我是抱着希望，不如说我是心存侥幸。医院的专家看过后十分惋惜地说："我从没有遇见这么小的孩子得这种病，这么严重的肌肉神经损伤，一般出现在从事重体力劳动的成年人身上为多，拉小提琴竟把胳膊拉坏到这种程度……咳！我当了几十年医生头一次遇见，真可惜呀！痛心啊！这种病没有特效药，如果两个月内麻木不减轻，可能会持续一百天。如果两年还不好的话，那胳膊就恢复不过来了。"还有比这更可怕的结论吗？我险些支撑不住晕倒在地，我急忙拉住陈曦的手，心乱如麻地离开了医院。

"天塌下来了吗？"我问自己又问苍天。

"是的，天塌下来了，我的手好像碰到了天。"我自答，而苍天无语。

"怎么办？你能撑得住吗？"我又问自己。

"能，只有你能，你一定能！因为你是母亲，母爱的力量是巨大的，是无穷的，你会为儿子撑起一片天。"我对苍天对宇宙发誓。

回到了住所，我望着依偎在怀中的陈曦，医生说的话仍然响在我的耳边，每一个字都那样清晰，就像悲伤乐曲里的每一个伤感的音符。儿子的眼睛一动不动地盯着我的眼睛，黑亮的眸子流露出渴望和求救的目光，半晌不说一句话。今天医生的话他全听到了，他能想到病情的后果吗？

陈曦成为小提琴家的美好愿望难道真的就是一场梦吗？他从3岁半

"我要撑起一片天"（1995年于世界公园）

开始历尽的艰辛难道就是这样的回报吗？王冠老师说的向亚洲放出的这颗"卫星"难道就这样消失了吗？7年的辛苦，7年的磨砺，我们共同付出的7年的青春年华，难道换来的就是这样一场噩梦吗？

医生的话几乎让我绝望了，可是，母亲的责任呼唤着我，我给自己加油、鼓劲，不能让陈曦看到我绝望的表情。他太幼小了，他把唯一的希望寄托在我身上，他只相信，只有他身边的妈妈才是他最可以信赖的人。

他低声地告诉我，他的耳朵里总是嗡嗡的响，听人说话都是带回音的。这绝不是臂丛神经炎的症状，孩子心里不一定怎么上火呢。这种肉体和精神的双重折磨让他怎么受得了？不管他多坚强，他总是个孩子，我绝不能

放松一下心情（1995年于世界公园）

再增加他的痛苦。不，我不能倒下，我必须给陈曦信心。只有这样，只能这样。

我的勇气来了，天是塌下来了，可我要在孩子的头顶上撑起一片蓝蓝的天，不到最后关头我绝不能放弃，就算他真的不能再拉琴我也不能让儿子的人生从此一蹶不振。从那天起，我每天带他去医生那里按摩治疗，然后打起精神给他讲故事、读小说、听音乐，带他踢球，带他到别人家去聊天分散精力。我在陈曦面前再也不是满面愁容而是笑脸迎人，孩子就是孩子，看到妈妈轻松了，陈曦也开心地笑了。

每当夜深人静，陈曦熟睡在我的身旁，我总是望着他天真的小脸以泪洗面；每天的清晨，我面对太阳初升的东方，祈祷上帝，求仁慈的上帝保佑儿子的病早日痊愈；我又跪在地上求拜，求大慈大悲的观音菩萨保佑儿子渡过此劫。为了儿子，我恨不得拜遍这世界上所有可能存在的神。我曾练了几天气功，听说意念最重要，我就边打坐边在脑子里念叨：儿子的病一定能好！一定能好！一定能好！也许这一切都是徒劳的，可这是我表达愿望的唯一方式啊！除此，我还能做什么呢？

我不得不把医生的结论告诉了陈康。陈康后来告诉我说他乍一听到这个消息，就像听到晴天霹雳在头顶炸响。爸爸心中的陈曦是一只小雄鹰，他是那么渴望让这只小鹰去搏击长空，鹏程万里，闯一番属于自己的天下。难道陈曦的羽翼还未长成，就这样被无情地折伤了翅膀吗？

不知是陈康掩饰的好还是我自己心里乱，总之，我没有察觉到他所受到的震撼。他在电话里平静地叮嘱我要冷静不要着急，让陈曦放松一下，多出去玩一玩，他甚至颇为轻松地说着没有那么严重很快胳膊会好之类的话给我听，他的态度让我的压力小了许多。几天后他赶到北京，开始千方百计地为陈曦求医问药，他的到来使我的心情好多了。

我们的好朋友小裴见到他的小友陈曦病成这个样子，提议开车带我们到世界公园玩玩，说话间已是清明的前夕，5月初就要考试了，哪还有心

和小裴叔叔在一起（1995年于世界公园）

去逛公园啊。可是，为了让陈曦开心一些，放松一些，我们还是去了。小裴和我们一起玩了一个下午，他还为我们租了一架照相机，拍下了许多的照片。照片记录下了我们当时复杂的心情和表情，照片里的陈曦仍是那样充满童真稚气。

　　为了治疗陈曦的病，我们再次找到了解放军301总医院康复医疗科王福根主任，把陈曦的学琴经历仔细讲给他听，不知是陈曦的经历还是我们的苦心感动了这位军界神医，王主任终于同意陈曦住院治疗。4月5日陈曦住进了301医院康复医疗科，成为王主任收治的年龄最小的颈椎病病人。经过住院后全面系统地检查，陈曦被诊断为臂丛神经严重损伤前斜角肌综合症。由此陈曦的治疗也终于步入了正轨。

　　第一次手法治疗是颈椎复位，松动第五、六、七节颈椎。陈曦在诊室里接受治疗，我们在外面焦急地等待。陈曦出来后，眼里射出希望的光芒，"妈妈，胳膊好多了，麻减轻了一点。"看到陈曦脸上露出的笑容，我的心里说不出地高兴，第一次治疗就见成效，真是绝处逢生啊！儿子有希望了，这希望给陈曦带来的动力简直威力无比。接下来的是吃药、按摩、热敷、颈部牵引，这一套除了吃药以外，都要忍受剧烈的疼痛。小小的陈曦无畏地迎了上去，坚强地挺了下来。

笑话一担

陈曦为接受治疗所受的痛苦令人不忍目睹。就说按摩吧，每当医生的手指点中穴位，并开始强刺激神经部位时，陈曦都会疼得龇牙咧嘴。医生看他小小年纪有些不忍，便问他，"能挺住不？要不就轻一点？""没事，我挺得住。"陈曦说这话的时候像个小大人，看着就让人心疼。最疼的时候，他采取了一种极端的方式——大笑，越疼他越笑，有时竟笑出眼泪来，按摩的医生都被这个小家伙感动了。我问陈曦，那么疼怎么笑得出来？当着妈妈的面儿子说了实话："你要一哭，医生手就软了，不敢下手去按，那我的病啥时治好啊？哭也是疼，笑也是疼，笑还能逗大家乐，我也快乐呀。"

"我要坚强，做给爸妈看"（1995年于世界公园）

热敷虽然不疼却也非常难熬。我每天在电饭锅里煎熬两到三次四袋同热水袋一样大小的中草药包，上下午共热敷三次。在床上先铺上塑料布，将温度适当的四袋草药包平放上面，陈曦光着上身平躺上面，一次一动不动要1个小时。医生禁止陈曦看书，他只好玩一个有手指大小的变形金刚小人，把小人的四肢和头每天重复地掰来掰去，嘴里嘟哝着大人们听不懂的儿语，从没有心烦闹人的情况。他看得非常清楚，妈妈并不比他轻松，他不愿给我增加负担。有时我看着眼前的儿子也想不明白，他小小年纪哪来这样坚强的毅力？

最难过的是颈部牵引。开始是有重量的牵引，医生需要胆量，孩子需要配合，孩子骨头没有长成，颈椎部分的连接又是十分地脆弱，稍有闪失就有终身瘫痪的危险。记得进行第一次牵引陈曦是躺在床上，一个特制的套，一端套住他的脖子，另一端顺着床头吊着一个刻有重量的大铁砣，具体的重量我没有记录。本来牵引的过程中陈曦感到左手不麻了，这说明颈椎对神经的压迫解除了，我们还没等高兴起来呢，牵引一结束，陈曦很快感到脖子不适，头晕恶心，有脖子下沉和悬浮的感觉。医生见状马上给他带上颈领（一种用硬塑料做成的领子，围卡在脖子上起支撑的作用），十几分钟后再慢慢地将它取掉，配合着点穴治疗，陈曦的情况才慢慢恢复稳定。伴随着这种

"我拥抱世界"（1995年于世界公园）

反应的反复出现，陈曦和医生密切配合，很快就渡过了重量牵引这一关，开始了每日三次带颈领，一次 20 分钟。高高硬硬的颈领卡在脖子上使人脖子转动不得，别说 20 分钟，就是 5 分钟也受不了。他难受，我更难受。看着坚强的儿子，我一千次一万次地责备自己，他之所以受这样的苦，完全是由于我的无知和盲目。如果此刻他能大声埋怨我几句或许会好过一些，然而，善良的儿子从没有说过一句怨恨妈妈的话，哪怕片言只字。

自从住进了 301 医院以后，陈曦就像换了个人，脸上就总挂着笑容，每天的话多得闭不上嘴。上次见面还是"冤家"的王主任，现在是张口一个王爷爷，闭口一个王爷爷，叫得比亲爷爷还亲。经过王主任的几次手法治疗，陈曦的病情大有起色，这给了陈曦极大的信心和希望，他坚信王爷爷的医术定会叫他登上考场。王主任半开玩笑地说："我保证你能够按时上考场，你能不能考上音乐学院那就是你的本事了。你不是想当小提琴家吗？我看你到底有没有那个能耐。"王主任的话就等于给陈曦吃了定心丸，他当然喜滋滋的。小孩子心里装不了事，一高兴，嘴里竟时常飞出许多笑话段子，他成了病房里的开心小胖子。

"开心的我，就是这个样"（1995年于世界公园）

一天晚上，我从病房的洗手间干完活端着水盆往回走，还没走进病房就听见从里面传出笑声，进去才发现中心人物竟是小胖子陈曦。整个病房连病人带陪护六七个人都围着他笑，连值班的医生也在场。我正纳闷呢，就听陈曦说道：

从前，有两个小男孩脱了衣服在河里玩耍摸鱼，一个叫冈财，另一个叫窦来侃。冈财在河边拉屎的工夫，窦来侃偷了他的衣服就跑，冈财用树枝刮了下屁股上的屎，就去撵窦来侃要衣服，一边跑一边喊："窦来侃（都来看）！窦来侃（都来看）！还我衣服，你这个臭小子，看我逮着不扒了你的皮。"他这一喊窦来侃，好奇的孩子们就真地围过来"都来看"了，一看是这热闹场面，不由得都捧腹大笑。不知是哪个倒霉蛋儿不小心踩着冈财拉的那泡屎，气得直骂，"是哪个缺德鬼在这拉屎？给我站出来！"窦来侃正好这时被冈财抓着，冈财伸手就要打窦来侃，窦来侃听见有人问谁拉的屎，就理直气壮地说："冈财（刚才）拉的，就是冈财（刚才）拉的。"踩了一脚热屎的孩子，

"高高在上，我不怕"（1995年于世界公园）

气得上去就把窦来侃一顿胖揍，嘴里还骂着："你这个混小子，挨千刀的，叫你胡乱拉屎，"窦来侃不服，反驳说："不是我拉的，是冈财拉的。"那小子一听更火了，抡起胳膊又是一拳"我说这屎还是热乎的呢，没错，就是你刚才拉的。"窦来侃自作自受还觉委屈，一屁股坐到地上"哇哇"大哭，冈财躲在一边穿衣服偷着乐去了。

屋里又是一阵欢笑声，陈曦洋洋自得地向我挤了挤眼，这回人们把话锋对准了我，这个说："你儿子真行啊！会讲那么多故事，小胖子天才呀！"

那个说："这小家伙嘴溜哇，脑子转得挺快，将来有出息，拉什么小提琴，干脆说评书去算了。"

"瞧，我很威武吧"（1995年于世界公园）

还有的还没听够想接着听，就说："小胖子，还有没？接着讲，听你讲的挺逗乐儿。"陈曦用手摆弄着脚丫子嘻嘻地笑："有，有的是，笑话一担，这还没到半担呢。"

我赶紧接过话头："这孩子什么时候学得贫嘴，他长这么大，我也没听他讲过故事啊，他是上课不爱发言的人，301医院培养人才啊！"虽然跟着幽了一默，我的心头却陡然掠过一丝恐惧，这孩子自从听说可以重上考场情绪就来了个180度大转变，万一……

陈曦兴致高涨，你看他大眼睛转了转，狡黠地瞥了我一眼，搂着我亲了一下，又对听故事的叔叔阿姨说："我还想讲个笑话，是真事，就是昨天的事。"大家你瞅我，我瞅你，好像在猜是谁的故事。"就是我妈妈的笑话。"他这一说，大家一下子又全乐了，跟着就起哄。我自然知道是什么故事，拦也拦不住，只能由他贫嘴去。

　　昨天下午，我看一本关于治我病的书，我知道了第五、第六、第七颈椎在哪个部位，管哪根神经，我们胳膊上有尺神经，尺神经管小指和无名指，桡神经管中指、食指和大拇指。神经抓住的肌肉有肱二头肌、肱三头肌。我的病就是颈椎压迫神经，神经抓不住肌肉，所以手才使不上劲儿，一按弦就疼。我想跟我妈说，我肱二头肌这块肌肉萎缩了，就指着书上的图说：

"妈，你看，这就是肱二头肌。"你们猜我妈说啥？

我妈说："谁偷鸡？"

我说："肱二头肌。"

我妈说："龚二是谁？偷谁家鸡？"我不知道我妈没学过生理卫生常识，以为她在故意跟我捣乱，气得我冲着我妈的耳朵喊："肱二头

古埃及金字塔（1995年于深圳世界公园）

"这是什么呢"（1995年于世界公园）

肌，就是肱二头肌。"

我妈还跟我犟："你看什么书？怎么上面还有偷鸡的事儿。"我看我妈不像是在逗我，还、还在书上找偷鸡的故事，我这才恍然大悟，原来我崇拜的老妈，也有我懂她不懂的事啊，我都笑得不行了，我说：

"哎呀，老妈，肱二头肌指的是胳膊上的肌肉，什么偷鸡摸狗乱七八糟的。"我妈这才明白我说的是肌肉。

"啊？你们说我妈逗不逗？一岔打到刑事犯罪上去了。"

"哈！哈！哈！哈！……"

一屋子人都跟着陈曦开心地大笑，只有我，看着心爱的儿子，心里像打翻了五味瓶，要啥滋味有啥滋味。这个不测的时刻，他负病在身，治病又备受折磨，竟然还能保持这么好的心态，他才是个10岁的孩子呀！他为什么有那么多的欢乐？他是靠什么战胜痛苦的？他从4岁到现在几乎没有什么属于他自己的时间，除了紧张的练琴就是练琴，越大越紧张。我也没有注意到他的其他爱好，从来不知道他的小脑袋瓜里装了那么多的故事。要不是这场病，我大概不会像今天这样深刻了解自己的儿子。他是那么勇敢坚强，他的内心世界是那么丰富多彩。而偏偏他的童年又如此单调枯燥，唯一的放松竟然"得益"于这场病，难道这是老天有意的安排？还是儿子必经的劫难？

离不开的王爷爷

陈曦的病情在住院不到 10 天就有了明显的好转。王福根主任亲自给他按摩、诊察病情。陈曦的颈领摘下以后，脖子能挺立得很好，无其他感觉，麻木也有所减轻，王主任认为病情进入了恢复期。陈曦回到病房后心情格外地好，急忙将许久没有碰的小提琴盒打开，自言自语地说："小乖乖，现在我又可以和你在一起了。"说话的工夫，小提琴已经搂在他的怀里，他轻轻地亲吻它，抚摸着它。我知道他想做什么，忙上前阻止。

"陈曦，你不能拉琴，咱们得总结总结为什么手能坏到今天这种地步的原因，如果我们当时发现手疼就休息两天或休息一星期的话，就不会有今天的局面。事后我们才在一本《关于小提琴的演奏》的书上的前 3 页了解到拉小提琴人的手应该怎样保护，怎样做按摩。你我整天看这本书里的故事，就是没有看前几页，真后悔。咳！后悔的事多啦，该接受教训啦。现在不能动琴，你的病仅仅是刚有起色，让胳膊恢复恢复再说，啊？"

我们已经吃够了盲目努力的苦，绝不能再操之过急，让这好不容易得来的成果（治疗）再付之东流。陈曦当然明白事情的严重性，抱着琴抚摸

放松心情了（1995年于世界公园）

好半天，终于恋恋不舍地把琴放下了。

但他还不甘心就此放手，噘着小嘴央求我："妈妈，我太想拉琴了，我就拉两下试试，要不，我抱着琴练揉弦吧。"我拗不过他，只好勉强地同意了，结果晚上症状就出现了反复。

第二天中午，他坚持要拉琴，我坚决反对。他没有听我的话自己拉了段《梁祝》过把瘾，我虽然不忍挫伤他的热情，无奈事态严重，还是狠心阻止了他。

4月20日病情又有了好转。下班前，王主任让陈曦拉琴看看手的恢复情况，陈曦断断续续地拉了有十几分钟，尺神经疼痛，主任用大手绢将手臂缠上再拉，情况好了些。这是陈曦第一次在主任面前拉琴，拉得很不好，他的手依然毫无力气。主任喜欢拉二胡，因为同是弦乐，主任能听出来陈曦的水平。他摇了摇头说："你还要努力呀，我听不像是辽宁省第一名的水平，好！我们继续治疗看看。"

陈曦在病中，水平自然和从前没法比，但是陈曦的病总是时好时坏着实令人发愁。眼看考试将近，陈曦却迟迟不能正式练琴，考试时怎么能发挥出应有的水平呢。

4月24日，王主任看完病后，提出本周内出院。这突如其来的消息对陈曦的打击非同小可，他气呼呼地回到病房，趴在床上"呜呜"大哭起来，边哭边绝望地说："完了，这下子全完了，我考不上音乐学院了，王爷爷说话不算数，他不管我了。"我们顿时慌了手脚，赶紧出去打听原由，很快事情就清楚了。当时301医院正在翻新修建，我们住院的那座楼要在"五一"后开始动工，轻病号都出院了，陈曦是个能跑能跳就是不能拉琴的病号，当然是要出院的。整个康复科的病人全部都要出院，这是由不得我们的决定。

事情来的突然，毫无思想准备的陈曦几个小时之后病情再次急转直下，所有曾经有过的症状都出现了，心悸、心慌、胸闷、恶心、脖子有

在桥上（1995年于世界公园）

压抑感甚至要吐。晚上陈曦 10 点半躺下，直到下半夜凌晨 2 点钟才入睡，我当初担心的事情真的发生了。

一连 3 天陈曦都折腾到后半夜，医生又是针灸又是按摩，实在没办法了给他一片安定，他才能慢慢入睡。但是 27 日早晨起来就开始头晕目眩周身无力，心电图显示为窦性心律不齐，晚上还出现了心口疼和腹胀，王主任 9 点多钟临下班时来给他治疗，还是折腾到下半夜 2 点半才入睡。

28 日的晚上 10 点半，我看陈曦实在痛苦，硬着头皮把王主任从家里找来，主任看着眼前这个让他棘手的小胖子无可奈何地笑了："看来小胖子暂时是离不开我了，我一走，你就出毛病，好了，这个病房就给你们家住吧，其他病人全部出院。不过，你们要注意安全。"我们当然是感激涕零，我们知道，只要陈曦不离开主任就有希望治好病。从那以后，王爷爷总是喜欢摸着他的头亲切地说："我们俩啊，是缘分。"

俗话说，"病来如山倒，病去如抽丝"。陈曦的病近来没有好转，反而旧病添新病。生化科出来的化验单上怀疑是心肌炎，我们吓坏了，赶紧找到王主任。王主任看过化验单后说是仅有一项有点偏高不算事，我们悬着的心才算放了下来。

看望可亲可敬的王（福根）爷爷（2010年）

29日晚上还是不能入睡。王主任同以往一样九点来到病房（陈曦住院后这成了他每天工作的最后一站），他给陈曦号脉、按摩、一番调治，又在他身边观察到10点半才回家。3分钟后，陈曦突然感到恶心、背痛，不能平卧只能合被靠墙而坐，后来只好在地下来回走。

已经是凌晨两点多钟了，陈曦还在地下一刻不停地来回转悠，时不时地给观音菩萨磕几个头，嘴里祷告着菩萨保佑。我在一旁急得团团转，我该怎么办呢？去敲主任家的门吧，深更半夜地太不礼貌不说，王主任也是50多岁的人了，每天都要工作到晚9点，还得看完这小胖子才回家，再把人家叫来是不是太不尽人情了。不找吧，眼巴巴地看着孩子在地下转悠揪心，恨不能在这那儿受罪的是我。我就这样走出去，折回来，再走出去，再折回来，不知道怎样做合适。

看着漆黑的夜，我忽然想起陈康，不知道这会儿他在干什么呢？他会在睡觉吗？他知道儿子在受煎熬吗？要是他能突然出现在我的面前该多好，起码他能给我拿个主意。我又转头看看陈曦，这要捱到天亮他得遭多大的罪呀！孩子一夜还没合眼啊！他是个病人，是个最需要休息的病人啊！我的脑海里突然闪出了这个念头，对呀，陈曦是病人，主任是医生，尽管主任很累，他怎么说也睡了一会儿，对，就去找主任。我好像抓到能够说服自己良心的理由，径直奔向主任的家（王主任就住在医院内的职工宿舍）。可等我真的摸着黑来到了主任的家门口，却又踌躇了，不敢大声敲门也不敢大声喊，我轻手轻脚地敲敲停停，等等敲敲，等了15分钟不见动静。忽然想到刚来的路上遇到急诊室的灯亮着，给主任家打电话是最正确不过的，这样就不会影响家里其他人休息，还能说清楚情况。对，就这么办，我返身奔向急诊室。

王主任在电话里告诉我："我没怎么睡着，估计这小家伙要疼来找我，果然是这样。你找三个军大衣垫在他的后背，让他半卧半躺着，能睡了再平躺下。"说完就把电话挂了。我按主任的要求做了但无济于事，正焦急呢，王主任出现在房门口，我像见了救星一样激动，王主任二话没说，上前亲自为陈曦垫好（是我垫的不对），又让陈曦服下一片吗丁啉抑制恶心，待陈曦要睡了，主任又扶他平躺在枕头上，直到入睡后才悄悄离开。此时已是凌晨 4 点，我目送着这位德高望重的老医生背影热泪盈眶，默默地希望他还能再睡一会儿，新的一天还有那么多的工作和病人等待着他。

"感谢王爷爷给了我第二次艺术生命"（1995年5月）

毅力创造奇迹

可能有些人会觉得奇怪，即使是在陈曦病最重的时候，我们也没有真正想过放弃考试，住进 301 医院更使我们一家人信心大增。信心归信心，眼看着考试前还剩下不到 10 天的时间，陈曦依然拉不了琴，此刻我们心急如焚。陈康赶到了北京，结束了我孤军奋战的日子，两个人一起分分秒秒地期盼着陈曦能把琴举起来的那一刻。陈康没有单纯地等待，而是带着陈曦练视唱、打节奏，到音乐学院补习文化课和视唱练耳课，他还经常自己到音乐学院了解考生的情况，积极地为陈曦做一切考前的准备。

一天晚上，陈曦已经熟睡，我瞧着他的小脸又发起愁来，轻声地问陈康说："5月7号就考试了，陈曦的身体能行吗？你俩这几天忙忙活活、张张罗罗的，如果一旦胳膊好不了没法考试，那岂不是给陈曦又一个打击，他能承受得了吗？"

陈康很有信心地对我说："我的意思是只要离考试有两三天陈曦能拉琴的话，我就有把握让他参加考试，王冠老师给他打的基本功相当地扎实，我心里有数。幸好赵薇老师把考试的曲目都给处理完了，而且陈曦练的已经基本成型，这孩子其他方面你了解，拉琴方面我比你更了解他，他有股子不认输的劲儿，现在我越来越发现他太热爱小提琴了，我对他很有信心，我们可以碰碰运气。"

陪着儿子开开心心（1995年于世界公园）

"是啊，能去碰碰运气倒好，我是说万一考不了试怎么办？咱们得先做做他的工作。再有，我不想让他今年考了，按他的年龄明年考小五还够，这样做是不是能减轻一下他的思想压力，而且明年考会比今年更有把握，你说呢？"

　　陈康看着我点了点头，"到底是当妈的心细，我们应该想到万一呀，这个工作你来做吧，我怕说不好伤了孩子的感情。"他说着说着，叹了口气，将头转向一边，一只手往脸上抹了一把，泪水还是在他的脸上留下了痕迹。

　　上午，我利用陈曦热敷的时间试探着对他说："陈曦，你的胳膊到现在还没好，以后还不知道怎么样，你拉琴拉成这个样子，我看今后咱们再也不学小提琴了，回家好好学文化课吧，行吗？"

　　陈曦用不解的目光看了我几秒钟，之后他笑着幽了我一默："妈妈，你是不是逗我呢？不拉琴怎么可能，这时候让我放弃能符合我的性格吗？"

浓缩的世界也很美（1995年于世界公园）

　　我这边小心翼翼，他倒跟我开起了玩笑。儿子情绪挺好，我也就放心把话再挑明一些，接着说："妈妈是要听听你的意见，看你还喜不喜欢小提琴，如果不想拉了，我和爸爸商量过了，咱出院后就回沈阳上学，慢慢养病。"

　　陈曦见我是认真的，眼泪刷地流了下来，哽咽着对我说："不行，不行，我不回家，我就要考试，我的胳臂能好，我一定能拉琴，王爷爷不是说了吗，保证我能上考场。"

我的心掠过一丝欣慰的快乐。这是我意料之中的回答，也是我希望的回答，我心中的儿子这么热爱他的小提琴事业，又怎么可能临阵退缩？问题是孩子毕竟是孩子，他虽有一腔热血却不能预见事态的多变性。现在的局面不由我不做两手准备，我必须要继续做他的工作，如果到时真的拉不了琴，那对陈曦的打击可就大了，我必须先下点毛毛雨，让他有点思想准备才是。我继续耐心地劝导："那咱就明年再来考吧，今年恐怕来不及了，再说我们没有把握，你已经50天没有拉琴了怎么考试啊。"

"不，我就要今年考，我非得考，人家都考上了，知道我没考上那多丢人哪！"10岁的陈曦原来还有这一层顾虑，这更让我担心了。

"那你的手现在还握不住琴呢？"

"没事，到时候一定能！妈妈你别磨我了，反正我就要考，你放心，我一定能考上！"陈曦烦躁地躺在床上不肯再跟我争论。

事已至此，我不能再往下说什么了，那样除了伤害孩子没有任何好处，我只好收住了话头。

就在那天中午，陈曦再次慢慢地打开了久违的琴盒，小心翼翼地取出他心爱的小提琴。琴又乖乖地靠在小主人的怀里，任凭主人轻轻地擦拭抚

背景是缩小的悉尼歌剧院（1995年于世界公园）

摸。陈曦对着琴凝视片刻后，对着爸爸笑了笑，又笑着看了看我，像是在说，你们看吧，琴是属于我的，我能拉琴啦！

我们让陈曦站在病房的地中间（那间病房只住了我们一家人），身后放了一把椅子，这样是防备他万一突然站不住可以随时坐下，我则像个救护队员站立在他的左侧。陈康坐在床边，床上放着陈曦准备拉的谱子和手表。陈曦带伤的左臂缓缓地将琴举起，右手握弓放在弦上，左手熟练地拧着调弦的微调，轻轻几弓音就调准了。我的心"突突"地跳起来，恨不得闭上眼睛不去看他忍痛拉琴的样子，这么些天来我已经被他吓怕了。可又一想，不行！这个时候我必须给孩子信心，孩子这样坚强，我怎么能给他泄气呢？

结实而有力的琴音响起来了，他在练王老师教的五种手指练习，用正规的训练方式恢复自己的手指机能。我和陈康的目光不约而同地碰到了一起，刹那间又一齐投向了陈曦，我看到陈康的眼里闪动着泪花，他满意地望着陈曦所拉的每一弓，一次次伸出大拇指，送给儿子无声的赞许和鼓励。

突然，"哎呀，疼！"只拉了1分钟陈曦就疼得尖叫起来，告诉我们他的肩胛肌、腰部、直到脚后跟像电打一样上下串着疼起来。这是很正常的，身体没有完全恢复之前，强行练琴不可能不疼，站立拉琴从头到脚都要使劲，陈曦可是颈椎、神经、肌肉、腰部均受损伤。我立即上前把他的琴拿下来，让他躺下给他做按摩，等他稍好些了再接着练。

5分钟后，"陈曦拿琴。"爸爸发出了命令，这以后陈康的眼睛不是盯在琴上，而是盯在手表上。

陈曦随着爸爸的命令又站回到原位拿起了琴，这一次比第一次显得琴重了些。

"开始！"陈康一声令下，琴声又起，1秒，2秒，3秒，4秒，5秒，琴声又停了，陈曦露出了疼痛的表情，我立即拿下琴，又上去给他按摩。

"长大了，我一定要看看这座名塔"
（1995年于世界公园）

我清楚地记得，第三次听到爸爸的命令后，陈曦举不起琴来了，只说手疼。陈康生气了，大声叫："不行！把琴拿起来。"陈曦哭了，向我投出了求救的目光。

我对陈康说："算了吧，明天再说吧。"

陈康瞪圆了眼睛说："咱们说好了，想考试就得听我的，怕疼就不考了，出院回家。"

陈康急脾气又来了，以前在家教陈曦练琴的时候他没少吵，可这次不一样啊，儿子正病着，你总得……我正暗自着急呢，陈康像是意识到了什么，声音缓和下来："手指机能马上要恢复疼是必然的，这么长时间没有正经拉琴，就是好人也不行。这是一关，咱们咬牙闯过去就好办了，就疼这两天，现在每天有主任跟着还怕什么？陈曦，你享受的是中央首长的待遇呀（半开玩笑），我们得珍惜这个机会啊！离考试只有7天，而我们失去的时间太多了。来，儿子，坚强些，把琴拿起来。"

陈曦又一次勉强地举起了琴，"开始！"陈康再一次发出命令。

琴声又响了起来，这次的声音有点抖，5秒种后终于停下来了。我急不可待地冲上前去，拿下他的琴，疼痛、疲惫使儿子一下子倒在了我的怀里，一切都容不得多想，赶紧按摩吧……

这一天后来的练琴都是这样以秒来计算时间，陈曦在忍受肉体的痛苦，我们在忍受内心的痛苦，谁忍心让自己的孩子受苦啊！可我们别无选择。陈曦如此志在必得，我们为了不让他受打击也必须如此而已。

中午累计练了30分钟，下午10分钟，晚上2分钟。

这简直是奇迹。陈曦手的握力依然为零，他的掌心软软的像个棉花饼，只有他的手指是有力的，敲在小提琴黑色的指板上发出"叭叭"的响声。我们分析，陈曦能做到这样完全得得益于他的童子功，是他6年来练就的铁功夫。

陈曦的琴声惊动了主任和众多医生，他们跑到病房听了陈曦的琴声后，一个劲儿地交口称赞，先前对陈曦的水平还抱怀疑态度的王主任也禁不住连连点头，他对陈曦的称呼从此由"小胖子"改成了"小神童"。

这天晚上9点30分，陈曦再一次被病痛折磨得坐卧不安。主任接到我们的电话立刻赶来，他深知考试的时间日日逼近，必须帮助陈曦尽快恢复。半夜12点，陈曦舒服地睡了，王主任像往常一样坐在陈曦的病床前，一直等到15分钟后他睡熟了才回家休息。

第一次骑在骆驼背上
（1995年4月于世界公园）

"我也要气定神闲"（1995年于世界公园）

从这一天起，陈曦从几秒钟到拉几分钟，从拉空弦、单音音阶到拉考试的曲子，从音质的相对单薄到音色、音质的宽厚醇美，他的惊人毅力让我们看到了希望，更让我们由衷地感到欣慰。还有7天，按照陈康的话说，我们还有希望。

有希望就要更加地努力，把希望变成现实。王主任也给陈曦的治疗加了码，每天至少来两次给陈曦治疗，说是要必保小神童考试那天到场。这样的坚强后盾我们一家子有点有恃无恐起来，结果陈曦的病情又出现了反复。

儿子，你肯定能考上

5月1日，陈曦做完热敷后将维厄唐《第五小提琴协奏曲》第一乐章一气呵成，这是他自生病以来第一次拉了这么久。休息后当他再拿起琴仅拉了2分钟，背部、胳膊、手指就又出现了剧痛，无奈，他又重新躺在了床上。我抓紧时间给他热敷和按摩，陈康则在地上烦躁不安来回地走动。我们的朋友小裴来医院看望陈曦，本想带我们一家出去散散心，一看屋里的阵势，一脸笑容顿时变成了愁容。可能怕陈曦受不了，他叹气说了几句安慰话就把陈康叫了出去："大哥，我是实在不忍心看下去了，你们这是何苦呢？曦子那么聪明的孩子将来干什么不行，非得拉琴吗？多遭罪啊！我劝你不行今年就别考了，带着嫂子孩子回去吧。谁家孩子大过节的在医院躺着。"陈康摇了摇头。好心的小裴叔叔含着眼泪带着不解的心情走了，他会不会觉得我们一家人太没有理智，太不值得？

我可不这样想，我相信陈康和儿子都不会这么认为。小提琴已经成了陈曦生命的一部分，从他3岁半拿起那把十六分之一小提琴的时候起，不，从他生下来陈康举着他的小手给我看的时候起，他和小提琴的缘分就已经注定，我和陈康要做的只能帮助他在这条路上坚定地走下去。

当天我领着他到黄老师那里上语文辅导课，老实的陈曦一坐两个半小时没动地方，我在一旁干着急没有办法，他的腰根本就不能久坐啊。写作业的时候，他不时地向我发出腰疼的信号，挤挤眼，捶捶背，咧咧嘴，我让他站起来在地上走一走，他摆摆手示意我少说话。

下课了，我拉着陈曦往复兴门地铁站走去，边走边埋怨："你腰疼就起来休息一会儿活动活动嘛，真是个死心眼儿，小笨蛋。"

"妈妈，你说得不对，我不能那么做。黄老师给我的时间就是两个半小时，我必须当面完成老师留的作业，两个半小时以后，老师还要辅导别的学生，不能因为我而让老师占用别人的时间。再说，老师只给我补两次课的机会，我要珍惜就得受这个罪。"

陈曦认真地给我讲完道理后，自己来了个大喘气："哎呀，我就是这个命啊！我有病不能告诉别人，还得保密，只有挺着啦，再坚持几天吧，没事儿，妈妈，我能行。"

儿子这样懂事我这个当妈的不知道该欣慰还是心酸，我心疼地搂着他的肩膀，"陈曦啊，你就努力吧，只要咱们尽了力，该使的劲都使上了，能不能考上那就在天意啦！"

"感谢黄（光荣）老师的谆谆教诲"（2006年校庆）

这天晚饭后，刚拉了几下琴，陈曦就开始腰疼。下午在地铁上的时候，他已经腰疼得不能坐下，这回比下午更严重。我们只好让陈曦躺下休息。为了分散他的注意力，我和陈康轮番给他讲故事，我在日记中记下了当时的情形：

由于我心里高度紧张，故事讲讲就忘了，其中有两次脑子里出现了五六秒钟的空白。晚上10点钟的时候，我讲着讲着，陈曦不耐烦地说："行了，别讲了，我要睡觉了。"可是就两分钟的工夫，他突然喊到："不好了，出事啦！"随即从床上蹦起来，神色惊鄂可怕，他说腰背和胳膊一下子全疼起来。我立即给主任家里打个电话，主任立刻赶来。

主任赶来后，幽默地对这小胖子说："你是不是又想我了，今天是过节，我出去巡诊走了一天，很累了，就少看你一次，你就想我啦，你这小胖子就是离不开我呀！"陈曦只是咧着嘴笑。说来也怪，陈曦就相信王爷爷，只要爷爷说到，他马上情绪就安稳了，王主任也非常心疼这个小病号，他对我们说："这小家伙的病我是第一次见过，没有这么小的孩子得这种病的，我现在也整夜睡不好觉，担心他夜里疼。"

陈曦平卧床上，主任仔细诊查后发现腰部有块骨头凸起，我们俩人按住陈曦的头脚，主任给他复位后做了手法按摩，直至凌晨12点20分，陈曦说一点都不疼了，主任才肯离去。

5月2日上午，陈曦刚拉琴4分钟后就由于疼痛难忍被迫停下来。王主任赶来治疗，嘱咐他目前只能站着和平躺着，不能坐。下午2点，陈曦一气儿拉了20分钟的琴，没有疼痛感和疲劳感。3点半拉了一会儿，5点正式练琴，7分钟后便感到身体累、酸、胀痛。7点半他又举起了琴，结果 4 分钟就结束了。9 点半主任来做腰、肩胛部位的最后治疗，1 个小时后离开。

半夜 12 点，正在熟睡的陈曦被突然惊醒，喊着左手、臂、肩胛、腰电打般疼痛，其中左肩胛肌部位颤动不停，我用手按都按不住，幸亏值班医生王军用针灸来分散他的注意力，半小时后他才睡着了，这次没有惊动王主任。

5 月 3 日陈曦早 8 点起床后先到音乐学院上视唱练耳课，11 点回来后，先练了 40 分钟琴，这一次陈曦只感到疲劳无疼痛感，这让我们感到是个好兆头。有了以前的教训，我们不敢轻举妄动，下午让陈曦断断续续地拉了半个小时的琴，结果他又难受起来。

这天晚上 10 点来钟，陈曦正准备睡觉，突然感到心口及腰部难受。我学着主任的样子顺着给他按抚心口和后背，11 点半后陈曦睡着了，这一夜过的还算安稳，陈曦的病情似乎有了起色。

5 月 4 日我们到赵老师家上陈曦病后的第一节课。自从 3 月份陈曦生病以来，我们就对包括赵老师在内的所有与考学有关的老师、家长、朋

看，赵（薇）老师多开心啊
（1998 年 1 月于北京八大处）

友、学生封锁了消息。我们之所以这样做是有苦衷的。一来怕赵老师知道后不再教陈曦；二来怕大家传话走了样；三来最怕学校知道后拒收我们。学校首先是招收身体健康的学生，说起来陈曦的病又是严重的职业病，搞不好可能影响终身，哪个学校愿意招收一个这样的学生呢？再说防人之心不可无，陈曦在考生中已经小有名气，很多人都盯着他呢，前天报名的时候，就有人不愿意报在他的名字前后。为了让自己的孩子能在入学考试中脱颖而出，有些家长甚至不择手段。假如陈曦凭实力考上了，却被人别有用心地把他得病的事捅出去，那么陈曦很可能被淘汰。庆幸的是，一直到我们上赵老师家上课，我们的秘密也没有人知道。

　　我们当初对赵老师撒谎说得了重感冒后来转为肺炎，住院后一直没好利索，反正是怎么严重怎么说，再后来就根本不打电话联系了。我这个人说谎话心里很不舒服，虽然是为了儿子不得不如此，可要是总联系汇报肯定要说漏的。赵老师见到我们"失踪"多日后再次出现，第一句话就问到："陈曦的身体怎么样啦？病彻底好了吗？这么长时间怎么也没给我来个电话，我还以为你们不考了呢。"

　　我们没再隐瞒，把陈曦的情况简要地说了一下，并对赵老师交了底：陈曦现在只能坚持拉七八分钟。赵老师听到陈曦的情况后难过地说："其实他现在就够好了，这个水平就能考上音乐学院附小了。不过，你们不要急，今年不考明年还有机会，他一定没有问题。"

　　她又转向陈曦亲切而又心疼地说："你拉吧，能拉什么样就拉什么样，能拉几分钟就拉几分钟，千万别累

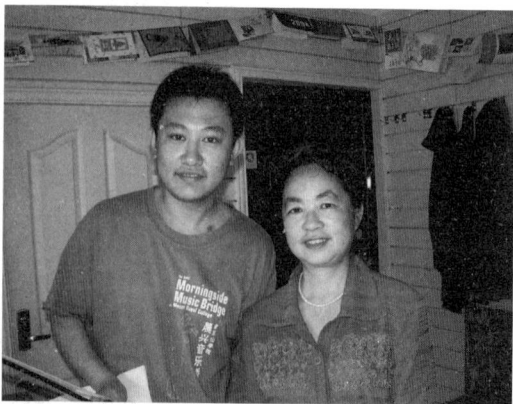

看望亲爱的赵老师（2006年夏）

着，你是个非常听话的乖孩子，哎呀，怎么搞成这个样子，我还从没听说过呢。来吧，来吧，我听听。"

　　陈曦连续拉了七八分钟的琴，赵老师感觉不错。我记得陈曦先后给老师拉了克莱采尔的第35课，罗德的第5课，维厄唐《第五小提琴协奏曲》和克莱斯勒《前奏与快板》。虽然是拉拉停停，赵老师还是很满意，她第一句话就给我们吃了个定心丸，说："行，我看他还行，到考试那天能拉到这个样子就差不多了。每个考生上场的时间不长，不会让你把全部的曲子都拉完，一般第一试三四分钟就考完了，第二试就说不准了，至少六七分钟，也许长到十一二分钟，没关系，你就拉你的吧，我看问题不大。"说着，还热心地要帮我们找医生给陈曦看病，直说得我们一家三口心里热乎乎的。当时我们最需要的就是她的同情、理解和支持，她是学校里唯一的知情人，如果没有赵老师当时明朗的态度，没有她为我们保守秘密，不知会不会有今天的陈曦。她和王福根主任都是我们家的恩人，我们终生都会感激不尽的。

　　从赵老师那回来的晚上，我们到301医院对面的烤鸭店大吃一顿，一位会算命的朋友也一起进餐。陈曦调皮地问："叔叔，你给我算算我能不能考上，考第几名？"叔叔笑了笑，沉默了一会儿抬起头说："能，一定能！你就好好拉吧，该怎么练就怎么练。"陈曦信以为真，心情本来不错，这回更有信心了。

　　就在那天晚上，陈曦在接受治疗后10点30分睡着了，我等他进

居高临下（1995年于世界公园）

入深睡眠的时候（必须在 12 点以后）才上了床。一觉醒来发觉已是天亮，陈曦竟然一夜没有疼！天哪！我长长地舒了一口气，这可是陈曦多少天来头一回睡了个安稳觉呵，我的儿子真的在好起来了。

那几天，陈曦的症状还是时轻时重，我像个贴身护士一样随时"对症治疗"。可能是已经习惯的原因，也可能知道他的病本来就是严重的神经肌肉劳损，不可能在短时间内恢复，每回犯病治疗一会儿就会好的。反正我不像最初那么难过了，只是条件反射地给他按摩或者热敷、或者在夜里给王主任打电话，似乎我只会做这三件事。相比之下，陈康更为理智，他记住了赵老师的话，能保持现状就有希望。陈曦到底是个孩子，为了鼓励他，在积极为他治疗的同时，买了许多玩具给他消磨时间，因为治疗期间不许看书。玩具是陈曦的宝贝，不怕人笑话，考完学后，我们带回家一大纸盒的玩具。他喜欢的玩具现在我还为他保留着，陈曦不让送人，他说他仍然喜欢就是没时间玩儿（说这话的时候陈曦已 18 岁）。

5 月 5 日晚，王主任给陈曦的后腰尾部注射调节肌肉的营养素针剂，这是不得已才采用的救急办法，一般不在小孩身上使用。王主任又让我们给陈曦在手腕、肘腕、上臂的上端扎上三条手绢，说这样能帮助陈曦使上

考完附小，心情大好（1995年5月）

劲，而且使劲的时候能减轻疼痛。真难为他不知费了多大的心思，才想出这么多招数，来对付这个让人头疼的小家伙。果然，第二天陈曦起床后，连续拉了 20 分钟也没有疼痛。

第二天就要考试了。晚上，王主任边给陈曦做肌肉放松的按摩边给陈曦做起了思想工作，我们在一起轻松地谈了好一阵。这个晚上陈曦入睡很快，大约 12 点半，我刚想睡下，陈曦突然"妈妈，妈妈"叫我两声，声音很小很弱。我顿时感到心脏仿佛停止了跳动，手脚也跟着冷得发抖，这又是怎么了？

3 月份，他有病初期的一个夜晚，睡着、睡着突然站在了床上，面对着正在地上的我和陈康大声喊叫起来，我说我是妈妈，他说不是，我说爸爸来了，他说是坏蛋，我们都是坏蛋，胡言乱语一通就又躺下睡着了，第二天醒来什么都不知道。这种症状出现过几次，每次的开头都是这样用微弱的声音先叫两声"妈妈，妈妈，"接着，再是他梦中的内容。医生说是癫病的前兆，我听着心里就不舒服，更不相信。这回他从梦中起来，眼睛直直地看着我，伸出右手的食指放在唇边，神秘地说："妈妈我有病千万不要对别人说，不许告诉别人。"

我忙说："不告诉，不告诉"。他竟然搂住我的脖子伤心地哭了。

观看动物表演（1995年于深圳野生动物园）

"妈妈，我害怕，妈妈，我害怕。"

"别怕，别怕，有妈妈在还怕什么？"

"妈妈，我怕我考不上，我怕考不上。"他流出了眼泪，我想他是醒了，我鼓励他说：

"儿子不用怕，他们谁也没有我陈曦拉得好，你一定是第一，肯定能考上。"

陈曦接着又睡着了，我完全没了睡意，孩子肌体的神经系统出了问题，如果大脑的神经系统再出毛病我可怎么办哪？明天一早就上考场了，他的神经已经紧张到了崩溃的边缘，我觉得我们一家人简直是在铤而走险了。

6年磨一弓

1995年5月7日终于来了。真是造化弄人，从陈曦学琴之初我们就热切盼望的这一天，从孩子生病起却成了我们特别害怕的日子。所谓客观规律不以人的主观意志为转移，这一天还是按着它即定的脚步走来了。

早上8点10分陈曦被我从床上叫起来，刚随便吃了点东西，陈康就要求他抓紧时间活动手指。陈曦看了爸爸一眼，像什么也没听见一样自顾自地在走廊里走了两圈，急得陈康直咬牙。我赶紧拉拉他的衣服，趴在他耳边小声说："昨天夜里不太好，小心点，别惹他。"陈康心领神会地点点头。未曾想，陈曦走回来主动拿起琴按照爸爸的要求拉了几分钟，又自顾自地停了下来。多年来陈曦一直就是这样，越是关键时刻，他的自主意识越强烈。后来我慢慢了解了他的这一个性，发觉他的确有自己的道理，也就不大干涉他了。

王主任早早地赶来了，一番按摩后亲自给陈曦扎上手绢，然后用一双大手握住他的小病号，预祝陈曦考出好成绩，我们也很郑重地走上前同这位对陈曦有着再造之恩的老医生、老前辈紧紧握手，互相说一些勉励与致谢的话。这样的场面，我们都有些壮怀激烈之感。

我们终于站到了中央音乐学院附小考场。这是中国千千万万个琴童和家长理想的殿堂，是他们梦开始的地方。1992年、1993年、1994年连续3年附小招生考试，陈曦都前去观看，在他幼小的心灵里，充满了对她的仰慕和向往，今天他终于可以有机会参加考试，虽然是带伤上阵。

因为陈曦的考号是第27号（共29人参加考试），我们去的晚一些，考试已经进行到第10号。陈康送儿子进了考场，自然地一番千叮咛万嘱咐，我在一边插不上话，便端详起他的衣着来。他今天穿了一套公牛牌的墨绿色运动衣，是我们特意为他应考买的。按说这种场合穿的正式一些会更好，但陈曦喜欢穿运动衣，加之运动衣又能挡住手绢，我们也就随了他意，配上崭新的运动鞋看起来还是蛮有生气的。

陈曦的身影很快消失在考场门口，我的心也随之"怦怦"地乱跳起来。由于我"消失"了很久，学校里的熟人们见了我自然少不了一阵询问，我心不在焉地答着，眼睛不时地盯着楼上候场的教室窗口。陈曦在干什么？他会不会紧张？他还会不会中途因手疼被迫停止？手绢会不会掉下来？虽然我了解儿子，大凡考试或演出前他都很放松，但这一场病对他的打击折磨太大了，不敢相信今天能否保持原有的心态，特别是昨天晚上……

5月的北京已经有些热了，我心里紧张更觉燥热，手心里全是汗。大约过了1个小时的时间，陈曦突然出现在窗口，满头大汗冲我"呵呵"地笑着，我担心系在他胳膊上的手绢掉了，就指指他的左胳膊，他冲我挤

"放学回家练琴了"（1994年夏）

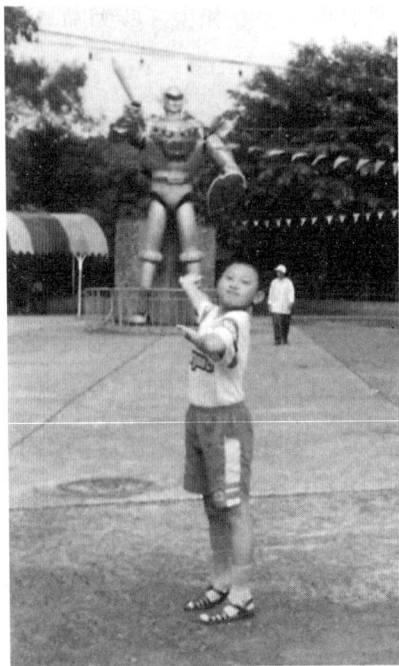

考学后旅游到了广州公园
（1995年5月）

挤眼、摇摇头，示意我"知道了，没事。"转眼就在窗台前消失了。我简直难以置信昨天晚上他还在我怀中哆哆嗦嗦地流泪，今天却是这样生龙活虎。我的心略略地感到了一些欣慰，仿佛看到了几年前首次登台演出时的那个轻松、活泼、可爱的陈曦，当别人都紧张得喘不过气来的时候，只有他若无其事地在玩。

虽如此，轮到陈曦上场时，我的心还是刹时提到了嗓子眼儿，顿时手脚冰凉，嘴唇哆嗦。有人和我说话，我已是所问非所答了，干脆说："现，现，现在是我儿子拉了，别说话了。"我的脑子一片混乱，陈曦先拉什么后拉什么我全不知道，只能听出他的琴声却听不清拉的质量。5分钟后，他的琴声戛然而止，我的心"忽悠"一下像是从天上落到了地上，谢天谢地总算顺利地闯过了第一关。这时，陈康不知从哪儿冒了出来，咧着嘴笑嘻嘻地走向我，看来他很满意儿子的表现，那一定没问题了，他懂啊。

我们还没来得及说什么，陈曦一阵风似地从楼里跑出来，高兴地大声喊着："爸爸！妈妈！"在那里，从考场出来的孩子只有两个表现：自我感觉良好的，都是兴高采烈地边喊边跑出来，自我感觉差一些的，都是蔫蔫地耷拉个小脑袋一晃一晃地走出来，到底是孩子啊！

陈曦跑到我的身边，紧紧靠着我，避开人们的视线，偷偷地解下绑在胳膊上足足两个半小时的三个手绢，塞进我的提包里，我和陈康一同向他表示祝贺。其实，他已经乐得合不上嘴了，小胖脸兴奋得像团团圆圆的红苹果，这是自有病以来陈曦最开心的一天。我悄悄地问他手有没有疼，他摇摇头对我们俩顽皮地一笑说："一——点——也——没——疼。"我长长松了一口气，亏了王主任这三条手绢，要不然陈曦这一关不好过啊！

"病愈的我，多么地快乐啊"（1995年5月）

中午，有朋友请我们吃饭，饭后就在学校等复试的消息。两点来钟的时候，赵老师不知打哪骑自行车过来，看见陈曦还在学校里跑，大声说："赶紧快回去练琴，还乱跑什么。"聪明的陈曦心领神会，马上告诉我们："我进复试了，赵老师让我赶快回去练琴。"得，我们等的就是这个消息，走，回301医院吧！

回到了医院，陈曦倍感疲劳，情绪因此变得焦躁不安。王主任来看陈曦，知道陈曦进了复试自然又是一番道喜之话，按摩之后他说晚上不来了，让他好好睡一觉。王主任的话简直和预言一样准，晚上陈曦只疼了一小会儿，我这个"江湖大夫"就给解决问题了，他一觉睡到天亮。

第二天，王主任带着他的夫人——301医院内科张主任来看他的小病人。王主任指着夫人问陈曦："管她叫什么呀？"陈曦乖着呢，张口就叫："叫张奶奶，奶奶好！"张主任高兴地亲着他的小脸蛋。复试前一天晚上9

我有多揪心都在脸上

点多钟，两位老医生又一同来给陈曦做按摩和调整，陈曦10点多钟就睡下了。我在心里祈祷陈曦能够安安稳稳地睡觉，复试可是一场决战啊！

正想着呢，"妈妈，妈妈"我又听到了他那带着害怕和弱小的声音。我慌忙打亮灯，陈曦一下子站在了床上，嘴里喃喃着害怕，又指着墙上爬着的蟑螂（因为楼房正在搬迁，蟑螂便不时来拜访我们）问道：那是什么？我顺嘴说是老蟑。结果他一下子想到张国焘那去了。他边说边哭："张国焘坏，是大坏蛋，他杀红军，红军叔叔在草地里淹死了，我害怕。"我哄了好一阵子他才又睡下。第二天我问他时，他说梦见了张国焘，梦见过草地的红军战士在沼泽地里淹死。他知道当年红军长征的故事，是看了我国著名画家沈尧伊先生的连环画册《地球上的红飘带》，这些天我俩经常在一起看，看了许多遍，他不知怎么就联想到那儿了。孩子又被我哄睡了，我却一夜再也没合眼。我担心他真会是医生说的那个病，我的担心不是几天，而是3年啊！

多年以后的今天，每当想到这，我的心仍然充满了悔恨，那种痛苦永远让我刻骨铭心，正是我盲目的要强心和对职业病常识的不了解，导致了陈曦的身心遭受了极大的痛苦。我想如果时光能够倒流，我一定不会再犯那么愚蠢的错误。陈曦没有落下终生残疾是不幸中的万幸，我感谢苍天，感谢那些帮助过我们的恩人。

我更想把陈曦在301医院的日子详细地记录下来，我一直想，有一天把它拿给学琴的孩子们、家长们看，讲给他们听，让他们引以为戒，这是前车之鉴啊！但愿天下再不要有家长走我的错误之路，再不要有孩子受那样的苦。成功的路虽然艰辛，有些弯路却是绝对可以避免的。

另外，我相信，陈曦能战胜那一场病魔，除了我们幸运地遇到了王主任之外，他的坚毅、勇敢和他对自己追求热爱的事业忠贞不渝的精神也非常关键。我为有这样的儿子感到骄傲，我希望我们的琴童们能学习他的这种精神，在这一点上，他配做孩子们的榜样。

复试那天我还闹了个笑话。早上 7 点陈曦就起床了，王主任也赶来给他按摩、扎手绢，觉得自己不算晚了，等我们 8 点 30 分赶到的时候，很多人都已经到了。复试的人比初试少了一半，所以进行得很快。10 点多的时候就是陈曦上场了，我的心比初试还紧张，这是专业的最后考试，陈曦能否考上就在今天了，他为了今天的胜利受了太多的苦了，我希望他能如愿已偿。一个熟悉的家长夸奖陈曦，说他能考第一名云云，我紧张得牙齿打颤地说："谁的孩子都不错，你看那个孩子多用功，"一边用手指着正在靠墙根拉琴的一个孩子。那位家长一脸惊讶和不解，那就是我儿子呀，你怎么都不认识了？闹得我好不尴尬，我当时的紧张可见一斑。

陈曦的复试依然比较顺利。他后来告诉我，一位主考老师把他叫到面前，摸了摸他的手说："你的手怎么这么软啊？"他没有回答。他怎么敢告诉老师，他的胳膊上还缠着"绷带"呢！

陪读不仅是辛苦，还要心苦啊（1995年4月于世界公园）

12 日进入第三试的名单贴在了学校的墙上，小提琴专业小学五年级考上 5 个，陈曦名在其中。我们高兴是高兴，但兴奋不起来。这里是有哭有笑，好不热闹。有的骂街说老师不公平、黑心。有的说中央音乐学院是最公正、最廉洁的。反正说好话的肯定是榜上有名的，说牢骚话的肯定是榜上无名的。有的孩子和家长站在那里抹眼泪，也有的人向我们表示祝贺，说些赞扬鼓励的话。说实话，我们没有心思理会这些，陈曦接下来的日子怎么过还是个烦心事呢。

第三试要考文化课，虽说压力没有了，可是身体不行啊，陈曦常常只能站着看书，撅着小屁股趴在桌上写字。在这期间，王主任没有停止对陈曦治疗，陈曦依然依赖着王爷爷。晚上实在疼得受不了的时候，仍然打电话把他的王爷爷找来。就是在这样的状况下于 5 月 15 日结束了全部的考试。

18 日，王主任为相处了一个多月的小胖子、小神童做了最后一次的按摩，已经是一身轻的陈曦只剩下左臂的麻木在渐渐地减轻、慢慢地恢复。第二天，我们依依不舍地同尊敬的王主任和陈曦的主管医师王军医生合影留念，带着重生般的喜悦离开了解放军 301 总医院。在这里度过的 43 天的点点滴滴作为一份永恒的记忆，深深地镌刻在我们全家人的心中。

"再见了，亲爱的王爷爷！王军叔叔！李宗峰叔叔！感谢你们让我重新拿起了心爱的小提琴"

（1995年5月于301医院）

我们开始了一个多月的外出旅游。陈曦如笼中之鸟放飞大自然，尽情地享受着自由、健康的美好。坐火车、登轮船、乘飞机，走了好几座城市。因为陈曦还要参加期末考试，我们于6月7日回到沈阳，复习了一个月后，已经离开学校一个学期的陈曦在班里考试成绩总分第六名。

沈阳大东四小学四年一班师生欢送陈曦合影（1995年7月）

写到这，也许会有人觉得不可思议，陈曦是奇才吗？

学琴或是学其他艺术的孩子，家长最担心的是怕耽误学习。常常是孩子四五岁的时候，爸爸妈妈见孩子聪明活泼、精力旺盛，便想让孩子同别人的孩子一样背个画板或者拎把小提琴到少年宫或是老师的家里学习，用大人的话说将来有个特长。上了小学以后，父母就开始眼睛盯着孩子语文算术的分数线，略有下降就提出警告，学习不好就不能上特长班，或是不能学琴了。一旦成绩降到了警告线以下，孩子学琴（或学其他）的权利就被父母剥夺了，许多艺术人才的种子刚刚冒出嫩芽，还没容他从土壤里伸展出来就被铲掉了，实在是可惜呀！有的孩子本身并不喜欢弹琴拉琴，借机逃避了一份劳苦。不学琴孩子的学习成绩就真的会上去吗？无非不过是

与班主任王俊老师合影
（1995年7月）

拉琴的时间变成了多写几行字多做几道算术题而已，父母的心里由可惜到坦然，特长没有没关系，我全力以赴供你学习，你以后考不上大学或是名牌大学可别埋怨我们。

我常常思考我们对陈曦的教育。虽然有过激之处，但是在原则上我认为是正确的。无论学琴还是学文化，我们追求的是学习的质量，而不是数量，学什么都必须认真对待。陈曦没有上过学前班，直接上小学一年级，一年级上学期期末考试结束，我问他考得怎么样？他不在乎地说全对，结果算术得了83分，最后的四道文字题全做错了。我看了试卷没有生气，因为他是不懂题意，不是属于马虎的问题，我就给他讲清题意，他明白了道理就会做了，一年级下学期他考了个双百。

他很少写作业，不太看书，喜欢拉琴。但是他的记忆力极好，在不到1岁的时候，就会用手势做出100多张看图说话的内容。他超好的记忆力和专注的学习态度的确帮了他很大的忙。陈曦的学习理解能力较强，旅游的时候，我给他讲了一点数学，他听后做了几道题验证自己的理解对了就要求往下学。回学校后参加大复习，拿回家10张复习试题，他不仅搞懂了，而且全背下来了，有一道题不懂他也得问。当然，有一道题不懂我也不能放过他。

有的家长陷入误区，认为不搞专业只是学学玩玩，就放纵不管。这样做的恶果是花着钱，搭着时间，却培养了孩子做事不认真、不动脑筋的学习态度，这样莫不如不学，中途必然放弃，文化课也未必学好。我想和家长说："培养特长不是玩玩具，它最讲究的是认真的态度，学好学坏是能力问题，认不认真关系到孩子一生的成长。"

在即将投入考试的日子里，陈曦的背部、腰部都有损伤，躺着、坐着、站着的时间都不能过长，他站起来，又躺下去；躺下，又站起来，反复无数次，他就这样坚持着，如果不是从小培养良好的意志品质，他怎么做到这一点。

期末考试后不久的一天，我和陈康正在聊天，"爸爸，妈妈，"陈曦忽然大声地叫我们，他的眼里闪烁着光芒，是惊愕后的五彩光芒，他半张着嘴，瞪大了眼睛，看着我们发笑。发生了什么好事令儿子如此欣喜?

"怎么啦?"我俩不约而同地问，

"我的胳膊不麻了，一点都不麻了，我的病好了！我的病好了！！"说着，他张开了双臂，一下扑倒在我的怀里，一百天，整整的一百天啊！！！终于摆脱了可能终身残疾的阴影，终于盼来了这一天，我们惊喜，我们激动，我们都哭了……

来到天安门广场，心旷神怡，心情无限好（1996年）

这年秋天，陈曦作为中央音乐学院附小当年招收的两名小提琴新生之一走进了他梦寐以求的音乐殿堂，成为赵薇教授的得意门生。

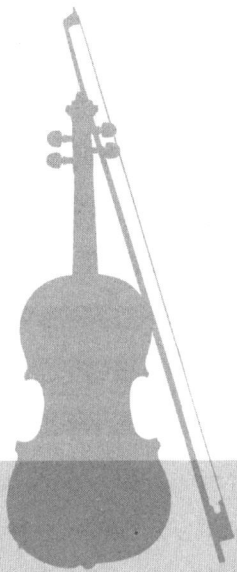

第二部
恩师再造　在音乐的殿堂里走向世界

父亲的远见

1995 年 9 月，将满 11 岁的陈曦实现了他人生的第一个梦想，考入了中央音乐学院附小五年级，踏进了中国音乐学府的最高殿堂。他的第一位专业老师是中央音乐学院附中小提琴学科教研室主任赵薇教授。

8 月 26 日的晚上，我们一家三口带着大小行囊，登上了开往北京的第 54 次特快列车。列车徐徐驶出了沈阳站，速度越来越快，我的心情也越来越惆怅。当初是那么盼望着这一天的到来，这一天真的来了，却发现有太多的牵挂难以割舍。我最放不下的是母亲，这一去就是十年八载，即使可以逢假期回来，却再也不能像从前那样时常去问候照顾。母亲已经年过七旬，我本应随侍在她老人家的身边，让母亲有一个幸福安乐的晚年，而我……人说忠孝不能两全，我是母亲、儿子不能兼顾啊。

想起临行前，妈妈对我说："我们有这么好的孩子，能在中央音乐学院学习，多光荣啊！你能去陪读是你的光荣，别人想陪孩子还考不进去呢。你别考虑我，我身体好就是你们的福分，我能动一天，你就安心陪你的儿子吧！孩子是第一位，我们这一辈子革命是为了什么？不就是为了孩子们幸福吗！"妈妈说的是心里话，也是安慰我的话，她越是支持我，我的心里就越不好受。

妈妈和我们一起来天安门广场一游（1997年10月）

作为妈妈唯一的女儿，从记事那天起，我就倍受妈妈的宠爱。妈妈爱我，我也爱妈妈，从没有因任何事情同妈妈红过脸顶过嘴。小时候，有一次我犯了错误，妈妈很生气，她把手高高地举起来想打我，我不知所措地望着她，等待她的手刹那间落在我身上的某个部位，我不知道妈妈打我是个什么样的滋味，手落下来重不重？疼不疼？妈妈的手在空中停留片刻就放下来了，她哭了，我也哭了。我一来是被妈妈的举动吓哭的，二来良心受到责备：能让一向性格温柔的妈妈发这么大的火，我定是犯下了"弥天大错"，伤了妈妈的心。妈妈后来说，她是被我吓哭的。她说，她看到我的眼神里透着从未见过的惊慌和恐惧，意识到她唯一的宝贝女儿被她吓着了，她心疼地哭了。从那以后，我下决心不再惹妈妈生气。

"文革"期间妈妈跟着爸爸受了很多苦，"文革"后刚过上几年好日子，爸爸又走了，留下她孤单地度过晚年的岁月。现在她唯一的女儿又要远走他乡，母亲虽然不说什么，我也能感觉得到她对我的依依不舍，叫我怎能放心得下？一想到母亲此刻可能也正在家中抹眼泪，我的泪水再也止不住了。

夜深了，喧嚣的车厢内渐渐地安静下来。车上的旅客多数都已经入睡了，陈康爷俩也先后响起了鼾声。我却翻来覆去睡不着，想到儿子，他经过这许多坎坷才进入附小，这是他的希望之路，他的心里只有憧憬。这会儿，他怕是已经在梦中与新学校的老师和同学相聚了吧。陈康呢？这些天忙里忙外为儿子赴京做准备也累坏了，不过累他也乐呵。儿子考上附小虽然只迈开了万里长征的第一步，可这一步毕竟是里程碑式的一步，他怎么能不乐呢？对于儿子的明天他也有一整套计划。在对待儿子的问题上，他似乎总是一副胸有成竹的样子，从不见他摇摆不定。我就不一样了。我先是为去京与否左右为难，现在虽然决心已下，真的付诸行动却还是感到了巨大的压力。在家看孩子练琴陈康是主力，到了北京就轮到我了，这一去到底能陪出个什么样来我也不知道。

　　陪读，陪读，想了几年了，盼了几年了，这是我们的家庭梦想，今天终于踏上了这条路，肩上的分量却比千斤还重。在北京的衣、食、住、行怎么安排？儿子的身体怎样将养？心性如何调教？专业课怎么帮他进步？等等，真是剪不断，理还乱，思前想后也理不出个头绪，这一夜我迷迷糊糊只睡了两个钟头。

　　初到北京，因为一时找不到住处，我们只好先在朋友单位的招待所暂时安顿下来。半个月后，我们经人介绍在学校南面的广电部宿舍院里租了

请小老乡们大吃一顿（1995年10月）

一间不足 9 平米的房子。听说这间屋子是厕所改造的旧出租房，房子四面没有窗户，门上仅有的两块玻璃也脏得看不见人影。由于很久不用，屋里已积了厚厚的灰尘。没办法，以我们当时的条件只能租得起这种屋子。何况这间屋子有暖气，跟住烧蜂窝煤的平房比起来，我宁愿选择这里。

　　谁都知道北京的地皮值钱，房子更值钱。近几年来，来北京陪读的家长越来越多，附小、附中甚至大学都有陪读。几百个陪读家庭，把音乐学院附近居民出租的房子全部租下还远远不够。只要你今天垒起个窝，明天就能租出去，三四平米的仓房都剩不下。房费少则两三百元，多则八九百元，冬天全部烧蜂窝煤，北京媒体给这里起了个名叫"陪读村"。我租的这间房子不在"村里"，最大的优势是有暖气、有自来水，比起烧蜂窝煤可是强多了，所以我很知足。房子找到了，我们娘俩有了安身之处，陈康当晚就坐火车回去了。我先腾出个地方让陈曦练琴，然后里里外外一通打扫收拾，想办法让这间斗室小屋能像个家的样子。屋里没有床，第一夜儿子睡在了写字台上。

　　第二天，陈康的战友送来了床和椅子，经过一番折腾，小屋里有了模样，北京的头一个家就算安顿下来，生活井然有序地开始了。陈康留守沈

"小音乐家们"演奏生日快乐歌（1995年10月）

阳工作，我在北京陪儿子，一家三口开始了长期的两地生活。客观地看，那时候我还只算是在"陪"读，陈曦专业上的问题基本都靠陈康在沈阳进行电话遥控。

进入附小是一个全新的、更高的起点，陈康对陈曦也提出了新的、更高的要求。除了要高质量地完成老师留的曲目外，陈曦还要额外练爸爸给他留的曲子。刚一开始，陈曦不太愿意，认为已经上了附小，有赵老师教就行了，能把老师留的曲子按要求拉好、拉精就可以了，爸爸那两下子哪能比得了"中央"的水平。可是军人出身的陈康是个非常执着也是非常执拗的人，非让儿子拉他留的曲子不可。他认为老师留的曲子太少，必须多拉才行。他还定期来北京检查练的效果。胳膊扭不过大腿，陈曦心里不服也得照做不误。

有一次，陈康又到北京看望我们，确切地说，是来检查陈曦的练琴情况。因为看到陈曦进步很大，陈康不由地"飘飘然"起来，在这间没有窗子的小屋里发表起即兴演讲来：

"曦子，建华，我们现在的目标是：先争取拿下院内比赛的第一，再拿全国比赛的第一，以后你要去拿世界比赛的第一。"说完，他转过头，用熠熠闪光的眼睛看着陈曦。

祝陈曦生日快乐（1995年10月）

"没有这个目标，拿不出这个劲头，你还上什么中央音乐学院？咱们撇家舍业地图个啥？你妈的幼儿园办得那么好都放弃了，我们一家三口人分居两地，所做出的这些牺牲，就是为了要把你培养成小提琴家。"

他背着手，在屋内小小的空地间来回踱步，不时地停下来挥挥拳头以示决心，"这一陪就是十年八年，到那时，不砸锅卖铁就不错了。不干则罢，干就干出个样子来。儿子，你要想拿世界第一，就要从在学校里超过别人做起，学校里的人你都比不过，那你还谈什么走向世界呀？参加国际比赛呀？"他进一步地往下说：

"给你留的曲目，都是我反复考虑过的，技巧性的曲子要抓紧练，多练，手里积攒些协奏曲，练习曲，巴赫的曲子，还有中国的乐曲，说用，你就能用上。北京这里机会多，一旦有什么活动需要独奏，你手里有东西别人没有，那机会不就让你得了吗？别说你老爸没钱，就是有钱也买不来机会，机会你得能抓住它才行呀！"

他越说越来劲，一手掐腰，一手比比画画的，脚步的速度也越来越快，转得我头都快晕了。

"你们知道吗？能在舞台上独奏演出，可不是每个学生都能上得去的，在舞台上的感觉是你在台下找不到的。你演得好，学校领导就重视你，老

"瞧，我组装的小汽车很漂亮吧"（1996年元旦）

师心中就有你，下一个演出机会可能还是你。说要比赛，别人还在找曲目，你已经有现成的了。俗话说，家中有粮，不怕闹荒，你说你能不是第一吗？"

演讲结束了，他又陶醉在为儿子设计的蓝图中了。我和儿子都被他这番所谓颇有建树的理论说得晕晕乎乎，不过我心里更清楚的是：对于身体尚未完全康复的陈曦来讲，做到这些要付出相当大的代价。

陈康的话在开学的第一天就已得到了验证。那天，新加坡一所小学的室内乐团来北京同中央音乐学院附小的学生们进行艺术交流演出。附小校长刘湘艳老师想在新生中找一个能独奏的孩子，小师姐张云推荐了陈曦。陈曦真的在入学第一天就高高兴兴地登上了学校的舞台，演奏了塔蒂尼的《g个小调奏鸣曲》。这首曲子旋律很美，是陈曦在开学前练的。他几乎是轻而易举地得到了上台演出的机会。俗话说：一个良好的开端是成功的一半。陈曦在附小还没上完一学期就又幸运地登台演出，类似的机会仿佛是接二连三地找上门来，这不仅让我由衷的佩服起陈康的眼光，连陈曦也比从前更服从爸爸的指挥了。

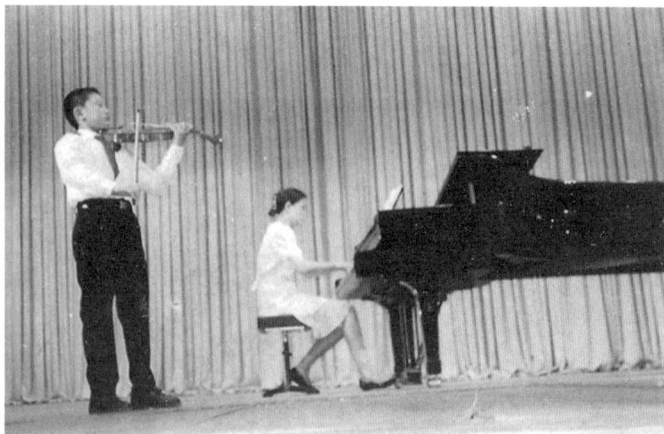

陈曦在1996年6月1日的校庆上演奏《丰收渔歌》
钢琴：郭雪梅老师

1996 年 5 月 31 日，北京音乐厅举办"96 希望工程'六一'联欢会"，为失学儿童募捐义演。学校要从附小选一名拉小提琴的学生独奏一首中国曲子，陈曦手里正好有一首我国著名作曲家李自立老师的《丰收渔歌》，所以又一次被选中了。第二天 6 月 1 日正赶上是附中校庆，他又在学校大礼堂演出了这首曲子。入学不到一年，机会三次眷顾了这位有"储备"的琴童。

还有一回，有位外国小提琴教授要给学生上专家课，由于是突然接到学校的通知，连老师都没有准备，正在为难时，赵老师见我和陈曦迎面走来，就问："陈曦你想上专家课吗？"

"想啊！"我们入校以来从没有上过专家课，当然很高兴。（我们讲的专家课就是外国人来讲课。）

"那你想给专家拉什么？"老师嘛，都想让自己的学生在专家面前展示展示，拉一些炫技性的曲子，不过那时候赵老师还没有留过这样的曲子。

陈曦大胆地说："我会拉帕格尼尼的《魔西主题与变奏曲》。"

赵老师惊讶起来，"呵，这么难的曲子你什么时候学的？"

"刚刚拉下来的，是我爸给上的课，他让我没事时拉着玩的。"陈曦坦率地说。

和葡萄牙小提琴专家合影（1997年）

赵老师让陈曦先拉一遍给她听，她感到有那么点儿意思，技术完成得还不错，她高兴地说："行，你一会儿就拉它吧。"陈曦果真在专家课上凭这首曲子得到了专家的表扬。陈康的苦心设计算是初见成效。

学有榜样

陈曦刚刚进入附小，郎朗获得了第二届柴科夫斯基青少年国际音乐大赛的钢琴第一名，从日本载誉而归。这一喜讯对陈曦来说无疑是巨大的动力，陈曦始终把郎朗作为好朋友和学习的榜样，他在四年级的作文中曾这样描述：

我的好朋友——郎朗

我的好朋友郎朗，长得非常漂亮，一双浓浓的眉毛下，有一对炯炯有神的大眼睛。一张大嘴，说起话来，眉开眼笑，非常聪明。他从一年级至三年级，没有一次考试分数低于97分以下，真的，我不骗你。

他的钢琴弹得绝了，但是，他练琴的时候可吃了不少苦。有一天，我去他家，在门外就听见里面有钢琴声，我敲门，见没有人答应，连琴声也没断，我又敲了敲，这时他才给我开门。我一看，家里连个大人都没有，只有他一个人。我想，他这么认真，连我敲门也不知道，这完全证明他在全神贯注地练琴。他已经沉浸在钢琴的乐曲里了。不错，他1993年考入了中央音乐学院附小。接着，又在全国钢琴大赛中获一等奖。1993年年底，又参加了国际钢琴大赛，获得第一名。这位年仅11岁的孩子就已经夺得世界冠军了。有些德国评委说："德国可是贝多芬的故乡啊！第一怎么让一个中国人夺去了呢？"

真是功夫不负有心人，我佩服他，羡慕他，他永远是我学习的榜样。（完）

郎朗也是我心中的榜样，他
的成就就是我对陈曦的期望。
1993、1994 和 1996 年，郎朗连
续三次在国际国内大赛上获得第
一名，这样的成就令我羡慕不
已。但我又着急，希望陈曦也能
有这样的出息，同样是含辛茹苦
陪出来的孩子，谁不希望自己的
儿子一朝成名？况且两个孩子并

陈曦和好朋友郎朗合影（1996年）

不差几岁，眼看着一个已经冲向世界了，另一个还默默无闻，怎不让我着
急？一进北京，我就在这间小屋的墙上贴上白纸，用红色彩笔写上"向郎
朗学习"的字幅，又粘上郎朗的获奖照片等，以此激励陈曦奋起直追。

郎家父子雄心勃勃敢说敢做，这一点同样令人望尘莫及。参加德国艾
特林根国际钢琴比赛的时候，我们聚餐为他们送行，大家一同举杯祝愿郎
朗比赛取得好成绩，谁也没敢说得第一名，可能认为那样说太虚伪了。那

陈曦、郎朗、黄楚芳切磋琴艺（1996年暑假）

时候，我们谁也没敢想中国人能拿第一，也没敢想身边的这个小家伙能拿第一。郎朗"忽"地一下站起来，举起酒杯（里面是饮料）字字铿锵地说："我一定拿第一名！"他这一亮嗓子把我们都震了，暗说这孩子太狂妄了，说话一点不给自己留后路。谁知他真的把第一名给拿下来了。

有了上次比赛的经验，我们对郎朗增加了很多信心。他们临上日本参加第二届青少年柴科夫斯基国际音乐比赛时，我悄悄地问郎国任："这回准备拿第几名？第一名怎么样？"这次我是发自内心的。

"这次第一名不敢说，第三名吧。"结果，郎朗又捧了个金牌回来。眼看着好朋友抱着一个个奖牌，自己所差的距离越来越大，陈曦也开始有压力了。他把郎朗当作自己的榜样和奋斗目标，练琴热情随之空前高涨。获大奖归来的郎朗经常演出，陈曦一场不落地看，他是去欣赏朋友的演出，更是为了去虚心学习的。

郎朗出国前，在中央音乐学院新楼演奏厅晚上的最后一场精彩演出结束之后，陈曦回家时已经很晚，但他毫无困意，他情绪激动地打卉琴盒，边拿出小提琴边说："妈妈，郎朗太棒了！我激动了！我太激动了！！我不能睡觉，我得拉琴，我要向郎朗学！！！"他对着镜子，一气儿拉了一个多小时没休息，第二天整个左臂都疼起来，把我可吓坏了，生怕当年的噩梦

祝贺郎朗演出成功（1996年于北京音乐厅）

重现。

郎朗则拼命地为陈曦鼓劲："小曦子，加油啊！超过他们！"（"他们"指的就是现在比陈曦拉得好的所有学校里的学生。）

陈曦把郎朗当榜样，我则把多多向郎国任学习当成自己的重要任务。在郎朗上学的时候，郎国任几乎一刻不闲地在做着让孩子最终走出国门、走向世界的准备。白天郎朗上专业课的时候，他就站在教学楼外教室的窗户下面听，他的耳朵像个录音机，仔细记下郎朗的弹奏和老师的指导。我亲眼看见：一天下午，老天"哗啦啦"不停地下着雨，老郎撑着伞，一动不动地站在教学楼的墙根下，聚精会神地听着里面传出来的琴声。回到家里，父子俩又开始琢磨、研究。等到晚上郎朗睡觉的时候，他又开始听录音磁带，听 CD 唱片，他的行动告诉了我——陪读应该这样做。

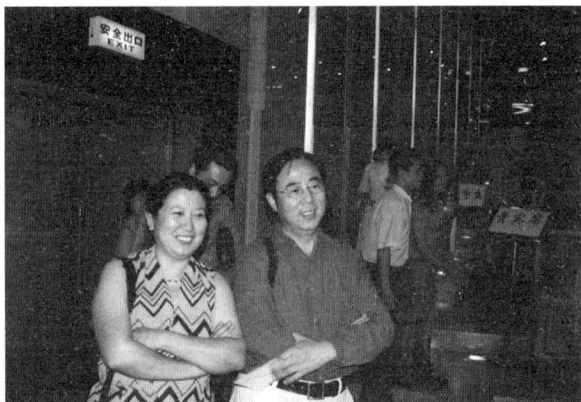

在郎朗的大师课上相遇（2003年于附中）

地下室里的成长

在北京陪读的家长最怕的大概就是搬家了。搬家对我们来说简直就是家常便饭，常常不是遇上拆迁就是赶上房东涨价，找房子又那么难，我们那间厕所改造的"小窝"没住长就是因为动迁的缘故。入学一年后的 1996

年9月，我们已经不得不第三次搬家，实在找不到房子，就从地上转到了地下，住进了阴冷的地下室。

我们住的是地下一层，没有排风设备，天井（从地下室窗子可以仰面看到地面的那个空间）跟房棚一样高。我和两个家长用自行车就把"家"给搬过来了。屋子里除了两张破旧床什么都没有，我们就捡人家扔掉的破箱子烂柜子，洗洗刷刷凑合着用。是啊，我们背景离乡本不是为了来京城享福，只要陈曦能拉琴、学习、睡觉，其他我什么都能对付。

搬到了地下室没几天就赶上中秋节。因为住进地下室以后，会明显感到比地面上压抑，尤其是遇上阴雨天憋得就更厉害，散步、换气、透风成了每天必保的时间。今天我和陈曦在外面散步，看见街上大人手里拎着月饼盒、酒、水果，我禁不住心里有点酸酸的。现在的月饼不好吃，又甜又粘不说还贵得很，我不想吃，也没心情吃，可陈曦在身边，不能让孩子受冷落，我得陪他过节。我就对陈曦说："咱们买点月饼吧。"陈曦大概也感觉到了我的心情，蔫头耷脑地回答："不买了，没啥意思，就咱俩人。"

"俩人咋的？俩人就不过节了？过！咱俩过。"我说着进了商店，买了两块不一样的月饼出来，售货员边给我拿月饼边以一种异样眼神打量我，可能奇怪这么大的人怎么就买两块月饼。管她呢，她哪知道我们的处境呢？我疾步走出了店门，与陈曦一人手里捏块月饼，边走，边吃，边赏月，还互相换着尝尝两块月饼的味道。

"今天的月亮怎么不圆哪？"陈曦望着明朗的夜空，若有所思。

"你没听说过吧，十五的月亮十六圆，明天才是最圆的。"我故意这样解释道。

"妈妈，咱们别在马路上瞎逛了，回地下室吧。"说实话，陈曦实在没心情，我也没心情，我俩把剩下的两个半块月饼包了起来，留着做明日的早点，中秋之夜就这样淡淡地过去了。现在回想起来，那时还知道过节，后来的七八年间，忙得根本就没有中秋节这回事了。

　　说来也巧，第二天陈康和妈妈来了，说是要在北京给妈妈过 74 大寿，陈曦顿时开怀大笑着说："月亮还是今天圆啊！"

　　转眼国庆节到了，我们和妈妈一起到天安门游览，在北京"水晶宫海鲜城"给妈妈摆宴祝寿，妈妈高兴极了。从到北京以后，我们给妈妈过生日的时候很少，一般是我们在北京赶不回去。

　　我带妈妈游了长城、十三陵、故宫、天坛，简直把我累得疲惫不

"我们都是好汉"（1996年10月）

堪。有一天，妈妈游完了颐和园后还不过瘾，想爬香山。到香山去才有意思呢，火红的枫叶一层层、一片片的，一目望去是层林尽染美不胜收。我们站在香山脚下时已是下午 4 点多钟了，因为刚刚从碧云寺下来，我已

"我扶姥姥爬长城"（1996年10月）

1996年10月20日提前给陈曦过生日

经没有力气再往上爬了，我对妈妈说："爬山有什么意思？你那么大年纪了，看看就行了。"

妈妈坚持说："就是我年纪大了，以后想来爬也爬不动了，长城我都爬上去了，香山我也能爬。"

我心里有事，就劝妈妈说："老妈呀，你饶了我吧，我顾老也得顾小啊，家里还有你的外孙子等着吃饭呢，天都快黑了，现在回去都堵车，可别爬山了。"

我这半开玩笑的话，可是扫了老人家的兴，妈妈嘴里嘟哝着："就为了你孩子，我都没爬上香山。行啊，还是你儿子重要啊！走吧，回家吧。哼，还回家呢，那也叫个家。"这一次北京之行妈妈算是留下了点遗憾，千禧之年妈妈又来过一次，我特意带着妈妈把上次没去过的地方都补上，了却了我们娘俩的心愿。

妈妈刚回沈阳的第二天，我清楚地记得那天是1996年10月22日，因为第二天陈曦就过生日了。夜里12点钟左右，我隐隐约约地听到外面人们用铁锹干活和说话的嘈杂声，而且声音越来越大，我睁开睡眼定定神，不对呀？怎么有股子烟味儿窜进屋来，想打开灯吧，灯不亮（昨天晚上就停电），屋里漆黑漆黑的。哐！哐哐！哐哐哐！"快起来，着火啦！地下室着火啦！赶快往外跑啊！着火啦！着火啦！"走廊里传来了急促地砸门声和紧急呼喊声。

什么？着火啦？怪不得有股子烟味儿，我忽地一下坐起来，一把推醒还在沉睡中的儿子，"起来，儿子，快起来，着火了！外面喊着火了！快起来！"平日几遍都喊不醒的陈曦，激灵一下坐起来，"妈妈，哪着火了？"

"肯定是地下室，在咱们下面一层的，赶紧往外跑吧，儿子。"我急忙点上蜡烛，就见陈曦以惊人的速度从床上"嗖"地翻身下来，什么都不顾，穿着衬衣衬裤拎起琴盒就往外跑，回头说了句："妈妈，你也快跑吧。"走到屋门口，他回头又补充了一句："液化器可别爆炸了。"平日就爱操心的陈曦提醒了我。这孩子关键时刻还挺机灵。我迅速地搂一把床头的衣服，一口气吹灭蜡烛，伸手检查液化器的开关，"咔吧"一声锁上门，三步并两步就跑到了地面上。

这时，上面已经聚集了一些从地下室跑上来的人，陈曦抱着小提琴盒，冷得瑟瑟发抖，我急忙帮他穿上衣裤，他连冷带吓得腿都抬不起来了。我对着儿子哈哈大笑起来，"现在已经没有危险了，你还怕什么？真是胆小鬼。"这工夫，十几个消防队员带着防毒面具钻进了我们的地下室走廊，说是再检查一下是否有人在里面睡觉被遗漏。此刻里面已是白烟滚滚，即使有人自己也走不出来了，幸亏我们动作快，水火不留情啊！

"妈妈，我还是有点害怕，咱家能不能烧着，昨天高阿姨刚从沈阳带来的电视机还在地上放着呢，烧坏了就没有电视看了，电视机多贵呀！"陈曦忽然担心地对我说。我马上意识到这是教育他的好时候，我 40 岁了

地下室里的生日盛宴，女孩是苏雅菁（1997年12月）

遇上这事心里还发慌，孩子能不紧张吗？站在漆黑的夜里，借着惨淡的月光，我慢慢地给他讲："儿子，妈妈告诉你，遇到这样的事情，第一是保护自己，生命是第一重要的。今天我表扬你，你第一想到的就是你的琴，你让妈妈很感动。但是，物质是第二位的，东西没了可以买可以弄到，人伤了、没了要东西有什么用？你说对不？这样紧急的情况一定这样去做，千万不能慌，你想到液化器说明你很冷静，很好。再就是已经安全了就是万幸，就不要想屋子里的东西了，如果后悔什么东西没拿再下去取，一念之差就可能上不来了，千万不要吝啬东西，现在我们应当高兴才是。"

陈曦听明白了，笑着点点头："对，对，妈你说的对。妈妈，咱家的电视机没事吧？我是想今晚咱俩终于能看电视啦。"儿子已经很久没看电视了。

"当然没事，肯定能看。"我随口敷衍他，嗨嗨，我这半天的话算是白说了，怎么说也是孩子，有事没事怎么的？你还下去呀？

"对啦，妈妈，幸亏姥姥昨天走了，不然得把姥姥吓坏了。"陈曦想起了姥姥，我也回过神儿来，可不，如果妈妈在的话，这一夜可怎么过呀？不把她老人家吓坏也得冻坏啦。

老天爷好像故意与我们为难，下起了淅淅沥沥的小雨，大家伙儿就坐在马路边上仅能遮雨的粥棚里，只觉得又冷又困。这时有人过来通知说火扑灭了，但烟大有毒，天亮后人才能进去，我们只有在粥棚里过夜了。

着火的原因很快就查明了，是我们下层的地下室招待所的客人点着蜡烛就睡着了，结果蜡烛倒了，烧着了房间里的东西，引起了大火。烟从楼道的门窗上了我们住的楼道。

在地下室过了一冬天，我的腿得了风湿病，上下楼时疼痛难忍，脚趾总像使不上劲似的。花了好多钱买来药吃，效果不大。我于是天天锻炼，经常带着陈曦一起跑步。听人说气功能把寒气排出去，每天的事情又增加了做气功这一项。

1993年夏季在奶奶家过暑假

　　我的腿病没好，陈曦又开始不舒服。特别是雨季到来的时候，他练琴的时间稍长，就会感到烦躁、气短、胸闷，常常拉一会儿琴，就得跑到上面呼吸呼吸户外的空气，才能再回来接着拉。我很担心我的腿出了毛病，陈曦可别再出什么事。奶奶一开始听说我们娘俩住在地下室就反对，她是过来的人啦，知道住那里意味着什么。我们年轻没有生活经验，也就没有听她老人家的话，当她得知我的腿出了问题时着急的要命，三番五次在电话里说："建华，咱不住这地下室了吧，落下个老寒腿是一辈子的事呀。你们现在体会不到，到了老了遭罪呀！咱宁可多花钱，租平房也不住这地下室。你这傻孩子，算算账，现在你这房费少，有病每月吃药多少钱，这病摊上不去根，这辈子得吃多少药？花多少钱？得算大账往长远想，如果再把我孙子的腿弄坏了，那可是毁了。"老人的话提醒了我，于是我们再一次搬家。

　　地下室虽然条件不好，但我们的精神生活却过得有滋有味儿。我喜欢看书，以传记和名著为主。以前忙着办幼儿园，好几年没时间看书，现在时间有了，就过起了看书的瘾。不仅自己看，还讲给陈曦听。陈曦最喜欢和我散步，晚饭后就拉着我出去走，问我书看到哪啦？叫我接着讲。我就问他，昨天我讲到哪啦？陈曦马上就提示一下。有时候，我们在一起讨论交流各自的观点。我是有意识这样做的，把它列为陪读的任务之一。

从小就想搞专业的孩子，把大部分的时间，而且是大块儿的时间用来练琴，零星散碎的时间只够满足正常文化课的学习，课外读物看的很少。上了专业学校以后时间更紧了，很多人把补充课外知识给忽略了。实际上对于搞专业的孩子来说，课外的知识不但不能没有，而且是越多越好。尤其是学古典音乐的孩子，他们需要了解音乐家的成长过程，了解乐曲的历史背景，这些知识要靠读书来获取的。多读书可以补充他们知识面的匮乏，提高他们的音乐素养，提升他们的精神境界。可孩子们自己没有时间也没有这个意识来做这件事，这就需要家长来帮助他们。如果每天给他们讲一点儿，几年积累下来，就等于读了很多本书啊。大人讲给孩子听还有一个好处，就是容易形成一个互动，两个人边讲边讨论，在讨论中，你可以及时发现孩子不正确的观点并加以纠正，帮助孩子建立正确的人生观，培养他们正义、善良、坚韧、好学等优秀品质。

陈曦在1996年期末专业考试中

做到这点，就要见缝插针。陈曦的时间被安排得很满，每一个时间段都有着双重或多重事做。在起床、睡觉、洗脸和我给他按摩的时间里听CD，吃饭的时间听老师上课的录音或是看录相，散步的时间听我讲故事，把每天看书的内容讲给他听。他听得比我讲得还认真，我毕竟记忆不如他好，经常忘了人名，特别是外国人的名字，讲着，讲着常被他提醒：妈妈，你说的那人叫……

在地下室的一年里，我给他讲了《基督山伯爵》《乱世佳人》《傲慢与偏见》《茶花女》《世界著名音乐家的传记》等等。后来我们看电视里的"名著名片欣赏"节目，正巧里面播放的是《基督山伯爵》，他很快就把剧情说得一清二楚，连人名都记住了，他说是在地下室的时候听我讲的，这让我很有成就感。为了能在散步的时候能多给他讲一些，我常常看书到深夜，给儿子半瓶水我得有一瓶水呀。

在地下室里，为了庆祝香港回归，1997 年 7 月 1 日那天，我们和邻居特意摆了桌小宴席，当从电视里看到中国国旗升起来的时候，我们兴奋地鼓掌、跺脚、欢呼起来。在阴冷潮湿的地下室里，我们把日子过得有滋有味儿。

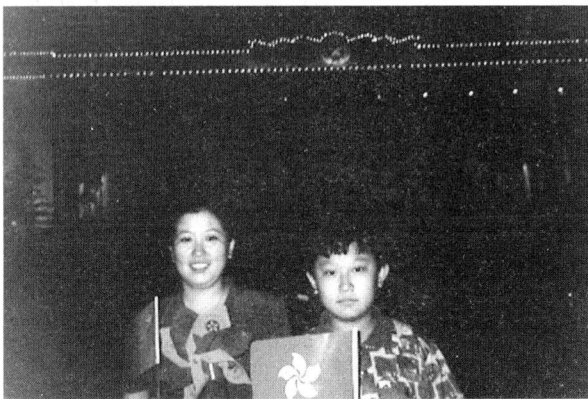

为庆祝香港回归，我们来到天安门广场（1997年7月）

陈曦的首场个人独奏音乐会是在地下室住的时候举办的。1997年11月，他荣获了第三届中央音乐学院小提琴比赛儿童组一等奖。比赛结束的第二天我们告别了地下室，搬进了一所小学校腾出的仓库里，那是个 24 平方米的大房子，房租昂贵不说，冬天取暖都困难，一个炉子烧不热，两个炉子烧不起（蜂窝煤）。室温在摄氏 14~16 度之间。没办法，找房子就是这么难。说来这还算"陪读村"的范围之内。

刚住进去才 3 天，不行，还得搬！为什么？隔壁是个刚从东北考进小五拉二胡的女孩子，我们两家人住邻居相处得很好，可惜两家房子不隔音。陈曦这边拉琴，耳朵却听着那边隔壁的二胡动静，一会儿挑人家小孩拉得音不准，一会儿两个孩子隔着墙逗上几句。没两天，人家二胡的曲子他都背着给拉下来了，这还了得，嗨，不搬也得搬！花了一天时间，我们搬到隔壁的同样大小的一个房间。

因势利导　塑造人格

我一直发自内心地觉得，陈曦是一个好孩子，有着与生俱来的善良、宽容和坚忍。但我从没有因此放弃对他的人格塑造。我认为：一颗良种也需要细心地栽培，才能长成参天大树；如果说我们对陈曦的艺术事业寄望甚高的话，我同样相信：一个有着完美人格的人，才能够在艺术道路上走得更高、更远。

每个孩子的性格和遗传基因不一样。我们对陈曦的教育，也是按照他的个性和成长轨迹来进行。我认为，现代生活诱惑太多、太五花八门，一个人要想成才，首先要学会自我克制和约束，从某种意义上来说，这比他的事业本身更重要。而这些工作靠刻意的说教往往事半功倍，遇事就说上几句，及时指出是与非，因势利导则可能事倍功半。

先说游戏机吧，哪个孩子不喜欢？想完全靠孩子自觉是不可能的。但家长有责任想方设法让孩子尽量远离这东西，因为惨痛的教训屡屡发生，玩游戏机不知毁了多少孩子的前程，甚至于生命。陈曦考上附小的时候，朋友送他一台游戏机，他高兴得连蹦带跳地对我说："妈妈，我拉了 7 年

小提琴，终于有了一台游戏机。"他是多么渴望玩游戏机呀！可就是这台
游戏机，也只有寒暑假时才被准许拿到姥姥家和小表哥们玩一玩。每次玩
的时候，年迈的姥姥都要亲自到楼上嘱咐她的孙子们："你们不许抢着玩，
让小弟弟多打一会儿，咱们小曦子最可怜，一年到头玩不上几回，谁家孩
子有他这么苦哇！整天连玩的时间都没有，就放这么几天假，也玩不了多
一会儿，听见没有，把你们手里那个按的玩意儿给小曦子多玩玩！"说着
说着，她还要掉下几颗心疼的眼泪。

　　记得有一次他放学回家晚了，他坦白说在游戏厅外面看同学打游戏
机，就看了一会儿。我不管话里有没有水分，真的打没打，没有去追问他。
但我知道这是个危险的信号，必须立刻制止。我当即警告他："咱们在北
京就一个心眼儿要好好学习，脑子里想的是咱们的理想，珍惜这来之不易
的宝贵时光。中国有多少学琴的孩子羡慕你们，他们从小也吃了不少苦，
遭了不少罪，就是没有你们幸运，你不要忘记自己是怎么考进来的。游戏
机这东西千万沾不得，它的诱惑力极强，你站在旁边看也不行，看不就是
想玩吗？一旦玩上了瘾，陷了进去想拔都拔不出来，那时，毁之晚矣。到
你想要改的时候，那个过程可是很痛苦的。这跟戒毒是一回事，咱俩见过
戒毒所里的病人吧，看他们多痛苦，有的倾家荡产都不管用。今天的事有
一不能有二，这可不是一件小事情，绝对不能有下一次。"我真的动了气，
他也知道犯了"大忌"，他听话了，没有出现第二次。

　　但看电视就没有那么容易管理。看电视和玩游戏机不一样，是一把双
刃剑，就看你怎么选择和管理。陈曦上附小时，除了每天必看的新闻节目
外，我同意他看少儿节目，男孩子嘛，偶尔可以看看足球。上中学以后，
我们一起看《名片名著欣赏》《交响世界》《读书时间》栏目，后来又增加
了《实话实说》《艺术人生》栏目。我们也有选择地看连续剧，如《钢铁
是怎样炼成的》。但有一条就是不许偷看电视。在这一点上我认为偷看电
视不仅说明他缺乏克制力，也是做事不光明磊落的表现。我认为一个人活

在世上首先要襟怀坦白（这个认识当时是有点偏激了）。

陈曦上小六的时候，一次我买菜回来，听到屋里拉琴的声音断断续续，就从房门的钥匙孔往里看，发现他在看电视。我敲敲门，他把门打开后电视机已经关了。

我故意问他："你刚才干什么啦？"

他像没事儿一样回答："练琴啊。"

"看电视没？"

"没有啊。"

"说实话看没看？"我的脸板了起来。

"没看。"

最后这一句他答得非常没有底气。

我用手去触摸电视屏上还有"啪啪"静电声，他望着我的眼神，开始胆怯起来。我打开电视，正在播放甲A足球联赛，我让他把琴放一边，首先批评他撒谎，不敢承认错误，我说："你看了就说看了，不要撒谎，今天你对我说假话，明天我怎么相信你？以后怎么相信你？妈妈最容不得小孩子撒谎，如果你骗了我今天，就可能有明天，后天。这是个品德问题，以后一定要改正，行吗？"儿子诚恳地点点头。

这个道理讲明白了我接着讲第二个道理，我说："现在电视里的内容丰富多彩，但我们要有节制、有选择地看。比如：利用吃饭时间啊，晚上刷牙洗漱的时间啊，看一小会儿就可以了，哪能边拉琴边看，那不是欺骗自己是什么？电视看不踏实琴也练不好。再说体育频道足球节目整天是甲A甲B的联赛，你看得过来吗？你要学会自觉约束自己。"那以后一段时间里，陈曦果然没有再犯这个错误。

也许对于一个人来说，学会克制自己将是一辈子的事情。陈曦算是同龄人中比较有自制力的，但他也是个普通的孩子，有时也难免管不住自己，他看电视的问题就始终没有彻底解决，其实也是无法彻底的事情。但是，随着他的成长我改变了批评方式，有的时候干脆来点激将法。

2001年春天的一天，他边看电视边拉琴，我在隔壁房间听出声音不对，就猜出十之八九。我推门进屋，他已把电视关上。我一声不吭地走到他面前，拿起遥控器，打开电视机，故意皱着眉头说："看吧，想看就看吗？你已经长大了，你知道现在最重要的事情是什么。堂堂五尺男儿敢作敢为，不必躲躲藏藏，大大方方地看吧。"说着，我还笑了。儿子的脸一阵红一阵白，不再狡辩，他惭愧地说："妈妈你别说了，你的话已让我无地自容，我错了，我一定改。"

同学合影。左起：王鹏、陈曦、吕硕、陈华超、张亮（1997年）

他即将出国的时候，有一回，他手捧笔记本电脑说是学英语，我无意中走过去发现他正在玩游戏。我看着他，眼泪不知不觉地涌了出来，半天就说了一句话："儿子，你太让我失望，你这样在国外我能放心得下吗？"

陈曦慌了，他的脸涨得红红的，也只说了一句话："妈妈，我再也不玩儿了，明天就把游戏卸掉。"后来他真的把游戏部分给卸掉了。

孩子们看电视啦，玩游戏啦，本不是什么大事，但如果孩子沉迷其中就很可能贻误前途，父母应从"爱"字出发因势利导，点击要害，论理到位，给孩子思考的空间和改正的时间。陈曦对我的批评有时也不服气，他说他看的东西是有用的，我说有用的东西也得挑着看，当前最有用的就是你的学业。后来他心服口服地在日记中写道：

> 妈妈的批评使我明白：不管眼前有多少理由说明现在没错，都不能代表未来的现在没错。不但要长远打算，还要珍惜时间，因为只有珍惜时间，才能让你的路走得更长、更远、更有滋味。

孩子在小时候，就给他灌输自我约束的观念，这样当他认识到自己的做法是错误的时候，才能主动地克制自己的行为。这就好比拉琴，拉琴讲究的是对弓子的控制，控制得好，音色就好，张弛有度；如果没有控制力，拉起琴来像沙尘暴似的，除了快以外什么也体现不出来，那样观众不会买你的账。孩子学会了在生活中把握自己，做人就会有信念，做事就会有原则，而一个没有信念和原则的人是很容易走弯路的。

附小的两年时光转眼成为过去，陈曦以最佳成绩考入附中一年级。儿子大了，虽然儿子的表现是优秀的，但是对他的教育时刻不能放松。特别是初中一、二年级的孩子，正处于青春躁动期，世界观正是逐渐形成的时候，思想极易产生波动，正确的指导他们是家长的重要职责。庆幸的是陈曦不是那种很叛逆的孩子，一直以来，我们俩都能够很好地交流。在餐桌上，在一个又一个夜晚，常常一聊就是一两个小时，一些问题也在这聊天中得到了解决。那些日子，至今想起来仍觉得特别温馨，值得怀念。

由于我们从陈曦小的时候就注意培养他节俭的意识，上附小以后，尽管周围不少孩子花钱如流水，陈曦从未有过类似的事情发生。可一上初中问题就来了。

一天吃晚饭的时候，陈曦跟我提起某某同学穿什么名牌衣服，什么名牌鞋，某某同学骑什么名牌自行车啊等等。开始我没在意，后来他又说了

附小老师同学们毕业合影留念（1997年夏季）

一遍，我觉得他是话中有话，自己的孩子自己了解，他想要干什么我当然看得出来。他现在大了，开始懂得注意形象了，看到有的同学穿名牌衣服和鞋，心里不自觉地有点羡慕。这虽是人之常情，但已经足以引起警惕了。

　　我态度很坚决地告诉他："我不反对你去穿名牌，名牌名牌，是给名人准备的，是给成功人士穿的，你成功了吗？没有，将来你成功的时候，自己花钱买去，我们家没有那笔钱，有了也不会买，我不会把铺张摆阔气的作风买进来，它会分散你的精力。我对你的原则是：一切与你的事业和健康无关的消费免谈，我是为你的前途着想。"

　　我见他只顾低头吃饭不言不语，知道他心里不服气。陈曦长这么大，我们很少带他上街买衣服，不是拣小表哥剩的，就是人家送的，反正是有啥穿啥，好看不好看他不在乎。按说陈曦进京已有2年了，班里的同学来自天南海北，有富家子弟，有故意摆阔的，陈曦一点不受影响不大可能。做一点让步或是给他点小小的满足？不行！他并没有到正确认识穿戴问题的年龄，要想让他心悦诚服，还真得给他讲得有理有据才行。

　　思忖片刻，我尽量把语气放平和些，说："你看看咱们的屋子里，比谁家看起来都阔气。有钢琴、录音机、摄相机，有全套的 VCD 组合音响，

1997年初冬在中央音乐学院大礼堂前留影

还有那么多的唱片，这些东西哪样都不能少，都有用，我们把钱花在有用的地方值啊！你再看看，我和你爸爸穿的是什么？有名牌吗？没有。都是很平常、很普通的，你也和我们一样，因为这不重要。我们看重的是你的事业，你的前途。郎朗当年在日本仙台参加'小柴'比赛，穿的就是周阿姨在沈阳五爱批发市场买的十几块钱一件的白衬衫，人家不也是拿下了比赛的第一名吗？没穿名牌却做名人了吧。"我这几句话还真管用，沉默半晌的陈曦终于点点头。我趁热打铁，继续说下去：

"你看看你爸，一个人在家寂寞不说，把电视机给咱们拿来，自己看姥姥家那个14寸图像都变了形的旧彩电，舍不得买个新的。他一个人在家里不愿意做饭，就去吃两块钱一碗的抻面。人家请客吃饭，你爸把剩菜打包拿回家，嘴说是为省事，其实也是为了省钱，他把钱省着给咱们用，咱们可不能乱花钱啊！"想到陈康孤零零一人在家糊弄度日，我禁不住有点心疼，不由得对陈曦讲起了爸爸的家世。我讲他爸爸童年的艰苦，讲他如何用一把旧小提琴自学，又如何借乐谱，买纸抄乐谱，如何坚持在冰天雪地里拉琴，如何考上文工团又被裁减下来，我越说越动情，"你想想，你爸能考到文工团里就够可以的了，他是个什么家庭条件，什么环境嘛？

郎朗、陈曦、尹一迦寒假里的冰上运动（1997年春节期间）

如果你爸当初有你现在这么好的条件，兴许也是个演奏家了。当时离开文工团的时候，他嘴里不说，心里可较上了劲，'等我有儿子那一天，我的儿子可就不是坐在你们这个乐队里了，我要让我的儿子成为一名真正的小提琴家。'他现在对你要求严，是他想让你做得更好，也是由你来实现他的夙愿吧。"这一回"痛说家史"对陈曦震动不小，他再也没有和我提同学之间比穿名牌的事。

转过年开春，有一天陈曦告诉我，他听别人说国华商场的世界著名品牌"耐克"旅游鞋打五折，他想买一双，他说他太喜欢耐克鞋了，400元就能买下来。还说这种鞋夏天也能穿，而且还很耐穿。我考虑了一下，买一双普通鞋在北京也得二三百元，穿不了一冬天就坏了，如果多花个一百二百的能耐穿些，买了也值得。

当晚我俩就到了国华商场，打折鞋的样子都不称心，不打折的却要八九百元才买得到，我又何尝不想让儿子穿一双真正喜欢的鞋呢？可这价钱……正左右为难呢，陈曦催我："妈，就买这五折的鞋吧，不好看也行，那些贵的鞋就别看了，我肯定不买。"

1997年初冬在中央音乐学院大礼堂前留影

是啊，我在心里对自己说，不能开这个口子。那样做，表面上是心疼儿子，实际却是对他的不负责任。于是，我在打五折的耐克鞋中选来选去，最后花了495元给他买了一双。回家后，陈曦把鞋捧在手上，半张着嘴，满脸的幸福，眼里射出了一道光芒，那种喜悦和如获至宝的眼神，我一辈子都不会忘记。他看着我的眼睛，半天说了一句至今让我想起就落泪的话："我的好妈妈，太谢谢你啦！我真没想到你能给我买这么贵的鞋。"那是陈曦唯一一次"非分"要求，我有限度地满足了他。令我欣慰的是，陈曦再没有提出类似的要求，即使后来他有了一定的名气以后也一样。

对于每个孩子来讲，所谓正常的要求太多了，你都能满足得了吗？有的家长不管家里经济条件如何，毫无原则地给孩子花钱，生怕委屈了孩子；有的家长喜欢攀比，满足自己的虚荣心；有的孩子一个月消费在1000元以上，七八百元的更是屡见不鲜。这类孩子每天比谁都忙，下课不是买汉堡包就是捧个奶瓶子喝，放学就领着同学逛商场、下餐馆。今天我请你，后天你请我，时间都用在花钱上了，哪还有心思练琴？期末了，不是警告处分就是文化课补考，甚至有的被开除，这不是害了孩子吗？咱们又是何苦呢？

和儿子参观北京故宫（1996年夏）

其实，孩子和家长之间的教育有时候是双向的。在孩子的成长过程中，家长也在不断地进步和走向成熟。我是一个个性直率的人，在和孩子相处时也难免有把持不好的时候。在北京，学校之外的生活，就是两个人相依为命的度日，一个人的心情往往会影响另一个人的心情。有时，我同他怄气，会"千仇万恨"涌心头，不知哪来的恨都一股脑儿地发泄在他身上，一天都不跟他说话。这时陈曦就会过来哄我，见我躺在床上，就拿被子给我盖，问我喝不喝水，要么就趴在我身上亲我的脸，然后乖巧地说："我错了，妈妈别生气了。"再不就说些逗趣儿的话："你全对，我全错行不行？我妈那是一贯正确。"经他这么一说，我的气就全消了。反过来，在他不高兴的时候，我也会安慰他、开导他，让他快乐起来，我们就是这样相互关照生活的。

2000年期末专业考试时，一直处于领先地位的陈曦，专业成绩突然从93分降到了91分，他们班的一个同学得了93分独占鳌头。陈曦回到家就坐在椅子上"啪嗒、啪嗒"掉眼泪，

"哎，儿子，至于这样子吗？怎么只许你扛着最高分别人就不行啊？别那么独裁好不！"我故意打趣地说。

他边哭边说："我哪点不如他拉的好，凭什么给我打低分？"我明白了，儿子这两年习惯了在学校专业成绩领先，已经不能像以前那样以平常心对待考试成绩了，更受不了委屈。十五六岁的男孩子，正是培养阳刚之气的好时候，这样哭哭啼啼斤斤计较可不行，男儿有泪不轻弹嘛！

我双手搭在儿子的肩膀上，眼睛平和地望着他，开导他说："没拿到最高分说明至少有一半老师没有认可你，说明你的演奏存在着一定的问题，而且是明显的问题。如果你觉得拉得比别人好，那就要自己同自己比，总是同不如你的人比你会进步吗？老师们的用意可能是给你定了个更高的标准，希望你有新的进步、新的突破，是在爱护你、保护你。你要多在自身上找原因，争取下一次用琴声征服每一位老师。"

在最近写书的时候，我看到了当时陈曦对这次考试后的一篇日记，了解了儿子当时的心里变化。尽管我在对陈曦的教育上可以说倾尽了心血，但我越来越感到孩子的成长是不可思议的，我有时候甚至怀疑自己是不是不了解自己的儿子？或者可以这样说，我和儿子之间有时候是在互相教育。

陈曦与德国小提琴家马斯奈尔合影于大师课上（1999年）

2000 年 6 月 28 日

嗨！刚考完主科又失败了。但这不能说明问题，更不能说明我就这样完了，最不能说明我的音乐感绝对地空白。（实际上他的技术领先于他的音乐感，听他演奏有点瘸腿不平衡的感觉，而不是什么空白。——作者注）

今天的失败，我认为是 9 月的成功之母（9 月他将参加第八届维尼亚夫斯基国际小提琴比赛。——作者注）。对于这点我比谁都有信心。今天的全松式演奏给了我很大的启发，证明了我可以全松式地拉快弓，而且不失把握性。遗憾的是我应该再冲一点，处理得再巧妙一些，情绪更猛烈一些，头脑再靠前一些。我认为这些在假期里一定要研究、琢磨、钻研出来，我一定能。设计出方案，把一切憋在心灵、头脑里的音乐全部放松加毫不懈怠地表现出来。

对于一些人给予我的批评我会虚心接受，但只能接受，不能失去主见，更不能依靠别人的音乐来加在我的身上。但可以接受些精良的意见，不能对自己失去信心，一定要自己挖掘。

还有，至于刚才回家后母亲对的我一些批评，有些是可以接受并加以改正的，有些一定要拿来与自己对照的，不要过多轻信于人，也许她（指妈妈）还没有客观来看我。妈妈说我没有主见，其实我是有主见的，可是我的主见还没等发表，甚至动机刚来立即被与我持相反意见的母亲给灭掉，这样发表不出来的主见慢慢地就成了垃圾堆在我的头脑里，而母亲的见解我是绝对不敢反对的，这样我就真的没有主见了。

我今天写的日记并不是一份检讨而是创造新的自我的开始，把我内心所感受到的、所想到的、所认为的事情只写出了一小部分。我永远相信勤奋出人才，善良出人才，修养是来修饰人才的，天赋是人所利用的，一旦他的天赋与灵感消失，他就会懂得勤奋。（完）

　　我有时也想，是不是对陈曦的要求太苛刻，我这个母亲是不是心肠太硬、太狠？也有孩子在妈妈的宠爱之下取得好成绩的。可我仔细思考之后，又觉得自己是对的，我们所做的一切都是适合我们的儿子，但是不一定适合所有的孩子。

在中央电视台录制《丰收渔歌》（1997年5月）

　　都说学琴的孩子苦于没有童年，我经常对陈曦说："谁说你们没有童年，你们过的是金子般的童年，几岁就登台演出，把欢乐幸福带给别人，鲜花掌声簇拥在你们的周围，小朋友、同学们、叔叔、阿姨、爷爷、奶奶们向你们投去羡慕的目光，你们被人们称为神童，多么值得骄傲啊！你们的童年有苦也有其他孩子不曾享有的快乐、荣誉和幸福时光啊！"

　　"在你的童年里，有爸爸妈妈陪着你学习艺术，是只有你具备艺术天赋而他们的孩子没有吗？不是的。你应该感到幸福的是：你的爸爸妈妈肯为你付出一切，无论是经济方面还是精力方面，而不是天下所有的父母亲都做得到的。恰恰在这个时期，你学到的不仅仅是小提琴的演奏方法，还有做事情的认真态度、责任心和动脑思考的能力。你比普通的孩子早起步三五年，也许就是这三五年的提早起步，可能使你将来永远领先于他们。"
我在他的面前从不说没有童年，如果孩子没有这种想法，我不想人为地把
这种观点灌输给他。

　　那是在陈曦连年获奖的时候，有些家长、同学把他的荣誉"归功于"
我一部分，她们一见陈曦就说："陈曦，没有你妈妈对你严格的管教，你
不会取得今天的成绩。"陈曦只是点头微笑。

　　我问陈曦："你从心里讲，妈妈对你管的严吗?"

　　"不严，真的，我认为一点儿都不严，妈妈，你的教育方法别人来看可
能是严了点儿，我不觉得，我倒觉得挺好的，我感谢你。"儿子坦率地说。

《丰收渔歌》录制现场（1997年5月）

首战告捷

　　1997年10月，世界著名小提琴大师梅纽因先生来到中央音乐学院给
全校师生上大师课，正好是中央音乐学院第三届小提琴比赛的前一个月。
陈曦的同班同学宁齐被推荐上台演奏，大师非常满意，全场掌声雷动。宁
齐立刻成了全院的小名人。赵老师没有推荐陈曦，这个千载难逢的上课机
会失掉了不说，无形中也给陈曦造成了压力。

宁齐是小六考进来的男生，入学刚刚一年多，对音乐的感觉非常好。郎朗在校时就认为宁齐是陈曦的竞争对手，要他注意这个新来的男孩子。陈曦嘴上不说，心里早较上了劲。

小学六年级师生合影于大礼堂门前（1996年）

中央音乐学院的小提琴比赛两年举行一次，刚入学时陈曦倒是赶上了第二届院内比赛，可惜那时候陈曦大病初愈，我们心里再痒痒，也没有胆量让他冒险参加比赛，只好等着下一届比赛大显身手。这一等就是两年。开始准备比赛时，我就知道陈曦的对手是宁齐。宁齐的长处恰好是陈曦的短处，宁齐的音乐好，陈曦却是典型的技术优于乐感的孩子。我琢磨着，想在赛场上战胜宁齐，就得在下面学人家的长处，当初我提议寒假拉《梁祝》，就是为了解决他的音乐问题。后来，我们还通过努力，让陈曦开了一场独奏音乐会。我们给陈曦下了硬指标，一定要拿下儿童组第一名。

为什么要从拉《梁祝》开始呢？我们觉得陈曦演奏外国的古典乐曲还能说得过去，大家的演奏都是模仿的成分多，而他这个年纪主要靠模仿，听老师的要求，听手上的资料，然后就要看个人心态、技术和表现力了。要演好我国最经典的《梁山伯与祝英台小提琴协奏曲》就不是那么简单。

《梁祝》是中国家喻户晓的爱情故事，被称为"中国的《罗密欧与朱丽叶》"。《梁祝》这首曲子，对这个爱情故事有着非常深刻的诠释，她的音乐也显得非常有张力。想在演奏的时候抓住听众的心，没有对音乐的良好理解是很难做到的。另外这里还有一个小插曲，那年年初的寒假前夕，中国青少年儿童发展基金会选定陈曦参加中国小神童艺术团，说是要在7月份赴台湾演出，指定曲目是《梁山伯与祝英台小提琴协奏曲》中的"化蝶"一段（此活动后来取消）。为了能圆满完成赴台演出任务，寒假里，在陈康的辅导下，陈曦拉完了伤感而优美的整首《梁山伯与祝英台小提琴协奏曲》。

赴台演出没有成行，我们却动起了另一番脑筋，建议赵老师给陈曦开独奏音乐会。我们认为开独奏音乐会会有助于陈曦小提琴演奏水平的提高。经过了这几年的耳濡目染，在对待陈曦学业的问题上我和陈康已经常常是一拍即合。我又天生一个急性子，一开学，就对赵老师谈了我们的想法，赵老师听罢先是一愣，很快就乐了。

她微笑地说："开玩笑吧，哪儿有这么小就开独奏音乐会，咱们学校附小还从来没有过呢。"赵老师这么一说，倒把我的热情给点燃了，之前心里还有些犹豫，这下却坚定起来，我决心让儿子做附小开独奏音乐会的第一人。

见我没言语，赵老师对着陈曦又像是询问又像是反问："一场音乐会的曲目量很大，你哪来的那么多曲子？入学才一年半，怎么可能开独奏音乐会。你说说看，能拉什么？"我告诉她陈曦可以拉《梁祝》。

她好像不敢相信似地问陈曦："陈曦你能拉《梁祝》？这么小的孩子，

音乐会演出成功，感谢赵老师
（1997年7月）

音乐会演出成功，感谢隋老师

根本理解不了爱情的故事，你怎么能拉好呢？"她犹豫了一会儿接着说："不过你现在给我拉拉看吧。"

陈曦把这首曲子从头到尾认真地背着拉完以后，赵老师笑呵呵地说："嘿！你这小家伙还真行，硬是给胡撸下来了。好！就听你的，那我们就准备吧！"陈曦独奏音乐会的事情就这样定下来了。

这件事当时没觉得怎么样，现在看来，我们的确是遇到了好老师才有这样的幸运。如果换个老师也许会损你一通，说你不知天高地厚，才进学校几天就想入非非，云云。我们的那种想法在某些人看来是不可思议的。也许从另一方面说，我们之所以能和赵老师提出这样的要求，正是因为她人特别地好，爱惜人才，培养人才，尊重别人的意见，特别是家长和学生本人的意见，从不打击学生的积极性。

为了让陈曦能在音乐会上拉好《梁祝》，赵老师反复地给陈曦讲梁山伯和祝英台的故事。一个只有 12 岁的天真孩子，怎么能理解中国古代复杂的爱情故事呢？开始陈曦只是愣愣地听讲，完全不懂其中的意思，拉起琴来连我都觉得没味道。我急了，跑到学校图书馆，借来了剧本让他看，再细细地给他讲解，可他就是搞不懂祝英台为什么要投井自杀。

他皱起眉头问老师说："赵老师，祝英台为什么要自杀？那她妈妈不是白养活她了吗？我认为她这样做不对，爸爸妈妈把她养大多不容易呀！"

赵老师觉得他的想法真是又好笑又好气，拍拍他的小脸蛋说："这孩子，真可爱，长大了肯定是个孝敬爹妈的人。现在你问这个问题，哎，跟你说你也不懂，这是爱——情，男女之间的爱——情（老师故意拉长声强调）。这可怎么办哪？怎么才能让你明白呢？"赵老师真的犯难了。

音乐会成功，感谢郭雪梅老师

"我怎么也不明白，祝英台就是不应该死，不该跳到井里去。她死了，爸爸妈妈那得多伤心啊！她太对不起父母了。"幼稚的他还在钻牛角尖。

我终于意识到了像陈曦这样单纯善良的孩子，无论你怎样讲，他都不可能理解这种爱情的涵义。我能讲给他《梁祝》这段故事，却无法把故事所传达的情感也一并传达给这个傻小子。他心目中的感情只有父母和家人的亲情、老师的恩情、同学之间的友情，别的东西对他来说都遥不可及，怎么办呢？别说我没法让他体验一下爱情的滋味，就是能也是远水解不了近渴呀！

我忽然想起郎朗1996年也曾弹过《梁祝》。当时我恰好在他的家里，他弹得十分投入，眼睛忽睁忽闭，身体慢慢地摇来晃去，仿佛他就是那个对祝英台相思成疾的梁山伯。我了解郎朗，他也是个很单纯、很活跃的孩子，他不可能理解"爱情"。我当时就问郎朗，你是怎样理解这段爱情故事的？

郎朗说得有板有眼："李阿姨，我就想我和我妈的感情，我爱我妈，我编和我妈的对话，需要悲痛的地方，我就想，晚上我想我妈想哭了的时候。根本就是嘛，反正都是感情。我认为，我表达的意思也对，我们小孩就有自己的理解方式。那肖邦经历的事情现在谁经历了？我们不也是照样

陈曦和郎朗在演奏《梁祝》协奏曲（1997年冬天）

弹吗？"

对呀，我怎么没想到呢？用母子情去理解男女之间的爱情，又直接又简单。我如获至宝，把想起来的郎朗这段话讲给陈曦，他果然茅塞顿开。后来我请教学校的陈毓铸老师，他对我们说："小孩喜欢玩宠物像小猫小狗什么的，让他把对小动物的感情比喻成爱情故事。"陈曦终于找到了感觉，他表演的《梁祝》也因此得以展现在首都国际艺苑。别看陈曦不懂爱情，可爱憎分明，他最恨想霸占祝英台的财主马文才，所以在"抗婚"那段快板里，他拉得最来劲，看那神情，要是马文才在他眼前，他真能和他斗争一番呢。

1997年7月3日，正是香港刚刚回归祖国之际，举国上下一片欢腾。12岁的陈曦在首都国际艺苑成功地举办了首场个人独奏音乐会，他也由此成为中央音乐学院附小举办独奏音乐会的第一人。他的演出受到首都音乐界的普遍好评，中央电视台教育频道还播发了这条消息。我们在为自己的儿子感到骄傲的同时更感激赵薇老师给了陈曦这个展示的平台。

至于《梁祝》，陈曦真正理解这首曲子却是在2002年的元旦。那是在北京中山音乐堂的新年音乐会上，由北京交响乐团协奏，著名指挥家谭利

陈曦和老师同学们合影，祝贺陈曦小提琴独奏音乐会圆满成功
（1997年7月3日）

华指挥，陈曦又独奏了《梁山伯与祝英台小提琴协奏曲》。那是他第二次
正式演奏这首曲子，这一次，他获得了满场掌声，不得不四次谢幕。

当时，陈曦接到北京音乐厅要求他演奏《梁祝》的通知时，态度并
不积极。因为他正在全力以赴准备参加第12届柴科夫斯基国际音乐大赛
的曲目，《梁祝》不是参赛曲目。可是，演奏家是在舞台上成长、成熟起
来的，上一次台，就丰富一次舞台的经验，像陈曦这样年龄的学生，能
登上北京音乐厅的舞台几乎是可遇而不可求的。机会自己找上门来，我
们当然不能放过，就和主办单位签下了合同。为此林老师还给他简单上
了15分钟的课。

就在陈曦走台的时候，他还在跟我说："妈妈，我不愿意拉这个曲子，
哭哭泣泣的没情绪。"我了解陈曦，他虽然已经17岁，仍然不谙世事，他
对感情的理解仍然非常简单，又正是血气方刚的年纪，不喜欢这首曲子对
他而言是很正常的，这是他的经历和个性使然，我们也不能硬性地改变
他。我说："你就拉吧，拉什么样是什么样，舞台锻炼嘛。"

说这话时我怎么也没想到，陈曦一上台就完全变了一副神态，他用一
个阳光少年对爱情的理解拉完了这首曲子，给了满场观众一个与众不同的

《梁祝》。我被他超乎寻常的演奏惊呆了，怎么转眼间就变成另一个人了呢？太不可思议了！细腻、委婉、欢乐、悲切、愤怒、哭泣，整个戏剧的情感变化，让他用明亮的线条展现出来。活脱脱一个中国版的《罗密欧与朱丽叶》。我喜欢他的这种演奏，这符合他17岁年龄的心理，也符合现代人的心理。观众们仿佛可以看到无数的亮点串成优美的主旋律，委婉凄美的爱情故事，在观众的脑海里编织出无限的遐想……

演出结束后，一向不爱夸奖孩子的我忍不住一个劲地向儿子表示祝贺，当我问他为什么突然变化这么大时，陈曦认真地说："妈，在候场室里，我一个人静静练琴的时候，突然喜欢上这首曲子了，觉得这首曲子写得太美了，我终于开悟了。"

现在把话说回到1997年的比赛，虽然从那次独奏音乐会后，陈曦的音乐感是有进步的，但和宁齐比还是有差距，我真担心儿子就这样让宁齐给比下去。对这场比赛我是志在必得，心里一急，没怎么考虑就给陈曦下了命令："你就同宁齐比，你学琴比他早，上附小比他早一年，论条件你比宁齐有优势，所以你必须超过他。这就是我让你超过他的理由。不过在班里，你们可要好好团结，千万不能互相嫉妒。"

当时，我觉得自己这样指示儿子是理所当然的。陈曦来附小两年了，第一次参加院内的小提琴比赛只能成功，不能失败。否则不仅是陈曦的失

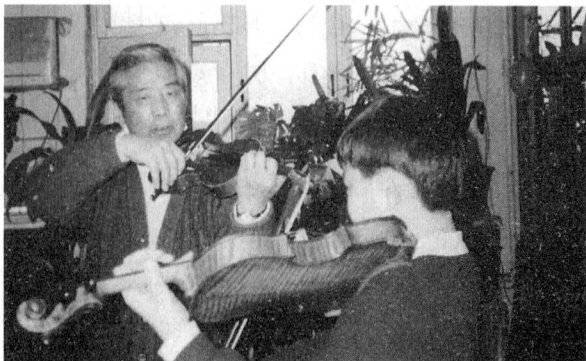

隋克强老师正在给陈曦上课
（1997年于隋老师家中）

败，也是我这个陪读妈妈的失败，那样陈康当年定下的冲出学校、走向全国、再到世界的愿望什么时候才能实现啊？我对自己能让儿子摆正和同学的竞争与友谊的关系倒是颇为得意。比赛前一个时期，赵老师因病休假，老一辈小提琴教育家隋克强教授给陈曦代课，我满怀信心地把给陈曦下指标的事向他谈了，满以为一定会得到支持，想不到他毫不留情地批评了我："你的胆子也太大了，哪有给孩子下比赛指标的，他本来就有压力，这么一来还能比好？不行啊，这样教育孩子是错误的，要赶紧纠正过来，你这家长性子太急。"我的满腔热情被这一盆冷水浇下去，脑子也顿时清醒了。回家仔细想想，对呀，陈曦已经有了很大压力了，我应该给他减压才对，怎么能还逼他呢？这方面的教训还少吗？

晚上，我把陈曦搂到身边，怀有歉意地说："比赛还有一个来月就开始了，你的进步很大，妈妈表扬你。可是，别人也在进步，你我都拦不住人家前进的脚步，你也没有理由不让别人超过你，只要尽力去做，平时抓紧时间练，拿出你的最高水平就行了，至于名次嘛，咱们就听天由命吧，不考虑啦！"

儿子听出了我的意思，有点蹬鼻子上脸，小嘴一撇，瞪着眼，表情夸张地点着我的鼻尖说："你考虑得了吗？你是谁呀？你是我妈妈知道不？你以为你是老师还是评委呢？这些日子我可有压力了。"儿子的话更增添了我的愧疚，几年前那场病的一幕幕仿佛又在眼前浮现。是啊，还有谁比我更了解他呢，从小到大，他虽然一直是那么个不紧不慢的性子，但每逢紧要关头从来没有马虎过，他为他的理想心甘情

陈曦在和王冠老师交谈（1998年）

愿地吃了那么多的苦，我怎么还做给他加压的糊涂事呢？

陈曦的第一任老师王冠教授得知比赛的消息后，特意捎来了录相资料和一封信，信中充满了对这位得意门生的殷切希望和叮嘱。

陈曦：

你好，听说你需要有关利克莱尔的《D大调奏鸣曲》的资料。正巧我从美国带回的资料和大卫·奥依斯特拉赫演奏的这支曲子，我认为很典范，现给你复制一份带给你供参考。

你爸让我讲讲有关这支曲子注意的事项，我想你还是自己看看录相，我说的也不一定准确。总的说来，这支曲子避免外表的华丽，要拉的内在、甜美、朴实，特别四乐章不要太快，要非常匀净。斯特卡斗弓法（连顿弓）的弓速要快，一句话两句话说不清，你自己看吧。

王　冠

1997年10月29日

比赛的结果简直是皆大欢喜，陈曦如愿以偿地获得了这次比赛儿童组的一等奖，而且同宁齐并列。在比赛的过程中，我始终作为观众在台下坐着，我怕他见到我心里紧张，候场准备都由他自己去做。陈曦现场发挥得不错，决赛时，他拉的是赵薇老师根据电影《闪闪的红星》主题歌改编的曲目《红星协奏曲》。

那天，陈曦在台上拉琴，活脱脱一个潘冬子（《闪闪的红星》电影主人公）的模样，气质与风度像一个英俊威武的小红军战士。我手擎着摄像机边摄边流泪，儿子的表演让我想起了那个曾经感动过一代人的故事，他表演结束后，我看见好几位家长都激动得直抹流泪。本来专业比赛协奏曲很少有拉中国曲目的，因为评分标准不明确，这首曲子又是第一次纳入比赛曲目。拉这首曲子有些冒风险，想不到他却演奏得这么成功。

颁奖。左起：莫弘毅、倪旋、陈曦、余晨、龙希、朱丹、程立

这次比赛给陈曦带来了荣誉和来自方方面面的赞美之声，我也发自内心地为儿子感到高兴。刚过完 13 岁生日的陈曦却没有沾沾自喜，比赛刚刚结束，他就找到赵老师要求拉新的曲目，然后跑到图书馆找谱子。他由比赛获得的自信，已经化成足足的动力，支持他去进行新的探索和学习。儿子大了，他正在毫不迟疑地向他的理想步步迈进，他清醒地知道自己该怎样做，还有什么比这更让我这个陪读妈妈由衷地感到喜悦和欣慰的呢。

附：中央音乐学院第三届小提琴比赛儿童组陈曦参赛曲目

初赛

第 11 课——罗德

D 大调奏鸣曲第一、二乐章 —— 利克莱尔

丰收渔歌——李自立

决赛

摩西主题与变奏曲——帕格尼尼

红星协奏曲—— 赵薇改编

在1997年第三届院
内小提琴比赛颁奖
音乐会上

获奖后的诺言

1998年6月底，我们接到正式通知，文化部决定于当年10月份在北京举行第六届全国小提琴比赛，中央音乐学院派五名选手参加。由于有两名选手因故弃权，陈曦、宁齐作为替补选手，幸运地成为了参赛选手。我们把它当做特大喜讯高兴了好几天。这是国内最高水平的专业比赛，每一个学小提琴的孩子都盼望着有朝一日能在这里崭露头角，这一回我们本来只有眼巴巴地看着别人参赛，幸运却再一次降临到我们头上。我们相信：如果能抓住机会出成绩，对陈曦的事业将会有着里程碑的意义。我一直记着郎国任的那句话：要把孩子扛在肩上托着往上走。

这一年，陈曦开始了频繁的演出活动，并且多次成功地与中国少年交响乐团合作演出《红星协奏曲》。他的舞台经验迅速地丰富起来，对于一个13岁的学生来说是极其难得的。还是学生的陈曦因此更加繁忙，陈康一再告诫陈曦认真对待每一次演出，付出必有回报。

萨拉萨蒂的《卡门主题幻想曲》是参赛曲目之一，这首乐曲非常好听，非常著名，不仅技巧难度大，其音乐的背景也相当复杂。为了让陈曦准确地把握曲子的精髓，我到学校图书馆复制了一盘这部歌剧的录像带，利用午饭、晚饭的时间和陈曦一起一遍一遍地看，又买回剧本来反复研读。陈曦依然不能理解这个浪漫的爱情故事，正像他当初不理解梁山伯与祝英台的故事一样。

陈曦已经14岁了，让他用理解《梁祝》的方式来理解比才的歌剧《卡门》显然已经不合适。一个孩子应该有和他年龄相当的思维方式。卡门是个有争议的女人，成年人尚且众论不一，孩子就更难理解了。陈曦坚持认为卡门是个非常不正派的坏女人，她把年轻英俊的军官何塞诱骗到了走私团伙，成了一名走私犯，葬送了何塞的大好前程，她最后被何塞杀死是应该的。世界著名三大男高音之一的西班牙歌唱家卡雷拉斯在剧中扮演何塞的角色，他竟成了陈曦崇拜的偶像。这一回我没有像当年他拉《梁祝》时那样干涉他的想法，毕竟他已经快14岁了，对生活和感情的理解都比一年多以前深刻得多，索性让他自己去体会好了。

我们非常幸运。当年4月，美国年轻的著名女小提琴家莉拉·约瑟夫茨小姐来中央音乐学院大学演奏厅讲学，她用了一个小时的时间给陈曦上了这首曲子的大师课。记得那天她坐在一旁认真地听了陈曦的演奏后，面带微笑地站起身来，一边鼓掌一边夸奖陈曦说："你演奏得非常非常地好！请

小提琴大师莉拉在给陈曦上课，讲解《卡门主题幻想曲》（1998年4月）

陈曦、莉拉·约瑟夫维茨、赵薇老师合影
（1998年4月）

问，你看过歌剧《卡门》吗？"

陈曦摇摇头："没有。"

莉拉毫不掩饰地表达了自己的惊讶之情，她说："令我惊讶的是，你没有看过歌剧《卡门》竟然还拉得这么好！"她又针对陈曦的一些问题做了指导，这节课对陈曦的帮助很大。

这期间我国著名小提琴家薛伟老师也给陈曦上了两次课，让陈曦受益匪浅。他的上课风格绝对是别具一格，由于他对音乐超凡的悟性和渊博的学识，每次上课都令人非常享受，不仅仅会让学生甚至会让包括我在内的旁听者都陶醉其中。在讲《卡门主题幻想曲》的时候，他用讲故事的方法启发学生理解曲子的意义，比如：作品中人物的性格、故事的发展情节、怎样去把握演奏的风格，特别是当薛老师给学生做示范的时候，边拉边讲，风趣优雅，薛老师对技术问题不迁就，但更注重的是音乐理解和表现。

薛伟老师在沈阳音乐学院的大师课上（1998年7月）

记得他给陈曦上课的时候，俩人一起拉完《卡门主题幻想曲》最后一句，薛老师突然跳了起来，做了一个美妙的造型。在下面听大师课的是沈阳音乐学院的学生们，大家顿时惊呆了，随后是疯狂的掌声，真是让学生们开眼了，都赞不绝口地说："太精彩了，不愧是大师啊！"更感幽默的是薛老师紧接着对陈曦说了一句："我看你拉得都比我好了。"全场又是一阵掌声和笑声，也许这就是大师们的精彩和独到之处吧。

与薛伟大师课后合影（1998年6月）

法国著名小提琴大师杜梅来校讲学，陈曦演奏了圣－桑《b小调第三小提琴协奏曲》的第一乐章，杜梅是这样评价陈曦的："你拉得已经非常地完整，弓子用力和不用力的对比都做到了，你很细致，对色彩感觉很好，尤其中段的抒情部分拉得更好。"

杜梅问陈曦："你几岁学琴？老师是谁？"

陈曦答道："4岁学琴，老师是沈阳音乐学院的王冠教授。"

杜梅说："你应该感谢你的老师，把你教得这么好。"

杜梅又询问他现在的老师，陈曦指着坐在前排的赵薇老师说："这就是我的老师。"

与法国著名小提琴家杜梅大师课后合影
（1998年10月）

杜梅边鼓掌边热情地走过去同赵薇老师握手："祝贺你，教出了这么优秀的学生。"他同时指出陈曦演奏巴赫的《第三组曲》还不太好，赵老师也认识到了这个问题。那天是 1998 年 10 月 17 日，离比赛的日子还有 4 天，我们沉下心来一句一句地抠，一段一段地练，几天后陈曦再演已是大有起色。

最令人头痛的是初赛的中国曲目——赵薇老师的作品《送春肥》。这首曲子描绘的是我国河南农民春耕时节往田地送肥料的繁忙景象，乐曲高亢昂扬催人奋进，又带着河南梆子的味道。就是这样一首曲子被陈曦拉得不土不洋、不伦不类。用小提琴去拉地方戏曲调，对于只学习古典音乐的学生来讲的确是件难事，我们又不是河南人，对于河南的民情民风缺乏了解，陈曦拉不好是情理之中的。但比赛的时候可没人管你学没学过地方戏，是不是河南人，陈曦要想在比赛中取得好成绩就必须把这块硬骨头啃下来。有个朋友专门从河南捎来《花木兰》和河南梆子的 VCD 给他看，赵老师耐心地把豫剧的特点讲给他听。《花木兰》《李双双》《朝阳沟》每一个剧目都分别唱给陈曦听。无奈陈曦就是找不准感觉。整整两个月，陈曦怎么拉赵老师都不满意，我急得团团转，到底差在哪了呢？

我把陪读的老乡王明伟找来听陈曦演奏，请她帮忙分析陈曦的问题。她在这儿陪读已经 7 年了，比我见识多，性格比我更直率。陈曦刚拉了一遍，就见她左手一挥，脸一绷，不客气地说："这样去比赛肯定不行，你拉的是洋味，人家这是土味，你把她拉得土得掉渣才行，你这土不土、洋不洋的叫啥玩意呀！你听我的话赶紧改，不然上台肯定砸。"她这一说简直是火上浇油，我们娘俩急得眼睛都红了。去年陈曦刚获得了院内比赛儿童组一等奖，今年我们还想拿少年组第一名，别说有一首曲子拉不好，就是出一点小纰漏都不行，大后天就比赛了，这可如何是好？

"不拉了！"陈曦来了脾气。他的性格向来温和，很少发火，这么突然一喊，倒把我吓了一跳。

他有些恼羞成怒地叫着："换曲子，《丰收渔歌》是现成的，我一天就能练好，明天通知组委会改曲目。"陈曦情急之下乱了方寸，比赛曲目怎么可能说改就改，再说老师也不会同意，我心里着急还得先做他的思想工作，我说：

"不是还有 3 天时间吗，我们别急，稳一点，有时越急越练不好。改曲目也是不可能的。比赛的目的不是拿第一，拿了世界第一也不证明你是世界大师，而是在于提高自己，给自己的进步增加动力和信心。如果你今天因为拉不好《送春肥》把曲目换了，明天你会对另外的曲子失去信心，越换越拉不好。有困难克服了才是英雄好汉，不能回避困难。如果你绕着困难走，你的困难会更多，多得你看不清前进的路了，拉不好的曲子就不拉，渐渐地可能就不会有你认为能好拉的曲子了。"

说换曲子一半是气话，从小到大，陈曦在拉琴上还是头一次遭遇上这样的困难，小孩子产生畏难情绪很自然，我却不能迁就他，我可不希望我的儿子将来是个动不动就打退堂鼓的懦夫。但这样一头雾水地练下去也不是办法，我得帮他找到解决问题的切入点。我静下来想了想后对陈曦说："按着老师讲的去练吧，自古华山一条路，你一定要闯过去，明天咱们给她往土了拉，多加点滑音准变味。"我是有病乱下药，陈曦听了我的意见改变了策略，第二天果然拉出点土味了。第三天，也就是比赛的前一天晚上，我们在赵老师家里上课，那一晚的情景我至今都难以忘怀。

第二天就要参加比赛了，我们带着新的体会去找老师上课，心里很是忐忑不安，希望这最后一晚上能达到老师的要求。这回问题出在了滑音上，

6年后陈曦和赵薇老师一起切磋《送春肥》等中国作品（2004年夏）

我们加得太随意了，赵老师认为没有体现乐曲的内涵，不符合豫剧的风格特点，要调整加滑音的地方和演奏的方法。她一边讲解一边示范，老师一弓一弓地教，学生一弓一弓地学，为了加深对乐曲的理解，赵老师还唱起了豫剧，边唱边指挥。

她后来这样跟我说："陈曦的可爱之处是他能够认真地去做、去领会，豫剧里的滑音是不好学出味儿来的，他学出来了，最后他从'神'上学到了。"

赵老师是身体做过大手术的人，身子有些虚弱，这样一来自然累得汗流浃背。她一边教学一边大声鼓励陈曦：

"有进步，再来一遍！"她说着脱下外套。

"又有进步，再来一遍！"她又脱下毛衫。

"做得非常好，再来一遍！"她还要脱掉毛背心。10月末的北京，白天秋高气爽，晚上却是寒气袭人，加之没来暖气，在屋里穿着外套都不觉得暖和，赵老师竟然已是大汗淋漓了。我很心疼地赶紧按住她说：

"赵老师您别脱了，再脱非感冒不可。"

我们最后离开赵老师家时已是晚上9点半，赵老师终于满意了，陈曦乐得一路都合不拢嘴。

那天晚上，我回家就把王明伟找来，让陈曦再给她拉一遍征求她意见。这个直筒子的明伟没等听完，"得，"她一拍大腿，手一挥，"行了，没问题，这才是河南豫剧味呢，比前天强多了。"

她接着拍拍我的肩膀："哥们儿，这回把心放在肚里吧，没问题啦！"音乐学院的陪读家长呆得时间长了，都成了"半个仙儿。"

第六届全国青少年小提琴比赛与上届比赛相隔 6 年，于 1998 年 10 月 22 日在中央音乐学院大礼堂拉开序幕，全国各大艺术院校的小提琴高手汇聚北京。陈曦是第一天上半场的最后一个选手，他表演的《送春肥》无论从音色、韵味、歌唱性、表情、到持琴带动肢体的转动，都能让观众深深感受到春耕送肥忙的强烈气氛，曲中充溢着浓郁的地方戏曲味道，观众似乎忘记了比赛期间不允许鼓掌的要求，热烈的掌声突然响起。这首曲子获得了本次比赛的少年组"中国作品优秀表演奖。"前天还想放弃的，今天却成了演奏最成功的曲子，陈曦由此领悟了一个简单的也是颠扑不破的真理：世上无难事，只要肯登攀。这才是他这次参赛的最大收获。

应该说陈曦头两轮比赛表现都不错，我们都已经感到胜利在望了，决赛的时候却出了问题。由于陈曦早上起来喝了杯咖啡（他平时很少喝它），精神异常兴奋，他意识到不对头的时候已经晚了，失去了比赛应有的良好状态。拉琴本来容易快，何况他正亢奋着呢。在演奏第一乐章的时候，有一个音没按住，手一滑，脱把了。当时，我正擎着 M7 的摄相机全神贯注地录像，见此情景，顿时觉得头"嗡"

陈曦在第六届全国青少年小提琴比赛场上

地一下，心"咚咚"地跳了起来。好在陈曦没有慌，这一脱把倒让他冷静下来，他迅速地调整了自己的状态。到他开始拉圣－桑《b小调第三小提琴协奏曲》的第二乐章时，感觉开始慢慢变好。这次比赛让我们记住了一件事，比赛前千万不能喝咖啡。他荣获了这届比赛的少年组第三名和中国作品优秀表演奖。

我对陈曦说："3年后，第七届全国小提琴比赛在沈阳举行，咱们要拿青年组第一名，向家乡父老汇报。"陈曦发誓：一定拿青年组第一！我们憧憬着，还有3年，这一千多个日日夜夜，陈曦一定会更上一层楼。

值得一提的是，在获奖音乐会上，陈曦再一次演奏《送春肥》，因为舞台上空调开得太大，琴弦都有了变化，开始调弦怎么也调不准。前两名获奖选手的弦没调准音就拉起来了，效果当然不好。陈曦耐心地调，台下有的人已经不耐烦了，但他还是坚持把弦调准然后再拉。我在台下赞许地看着儿子专注地做着这一切，这是对艺术的态度问题，是一个很好的习惯，有了这样的态度和习惯，才能保证他今后出色的演奏。

第六届全国青少年小提琴比赛少年组陈曦参赛曲目

初赛

小提琴随想曲 Op.18——维尼亚夫斯基

E大调无伴奏组曲——巴赫

前奏曲　加沃特舞曲——巴赫

送春肥——赵薇

复赛

D大调奏鸣曲——利克莱尔

卡门主题幻想曲——萨拉萨蒂

决赛

b小调第三小提琴协奏曲——圣－桑

比赛期间陈曦与吴祖强院
长、赵薇老师合影留念
（1998年11月于大礼堂）

　　获奖之后，中央人民广播电台记者吕佳木老师采访赵老师的三位学
生——余晨（青年组第四名）、金艺花和陈曦，在问到将来的打算时，两
个女孩子都说要像自己的老师那样，做一名优秀的小提琴教师，为国家培
养出更多更好的艺术人才。我担心陈曦不会说什么，就想告诉他应该怎么
讲，吕老师说没关系，让他怎么想就怎么说，反正是录音，回去还要做编
辑。陈曦地回答令我大为震惊，从此再不敢说儿子还小没有思想，你看虽
然紧张有点结巴但却非常肯定地说着：

恭喜这3名获奖学生。左
起：陈曦、金艺花、余晨
（1997年春）

"嗯，我跟我的两位师姐想法不一样，我想上大学的时候，到国外去学习，嗯，我国的古典音乐发展的历史短，很薄弱，嗯，我要在国外好好学习，当一名演奏家，也把我们中国的好听的音乐带到国外去，嗯，让外国人了解中国的音乐，把赵老师的作品拉给他们听，嗯，让他们知道中国的音乐家也能创作出这么好听的小提琴乐曲。"

今天，陈曦已经到国外学习去了，正当我的书要结尾的时候，也就是2004年7月，陈曦来到了加拿大温哥华参加中国作品音乐会，其中半场是由他来独奏赵薇老师的作品，实现了他少年的诺言。赵老师曾非常真诚地对我说，在她的心目中，陈曦能真正理解她的作品。

可敬的好老师

1996年6月的一天，赵老师突然把我叫到她的家里。我赶去时，她正紧锁着眉头坐在椅子上，神态有些不安。我有点纳闷，赵老师一向沉着干练，很少见她这样魂不守舍。她一边让我坐下来，一边用探询的口气问我："你知道乳腺瘤吗？你见过有人得吗？"

我心里一动，忙说："知道，太知道了，我住院的时候，一病房的人都是这个病。我就是很严重的乳腺增生，半年就得到肿瘤医院检查一次。"

"你住院做过手术？什么时候？有什么感觉？"赵老师忙问。

"哦，那是1992年的事了，在两侧的腋下，是叫副乳手术，性质是一样的，都是乳腺病。我的切片结果是良性，现在没事了。您怎么啦？您也有这病？"我问她。

她指着自己的胸部忧虑地说："我这长了个东西，昨天看音乐会的时候，突然感到有点疼，手一摸，硬邦邦的一个肿块。"

"活动吗？你摸一摸滑溜溜的在里面来回滚动，并且是软的不是硬的，那就没事了，肯定是乳腺增生，拿掉就是了。那是个很简单的小手术，半个月就全好了。"我自顾自地说着。

她看着我，眼神里突然掠过一丝惊恐："陈曦妈妈，你过来摸一摸，看看我这，我怎么觉得它不动啊，而且是硬的。"

"啊？不会吧。"我顿时一惊，上前一摸，哎哟，不好！有半个拇指大小坚硬的包块，一动不动地长在那里，这可不是好东西。我回到了座位上，稍稍定了定神，说："赵老师啊，咱们都别猜了，你马上到医院检查吧，一动手术就什么都明白了，千万别耽误了，需要我的时候，你就打电话。"

我忧心忡忡地离开赵老师的家，一路走着，想到她此刻可能承受的内心煎熬，只觉得心情特别沉重，她的病太像恶性的了。结果不出所料，正是乳腺癌。不知为什么，一直拖到暑假她才去医院做了单侧乳腺切除手术。

这本来就是一次大手术，一般人都要将养好些日子，对她造成的伤害就尤其大了。在发现乳腺癌的前期，她刚刚做了卵巢、子宫切除手术，两次手术相隔只有几个月，致使她的内分泌系统严重失调，她开始了长达4个月的严重失眠，有时一天仅睡两个小时。

因为这场病，她不得不把她的学生暂时托付给了中国提琴界的老前辈隋克强老师代课。出院后，她不仅患了严重失眠症，一个人在家时，还总是感到孤独寂寞甚至恐惧。林耀基老师建议她在家找个学生上课排解一下，赵老师把陈曦找来上了几次课，效果都不好，她仍是烦躁得很。

其实，她当时的身体相当地虚弱，根本上不了课。据说癌症病人手术之后多有恐怖感，怕寂寞，尤其是乳腺癌患者。这时候病人常常需要有人陪伴。下午，我就经常把陈曦一个人关在家里拉琴，自己跑到她那里陪她说说话、按按摩什么的。有时也陪她上医院跑前跑后的。那个时候，我不知不觉地把她当成了一个好朋友，而不是老师。她好像也很希望我去她那里。

9月的一个下午，我像往常一样去看她。我们俩面对面坐着，屋里的光线有些暗淡，我仍能看清楚她那窄小、疲惫、憔悴的脸，眼圈因缺少睡

赵老师和学生们去八
大处郊游，玩得十分
开心（1998年元月）

眠而明显发黑。她缓缓地说了一句话："你来了，我就不害怕了。"

我赶紧宽慰她："没关系，病人术后常有恐惧感、孤独感，是正常的，慢慢就会好的。"这是我从报纸上看到的。

我的话音刚落，她忽然痛苦地用双手捂上脸，半晌没有言语。我默默地望着她，不知说什么才好。隔了一会儿，她又慢慢地放下手，说了一段让我一辈子都难忘和感动的话："建华，唉，我怎么这么倒霉，老天爷对我太不公平，我还有好多事没有做完呢。你看，我的《学琴之路》要出够8册才能发行，我的十首小提琴作品还没有出版，我一生最大的心愿，就是开十首作品音乐会，让我的学生来演奏，我还想把我的作品录制成唱片，这些做不完，我死都不瞑目啊！"

说着说着，她的眼圈红了。我明知没有意义可还是老生常谈地劝慰她："赵老师，您不要悲观嘛，您的身体一定会好起来，只是需要耐心地慢慢调养。只要您充满乐观精神，咱们什么愿望都能实现。"赵老师点点头，微微地笑了。她没有再谈这个话题。我想，可能我是外行，她没兴趣同我谈，要不谈下去她会更受刺激，就自己收住了。

我已经记不得后来我们又谈了些什么了，只记得自己一直心潮起伏地

八大处郊游合影
（1998年元月）

望着赵老师：眼前的她，面色灰暗，身体瘦弱，完全没有了昔日的激情和
风采，她那弱不禁风的样子看着很让人心疼。而她此刻关心的不是自己的
身体，而是钟爱的小提琴事业。

我想起她本来有一年的假期，可她只休息了一个半月就开始找学生上
课；想起她为了早日拿起琴来，咬着牙锻炼左臂，医生本来说她的左臂以
后不能拉琴了，可她硬是通过努力锻炼重新又拿起了琴。她知道，不能给
学生做示范，就无法教好学生。本来我一直对她的帮助是出于同情和关心，
虽然她是儿子的老师，优秀的教育家，但她也是一位普通的女性。现在才
发现她的内心比我想象的要坚强得多，我以前太不了解她了。陈曦能遇上
这样的一位好老师真是他的福分。跟着一位好老师，不仅可以学艺，还可
以学做人啊！

赵老师是院里的名师，深受师生和家长们爱戴，她的病自然也牵动了
很多人的心。从她入院手术到她在家休息，病情的恢复情况一直为大家所
关注。老一辈著名的小提琴教育家韩里先生热情地给赵老师打气鼓励她说：
"你要闯过每一天，迎接生命的春天。"

1996年10月中旬，附小组织游园活动，刘校长把赵老师也拉上，让

陈曦和赵老师合影于家中（1998年元月）

她和孩子们玩一玩，开心开心。我听说赵老师也去，就嘱咐陈曦别只顾自己玩，记着多照顾一下赵老师，别让她累着。后来我听刘校长说，陈曦下了车就一直扶着赵老师走哪跟哪，一点儿都不张罗跟同学们玩。后来还是赵老师硬把他"说"到了同学堆里。我很高兴儿子能这样做，对于曾给了我们极大帮助的老师，我们能做的实在太少了。为了帮助她治疗失眠，很多人给她弄来偏方，千奇百怪的什么招数都有，她都试过了，却不见

陈曦和班里的同学们郊游（1996年10月）

效果。

赵老师的爱人沈尧伊老师，是位智慧、敏锐、刚毅之人，望着每日身体极度疲劳的妻子，沉着冷静分析病情，他反对人们常说的是癌症术后的结果，把自己的想法告诉妻子："你不要怕，不是病情的反应，而是你更年期的正常反应过程，你一定能熬过去，很快就会度过这最困难的时期。"正是丈夫这一精准判断，支撑着她终于走出病魔的阴影，她感激地称沈老师是最好的精神大夫。

快年底的时候，有位老师告诉她游泳能治疗失眠，她试了试，真的很有效。寒假过后我们再去看她，她的气色已经大不一样，体重也上来了。后来我才知道，她游泳也不是一帆风顺的。她第一次下水仅游了20米就不得不休息，但她坚持练了两周后，游了一千米，通过了百米测试。她总是感慨地说是沈老师救了她，是游泳救了她，我说："还有您的坚强意志和事业心救了您。"

她把这段与病魔抗争的过程比喻为：揪着头发把自己拉出困境，逃脱地狱。

她的身体稍有恢复，就带领自己的学生投入到1997年的第三届院内小提琴比赛的准备工作当中。1998年她的改编作品《红星协奏曲》将由中国少年交响乐团在北京音乐厅隆重推出，陈曦担任小提琴独奏。那些日子，我们和赵老师都特别激动，陈曦能在这样隆重的演出中担任独奏，而且又是赵老师的得意之作，怎么能不高兴呢。

1998年6月6日，我们随乐团到北戴河的燕山大学演出，这首协奏曲演出非常成功，轰动了整个大学校园。演出后很多大学生前来祝贺并交谈，纷纷后悔小时候没有把小提琴坚持学下去，有个大学生说："如果我当初不放弃的话，说不定我也考上中央音乐学院了呢。"是啊，坚持是金，才能永不言败。第二天晚上回校时，我们下了车就捧着鲜花直奔赵老师家，向可敬的赵老师汇报演出情况，分享成功的喜悦。隔了一夜的鲜花虽然有些蔫了，却仍然芳香四溢，赵老师兴奋地把鲜花插进一个大大的花瓶，又拿出糖果饮料慰劳她的小弟子。

6月10日，中国少年交响乐团在北京音乐厅举办专场音乐会，中央音乐学院的领导都到场了。《红星协奏曲》是上半场的结束曲目。我特意在花店订了两束鲜花，下午取花时，突然黑云密布，狂风四起。我赶到花店，包好了花就骑车往回赶，天黑得不见五指，我顶着大雨跌跌撞撞地赶回家，陈曦风趣地说："小提琴大师穆特来演出那天下大雪，莉拉演出下大雨，我将来也会是大师啊！"儿子一高兴就会贫嘴，我浑身湿漉漉地看着调皮的儿子，心里默默地说，希望你的话有一天实现。

陈曦与中国少年交响乐团合作首演《红星协奏曲》。指挥：张艺
（1998年6月10日）

在第六届全国小提琴比赛开幕的前一天，赵老师的最大心愿实现了。她的"十首作品音乐会"在学校大礼堂成功演出。她的学生分别独奏、齐奏她的作品，陈曦与少交合作的《红星协奏曲》作为压轴曲目。大礼堂座无虚席，里面有几岁的娃娃，有拄着拐杖的老人，许多外地的老师评委也纷纷赶来祝贺，他们握着赵老师的手激动而又关切地向她表示祝贺，问候

她的身体，言谈话语间无不洋溢着对她的敬重之意和关爱之情。

鲜花簇拥着这位坚强的女性，一位奋斗在小提琴事业上的勇士，一位有着无私奉献精神的教育家，一位和蔼、可亲、可敬、母亲一般的师长，在场许多了解内情的观众都感动得禁不住潸然泪下。

赵老师和她的弟子们。左起：郝狄森、袁泉、薛颖、张云、苏雅菁、金艺花、余晨、周游、王霄、陈曦、王冠伟

在第六届全国青少年小提琴比赛中，她的学生余晨荣获青年组第四名，陈曦获得了少年组第三名和中国作品优秀表演奖，赵老师自豪地称1998年是她最难忘最有成果的一年。这场演出的录音随后被制作成 VCD 发行。

换师之痛

转过年就是1999年，我和陈康却遇到了一道难题。陈曦想换专业老师，做世界著名小提琴教育家——中央音乐学院小提琴教研室主任林耀基教授的学生。按说陈曦有这种想法是很正常的，从某种意义上讲这也是顺理成章的事，我们家长理应支持。可是换专业老师是每个家长最头疼、最棘手的一件难事，因为没法向现任的老师开口，何况我们还有另一层担心——
赵老师的身体是否能经得住这个打击？

　　说是对老师的打击一点都不过分。赵老师培养陈曦4年多，看着陈曦
从一个不起眼的小不点儿，到院里的小名人，他的成长凝聚了她的心血，
也使她由衷地高兴。记得有一次她正头疼的时候我们去上课，见她难受的
样子陈曦就说："赵老师，您难受就别上课了，好好休息，我们回去吧，
下节课再来。"

　　老师本来还正难受，听自己学生这么一说，马上来了精神："没事，
上，上，陈曦一来我就高兴，这孩子真善良。陈曦妈妈，你真有福气，生了
这么个好儿子。"你别说，正上课呢，她忽然说："哎，我的头不疼了，我就
愿意给这小家伙上课。"她是这么喜欢陈曦，我们又怎么忍心伤她的心呢？

　　为了做好赵老师的思想工作，我找到了隋老师求他想办法。他说，陈
曦到林老师那里是时候啦，该去啦。赵老师的工作我来做。

　　那天午后，快上课前我来到了赵老师家，临来之前，一再提醒自己要
坚持住，不能掉眼泪，待我硬着头皮把我们的想法说出来的时候还是没有
忍住。我坐在她的桌对面，她用疑惑的目光望着我，我不敢正视她，本想

与赵薇老师一起在
八大处郊游
（1998年元月）

绕个圈子说吧，只怕没等绕到正题就难过地说不下去了。嗨！干脆开门见山吧。

我的心"嘭、嘭"地跳，面无表情、内心惶恐地一个字一个字地从牙缝里蹦："赵——老——师，陈曦想换老师。"

"换谁？"她马上严肃起来，眼睛紧盯着我说，我几乎能感觉到她目光里的颤抖。

"林耀基老师。"

"我同意。"她冷冷地回答。

我知道，这对赵老师来讲，是搞突然袭击，她一定还没有完全回过神来。别说她了，我这有备而来的还不是一样，脑袋里像装上了马达，"嗡、嗡、嗡"地响着，事先想好的能安慰老师的好听的词都忘了，喉咙堵得说不出话来。虽然我在心里已经预演过这场面，真的面对她，我还是感到心中有愧，无所适从。好半天我才叹了口气，把心底的话掏了出来："唉，老师就是人梯呀！"说完，泪水再也抑制不住溢出了眼眶，再也说不出话来了。

我从赵老师的家里出来，正碰上一个跟我很好的家长带着孩子来上课。

我说："对不起，赵老师现在心情不好，你帮我劝劝她。"我事先早就通知了几位同我关系比较好的家长，让她们协助我做赵老师的工作。其实赵老师是个通情达理、深明大义的老师，我的担心或许是多余的，如果不是她有病在身，我也大可不必兴师动众。我就是担心她的身体经不住

"赵老师，学生永远爱您"
（2006年于加拿大温哥华）

我永远尊敬的赵老师（2017年夏）

这个打击，她恢复到现在这样是多么不易呀！

其实，上初一时，林老师就同意教陈曦，但林老师和我们都在关注赵老师的身体恢复情况，不能因为我们而害了老师。

换老师那些日子我的心情特别难过，想起和赵老师在一起的时光岁月，想到她望着陈曦的那种特别喜爱的眼神，她在病中挥汗指导陈曦的情景，她对陈曦就像对自己的孩子，不仅在专业上尽心尽力，在生活上也是诸多照顾等，都让我特别感伤和内疚。多年以后回忆起和赵老师在一起的岁月，陈曦还常常念叨着她亲手制作的酸奶，那是夏日练琴时她为弟子准备的特别"辅导"。因为换师之痛，我半年没动笔写日记，人前人后哭了许多回，听说赵老师也是一样地伤心。

后来，我渐渐体会到做老师的不易，一个老师一生能遇到几个特别有才能的好学生，有的老师可能一生都没有。后来，一有家长跟我提起陈曦换老师的事情，我就禁不住先流泪后说话，他们都感动地说："想不到你们和老师处的感情那么深，音乐学院像你们这样的情况可不多见啊。"

赵老师永远是陈曦的好老师，是陈曦成长的一面镜子。在同赵老师学习的四年零五个月的时间里，陈曦不仅在技巧上得到了很大的提高，在音乐上的进步更为突出，从单纯地模仿大师演奏到懂得用自己对音乐的理解去诠释不同的音乐，赵老师功不可没。她的敬业与坚强更成了陈曦学习的榜样。

后来我同赵老师回忆起当年换老师的情形，她笑着说："我一直认为：人才是国家的，他不属于某个人。陈曦换林老师我没有意见，只是感到突然，因为我太喜欢陈曦了，感情上一时难以接受。"我细细咀嚼着每一个字，是啊，我们人人所做的一切，难道不就是为了国家吗？

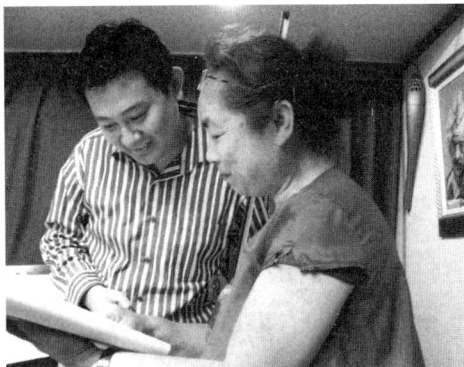

一起探讨（2006年秋）

两年前，曾有位我不很熟悉的家长来到我家，向我征求关于孩子换专业老师的意见。她说："我的孩子想同某某老师学习，可又不敢跟现在的老师说，你说该怎么处理这个问题？我和他爸都愁坏了，后来我们想到了你，知道陈曦妈妈爱帮助人，就来登门请教。"

按说这是个得罪人的事情，帮什么也不能帮助人家换老师。想拒绝吧，可人家坐到了你对面，是相信你。再说，我做事有个原则，只要对孩子有利的事情我就支持，就会帮忙。

我这人心直嘴更直，说："你先别愁，我问你，换老师是不是对孩子学琴提高有好处？"

那个家长说："那当然，是毫无疑问的。"

"既然是毫无疑问，那就换吧，犹豫什么呢？你孩子到学校学习的目的是什么？你陪读的目的是什么？我们这么多家长不惜一切代价在这里，不就是为了我们的孩子将来有出息吗？但是，你孩子现在的老师以后你不能忘记，无论何时老师就是老师，一日为师，终身为父。没有昨天老师给予你孩子的进步，就没有今天的老师看好你来教你；没有今天的老师把你的孩子推向新的高度，就没有明天的老师来接手你。每个老师的水平不同，特点不同，适应学生的不同阶段，更换老师是正常的，只要你永远记住老

在赵薇小提琴乐园看望赵老师并给学生们上课（2006年秋）

师曾为我们付出的那份辛苦和情谊，就问心无愧。"那位家长连连点头表示赞同，顾虑打消了。

林氏教学法

1999年3月，陈曦正式投师林耀基老师门下。林耀基是中央音乐学院小提琴教研室主任，我国第一代小提琴大师马思聪先生的入室弟子，曾留学苏联，师从世界著名小提琴教育大师扬格列维奇。回国后，他投身中国小提琴教育事业，在几十年的教学生涯中，博采众长，逐渐总结出一套充满辩证法而又深入浅出的科学教学方法，为我国培养了一批优秀的音乐人才，是世界著名小提琴教育家。他的学生有胡坤、薛伟、徐惟聆、郭昶、柴亮、李传韵等，在国际小提琴比赛中屡获大奖。

第一次到林老师家里上课，老师就给我们来了个"下马威"。几乎所有搞专业的学生都明白，换老师后的第一个任务就是改方法，也就是改毛病，陈曦也不例外。林老师的学生经历这个过程一般要两年。林老师对陈曦说："你现在已经14岁了，你看我的学生在你这个年龄毛病已经改完了，就是往上提高的事了。你现在到我这里来有点晚了，改毛病要两年时间，两年后你已经 16 岁了，再去拉大量的协奏曲准备国际比赛，可是不容易呀，那就看你的努力程度了。"

老师的话是经验之谈。但是，既然我们要做林老师的学生，就不能徒有虚名。两年的时间太漫长，太误事，我们必须把这个时间缩短，早日出成果，早日成才。在专业领域里，年龄越小越有资本，这一点陈曦和我们一样清楚得很。

拜师林耀基大师（1999年春）

到了林老师的班上，首先要练音准。陈曦的音准不是很好。赵老师就经常批评他音不准，一再嘱咐他多加练习。赵老师对陈曦疼爱有加，所以难免有些"心慈手软"，林老师却是铁面无情，陈曦刚开始上课时经常挨批评，有时整整一节课老师脸上都没笑容，我在一边看着心里很不是滋味，暗暗替陈曦捏了一把汗。想不到，陈曦迅速适应了老师的要求和方法，不急不弃，毫不气馁地闷头练习。这家伙，倒是比我这个当妈的沉得住气。

这天，刚上了 20 分钟的课，林老师又因为音准问题生气了，板着脸，严肃地问他："想跟我学吗？"

"想。"学生乖乖地回答。

"想？为什么还有那么多音不准啊？在家是怎么练的？用耳朵听了吗？"

"听了。"

"听出不准的音了吗？"

"听出来了。"

"改了吗？"

"改了。"

"改了怎么到我这来音就不准了呢？"林老师步步逼问。

"嘿嘿，那，那是没改好。"陈曦被老师问得笑了。

林老师没理他的笑脸，把手一摆，说："笑什么，笑就不批评你啦？下课了，回去自己练去吧，练不好就别来上课，想在我的课上混可不行，走吧，走吧。"

我开始收拾录音机、笔记本准备下课回家了，陈曦却不慌不忙地凑到林老师跟前，一脸讨好地问道："林老师，我想提个问题。"

"你说吧。"林老师看了他一眼，我想这会儿老师一定在想这孩子太少见了，怎么说都一个劲儿，不生气。

结果他一连提了五六个问题，都是有关曲子处理方面的问题，老师耐心地一一做了解答，最后还笑着问他："你还有问题吗？"

"嘿嘿，没有啦，谢谢林老师。"陈曦的脸上挂着得意的笑容。我们前脚刚出林老师家大门，陈曦就憋不住地说："林老师让我走，我就不走，我可不能白瞎了半节课，我就故意提问题，一直到下课为止，妈妈，你说我聪明不？"

"聪明，当然聪明啦！我儿子嘛，能不聪明嘛！就是要当心下节课，别叫林老师十分钟就把你撵出来，看你还能有多少问题提。"我点着他的脑门子半生气半开玩笑地说。这一点倒是不用我担心，林老师的声威我们早有耳闻，今天只不过给了个警告，如果反复犯同样的错误可就不是这么简单了。

为了练音准，陈曦按照林老师的要求，用录音机把自己拉的东西一段一段地录下来，逐个音去听、去纠正，然后再按要求放慢速度练习。通常一首协奏曲拉一遍用半天的时间都拉不完，听起来是件容易的事情，真正实施起来却令人痛苦至极，多数学生都难以坚持下来。在家里，我边做家务边听他慢练，他经常把拍子放慢了三四倍，拉出来的声音（只能叫音，不能叫音乐）相当地枯燥，一天到晚"吱吱、嘎嘎"像锯木头似的，我心

在家中练琴（1999年春）

很闹的慌。尽管老师是这样要求，我头两个月还是持怀疑态度。一天，我终于忍不住问陈曦："儿子，你这么拉下去能行吗？不快练，那技术不都丢了吗？咱们10年练就的机能不就废了吗？"

陈曦一本正经地回答我："妈，你不懂，现在我有点明白了慢练的好处，你现在听一下我的快弓，是以前的好还是现在的好？"他随后给我拉了一遍音阶的琶音，完全是飞快地速度。我听出来了，除了音准有进步外，音质纯了，哒、哒、哒的点比从前清楚还均匀了，声音也宽厚了，结实了，一句话，确实进步了。

陈康刚开始也接受不了这种练法，他那个急脾气，心里更闹得慌，他的问号比我画的还大，一个劲儿的嘟囔："就没有这么练的，锐气都磨没了。"

这回轮到我发言了："你不去上课，就没有发言权，林老师让怎么做就怎么做，反正没错。你不慢练，你怎么能做到老师要求的匀、准、美，慢练其实就是起了放大镜的作用，你自己细琢磨，是不是这个理儿？"

陈康挠了挠头说："理是这么个理，可没听说这么个慢练法，边拉边录音，还得自己放放听，一天也练不完一个曲子，这样下去，还参加啥比赛。"

大人都这样看待慢练，何况孩子呢？我没有和陈曦探讨过他是不是也有受不了的时候，令我们高兴的是陈曦对林老师的教学坚信不移，做起来一丝不苟，仅用半年的时间，就基本上达到了老师要求的标准。

对林老师的教学理论坚信不移，刻苦努力（1999年春）

自从陈曦转到林老师门下学琴，我就成了真正的"陪读"，开始跟着陈曦一起听林老师上课。林老师不愧是世界著名小提琴教育家，听他的课，让我置身于十米房间，却能感受整个宇宙的存在。他上的是小提琴课，讲的却是人类宏大的思想，博大的胸怀；他讲博爱，讲母爱，讲一切爱的源泉；用辨证统一的哲学思想看待历史，看待大自然，看待作曲家。他启发学生说，琴声应该是对大自然的歌颂、赞美和描绘，是对人间真情冷暖的诉说和表达。他有一首诗足以体现他教学的精髓：

一寸光阴一寸金，
寸弓能敌万丈情，
乐谱浓缩想象力，
一曲心画美又新。

在对技术的要求上，他运用对立统一的哲学思想讲左右手的配合、发音，动与静、快与慢、强与弱、软与硬、明与暗，他还讲荷花与泥土之间的出污泥而不染的关系，熊猫与猴子的关系，唐僧、猪八戒、孙悟空的关系等等，无论什么，他都能与小提琴教学联系上。听他的课简直就是一种享受，你仿佛被他带领着进入到一个更加美好的世界。这个世界充满音乐又不仅仅只有音乐。毫不夸张地说，林老师惟妙惟肖、妙语连珠的讲解，让我对小提琴演奏及古典音乐产生了浓厚的兴趣。我喜欢在上课的笔记上附上一段随笔，记下当时的听课体会。下面我摘录一段上课笔记和一段我对这节课的随感。这节课是同钢琴艺术指导黄萌萌老师合伴奏时林老师讲的：

　　合伴奏首先要了解钢琴的旋律，由钢琴的旋律来设计小提琴的音乐思维，它是对演奏者的一个检验。舞台表演不要用身体晃来晃去，或用脑袋点来点去数拍子、打节奏，这样会造成身体的整体紧张。演奏者是局部紧张全身通透，挺起胸来气宇轩昂，不能随着琴头向左向下倾斜。面向观众，是一个整体奋发向上的精神状态，切莫一头沉。

陈曦和黄萌萌老师在音乐会上（2001年）

音乐要深情真切，不能没礼貌。乐句之间的启、承、转、合，就是我们平常工作时讲的交接，要手递手地交接，怎么传？怎么接？就看你有没有"礼貌"，就是衡量演奏者的音乐修养。

琴弓与琴弦的关系，就像蜘蛛、章鱼爪子上的吸盘，是物体对地心引力紧紧相依的关系，朦胧与明亮的关系。朦胧指音乐的声音，明亮却是心中的感觉，假如你心中朦胧不就是糊涂了吗？（好诙谐啊！——作者注）

下面是我对这节课的随感：

2001 年 2 月 22 日

在合伴奏的过程中，林老师用五个大手指抓住陈曦的脸，如同章鱼爪子的吸盘一样。又不断地用手打陈曦的肚子、后背，打一下，收回；再打一下，再收回。他让你体会这就是他要的弹性。有时提着你的几根头发一抻一抻的，揪你的耳朵，是让你体会弓子的黏度。

学生能否消化理解，就看学生悟不悟，不怕悟不到，就怕不去悟。做林老师的学生是幸运的。他的话简明易懂，不绕圈子，不讲大道理，大学问。生活体会，人生体验，人人都有，林老师把它结合在教学当中，看你怎么对待他的每一节课。我总是带着问题去听，但不敢多问，毕竟是给陈曦上课。我上一次课，就收获一次，就过一把瘾。面对精神抖擞、诙谐幽默、富有哲理的大师，作为家长，我为陈曦感到庆幸，我能亲耳聆听，倍感人生幸福。我把在课上学得的好东西写在笔记里，记在头脑里，融化在血液里，指导生活，与儿子学习共勉。

只要一接到林老师上课的电话，我和陈曦就快速地收拾好要带的东西，然后飞奔下楼，飞跃上车（自行车），飞速到达。接着，就是大师绘声绘色的启发式教学，严格而具有长者风度的教诲。每当课要接近尾声时，陈曦拉琴，他便翩翩起舞，有拉丁舞、爵士舞、有吉卜赛舞，更多的我感觉像是迪厅跳的青年人的舞，我也说不出舞名来。以形象欢快的表演，掀起学生内心的情感波澜。

听这样的课，谁能不上瘾呢？（完）

如果说，在此之前我的陪读还只是必须完成的任务的话，从这时起，领会林老师教学思想，和陈曦共同研究探讨林老师的教学，成为我最大的乐趣，我终于逐渐把自己和小提琴事业融为一体了。

2000 年 4 月，我们接受日本 NHK 电视广播公司记者采

认真整理上课笔记（2000年4月）

访时，我深有感触地说："我非常爱我的儿子，陪读辛苦不算什么，为了儿子我什么都能付出，哪怕是生命。我要把他培养成世界小提琴家，因为这是我的事业，是我们全家共同的事业。"就在不知不觉中，我已经非常热爱小提琴事业，热爱陪读母亲这个角色了。

林老师的"助教"

1999 年的 10 月，我们接到文化部的通知，国家将委派陈曦参加 2000 年 9 月在波兰卢布林市举行的第八届利平斯基－维尼亚夫斯基青少年国际小提琴比赛，林老师正巧担任这次比赛的评委。自从陈曦在国内比赛获奖，我们就开始盼望他能早日走出国门参加国际比赛，这一心愿终于有望实现，当然是又惊又喜了。我们想，有一年的准备时间抓紧训练，一定能拿

个好成绩回来。

有时候想想也怪，我们这一家人走到今天确实经历了许多波折坎坷，但是，在每次机会来临的时候，我们从没有畏惧和退缩过。因为机会本身也是一种挑战，只要有一线机会取胜，就抓住这根线绝不放手。

林老师非常重视这次比赛，他郑重地向我们宣布：从现在起我们都要进入"战备"状态，新的思想、新的规格、新的要求都将重新制定。要准备好去应付8级地震、12级台风、狂风恶浪……他语重心长地教育陈曦："现在要过苦日子，将来才能过好日子，才能有实力。"

既然进入了战备状态，一切就都要从难从严要求。我的脾气比从前更急了，嘴也更爱唠叨了，压力总是特别大。林老师的课增加了，陈曦每天练琴的时间也延长了。我想，我此时的责任不只是安排好陈曦的生活，更重要的是当好他的参谋和第一观众。

这段时间和陈曦一起上林老师的课，我对林老师的要求基本能够理解，有时比陈曦理解得还要透彻；毕竟我是40多岁的人了，理解能力肯定要比一个孩子强。每当陈曦上完课回家练琴时，发现他有的乐段处理得不符合林老师的要求，我就急忙告诉他哪儿拉得不够活跃，哪儿的气口留的不明显，体现不出乐句来，哪儿的音乐平淡缺少变化……

与德国小提琴家马斯奈尔大师课后合影。左起：林老师、陈曦、马斯奈尔、童卫东老师

比如说，陈曦在练莫扎特奏鸣曲 KV301 时，我总觉得他拉得有些沉闷。因为林老师讲过，演奏奏鸣曲，对于我们中国学生来讲是弱项，比不上外国的学生拉得好，奏鸣曲需要处理得轻松、明快，可中国的学生总是差那么一点点，特别是拉莫扎特的奏鸣曲，中国学生处理起来难度就更大了。林老师在给陈曦讲解莫扎特奏鸣曲的处理时，我在旁听出了感觉。后来我也听过几个版本的唱片，心里对莫扎特的奏鸣曲有了印像。陈曦拉出来的"莫扎特"不是我心中想要的声音，我当然得把心里的想法说给他。

话说多了，陈曦慢慢地就烦了，他从心底里不服我，没看得起我这个外行。一段时间里，我俩之间的争吵经常发生，有时气得我真想打他几下。说实话，虽说我能明白林老师的要求，但给陈曦当"陪练"我还真没有底气，就像陈曦说的："老外"怎么能领导"老内"呢？可是天天听他练琴，明明听出毛病他却不改，我别提多难受了，等到下节课林老师还重复指出这些问题，那怎么行呢？

怎么办？我心里着急，急来急去，有了，我必须迅速确立我的"领导"地位，向林老师要"尚方宝剑"。

再上课时，林老师说："你拉得太死板，每个音都要拉得很细致，但又很活泼、很透明、很有弹性，别那么大老粗，让你妈妈听听，是不是这样啊！"

我一看机会来了，马上顺着老师的话茬说："是啊，在家我就说他音乐缺少变化，太死板。"

"你看看，你妈都听出来了，这说明我给你上的课，你妈听明白了，你还不懂？"林老师问道。

"懂，啊懂，"他边答应、边向我偷偷抿嘴乐。

下课回到家里，陈曦指着我哈哈地笑，"唉呀，妈妈，你真行，你在林老师面前整这一套，还表现表现自己，就想让林老师表扬你呗，行啦，你得意了吧！"

　　我当然得意，我得意的是陈曦不知我这是一计，哼，下一节课看你还乐不乐？等着瞧吧！

　　在下节课之前，我还是像以前一样，看他练琴挑毛病，他还是不很在意我的话。好，我就在他将去上课之前，把近几天我发现的毛病一一说给他听：

　　　　弓子走的不直，没有贴住弦，声音不结实；

　　　　换指换把的时候，连接不好，有缝有洞；

　　　　音乐起伏变化的幅度太小，让人听不出来；

　　　　弯腰驼背站不直。

　　说完，我很自信地对他说："一会儿林老师上课，准能说中我给你提出的其中一两条，你瞧着吧，课上见！"看得出，陈曦听后并没在意，同往常一样和我说说笑笑地一起去上课。

难得一闲，放松一天，京外郊游（1999年秋）

　　他哪里知道我此时的心情，我多希望他能听我的劝告，在琴技上有突飞猛进的进步呀！可是对于他这个年龄的孩子来说，我必须让他心服口服才行，这就要有个计划，而这个计划正在一步一步实施。

　　我们在林老师家上课的房间很小。上课的时候，我坐的位置不能同时看见师生两个人，一般我都是面朝林老师，耳听陈曦的琴声。因为林老师讲课的特点是喜欢同听课的人交流；他看着我讲的时候，我总是对对对、是是是、明白明白或点点头来附和他。这样，他会思路清晰、情绪饱满地上课，一般情况下我很少插话。

　　不过，今天情况可就不一样了。上课前我就想好了，今天一定要开口讲话。课上，只要林老师一指出陈曦的毛病，我马上就随声附和，推波助澜，呵呵，给林老师批评他加劲。陈曦气得眼珠子瞪得溜圆，像似在说："你还嫌我挨骂不够是不？"我自鸣得意，故意不去瞧他，因为林老师批评的地方，其中就有我课前提出的那几条，哼，你还不服？

　　回到家里，他可是来了劲，放下琴盒，直眉瞪眼冲着我嚷："上课时你干嘛跟着起哄顺杆爬，你就想让林老师骂我你好高兴是不？用心险恶，气得我都没上好课，什么妈妈呀，太让我失望了！"他边说还边摇头，脑袋晃得像拨弄鼓。（我们吵架一向都是幽默性质的，而不是真的怒发冲冠怄气动肝火。）

　　我正襟危坐而心平气和地说："怎么样，刚才我说中了几条？"

　　他一下子不吭声了，不吭声说明我的招法起作用，我乘机进行教育："不要以为你长大了，有独立的思想啦，就谁的话也听不进去了。我可以等待你的成熟，但在练琴这方面我们可等不得，你现在最需要的是加快脚步向前走。你我都不可主观武断，而要相互配合。"陈曦对我的态度有点

与挪威小提琴家拉森在专家课上合影
（2000年）

转变，知道我说的是对的。

计划的第一阶段初见效果。再练琴的时候，我的意见他也能听进去一些。但这不是我的最终目的，我想让他心服口服地同我一起坐下来，虚心听听我的意见，我们通过讨论、争论来克服一个个缺点。达到这点，必须要取得林老师的认可，那就是要拿到"尚方宝剑"。

在后来的几节课上，我抓住一切机会谈上几句我的看法。有一次，林老师讲他的音乐太幼稚，戏剧性的东西太少。我就说："在家里，我经常说他拉琴的时候，脑子里要有画面，要有表达的意思，不能就知道拉音符。"

林老师的教学思想影响了我（1999年秋）

"你妈说的对，说的多好，看来李建华把我的东西学到了，"林老师很高兴，立刻表扬了我。

我赶紧说："您说他听，我说他，他不听！有时还跟我顶嘴。"

"啊！他还敢顶嘴，是真的吗？"林老师收起笑容，转过头来看陈曦，不相信他的学生会这样。

陈曦支支吾吾地说："是，是，偶尔有过。"他不好意思地笑了，用眼睛瞟了我一眼，意思是说："你怎么还来捣乱，等会儿回家再跟你算账。"

没想到，林老师严肃地说："你妈讲的是对的，你要听她的话，你看她每次上课都记笔记，把我讲的东西理解了，这很好啊！我宣布：李建华可以当我的助教。"

我知道我不配这个"职称"，是林老师想让陈曦听我的话才任命的。可是，我拿到了这把"尚方宝剑"，就能让陈曦心悦诚服地听取我的意见，为我们相互配合备战维尼亚夫斯基国际小提琴比赛解决了重要的思想问题。

计谋得逞，我暗自欢喜。

出乎我意料，下课回家后，陈曦没有找我"算账"，他大概早把课上生气的事情忘到了脑后，反而像遇见了什么新鲜事儿似的，前仰后合"哈哈哈"地笑个不停，伸出了大拇指开起了我的玩笑："行啊，老妈，你真厉害呀！林老师的助教，级别不低呀，想不到陪我陪出个助教来。不行，我得赶紧给老爸打个电话，这么大的喜事不向咱们家领导汇报还行？"他忙不迭去拨通了电话：

"喂！老爸，咱家出新闻啦！"

"曦子，是不是你又有什么好事啦？老爸就想听你的好消息。"陈康一听是儿子亲自打来的电话，就有那么点心潮澎湃、热血沸腾。他所谓的好事就是指比赛啊、专家课啊、演出啊什么的。

"嗨！哪是我的好事儿，是咱家二把手晋职称啦！"陈曦跟他爸耍着贫嘴。

"什么乱七八糟的，你妈早就下岗了晋什么职称，别瞎胡闹了，快说说有什么好事？别让你老爸着急。"陈康等不及了。

"林老师说，我妈可以当他的助教了！我妈不会拉琴都能当大师的助教，了不得呀！咱俩以后还不得受气呀？"陈曦边耍贫嘴边眉飞色舞、手舞足蹈。嗨！他就是一个孩子，哪里知道老师的用意，哪里理解我用心良苦，这也是叫他给逼出来的。

"建华，真有这事咋的？"电话里，陈康笑着怀疑地问我。

我确实有点春风得意、心花怒发："那当然了，怎么你还不相信啊？就刚才上课时说的。"随后，我又小声地对他说："咳，这不是林老师为了让陈曦听我的话才这么说的吗，他明白个啥，瞅他乐得屁颠屁颠那样，像是发现新大陆似的。"

"行，建华，那也说明你现在进步了，能理解林老师的教学方法了，不然，林老师不会轻易这么说，你好好努力吧，多琢磨琢磨，总给他讲一讲，争取把这个比赛准备好，祝贺啊，李助教！"

一家人京外郊游，畅想未来（1999年秋）

这一招还真灵，陈曦比从前踏实多了，我说他也能听进去了，时不时地让我听一听，挑挑音准、节奏、速度的快慢，问问音乐上的表达意思对不对？这样做林老师能不能满意？一段时间过后，他的进步还真不小，我们之间争吵的时候少了，研究讨论的时候多了。以前，我们是在思想、生活方面沟通的多一些，专业方面沟通的少，现在，我为能和陈曦在一起深入探讨小提琴的事，加盟小提琴事业感到很快乐很幸福。我觉得，现在更加充实了。

我在家墙上钉了块大白板，常常把林老师上课讲的重要内容写在上面，提示陈曦练琴时注意。当我对他的音乐表达不满意又用语言说不清楚的时候，就在白板上画曲线，表示一段音乐的走向和变化的幅度，帮助他理解。

孩子们往往在这个问题上犯通病，发音像僵硬的直筒子，强，上不

去，弱，不下来。总在固定的幅度和力度范围内变化，听起来有点小儿科
的音乐，林老师称之为幼稚的音乐。我一直都为提高陈曦的音乐感着急，
这张白板帮了我的大忙。

我还把林老师关于小提琴教学的诗、口诀用毛笔写在白纸上，再贴在
一面墙上，把杂志封面上林老师的照片剪下来贴在最中间，有的家长看我
这样做，笑我像在家里搞："文化大革命"。我说"文化大革命"时，那上
面应该是毛主席的照片，我可不是搞什么个人崇拜。放林老师的照片，是
让陈曦感到老师天天就在他身边，督促他练琴。我经常指着林老师的照片
对陈曦说："你看看林老师在看着你拉琴，你呀，真的要对得起老师的一
片心血。"经过这么布置，屋里自然就充满了学习的气氛，陈曦拉琴更自
觉了，那时陈曦 14 岁。

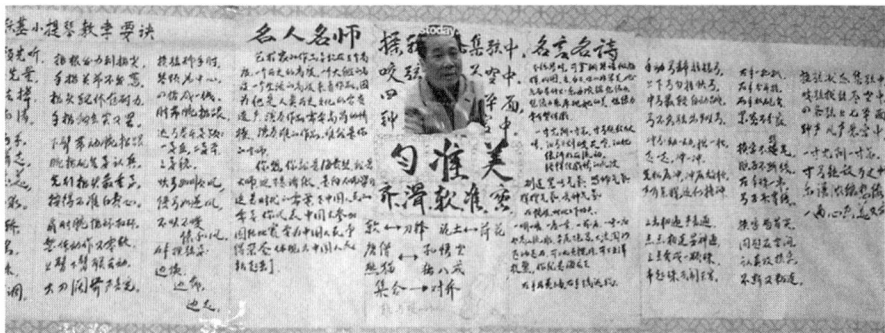

我将林老师的教学名言、口诀放在墙上

林老师为培养小提琴人才，倾注了他全部的精力与智慧，付出了辛勤
的劳动。为使陈曦能很快地进步，在国际比赛中为国争光，他不仅超时上
课，还带病上课。陈曦的一篇日记记载如下：

2000 年 3 月 2 日

今天上午 9 点上主科，一大早就开始准备，9 点钟就到林老师家
了。一进门还跟往常一样，但他说起话来有点不对劲，原来林老师的

嗓子哑了，而且还很厉害。我当时没怎么多想就继续上课了，虽然课上的不好，但林老师还是很耐心地给我讲解。

到了晚上，妈妈跟我说，林老师带病给我上课非常辛苦，我应该好好练琴。我想，林老师给我上课这么多，为的就是想让我在波兰比赛中获奖，我应该加倍努力练琴，争取获大奖！（完）

陈曦在日记中，写的都是他的心里话。为了回报老师、回报父母、回报学校的培养、为国争光，他除了每天正常上文化课以外，其余的时间全部用来练琴。为了迅速丰富自己的舞台经验，他先后开了两场独奏音乐会，参加多场音乐会演出。他的变化可以用日新月异来形容，无论是发音还是技巧都上了几个台阶。在林老师的学生中，他是学习时间最短、进步最快的一个。所有关心他的老师和同学们都对他第一次出国参加国际比赛寄予了厚望。

然而，此时最令我欣慰的不仅是他在琴艺上的飞跃，而且是他对小提琴事业的热爱与执着和愿意为之奋斗的决心。

陈曦、杨晓宇音乐会后与林老师、赵老师合影
（2000年小音乐厅）

波兰受挫

2000 年 9 月 13 日中午，文化部的领队黄宾先生带着林老师及我们一行人从首都国际机场启程，坐的是国航大型空中客车。我头一次坐这么大的飞机，感到特别地平稳舒服，喝饮料，吃快餐，看录相，享受着几年来不曾有过的轻松和奢侈。经过 10 个小时的空中旅行，我们于当地时间下午 6 点到达德国的法兰克福机场，在机场内停留了 4 个小时以后，乘机飞往波兰。

正是万家灯火时候，飞机驶过法兰克福机场上空飞往波兰华沙机场，我透过飞机的舷窗，俯瞰这座名城的夜景：数万盏夜明灯，就像数万颗水晶钻石在闪耀，把美丽的城市映照得亮如白昼。我贪婪地欣赏着美妙的夜景，享受着这难得的惬意时光。

到达华沙机场一个半小时后，我们又乘出租车再经过 3 个小时的路途颠簸，于当地时间 14 日凌晨 2 点抵达目的地——卢布林市。我们住在组委会指定的一个条件简陋的学生旅馆

组委会所在地——原卢布林市市政厅（2000年9月21日）

尽管一路旅途劳累，我们还是不敢贪睡。早上起来，推开房门，听！旅馆空无一人的走廊里已是琴音回荡。不同乐曲的声音从各个房间的门缝里钻了出来，看来各国的选手们摩拳擦掌，一清早就开始操练了。我对陈曦说："听到了吧，我们也得抓紧干啊！"

我顺手推开窗户，一股清新的空气迎面扑来，湛蓝的天空漂动着几朵白云。我好奇地环视着周围的一切。我们的小旅馆坐落在一个小山顶上，绿阴环抱，草木葱葱，几个男人悠闲地溜着小狗，放着羊。真奇怪，他们这有人穿羽绒服，有人却只穿短袖衫，在中国，乱穿衣的二八月也不这么没谱啊。

不远处是一幢幢欧式的小平房，透过朦胧的晨雾，隐约可见更远处矗立着几幢楼房。路上行人稀少，昨天还在满目人海的大都市北京，一夜之间好像来到了乡下，眼前呈现的风景，莫不是一幅描绘乡村的油画吗？这座小城的确让人有置身乡村画卷的感觉。

15日上午，第八届利平斯基－维尼亚夫斯基国际青少年小提琴比赛在著名的波兰作曲家维尼亚夫斯基的故居举行。这个地方是一个有着两三百年历史的城堡，我不了解波兰的历史，但我看到每天这里都有旅游团来参观，让我暗自猜想这个城堡早年一定很美丽，很壮观，很有历史故事。城

维尼亚夫斯基旧居所在地——具有300年历史的古建筑（2000年）

堡的一面墙上雕刻着历史人物的肖像，其他三面是各式各样精美的大小绘画和雕塑，遗憾的是这里太破旧了，有的作品已经残缺不全。此次比赛的场地设在小城堡的中心，据说是原来的市政厅楼，上面插满了参赛选手国家的国旗。

　　陈曦参加的是少年组的比赛，比赛前一天他抽的是第 6 号签，就在比赛当天的上午上场。时间紧迫，陈曦现在能做的只能是关在琴房里活动活动手指。很快轮到他上场了。他演奏了巴赫第三组曲中的《卢尔舞曲》和《加沃特舞曲》，帕格尼尼《第 16 随想曲》，以及维尼亚夫斯基《第 8 随想曲》，几个曲子轻松地拉下来，曲目之间观众都报以热烈地掌声。我默默地听着，分析着，他的演奏从头至尾都很完整，全部按照林老师的要求去做了，特别是帕格尼尼《第 16 随想曲》的演奏技巧相当地纯熟，观众无不咂舌称赞。当天比赛结束后，我听见韩国、澳大利亚等国的评委说，一整天就数这个中国男孩儿拉得最好。

　　有这么多外国孩子演奏人家自己的音乐，这可是一个难得的学习机会。第二天，我观看了一整天的比赛。而且，既然来比赛，就要知己知彼心中有数。别说，我还真发现了几个拉得不错的选手，他们和陈曦一样顺利地进入了第二轮的比赛。

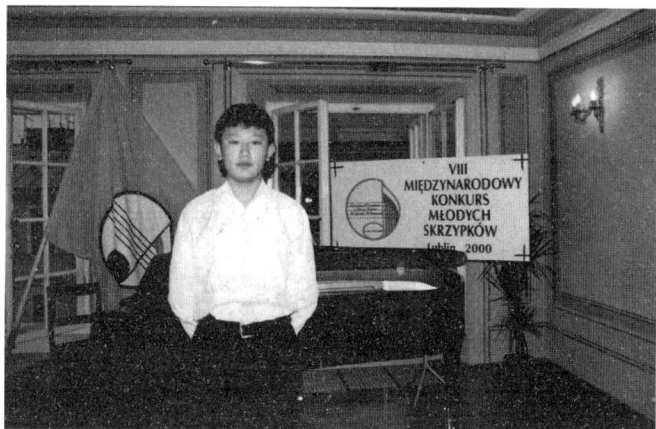

国际比赛，开拓眼界。在第一、二轮比赛场地留影（9月18日）

外国选手给我印象最深的就是奏鸣曲拉得非常好，听了这么多年音乐，到今天我才对奏鸣曲有了比较感性的认识。那些孩子把莫扎特的奏鸣曲拉得自然流畅，富有弹性和活力，钢琴与小提琴相得益彰，直把我听得如醉如痴。

连着观察几天，我看出点门道，我发现外国选手虽然技术不如陈曦好，但音乐感染力强，热情激动，表演起来大动作放得开，技巧上能做到什么样就是什么样，毫无顾虑。我对陈曦说："我们的路子要改呀，太学生气肯定吃亏，在决赛上你一定要火起来，拉得疯狂些激情些，现在就练这个。"话说回来，陈曦虽然接受了我的意见，真的要改哪能那么容易呢。

决赛的名单一公布，问题出来了。有一名大家公认很差的选手，连第二轮都不应该进的，居然又进入了决赛，更好笑的是一个拉丢了 3 小节的选手，也在决赛名单中。大家对此议论纷纷，都对评委会表示不满。我和陈曦也感到头顶阴云笼罩，这一场仗不好打。我心里隐约的觉得事情不是那么简单。不过比赛马上就要开始，我没有时间深想这些，走一步看一步吧。

少年组决赛马上开始了。

20 日上午 11 时，第三轮决赛在青年组场地举行。16 名评委正襟危坐，近 300 名观众分坐在两个房间。这儿的比赛条件很特别，是没有舞台的大

我心淡定，决赛就要开始啦！钢琴伴奏：韩亚萍老师（9月20日）

会议室。因为是决赛，组委会组织了一些学生观看，把一个侧门打开，正好能看见演奏者的侧面。

前5号选手均已被淘汰，6号陈曦首先上场，他演奏的是维厄唐《第五小提琴协奏曲》。他的演奏声音通透明亮，技巧无懈可击，表演大气热情，我一边听着他的演奏一边观察着观众的反应，正听在兴头上的时候，突然，E弦断了，我在台下听得非常清楚，心顿时"怦怦"跳起来，额角也沁出了汗珠。这是比赛中较忌讳的，影响效果自然不用说了，选手的情绪最容易被破坏，陈曦稍有沉不住气我们就得前功尽弃，就算他有足够的定力，到哪里找那么称手的琴呢？

雪中送炭的靓丽姑娘文薇（9月20日）

我在这边妄自担心，陈曦早已迅速赶到后台准备换弦。这时，一位靓丽的姑娘将手中价值5万美金的小提琴递到他的面前。她是中国在澳大利亚的留学生文薇，此次来参加青年组的比赛。陈曦说了声"谢谢！"果断地与她交换了琴，回身上场，对了一下琴弦就接着拉下去，仿佛一切都没有发生过。演奏结束后，观众席上爆发的掌声此起彼伏，他不得不三次谢幕。还没有走到后台，又被学生、观众围上签名、照相，忙乎了好一阵才回到观众席上，坐到我的旁边。

　　看着儿子从容应对这场说大不大说小不小的变故，我心里又感慨又欣慰，这么多年的心血总算没有白费，今天的儿子不仅在专业上小有成绩，他的心理素质也如此优秀，他处理突发事件的沉着让我这当妈妈的都感到自愧不如。年少的儿子在我的眼中俨然是一个得胜回朝的将军，若不是在这里，我真想热烈地亲吻他！

　　陈曦好像也挺得意自己今天的表现，美滋滋地坐下来。这可不行，我得适时给他泼点冷水。我指着台上演奏布鲁赫《g 小调小提琴协奏曲》的那个日本小姑娘，小声说："她哪都不如你，但她大胆、自信、充分地表现这一点你就比不了，我昨天说的你没有做到，我不满意。"我这一番话本来是说给儿子，没想到却激起了民愤，陈曦没说什么，周围的观众却不干了，他们七嘴八舌地批评我，甚至说我不懂。由于还在比赛进行当中，我只好不做声了。再看陈曦貌似平静，却怎么也掩饰不了得意之美，哎，由他去吧，他这些日子也实在是太紧张了。

　　这一天里，在路上、车上、餐厅、旅馆，我们无论走到哪里都是握手、拥抱、一片赞扬声，人人都伸出大拇指对陈曦说："你肯定是第一啦！你拉得简直不可思议，我们都没见过有人比你拉得好，真的，没人能同你比。"

　　林老师见到我们更是喜出望外，他高兴地说："评委们对你反映很好。你的规格标准别人没法比，高出一大截。"

　　"林老师，我今天拉的您满意不？"陈曦得到一天的赞扬好像还没听够。

　　"当然满意了，很好很好啊！"林老师继续表扬他。

　　"我妈妈她不满意。"陈曦到底是个孩子，他是借老师高兴的时候告我的状，闹得我很尴尬。林老师是个认真的人，以为出了什么事，便问我：

　　"为什么？不满意什么？"我当然不能说出来，这是学术问题，我在此发表议论岂不是班门弄斧弄巧成拙嘛。再说，所有的人都夸陈曦好，我也怀疑我的感觉是不是错了，我没敢回答。

林老师在评委席前做准备工作。我的闪光灯一亮让老师一惊（9月20日）

波兰第八届利平斯基 – 维尼亚夫斯基国际小提琴比赛
少年组陈曦参赛曲目

初赛

第三组曲：卢尔舞曲　加沃特舞曲 —— 巴赫

第8随想曲 —— 维尼亚夫斯基

第16随想曲 —— 帕格尼尼

复赛

奏鸣曲 KV 301 ——莫扎特

茨冈狂想曲 —— 拉威尔

决赛

第五小提琴协奏曲 —— 维厄唐

这天晚上，气温很低，房间没有暖气，外面淅淅沥沥地下着小雨。我们躺在床上，蜷缩着瑟瑟发冷的身体，能盖的东西都盖上。尽管身上冷，心里可热着呢，一天的兴奋劲儿还在持续着，就盼着第二天的比赛结果出来。

即将载誉而归的文化部委派参赛团队。左起：韩老师、林老师、朱雯、黄蒙拉；右一：领队翻译黄斌（9月21日）

陈曦带着有点试探的口气说："妈妈，你说我能得第一不？"

"能，差不多，总体水平谁也没法和你比呀，他们的技术比你可差得太远了。"我实话实说。

"妈妈，我要是得了第一就好了，温格洛夫、黄滨、李传韵都得了这个奖，下一届这书上第一名就有我的名字啦！"陈曦羡慕地翻着手里的书，这是一本介绍历届比赛结果和本届选手的小册子，上面有每个选手的名字、简介和照片。

"其实，这次比赛得了第一也没啥了不起，你没遇到对手啊，如果有像温格洛夫那样的选手就好了，咱们好好向人学不得第一也值啊。现在关键是学东西打基础。总的来说，想学到的东西不多。"我们俩自不量力地做起了得第一的美梦，谈得津津有味。

约9点多钟，谭红推门进来，她带来一个出人意料的坏消息，陈曦是第五名。我们俩刹那间都傻了，不敢相信自己的耳朵，不敢相信她的话。

我紧锁眉头疑惑地说："哎，谭红，你是不是听错了，怎么可能呢？不对不对，肯定不对。"

陈曦忙追问："你听谁说的？"

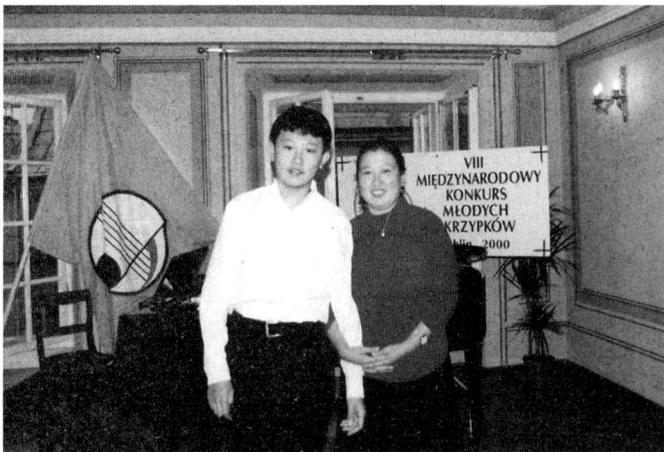

比赛是较量，更是学习。在第二轮比赛场地合影（9月18日）

谭红说："从组委会那边回来的人讲的，不信你自己问去。"

文薇和黄蒙拉从隔壁房间闯了进来（黄蒙拉是文化部公派参加青年组比赛的上海音乐学院的学生），抢着问谭红是不是听错了，谭红叫大家伙儿吵得也糊涂了。她说："也许现在结果贴出来了，咱们不如下楼看看。"

孩子们呼拉拉地跑到楼下，我也随后跟着到了楼下。看榜的人不少，没有一张笑脸，见陈曦来了，都为他打抱不平，有人干脆用红笔在第五名——陈曦的名字下面画一条线连到第一名空缺上的位置上，还画上个箭头。令人啼笑皆非的是，大家认为第一轮就该淘汰的那个人，居然排在陈曦之前。一群人忿忿不平地回到房间，大骂评委会不公平，大家为陈曦大喊冤枉，文薇已经哭了起来，我和陈曦的心早凉了半截，又为明天青年组决赛文薇和黄蒙拉的命运担忧起来。

我不甘心，"不！明天到组委会看正式的结果再说。"事情虽然已经很清楚了，我就是不能相信。怎么会是这样一种结果，国际比赛难道也会发生如此不公道的事情吗？

下次再相会。右起：黄蒙拉、文薇、外国选手两位、陈曦（9月21日）

屋里的空气让人窒息，我们决定出去走走散散心。不知怎么就走到牟先生那里，他是来自澳大利亚的中国人，他和女儿热情地欢迎我们走进他们的住处。

"我们正打算去你们房间道别呢，"牟先生边招呼我们边说道，我一愣，"你们要回去？不看闭幕式音乐会了？"

"有什么好看的，太不公平了，知道是这样我们都不来了，这是对艺术的亵渎，拉得好的上不了台，看那些差的干什么，不如到华沙玩几天，陈曦，你是好样的！你就是第一名，我们大家都这样认为，下次比赛一定争回这口气。"牟先生打抱不平地说。

"对！给咱们中国人争气！陈曦，真的，我们所有的人都夸你好，你是大家心目中的第一。"接话的是他的女儿，是名少年组选手。"很多人都要走啦，本来是想看陈曦在闭幕式上的演出，演不成了，大家就都散了吧。"

朋友的不平并没能使我们感到太大的安慰，我们事先对比赛寄予了太大的希望，对形势估计的又太乐观，今天的局面无论如何也难以接受。我俩默默无言地又回到了自己的房间。陈曦钻进被子里，手里拿着那本书无

来自澳大利亚的牟抒奇老师和他的女儿（9月15日）

聊地翻来翻去，眼泪含在眼圈里，许久不说话。我看着儿子，又心疼又担心，他这样的年纪，尤其不能理解这些比赛中不公平的事情，他一定又伤心又困惑，我不想就评委的不公平说太多，这样弄不好会影响他以后参加比赛的心情。

公认的第一就行了呗，这也证明你拉得最好，有什么可难过的。"

"哎呀，妈妈，那有什么用啊？过了几十年，这些人都没有了，谁还知道我是第一呀，写在书上的我不还是第五名吗？"陈曦噘着嘴，垂头丧气地说。

"怎么的？你还想青史留名啊！"我憋不住"扑哧"一声笑起来，他的心还挺高呢。

"你小小年纪想的也太远了吧？陈曦呀，你知不知道你才15岁，今后的机会多着呢！这回咱们知道国际比赛是咋回事啦，你要有志气争这口气，咱们就要拿出比他们强十倍八倍的水平，参加下次青年组比赛，要不，咱们就别来，你说对吧？"我给陈曦打气。

"那是一定的，现在就是觉得窝囊，这不是明摆着欺负人嘛。嗨！现在还不知道林老师怎么样呢？"陈曦叹了口气说。

他这一提醒，倒让我想起林老师来了，他为培养陈曦付出了那么多辛

可爱的小选手来和他心中的第一合影（9月20日）

苦，这次参加比赛陈曦的演奏又如此成功，他心里本来格外高兴，哪个老师不希望自己的学生获大奖，为国家、为学校争光？一下子是这个结局，他有心脏病和高血压……想到这，我情不自禁地在嘴上念叨起来："都说可怜天下父母心，现在我最能体会到的是：可怜天下老师的心！我们老师培育的是未来的艺术家，是国粹，国宝。为了培养这些孩子都操碎了心，

林老师在评委住所
（9月23日，黄斌摄）

一年到头受累不说，最让人不忍心的是还不知要跟他们的学生生多少气，不就盼着有一天他们有出息、出成绩吗！不就盼着比赛的这一天能拿个好名次吗！也是对老师教学成果的肯定和回报啊！"我看着陈曦："现在林老师怎么样？他在干什么？他能睡着吗？"

"是啊，就怕他为我的名次上火，他的身体本来就不好，电话又不通，咋办啊？妈妈。"

陈曦忧心忡忡，反反复复地嘟哝着："咳！他当了那么多次国际评委都没有这个思想准备，这一天他都还高高兴兴的呢。"

儿子的心太善良了，谁的压力会比他大？

回去他怎样面对老师和同学？谁又能相信、又能理解比赛的残酷呢？他如此难过，却仍然惦记着他尊敬的老师，林老师若能了解学生的这一番苦心，心里也该安慰些吧。

睡吧，睡吧，一觉解千愁！

21日上午，经过一夜洗礼的天空蔚蓝蔚蓝的，空气清凉宜人。我们乘车来到组委会看最确切的结果，林老师和领队黄斌正在门口等候我们，我俩的目光一齐投向林老师，只见他精神抖擞、情绪高昂地问我们："怎么样，有什么想法？要学会到大风大浪中去游泳，去锻炼，去经受狂风恶浪的考验，呛上几口水怕什么？你看，有那么多人在海里游泳，有往回游的，有上船的，有淹死的，谁游到了对岸，谁就是英雄！谁就是好汉！啊，看你有没有勇气，有没有志气？"

我们同车先生和他的女儿及朋友们合影告别（2000年9月21日）

我一面洗耳恭听林老师慷慨激昂的"演讲"，一面不自然地咧着嘴点头微笑，心里寻思：他的心难道就那么宽，不在乎？人家不愧是大师，想得开，看得远，昨晚咱们还替老师担心呢？

过了一会儿，我把黄斌拉到一边小声地问："昨天晚上林老师睡得怎么样？”只见黄斌摇摇头说：“林老师大半夜都没合眼，坐在床上自己犯嘀咕，'差在哪儿呢？'他也找不出原因来。”

我咬了咬嘴唇，点点头，我决定不再去想昨天的事情，昨天已成为历史，昨天发生的一切，都应该成为今天新的开始的动力。我在这天的日记中写下了这样的一句话：

中国的小提琴事业，一定会在世界艺术的百花园中，开出最绚丽的花朵。陈曦一定会在世界舞台上立足！

青年组比赛于 21 日当天结束，黄蒙拉、文薇取得了并列第二名的好成绩。我们向他们表示了祝贺！

22 日早上，我们再次见到了林老师，师生相见格外亲切，波兰比赛已成为历史，一切都将从零开始。林老师笑着对陈曦说：“我已经给你想好了要拉的曲了。”

陈曦说：“我也想好了。”

两个人异口同声：“普罗科菲耶夫第一协奏曲，哈哈。”他们想到一起去了。

参观卢布林市区时合影（9月22日）

　　在回国的十几个小时的空中旅途中，我独自思考着比赛的全过程，心中总有一种压抑的感觉，比赛是紧张的，比赛是残酷的，比赛是痛苦的，比赛又是最考验人、最锻炼人的。我要以陈曦自身的经历对他说："人生的航船不会一帆风顺，人生的旅途就是曲曲弯弯，坎坷、挫折、磨难都是人生的财富，人生的动力。"

　　陈曦回来了，他悄然无声地回到了学校，回到了他的班里，坐在自己的座位上，一切就像什么都没有发生一样。他虽然带回了荣获少年组第五名的奖杯和证书，给国家和学校带回了荣誉。但在中央音乐学院这所全国第一名牌艺术院校里，第五名是越来越不足以大惊小怪了。

　　我开始整理这次比赛的录相资料，开始重新欣赏回味这些美妙的声音，带着陈曦一起反思我们的比赛。在反思中，我们有了新的收获。在我们以前根本没有放在眼里的一些选手中，发现了在他们的音乐里，有爱的火焰和燃烧的激情。尽管他们有的技术方面不如我们，但是，他们的演奏耐听、耐看。特别是奏鸣曲方面，我们学到的东西最宝贵。因为，我们在奏鸣曲方面最欠缺、最薄弱。可以说，我们看到并学到了他们天然的与生俱来的东西，这个重大收获为陈曦的下一步，乃至获国际大奖起到了一定的积极作用。

与著名小提琴教育家张世祥老师合影（9月20日）

奖牌不能终身受益，善于总结、善于自我批评才能不断进步。我必须承认比赛当中陈曦没有失误但有欠缺。在我们征求澳大利亚评委、原上海音乐学院小提琴教授张世祥老师的意见时，他的话至今回荡耳边："陈曦，你是世界少有的奇才、天才，你有无与伦比的技术，你的演奏非常的光彩，尤其技巧部分，如放射出的闪电、火花，耀眼夺目，但是，你缺少一团永远燃烧不灭的火，这团火，应该一直温暖着你和观众的心。"

打开心灵的音乐之窗

2001年3月，文化部决定在广州举行全国小提琴比赛国际选拔赛，从中挑选一批小提琴尖子学生参加国际比赛，向世界展示中国古典音乐的发展水平。刚刚从波兰比赛回来的我们得此消息异常振奋。在维尼亚夫斯基故居那个小城堡里，我们曾发誓，一定要为中国人争回这口气。想不到天随人愿，机会这么快就来了，这个机会可太好了。学要上，赛要比，回国后的陈曦，立刻投入到新一轮的准备当中。

波兰失利虽然使我们感到委屈，但另一方面，我们也从中看到了陈曦的问题。陈曦已经不再是一个小孩子了，他在音乐与技术的不平衡越来越影响到他的发展。技术上突飞猛进的他，急需在音乐上再有所突破。而且，选拔赛的曲目对陈曦来说大部分是新的：巴赫《恰空舞曲》、贝多芬《第一奏鸣曲》、普罗科菲耶夫《D大调第一小提琴协奏曲》，三位作曲家又处于不同的年代，有着不同的风格和历史背景，要同时去练、去熟悉这三个大曲子是有难度的。但我们别无选择。

我买来三位作曲家的传记，自己读，也带着陈曦一起读，读完了我俩再讨论，研究作曲家的出生年代、个人性格特点、曲子创作的背景和所要表现的思想内容。以前，我们忽视了这方面知识的积累，陈曦拉琴我听琴，在音乐上两人都很茫然。我们常常像猜谜一样去想象曲子的意思，甚至还为此吵嘴生气，现在想来，那时吵得也很没有道理，闭门造车往往会产生风马牛不相及的笑话。陈曦小的时候可以靠模仿唱片里的声音，然后用技术来弥补。今时不同往日，在参加了几次国内外的比赛后，我们深刻地体会到：要想真正在艺术上达到高的境界，演奏者必须对作品本身有着深刻而独到的理解，进而以自己的方式去诠释和演绎作品。要做到这一点，我们就必须首先对作曲家有足够的了解。

我们从巴赫的《恰空舞曲》开始攻坚。巴赫是世界公认的最纯正的古典音乐家，其作品庄严、凝重、典雅、古朴，他的风格是后人根据时代背景、文化与巴赫本人的个性来确定的，因此见仁见智。巴赫离去已300年了，时过境迁，人的生活方式及审美理念都发生了颠覆性的变化，要想拉好巴赫的作品，让这首经典曲目焕发出新的光彩，就必须为它注入新的要素。

我想起了1998年10月，美国著名的年轻小提琴大师吉尔·沙哈姆在北京音乐厅与国家交响乐团合作演出柴科夫斯基的《D大调小提琴协奏曲》时，在第三乐章后半部分，他拉得格外轻松，笑容满面，好像是在描绘俄罗斯的姑娘们和小伙子们载歌载舞、欢呼雀跃的情景。而我以前听说的是，大多数演奏家将这一段表现为哈萨克骑兵挥舞战刀英勇杀敌的壮烈场面。两种表现很难说哪个更好，但这也证明了同一首曲子完全可以用不同的想象去表现。他给我的启发就是，音乐的表现，要迎合当代人的心理，你的音乐才能被当代的广大观众所接受。后来我常和陈曦探讨沙哈姆的那场演出，研究我们对作品的再度创作。

关于巴赫的作品，林老师是这样说的："《恰空》是以舞曲形式出现的一个作品，它出自于具有博大胸怀的巴赫之笔，曲中的很多部分展现出的是高山、大海、宇宙、苍穹，你尽可去联想，你要让巴赫的音乐流动起来，活生生地再现出来。"

林老师的话是给陈曦的启示，但也给我们提出了标准和要求。但无论陈曦怎样努力，怎样极力去表现、去追求音乐的变化，总是进展不大。上

林老师在给陈曦启发音乐（2001年10月）

课时林老师批评他："你在演奏的手法上，形象变化太少。美丽的大自然千姿百态，人丰富的感情千变万化，你就一种感情怎么行？拉琴不能靠牛犊子劲。你要用音乐形象来吸引自己，吸引了自己，才能吸引观众……"

林老师问我们："你们说，人的心大不大？"我不知林老师所问何意，莫名其妙地摇摇头。

"咳，傻瓜，心不就这么大嘛！长在人的身体里面。"说着，他把两手放在胸前，比量着心的大小。

"可是，心能把这间屋子装在里面，能把学校装在里面，能把世界装在里面，能把整个宇宙装在里面，你说心有多大？"我点点头，没插话，我不想打断他的思路，但我明白了他的寓意。

"我说啊，人的心要多大有多大，可以无限地大，反过来，也可以无限地小，这就是我们常说的胸怀。"林老师的话就是这么富有哲理，这么生动感人。

后来我对陈曦说："把你的心胸敞开了，大刀阔斧去拉、去表现吧，不怕你做得过，就怕你做不到。"

这天上午，陈曦参加学校的小提琴期末考试，拉《恰空舞曲》进步不小，林老师也到场观看了考试，对陈曦的演奏非常满意。中午的时候，林老师突然打来了电话，说马上要到我们家来。我拿着听筒犯糊涂，到我家？是我听错了吧，怎么可能呢？我一下子慌了神，脑子里想什么就从嘴里溜了出来。"林老师，您，您到我们家来干什么？"

"怎么？不欢迎吗？我马上打电话告诉陈康，哈哈！"听得出来，他很高兴。

"欢迎欢迎！当然欢迎！"放下电话，我和陈曦火速大搞卫生，整理房间，正忙活呢，林老师一行人已经走进了我们的家，跟林老师来的也都是我们的朋友。

林老师第一次来到我们家，又是拉琴又是上课。陈曦已经在曲子的关键问题上有所突破，他此次是来趁热打铁的。他看到了墙上的白板，上面写着他上课强调的内容，另一面墙上贴的是他的教学口诀和诗，他很高兴。

我没有告诉他，其实，我也在默默地做他的学生，正是他使我竭力渴望成为小提琴事业中的一分子。

这年的9月6日，德国著名钢琴家和指挥家尤茨图斯先生听了陈曦演奏的《恰空舞曲》后，激动地说："你的演奏让我感动得流下了泪水，你是一个世界少有的天才。"

林老师和朋友们来到我家里。左起：陈阿光、陈曦、赵新发、林老师、胡雪平（2001年1月）

林老师在我们家里给我们拉《恰空舞曲》（2001年1月）

普罗科菲耶夫《D大调第一小提琴协奏曲》是陈曦准备参加青年组比赛的曲目。这首曲子，是普罗科菲耶夫以他特有的浪漫气质和虚幻特质创作出来的一首经典作品，鬼斧神工，匠心独运，是一首带有美丽幻想的温柔如歌的抒情曲。陈曦刚开始练的时候，根本摸不着头绪，谱子是摸下来了，可听起来总是别别扭扭的。没办法，还得如法炮制，从了解作曲家开始，再去了解音乐。

我们读了普罗科菲耶夫的传记，了解了他出生的年代、历史背景、人物特点，当然还有这首曲子的创作背景。我们努力让自己回到那个年代，编些故事在里面。作品创作于第一次世界大战和苏联十月革命时期，正当作者风华正茂，尽管他表现的不是战争，不是革命，但我认为，他既然生活在战争的大环境下，虽然他没有参与革命和战争，但他却逃避不了战争与革命的影响。于是，我们商量着把这首曲子拉得带有火药味儿，我们甚至想象出了战争的大场面；坦克、装甲车滚动起的隆隆轰鸣声，骑兵们奔腾的马蹄声，大部队前进的冲锋号角声，听起来很壮观、很有动感。经过这么处理后，第一次上这个课林老师就表扬了陈曦。

但是，表现梦境、抒情、愿望方面就明显差得很多。陈曦虽然热爱音乐，却又是一个比较理性不够感性的孩子。虽然学琴经历了一些痛苦坎坷，但他还不会感性地用自己人生的经历，去感悟音乐的内涵。这大概也是他晚熟的一种表现。时间不等人啊！想成功，想早日成为音乐家，只有争取，不能去等待自己的悟性，等待自己的成熟。我决定想方设法"催熟"他。

我常对陈曦说，你现在技术已不成问题，音乐上，距国际高水平就是一步之遥，这一步，你怎么就迈不上去呢？你要认真对待这个问题，刻不容缓啊！这一步如果让你"遥"上三年五年，就会失去你最宝贵的黄金年龄，就会"遥"掉你的梦想。

英国小提琴家在上专家课（2000年12月22日）

因为我经常打断他的练琴，插上这些随听随想的看法，他非常不满意，说我破坏了他的思路。我是看着他找不到音乐感觉急的呀！我说："你若有好的思路，我高兴都高兴不过来呢，可是你心灵的音乐之窗，就像两扇铁窗，我这不是帮你打开它吗，你的毛病不赶快改怎么行？"无休止地争吵"活跃着"我们俩的生活。在争吵中，我期待着他的进步，期待着他心灵中梦想的翅膀早日张开。这首曲子后来成了陈曦的保留曲目。

即将跨入千禧之年的第一年，喜从天降，幸运之神悄悄叩响了少年陈

感恩著名指挥家余隆先生！陈曦与余隆先生合影于故宫太和殿（2005年中秋之夜）

曦的艺术之门。也许是陈曦学琴的辛苦，感动了上帝，上帝有意要助他一臂之力。中国爱乐艺术总监、著名指挥家余隆先生找到林耀基老师，想选一名学生在明年上半年演奏拉威尔的《茨冈狂想曲》。这时，正好陈曦在练《茨冈狂想曲》，林老师就让我们马上把录音带拿去。2001年的2月，林老师带来了余隆先生的口信，同意陈曦演出，我们高兴极了。因为中国爱乐乐团堪称中国第一交响乐团，组建时间不长，陈曦可是担任小提琴独奏的第一位中国人哪。

3月初，我们接到"中国爱乐"的正式通知，3月12日德国著名指挥家克劳斯·韦瑟要与陈曦用钢琴先合作一下。为了把握好这个难得的机会，更好地与指挥合作，我和陈曦商量，给韦瑟准备"两盘菜"，两种拉法不同的《茨冈》，一种是德国小提琴大师索菲·穆特的风格，一种是以色列籍美国小提琴大师伊扎克·帕尔曼的风格，看他喜欢什么口味。

下午2点，我们在国家图书馆音乐厅休息室见到了指挥家克劳斯·韦瑟。陈曦按照我们事先定好的计划拉给韦瑟听，先拉穆特式的《茨冈》，是比较严谨不太浪漫的那种风格，只拉了几小节就被叫停了，韦瑟启发陈曦说："《茨冈》表现的是没有家园的吉卜赛人的生活，他们四处流浪，以靠给人看手相、算卦、唱歌跳舞为生，他们粗野放荡，所以，你拉得要再浪漫些。比如，吉普塞女人挑逗男人啊，向人家献媚啊，都要做得夸张一点。"我和陈曦会意地一笑，该给大师换下一盘菜了。陈曦接着就把帕尔曼式的《茨冈》拉给大师听，浓浓的吉卜赛味道，感情深深地投入进去，技巧部分做得相当地漂亮，一遍下来不到半个小时，一切都意想不到地顺利，韦瑟非常满意，他握住陈曦的手不停地夸赞，明白眼前这小家伙显然是有备而来。

　　回家的路上，我们很兴奋地讨论着，这短短的几十分钟，我们却有醍醐灌顶之感。现在，连德国人都喜欢那种夸张浪漫的演奏，我们为什么不大胆地去做呢？我们向林老师做了汇报，林老师听后说："现在可以送给你一个'放'字，那就是放

陈曦与克劳斯·韦瑟先生交谈
（2001年4月6日）

开的去拉，我们是建立在一个高规格基础上的'放'。以前不让你放，是你的规格没有达到，放早了，容易变形走样，我是用大师的标准要求你。"

　　从这天晚上练琴开始，陈曦有了"质"的变化。比从前精神头足了，琴的声音也变了，似乎注入了新的活力，音乐也流动起来了，几乎所有的曲子，在他手上都产生了一场变革。我不觉得，一个外国人几十分钟就能把陈曦调教得如此成功，也不觉得林老师的一个"放"字，就把他的音乐从心里释放出来。关于这个问题，陈曦非常诚恳地对我坦白：

　　"妈妈，以前我拉琴不是不敢大胆放开地去做，而是我认为我是个学生，我要做得严谨规范，也就是让人瞅着规矩些，不愿让人说我太狂了，太爱表现自己了。所以，我把注意力集中在技术上，追求技术上的

与中国爱乐演出《茨冈》后与指挥韦瑟合影
（2001年4月）

陈曦在演出前接受主办方的签名请求
（2001年4月6日）

完美。看来我是错了，韦瑟来自德国，音乐界称德国是巴赫、贝多芬、勃拉姆斯的故乡，他们欧洲人都这样来演奏《茨冈》，我就明白了，现在世界上需要的是什么。"

"还有，我不应该把自己看成是一个学生，应该是一个演奏音乐的人。你以前总说我没音乐，我就是在这两个路口处徘徊，不知走哪条路好，犹豫了这么久。林老师今天第一次对我说'放'，也给我壮了胆。下午，在林老师家里上课的时候，我把"普一"（我们通常将普罗科菲耶夫《D大调第一小提琴协奏曲》简称"普一"）拉得挺火，林老师说我很有进步。今晚你听，我刚才拉得是不是有了变化？我都感到舒服过瘾。"

这真是，谁明白不如自己明白，谁悟出来不如自己悟出来，幸好他在比赛的前夕悟出来了。

16岁全国夺冠

2001年3月16日上午，我们在大学演奏厅进行比赛前热身演出的走台。陈曦第一首巴赫的《恰空舞曲》就令我和林老师大吃一惊。整首曲子拉下来是结实、有磁性、有张力，音乐感发生了巨大的突变，完全地耳目一新。我边听他演奏边情不自禁地在一张小纸上写下即刻的感想："巴赫站在不是我以前想象的高山之巅，而是云雾之中，以他那庄严而又明快的乐曲，传达着上帝对人类的博爱。"

林老师望着正在台上演奏的陈曦，小声对我说："这家伙这么几天就

林老师正在指导陈曦（2001年3月16日于大学演奏厅）

像变了个人似的，好哇！"

　　过了一会儿，他又忍不住地小声说："这不就是个演奏家嘛？多有大师的风度。"林老师真是高兴坏了，乐得合不拢嘴。林老师都激动到这个份上，我的心情就可想而之了。我长长地松了口气，总算是心血没白费，他心灵的那扇"沉重的铁窗"终于打开了，我期盼以久的效果出现了，我仿佛看到了他的明天、他的未来，看到他站在世界的舞台上。

陈曦和乐得合不拢嘴的林老师合影（2001年3月16日）

我和苏雅菁妈妈汤红合影（1998年秋）

回家的路上，我俩索性不骑自行车推着走，和我们一道走的还有个陪读家长小汤和她的女儿苏雅菁，她们都看了陈曦上午的走台。

陈曦半试探半得意地问我："妈妈，上午我拉得怎么样，你满意不？"

"满意，非常地满意。从来都没有过地满意，我说儿子，你可把这层窗户纸给捅破了，我要的就是这个声音，你让我等得太久了！"

陈曦转向身旁的汤阿姨说："阿姨，你知道不，我每次演出完都不敢同我妈说话，一说话肯定挨骂，我妈对我就没有满意过，永远是'音乐不行'。我妈老'内行'啦！"我知道后面一句他是在讽刺我，我不在意，只要他做到了，说啥我都不在乎。此刻，我的心里真是要多敞亮有多敞亮。

小汤笑眯眯地说："你妈就是心高，对你要求严，让你将来成世界级的大师，所以她永远也不满足。哼，咱们这些家长，谁的心能比得了你妈的心高啊！"说完，她拍拍我的肩膀："建华姐，我没说错吧？"

"错是没说错，可谁的心不高啊？不高，都到这来干什么？过着家不像家的日子。咳！就是想干好太——难——啊！"我说的可是肺腑之言，外人看到的永远是光鲜的一面，只有我们自己知道：这一路走来我们曾经历了多少曲折！""是啊，就是难啊！咱们曦子快熬出头了。"她看着陈曦，眼睛里透着笑意。

"咱们的孩子多努力吧，有付出就会有回报，慢慢熬吧！"我本来很高兴的心情，说着说着，就有些郁闷起来，我很清楚地意识到，我看到了黎明的曙光。但是，我是为这么多围住在音乐学院附近的陪读家长们叹息，每个家庭的梦想都能实现吗？没有人比我更了解他们，因为我就是他们中的一员，家长们苦熬的日子啥时是个头，又能有个什么样的结果呢？

此次广州全国小提琴比赛国际选拔赛，有5名林老师的学生参加。从16日晚开始，他们的四场热身音乐会在大学演奏厅举行。陈曦和杨晓宇二人是第一场独奏音乐会。这一天来看的老师学生特别多，有许多人是没座位站着的。他们二人的演奏非常出色，在演奏间就有人称他俩是黄金搭档。陈曦的演奏比上午走台更加完整、更有思想内涵、更有强烈的表现欲望。赵薇老师也来看他的演出，对他的进步给予了肯定和鼓励。大学的学生大多数都是从附中升上来的，是看着陈曦长大的学哥学姐。其中一位大学生后来对我说：

"大家听完音乐会后深受触动，都夸陈曦的进步出人意料地快，他已是大家公认的一号种子，这次比赛的第一非他莫属。大家都说，几年前他还是个不起眼的小孩，现在我们都自觉惭愧。演出结束后，小提琴专业的学生谁也没有回宿舍，都到自己的琴房练琴，我们说再不努力练琴，真是对不起自己了，我们一直练到琴房关门时才离开，这是我们大家从来都没有的事情，陈曦的进步对大家都是个激励。"

这一天，是我陪读几年来最高兴的一天，不是因为我们的辛苦有了回报，父母为孩子做事都是责无旁贷的。我是为陈曦高兴，拉小提琴一开始虽是父母的心愿和他的喜爱，可是，最终是他的自愿选择。我改变了奋斗目标，参与到陈曦的事业中来，不就是为了他的事业更加成功吗？

3月24日，"全国小提琴比赛国际选拔赛"第一轮比赛在广州珠江钢琴厂举行，陈曦顺利地进入决赛。这一次参加比赛期间，我没敢

他已是大家公认的一号种子
（2001年3月16日）

给他一点压力。他练琴，我看书或者睡觉，与以前比赛完全不同。我认为，他能保持住 16 日走台时的状态和气势就够了，过多的指指点点会引起他的紧张和思想混乱，毕竟他是刚刚找到好的感觉，需要一段时间的磨合。

陈曦对我这一回的表现感到很不适应。在练决赛的曲子时，他终于急了，请我给他听琴："你老睡觉也不听我练琴，明天就决赛了，你听听哪儿还有问题行不行？"有些事情就是怪，你要是总说他吧，他还心烦不服气，嫌你唠叨没完，你要一声不吭袖手旁观吧，他又心里没了底，反过来请你听。

我看着儿子，心想：怎么样？沉不住气了吧？不过现在可不是招惹他的时候，我笑着对他说："我哪睡了，我是闭着眼睛听呢，不错，挺好的。16 日那场演出就是标准，做到那个水平就行了。如果能拉得再热情点就更好了，我的意见仅供参考，完毕。"说完，我又继续"睡觉"。这次比赛我采取了前紧后松、轻松上阵的策略，给他创造了良好的自我发挥的空间。

夜幕降临，星斗满天。明天是本次比赛最后的决赛，陈曦即便是最有实力的选手，心里也没底，小鼓打得咚咚响。我劝他到外面散散心，他不肯，说是因为外面太热、太闷、蚊子咬，最后非要和我挤在一个床上躺上一会儿才罢。这已成了习惯，每次考试或是演出前陈曦都要这样。反正就这么一个乖儿子，随他便吧。母亲是孩子情感的依托，多得到一点母爱，多一点慰籍，尤其是像陈曦这样，长年脱离群体生活的搞艺术专业的孩子们，他觉得轻松愉快舒畅就行了。等陈曦到了 20 来岁出国在外，你想亲他一下都够不着啦，让孩子的纯真、对母亲的依恋多留住几年吧，时光一去可就再也不复返了。

3 月 28 日下午，青年组决赛在广州星海音乐厅的小演奏厅里进行。音乐厅里仍是座无虚席，大家都是来看强手对阵的。前四名选手演奏得都很完整、很光彩，陈曦是第五个上场。他走上台时，我的耳边略过"陈曦，陈

陈曦在全国国际小提琴比赛选拔赛的决赛场上（3月29日）

曦"的嘘嘘声，意识到他已经被大家注意了。他演奏的是普罗科菲耶夫《D
大调第一小提琴协奏曲》，他把这首曲子演奏得相当地辉煌，比 3 月 16 日演
奏的水平还要高出一筹。曲子一结束，掌声如潮。按照历届比赛的规矩，听
众是不许鼓掌的，这自发的违规掌声，让评委不得不特意走到前台重申了一
遍纪律。当参加决赛的 6 名选手全表演完后，坐在我前排的赵薇老师立刻转
过身来，伏在我的耳边说："第一，肯定是第一啦！陈曦的发音太漂亮了，
简直没人能跟他比。"赵老师的话给我吃了第一个定心丸。她虽然不是评委，
但也是我国资深的小提琴教育家，我相信，她的话应该是八九不离十。

　　作为评委之一的我国著名小提琴演奏家、教育家俞丽拿教授和著名小
提琴教育家、中央音乐学院王振山教授，先后握住陈曦的手夸赞说："从
1998 年第六届全国小提琴比赛到今天，仅仅两年多的时间，你的进步简直
就是飞跃，完全变了个人。林老师的教学真有办法。你的演奏规格很高，
很有能力，祝你成为世界级小提琴家！"

　　那情景真的令我很激动，如果能获得全国小提琴青年组第一名，陈曦
少年艺术生涯就有了又一个新的里程碑，陈曦也就打开了一个美好的发展
前景。

比赛结束了，评委们走了，选手、老师们也乘大巴车走了，星海音乐厅外的栏杆旁，只站着陈曦和我。

太阳渐渐地从天边落下，灿烂的余辉撒落在波光粼粼的珠江水面，与天边的片片火烧云交相辉映，美不胜收。我们此刻的心情，也像这片片云彩一般，被灼的滚热滚热。

第一名，啊！太棒了！我们是多么的渴望啊！学琴12载如能摘取这令众多小提琴高手梦寐以求望眼欲穿的全国小提琴桂冠，我陪读7年含辛茹苦、陈康一人在家寂寞孤独都值了。我们俩想着，想着，情不自禁地互相拥抱起来。我们有预感：结果一定会是这样。

全国小提琴比赛国际选拔赛青年组陈曦参赛曲目

初赛

恰空舞曲——巴赫

第16、24随想曲 —帕格尼尼

复赛

第一奏鸣曲——贝多芬

茨冈狂想曲——拉威尔

决赛

D大调第一小提琴协奏曲——普罗科菲耶夫

这天晚上9点多钟，比赛的最终结果出来了，不负重望，陈曦荣获了本次比赛的青年组第一名。同学、家长、老师们都来向我们祝贺，陈曦的好朋友、同班同学宁齐获得了比赛的第三名。他们已经是三次同时参赛同时获奖，现在早已是师兄弟了。小哥俩在这种场合相见格外亲切，宁齐一手拉着我一手搂着陈曦脖子说：

"阿姨，陈曦拉得太好了，他的发音和表演是绝了，我是彻底地服了，

颁奖音乐会上演奏普罗
科菲耶夫《D大调第一
小提琴协奏曲》第一乐
章。钢琴指导：黄萌萌
（2001年3月30日）

我得好好向他学习。"

　　同学这样表扬自己，陈曦哪能只管听着，他马上接过来："哪里，哪里，你过奖了，你拉得也很好啊，我得向你学习。"

　　我拍着宁齐肩膀对他俩说："你们要互相学习，共同进步。台上永远是竞争对手，靠竞争来取得进步，这是国内比赛，下回就去参加国际比赛，在国际的大舞台上展示你们。台下永远是好朋友，是真正的互相帮助的好朋友。"

　　宁齐的妈妈在一旁高兴地说："宁齐呀，阿姨说的对，要竞争也要做朋友，你要努力呀！"宁齐乖乖地答应着。宁齐是个非常有音乐天赋驾驭小提琴的孩子，我一直由衷地欣赏他的演奏。很长时间以来，我都将他设定为陈曦学习和竞争的目标。

　　这次比赛，中央音乐学院附中拿到了青年组、少年组的两项第一，两名选手同出一门，都是林老师的弟子，让林老师大为欣喜。他把我们母子和获得少年组第一名的杨晓宇母子邀请到广州白天鹅大酒店，盛情地款待了我们。林老师是双喜临门，他的学生独揽比赛冠军，乐得他一边搂一个，高兴得不知如何是好；看着左边的少年组第一，高兴！望着右边的青年组第一，高兴！这是他事业的成果，智慧的结晶，宝贵的财富。小提琴比赛能同时囊括青年组、少年组第一名的机会，对于任何老师来讲，都是件绝对不容易的事情，这在国内外都是少有的。他的学生已在国内外共获得了十几个比赛的第一名，说他是冠军专业户算是实至名归了。

林老师高兴地搂着爱徒陈曦和杨晓宇
（2001年3月29日）

这天夜晚风轻月明，我们和林老师一起共渡这良宵美景，共享这成功的喜悦。林老师仍然没有忘记他的职责，他向两位弟子提出了新的要求：

"你们要努力提高文化、精神和追求的层次，全方位地培养自己。不要以为比赛结束大功告成，可以歇一歇。不行！千万歇不得！你们还很年轻，脚下的路还很长，积蓄储备能量为将来着想，要有参加更大比赛的准备，要敢于去迎接新的挑战。"我想，这也是大师对所有获奖者、对所有专业学生的期许和寄语。

第二天晚上，林老师带着他的学生和家长们漫步在珠江岸边，一边欣赏着美丽的珠江夜景，一边讲小提琴演奏的方法。他指着异彩纷呈珠光点点的江面说："你们看，这江面上多么平静。"

学生们说："太平静了，一点浪花都没有。"

林老师又说："你们再看，水面上有微微的被晚风吹拂而荡起的波纹，这就是我上课常给你们讲的动静关系，光是静不美，光是动也不美，只有动静相映才能构成一幅鲜活的画面。"学生们认真地在听，不住地点头，家长们也在旁边仔细听着，感受着。

如果说前一天的夜晚是愉快幸福的，那么当天的夜晚是要铭记在心的。因为我明白了林老师教学的精髓来自于哪里，取之于何处，小提琴演

林老师在给弟子们讲动静关系（2001年3月31日）

奏出来的音乐，应该是心灵和大自然的碰撞和再现。

比赛是结束了，下一步棋怎么走我们得心里清楚，抓紧去做以后的事情，已成为历次比赛后的习惯。当我们坐下来休息的时候，我忍不住问林老师：

"这次比赛的前三名将参加哪一个国际比赛？"我似乎成了比赛狂，张口就是比赛。

林老师答道："我们初步考虑参加明年的柴科夫斯基国际音乐比赛。"

"是吗，不得了的大比赛呀！"他的话刚一出口，我就来了劲，跟着就说："行，我们马上就开始准备。"

林老师接着又说："这只是个想法，能不能去文化部还没有最后决定。这个比赛是高级别的国际比赛，我们的学生年纪小，经验少，时间短，去了恐怕要吃亏，回去看看再说吧。"

他停顿了一会儿，好像立刻又想起了什么，他接着对我说："今年6月学校第四届院内小提琴比赛陈曦就不要参加了，9月份，在你们家乡沈阳举办第七届全国小提琴比赛，我要考虑他还参不参加。"

我听出了林老师的话外音，就不再做声了。做家长的会克制自己才行，不能想到哪说到哪，对待老师不同于同事朋友，分寸感很重要。老师往往

听林老师讲练琴怎么和大自然联系在一起（2001年3月31日）

就是你孩子前程的设计师，家长过多的参与，会扰乱老师的谋略筹划。

可是，我心里却打起了算盘，学校的比赛不参加了，全国的比赛还比不比呢？问题是这次文化部举办的广州比赛，目的是为了选拔代表国家参加国际比赛的小提琴尖子人才，仅仅是国际比赛前的一个准备工作，奖状证书全无，没有认证的凭据。柴科夫斯基国际音乐比赛规模大、规格高，陈曦才16岁，面对这世界最高水准的比赛，只有去锻炼还谈不到拿奖，那还不如先拿个全国的头奖再说。走一步看一步，拿一个奖是一个奖。和陈康沟通后，我们一家人很快统一了意见，那就是：要有高的标准和目标，努力去学习积蓄自己的能量，有效地等待、把握机会。

林老师后来的决定和我们的想法一致，先参加第七届全国青少年小提琴比赛，至于国际比赛只好等文化部的通知再说。

我与死神打了个照面

天有不测风云，人有旦夕祸福。正当陈曦全力准备9月的全国比赛的时候，正当我在为陈曦所取得的成绩陶醉的时候，我竟同死神打了个照

热拉尔·布莱大师评价说："你在向我们讲述一个故事"

（2001年4月16日）

面，期间的经历现在想起来仍觉得心有余悸。

2001年4月16日下午，法国著名小提琴大师热拉尔·布莱先生在大学演奏厅举办大师课，陈曦演奏拉威尔的《茨冈》。我像往常一样在台下熟练地支起三脚架，装上摄相机准备摄相。低头时，隐约感觉右肩头有点胀胀的，顺手一摸，哇！吓出一身冷汗，右锁骨上方鼓出了个有啤酒瓶盖大小的硬硬梆梆的肿块，往深摸也是硬的。我不是在做梦吧？我定了定神，环视一下周围，坏了！不是梦，是真事。我心里顿时慌乱起来。要不是手上要为陈曦录相留做资料，我真怀疑自己能不能坚持把课听完。

哇！一阵掌声过后，陈曦将曲子拉完，只听翻译大声地对大家翻译大师的话："你是我见过的小提琴手中最好的一位，你的技巧非常高，你用你的琴声，来表达你的心声。你在向我们讲述一个故事，你在牵着我们的手，领着我

1998年陈曦与布莱先生合影

们向前走，你很清楚音乐是从哪里来，到哪里去。"

这节课非常精彩，用学生们的话来说是特别过瘾。大师讲，陈曦做，讲得好，做得棒，最后两人一起将曲子拉完，台下一次又一次响起的掌声几乎淹没了乐曲，每一张脸上洋溢着兴奋和热情。若是在以往这样的场面一定会使我兴奋不已，可今天我怎么也高兴不起来。整整一堂课，我的心头阴云笼罩。

下课时已是下午4点钟。我赶紧跑到离家最近的北京市宣武医院，普外科不给看，胸外科的号已挂完，我无可奈何毫无结果地回了家。这一夜我是睁着眼睛熬过来的，脑子里反反复复就是一句话：我不能出事！我不能出事！儿子不能没有我，家里的老妈也不能没有我呀！

第二天到了宣武医院，医生一瞧，连忙说："你这病可不好说，马上拍个CT吧。"

他这一说，我更紧张了，连忙问医生："是肿瘤吗？有那么严重吗？"

医生淡淡地笑了笑说："看了片子再说吧。"

在宣武医院拍CT片要等10天以后，我等不及，就托朋友在空军总院拍了片子，我怀着忐忑不安的心情去取片子。医生说，看片子不能确诊，要做活检才行。这天是周五下午，医生学习不出门诊，我又被推到了下周一。

我迷迷糊糊地走出医院的大门，心里害怕极了。陈曦刚刚熬出点头，正是需要我的时候，我怎么就……说也怪，半个月前还没有发现肿物，怎么这十天半个月就长出个恶性肿瘤，这也太快了点呀？我胡思乱想起来。

一起陪读的家长朋友闻讯后都来看我，见了面当然要说些安慰的话。这个说："一看你就是福相，你瞅你儿子多给你争气，你享福的日子搁后头呢，肯定不是恶性的。"

那个说："你为你儿子可是受了不少累，现在我们附小的家长教育孩子时，都说要向陈曦哥哥学习，听大人的话，不贪玩刻苦练琴。你多光荣啊！将来多好的日子在等着你呢，你不会有事，我们为你祈祷。"

这个家长走了那个家长来了，你一言我一语地安慰我，可我越听越觉得心里毛怵怵的。躺在床上不知是心理作用还是有病的原因，只感到浑身乏力，昏昏欲睡。陈曦见我无精打采总睡觉，催我到宣武医院找医生看看片子，我一想也是，早搞清楚早安心。

来到医院的普外科，值班医生摸了摸包块，摇了摇头，转身请了主任来。主任看过 CT 片子，又摸了摸包块，干脆地说："这是转移的，做活检太深了做不了，马上住院，去办住院手续吧。"

医生这么一说，吓得我头发根都立起来了，恶性肿瘤才有转移这么一说，看来我是真完了。我咬牙挺了挺精神，战战兢兢地问主任："怎，怎么？还，还能是恶性肿瘤吗？"

主任赶紧为刚才的失言打圆场，说："我说有这个可能，不过要马上住院。"他的话没说完，我就觉得眼前发黑天旋地转，浑身发抖，心像是在往一块儿抽，手脚也不听使唤，医生再说什么，我全没听见。趔趔趄趄地走出了医院，骑上自行车忽忽悠悠地回到家，一屁股坐到床边，目光呆滞地望着前面，傻了，什么话也说不出来。

陈曦放下琴跑过来，一脸急切："妈妈，医生怎么说的？"

怎么说的？怎么说的？我心里念叨着。

"妈妈你倒是快说呀！"

我，我对儿子说什么呀？？？

我没有勇气将医生的话重复给他听，我清楚病灶的部位是淋巴系统，如果是癌，我连治疗的机会都没有，我，我该怎么办？

我悲痛到了极点，这病来得太突然了！实在是太突然了！我无法接受这个事实！无法承受这个打击！我猛地抬起头，看着与我朝夕相伴的心爱的宝贝儿子，终于按捺不住心中的悲伤，"哇"的一声大哭起来。一生中我都不曾这样哭过，只觉得眼泪像开了闸的洪水一样奔涌出来，边哭还没

母子连心。1998年于薛伟大师课上

忘了看陈曦的反应，我是忍不住悲伤却又害怕吓着儿子。可是这个家，还有眼前的这个小男子汉，是我唯一可以慰藉心灵的所在，我不在这里宣泄出来，除此，我还能到哪哭去呢？

世界上可以没有我，可陈曦不能没有我，家庭不能没有我，家中的八旬老母不能没有我，我是为他们而存在的；我是陈曦向上攀登的阶梯，我是他的精神依靠，生命的依靠；我的责任还没有尽到，我的任务还没有完成，陈曦还是个单纯少年，他还没有长大成人啊，我这么离他而去是不会瞑目的；我还要为我们这些默默无闻甘愿奉献的陪读家长们写书，为学习音乐的孩子们写书，我希望我们每一个家庭都能在愉快和谐的气氛中，把孩子培养成音乐家、艺术家，我要把我们培养陈曦的经验教训都告诉大家。可是这些我都还没做呢，怎么就要走了呢？

出乎我的意料，陈曦显得十分冷静。他拿来热毛巾给我擦眼泪，语气轻柔温和，"妈妈，不要哭了，你冷静点，不是还没有诊断结果吗，就不要早给自己下结论。我敢保证，你肯定不会有事的。"

陈曦如此处变不惊，我心里有了底，哭声更大了，只觉得这样心里才痛快。陈曦反复劝了我几次见没效果，默默地转过身接着练琴去了。我哭够了，心里痛快一些，决定下午回沈阳去做手术。这样想着，手头已经开始收拾屋子，我边整理要带的衣服，边胡言乱语地说："儿子呀，妈妈是在整理遗物呢。"

我的话音未落，陈曦急了，提高了嗓门："你还让不让我练琴啦？一会儿哭，一会儿整理遗物，平时叫我要坚强，轮到你呢？最不坚强，看来

你呀，算什么女强人，都是假
的。病还没看呢，就给自己宣布
死刑了，吓成这样。”

儿子这么一番"教训"，我
倒清醒了许多。是啊，我怎么
这么轻易就乱了方寸呢？别说
结论还没下来，就是下来了我
哭又有什么用呢？看着高出自
己半头的儿子，心中百感交集，

在维尼亚夫斯基比赛青年组决赛前笑逐颜开
（2000年9月21日）

他越来越像个男子汉了，如果他和我哭成一团，我一定彻底垮掉了。他有
这样的心态，就算我真的怎么样，他也会很好地照顾自己生活的。

下午3点，我就要去火车站了，就在即将踏出家门的一刹那，我突然
回转身来，想起和儿子一分手就不知何时回来，不知还能不能再陪他学习
了，我抱住陈曦又"呜呜"地哭起来，怎么也控制不住自己。我趴在儿子
的肩膀上，眼泪润湿了他肩膀上的大片衣服。其实，现在正是他最需要我
的时候，这一点我们俩都非常非常地清楚。

儿子轻轻地拍着我的后背，像哄一个孩子似的安慰我说："妈妈，别
哭啦，别哭啦，我会照顾好自己的，你放心走吧！妈妈，如果你做了手
术，我就会回去看你的，你一定不会有事的，我天天为你祈祷。"

儿子在我眼里，一下子像成熟了许多，而我一下子变得老了，不经事
了。儿子以他宽厚的胸膛、结实的臂膀分担了妈妈的忧伤，用他的柔情和
刚毅抚慰了妈妈由于这突来的打击而变得异乎脆弱的心。

说来也奇，忽然，我又在即将踏出家门口的刹那间"恢复"了理智，
我暗示自己：你是他的妈妈，是他的监护人，怎么就这样走了呢？不行，
我得嘱咐嘱咐他。我拿出惯常的家长姿态，用严肃甚至命令的口吻对陈曦
说："儿子，你一定管好自己，主动练琴，决不许越雷池一步，不许出丝

维尼亚夫斯基比赛期间合影
（2000年9月15日）

毫的差错，你已经走到了今天这个份上，千万要珍惜这来之不易的一切呀！你一定要让妈妈放心啊！"平时这么说，陈曦早烦了，可这次，他只是不住地点头，没有回答。我感觉他有些难过，眼里滚动着泪水。

回到沈阳，我就开始了四处求医。超声波显示是什么实心肿物啊，界面不清啊，无回声啊，等等，走哪都好像在劫难逃。特别是在一个朋友那儿做彩超检查的时候，我发现她有些神情不对。我们是多年最要好的朋友，我最了解她，她是个很有经验、业务出色的特诊科主任。看她的脸色，不问自明。检查后，我自顾自地低着头往楼下走，就听她对陈康说："你回去好好照顾建华，她可是为你们陈家立了大功的。在北京这些年吃了多少苦。告诉你，她这个病可不太好啊，肿块界面不清，淋巴结多个肿大，回声不好……"字字都如晴天霹雳，炸得我头晕目眩，

陪读是很辛苦的啊
（2001年4月于保利剧院）

几天来的连续打击，使我什么也听不进去了。那一刻，我真恨不得自己是个聋子。

坐在回家的出租车上，我和陈康都默默无语。仅仅是五六分钟的路程，脑海里却涌现了许多不曾有过的感念。

我透过本不洁净但却显得十分透彻的车窗，贪婪地看着车窗

外忙忙碌碌的人群，特别是站在马路边上烤肉串的那些小伙子们，穿着油乎乎的脏衣裤在那里忙来忙去。我由衷地羡慕起他们来，他们有生气、有活力，就像一群自由自在、活泼可爱的蓝精灵。

看看天，浮动着朵朵白云的天空比任何时候都湛蓝；看看地，灰土覆盖的地面上比从前明净了许多。一时间，我感到我快不是地球人了，很快要在地球上消失了。不！我渴望生存，渴望保住生命，生命对于我是太珍贵了，我不想离开这个世界，不想离开我的亲人、我的朋友，我一定要活着！我那年已八旬的老妈妈怎能经受失去爱女的打击；我那年少可爱的儿子怎能离开他最亲爱的妈妈；我多想看到陈曦得中国第一、世界第一，我憧憬着儿子带着我们周游世界的时刻。

此刻，我想起了赵薇老师生病时与我面对面说的那番话，她说她要写书、她要开音乐会、她要出 VCD，在她面临绝境的时候，她为她未竟的事业而扼腕痛惜。今天我算是彻底地理解她了。

医生埋怨我不应该回到沈阳看病，说北京解放军 301 总医院的医术最高，技术设备最先进，应该到那儿去看。我立刻和陈康决定于当晚赶回北京。301 医院的王福根主任（陈曦称他是王爷爷）从北京打来电话，他安慰我说，右锁骨上窝的部位没有恶性肿瘤，让我安心回来做手术。我有个朋友会算命，他说我得的是普通的病，不用惊慌，做个手术就没事了。他们的话让我略略有了点安慰，人在这个当口往往会心无主见、无所适从，谁说好的就信谁的。

4 月 24 日，我们从北京火车站下车后直奔 301 医院。我很快进了 B 超室，一位年轻的医生给我做 B 超时，她惊恐地喊着："主任，主任，你来做吧，这个看来可不好，一点回声都没有。"诊断的结果仍然是要做活检来确定。可恰恰那几天 301 医院做不了活检。王福根主任帮我们找到了外科主任，外科主任摸了摸包块，看了病历，就把我一人留在屋里，和陈康他们三人到走廊里，就听外科主任说："这病可不好说，最好的结果是淋

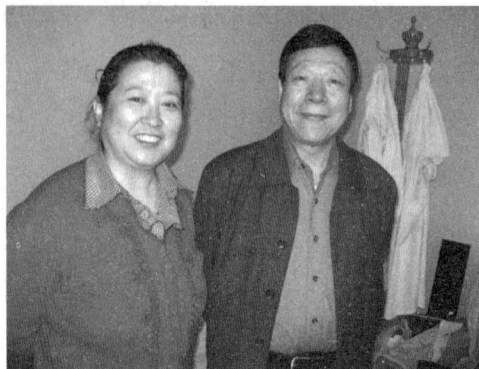

看望王福根主任时合影（2010年）

巴结核。"

王主任说："那最好了，她可太不容易了，在北京陪儿子学习七八年了，她的儿子是全国第一，了不起的少年小提琴家啊，你一定要帮这个忙啊。"

晚上，我已经很累了，每个医生的话都很可怕，我却像是有了一番大彻大悟，反倒不那么在意了。我冷静下来思前想后，怎么想都觉得自己得的病不是恶性病。可陈康却叫我做两手准备，我有点生气。林老师听说我明天做手术打来电话安慰我说："陈曦妈妈，你相信我的话吧，明天安心去做手术，一定没事的，我们都是有福之人啊。"

我借机"告"了陈康的状，林老师站在我这边说："做什么两手准备？就一手准备，轻轻松松地去做手术。"

第二天下午，我躺在了301医院外科的手术台上。外科主任郑重地对我说："我先做个活检，如果有浓，就是结核，咱就不做了。没有浓，就做病理化验。"到了这个时候我反倒镇静下来了，木然地答应一声，心想，随你的便吧。

手术开始了，刀、剪子的声音啪啦、啪啦地响，做活检的取样出来了，接着就是往深切的手术。尽管打了麻药，还是感到皮肉撕扯的疼。我两手握住腰间的皮带，脑海里是陈曦在保利剧院演奏《茨冈》的情景，而且是最后的快板，我努力地反复想这最辉煌的一段。这是我为了这个手术所事先在心里安排好了的，要在最疼、最关键时刻想这段乐曲，以分散注意力配合做好手术。

觉得有好一段时间过去，就听主任一声"哎呀，妈呀，全是浓。"我

与中国爱乐乐团合作演出
拉威尔《茨冈狂想曲》。
指挥：克劳斯·韦瑟
（2001年4月6日）

的心抽搐一下，主任接下来说："啊，恭喜你啦，你得的是淋巴结核。依我的临床经验不会错，不然就是淋巴癌，这个位置只有这两种可能。"我的心骤然放松下来，一下子来了精神："谢谢主任！不过王主任说这个部位没有恶性肿瘤，都是良性的。"

"咳，人家是在安慰你，你还当真了，他是把话反说了，其实是右锁骨上窝只有恶性肿瘤没有良性肿瘤，你这人啊真实在。"

"怪不得我们家那位（指陈康）这两天就叫我做两手准备，我还生他的气呢，闹了半天，我是蒙在鼓里呀，傻人就是有傻命啊。"我对医生说。陈康是怕我术后一旦知道是癌受不了打击，先给提个醒，其实他的压力比我大。

我也不知道疼了，也不想陈曦的琴声了，一边做着手术一边和主任聊了起来。

我说："我就知道不是恶性肿瘤，我有预感，有人给我算了，说我不是。"

"你还信这个呢？"

"我信，谁说我好我都信。人家说我好事做的多，不该得这病。"

陈康在香港（2002年3月）

"哎，看你也挺面善的。"你一言，我一语，半个多小时手术就结束了。

一个护士进来指指门口冲我笑笑："看你一点也不紧张，门外的那个（指陈康）可比你紧张多了。"他的衣服已被冷汗浸透了。

虽然医生的临床诊断是淋巴结核，但我还是要等病理结果。两天后结果出来了：上苍保佑，是淋巴结核！全家人算彻底松了口气，一场虚惊历时整整10天。谈到病的起因，医生说，过度疲劳和营养不良都会导致人体免疫力下降，继而感染上结核病菌。我知道我是太累了，身体累，心更累，长年的紧张和劳累才导致今天，这次得病也是对我一次生命的警告吧！陈康"五一"休假结束就回去上班了。家长们都来帮助我洗衣服、买菜、做饭，药品和补品堆满了床头，大家这样关心我，让我好感动，好感动啊！

望着她们离去的身影，我每次都禁不住热泪滚滚；她们与我一样在这里一呆就是十年八年，却不是每个人都能最终满意而归。人生能有几个十年？多少人都不理解我们，他们为我们的做法感到可怜甚至可悲，更甚的是有些人把陪读称之为发生在中国的悲剧，对我们毅然舍掉自己的青春年华感到不可思议。当一个孩子成功的时候，他们说你是幸运；当一个孩子犯了错误被开除的时候，他们说是悲剧。我们没有一个人在这里陪读能预想到孩子的最终结果是什么？可每一个人都有一个共同的愿望：希望自己的孩子成为音乐家、演奏家、艺术家。

当人们欣赏着动人的音乐、美妙的乐章的时候，会不会有人想起我们那些默默地支撑在音乐家身后的母亲们？或者，他们根本就不会知道世界

图左起：金艺花妈妈、赵老师、隋老师、陈曦妈妈、余晨妈妈

上有这个群体的存在，但我来见证，因为我是她们中的一员；就算世界真的把这个群体遗忘，她们依然会一往无前地坚持下去，守候在那里，我理解她们，因为我曾经负有与她们一样的责任和使命。

　　在经历了这次劫难之后，我比任何时候都为她们感到骄傲、感到自豪。那时候，我含泪写了一篇感想：

献给可敬的母亲　献给亲爱的孩子

　　人生最宝贵的是生命还是金钱？我无暇去探讨。可我深知，对于母亲来讲，孩子是她最宝贵的一切。世人公认的母爱是最真挚的爱、最神圣的爱、最伟大的爱。

　　7年的陪读生活，看到了在孩子们成功的背后，有含辛茹苦的母亲；在不成功的孩子面前，同样有无怨无悔的母亲。她们牺牲的是自己的青春年华，舍掉的是幸福温馨的家庭生活，放弃的是自己曾追求的梦想、事业和前途。她们默默地把最无私、最纯洁、最伟大的爱，一点一滴地注入孩子的心灵、血脉当中。

一个孩子毕业了，母亲长长地松了一口气，然后，卷起铺盖回家了。初来时细嫩红霞般的面颊，现已略失光泽；闪亮迷人的双眸，像被蒙上一层雾水；岁月不留情地在她那微微下垂的眼角边，偷偷地添上几道细纹；当年初来时乌黑油亮的曲发，被她的巧手轻盈的盘绕头顶，精巧别致的发卡，在阳光下熠熠闪耀，现在却隐约可见丝丝白发；那曾经匀称的身段和华丽的时装，曾经的青春美丽仿佛早已与她无关。

今天，你看她衣着朴实无华，不再描眉打扮，不再逛商场，仅有的退休金也要省下来给孩子在国外学习时买点什么，对自己却尽其苛刻。她的眼中、心中、口中只有孩子和孩子的音乐。是生活的的确确改变了一个人？还是母亲对孩子深深的爱改变了母亲？

谁能理解中国的母亲？谁又能理解我周围几百位陪读的母亲？她们在用汗水、泪水守护着心中未来的艺术家。我理解她们，我赞美她们，同样赞美我自己。

亲爱的孩子，母亲在为你的成功岁岁月月地煎熬。曾经，当你深夜里熟睡的时候，她孤独、她惆怅、她迷茫。她在想，我为什么到这里来？为什么要忍受这的一切？为什么我要住在没有窗户、四壁透风的仓房？为什么住在没有排风换气的地下室？

她在长长地叹息，我的孩子呀，你什么时候才能懂事？才能听话？才能不贪玩？什么时候你的专业能得优秀？你能上台演出？你能参赛获奖？什么时候你能拿到出国留学的签证？到那个时候，我才算熬出了头，我才能回家与你的爸爸团聚。

亲爱的孩子，你理解过妈妈吗？当母亲为你的过错气得流泪的时候，你曾用纸巾蘸去她的泪水，勇敢地说声"妈妈，对不起"吗？

当母亲为你取得成绩高兴的时候，你曾拥抱她、甜甜地送她一个吻吗？当你吹灭生日的蜡烛，吃上甜甜的生日蛋糕的时候，你曾想过将来怎样回报母亲，让她过上怎样的生活吗？

当你跨出国门的一刹那，可曾回首再望一眼那疼你、爱你的母亲吗？可曾把分别时母亲那恋恋不舍的目光，永存在你的心田吗？

那些没有把握好自己犯了错误被学校开除的孩子，你可曾感受到母亲那撕心裂肺的痛苦吗？可曾感受到她依然爱你如故吗？

我希望孩子们千万不要忘掉那段陪读的历史，永远铭刻、深深地回味母亲的情、母亲的爱。你的人生正是从这里开始——走向成功。
（完）

杨晓宇妈妈、苏雅菁妈妈、林老师、我和田博阳妈妈
（2000年5月1日）

保冠比夺冠更难

连续参加比赛对于基础尚好的学生来讲，是个加速促进提高的过程，对于基础有限的学生就不同了，最好是减少比赛的次数，因为匆匆忙忙地频繁比赛会忽略基础训练，影响专业水平的真正提高。陈曦由于基础打得好，比赛就是对他的提升和锻炼。

有了广州比赛的经验，再加上我术后的伤口长期难以愈合（俗称老鼠疮），需要隔三差五去胸科医院换药，一去就是大半天，还要注意休息，我就让陈曦自己去做赛前的准备。

比赛9月份举行，还有不到半年的时间，他要准备一套新的曲目。半年时光眨眼而过，3年一届的第七届全国青少年小提琴专业比赛于2001年9月21日在家乡沈阳音乐学院音乐厅摆开了擂台。陈曦在学院一出现就成了比赛的焦点人物，有的评委一见面就说："陈曦，你怎么又来了？是拿第一来的吧？"说者无心，听者有意。夺第一不易，保第一更难，无形中陈曦有了压力。

第一轮陈曦的表现令我很不满意，不知什么原因，他在台上一副漫不经心的样子，声音没有沉下去，整个气息都是提上去的，有纤细仓促之感，缺少苍劲和微妙的变化，没有发挥到自己应有的水平。有的评委说："陈曦呀，你没给我们好好拉呀！"我听出这话中有话，更觉得对不住人家，心里跟陈曦生起气来。

朋友开车送我们回家，坐在车上，我和陈康你一句我一句地"开堂审讯"，中午朋友请我们吃饭也给推了。我批评他不严肃对待比赛，拿着比赛当儿戏，对不起观众，对不起评委，没有保持住广州的水平，你以为你有什么了不起？反正大大小小的帽子我们给他扣了一大堆。

我越说越生气，没有愈合的刀口隐隐作痛，现在想起来，当时发那么大的脾气可能和身体不好有关系，现在很后悔这件事。陈康本来就是个火

第七届全国青少年小提琴比赛颁奖音乐会上（2001年9月30日）

爆脾气，见我生气更来劲了。这个中午，陈曦简直就成了"罪犯"，被我们说的都快哭了，以往这样他早就反抗了，可是今天他没有，只是低着头一句话不说。

正在我们恶狠狠地"讨伐"陈曦的时候，林老师来了电话，电话里他表扬陈曦拉得不错，批评我们家长的情绪不对头，对陈曦的评价不正确。林老师给陈曦"平反"，我们这才冷静下来，陈曦的精神也随之松弛多了。接着，陈曦向我解释说："不是我不重视比赛，而是我太紧张了，我知道我是在保第一，如果一旦拉不好，保不住第一那太丢人了。其实我认为我拉的不像你们说的那样差。"

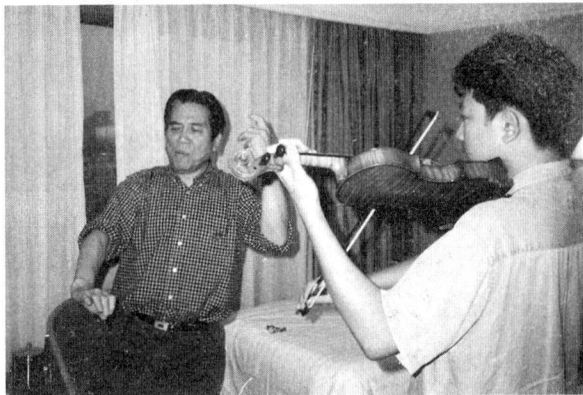

林老师在给陈曦讲解音乐（2001年9月）

我们错了，我们的心情其实跟陈曦一样是过于紧张，把比赛中的小问题放大了看，对人家的评论不能正常地理解，不该在比赛期间用这个态度对待陈曦。幸亏林老师来电话给他解了围，他太了解我们俩了，知道这场比赛下来陈曦准免不了要大受责难。如果林老师不来电话，真不知道后果会是什么样？

在第二轮比赛之前，林老师对陈曦的思想和演奏风格做了调整，让他放下思想包袱，调整好心态，大胆表现音乐。

经过林老师的点拨，第二轮陈曦的状态有了明显的起色，他表现得非常好，在音乐的处理上恢复到了原有的水平。这回他得到了评委们的一致好评。

中国著名小提琴演奏家盛中国老师对陈曦说："你的普罗科菲耶夫《第二奏鸣曲》拉得实在是太棒了，非常有味道，当年我就拉过这首曲子。"

这届比赛的评委对陈曦都很熟悉，陈曦参加的三次国内比赛他们都是评委，他们亲眼目睹了陈曦在艺术上取得的一点一滴的进步。著名的小提琴教育家、上海音乐学院郑石生教授激动地说："陈曦的进步可太大了，他的音乐和技巧都是非常地好。"

与著名小提琴家盛中国老师合影
（2001年9月30日）

陈曦赢得了本次比赛青年组第一名和中国作品优秀表演奖。他终于以毋庸置疑的强悍实力，囊括了小提琴国内比赛的所有头奖，就此结束了在国内的比赛。

第七届全国小提琴比赛青年组陈曦参赛曲目

初赛

恰空舞曲 —— 巴赫

第 24 随想曲 —— 帕格尼尼

西藏音诗 1. 述异 —— 马思聪

第四小提琴协奏曲　第一乐章 —— 莫扎特

复赛

第二奏鸣曲 —— 普罗科菲耶夫

夏日里的最后一朵玫瑰 —— 恩斯特

决赛

D 大调第一小提琴协奏曲 ——普罗科菲耶夫

2001 年，是陈曦走向辉煌的开始，他创造了三次比赛三次夺冠的成功佳绩（其中一次是 7 月加拿大国际夏令营器乐比赛第一名），他没有丝毫的满足，没有丝毫的懈怠，他非常清楚脚下的路应该怎样去走。

文化部副部长给获第一名
选手陈曦、杨晓宇颁奖
（2001年9月30日）

"大家"襄助

2001 年 3 月 30 日，我们从广州回到北京。4 月 4 日上午，陈曦在国家图书馆音乐厅首次与中国爱乐交响乐团排练。陈曦站在舞台的前面，身后是国家一流交响乐队，眼前是世界级的指挥大师，他一个 16 岁的毛头小伙，多少心里有些发怵。

乐队的声音如风如潮地涌进了陈曦的耳朵，韦瑟提示他注意听各种乐器的声音，要做好配合。憨厚的陈曦坦率地告诉韦瑟："我听不清楚。"

"那好，你就看我的指挥棒吧。"韦瑟干脆地说，他连眉头皱都没皱，还朝陈曦笑了笑。后来陈曦告诉我，当时他感到很惭愧，主要是紧张所至，只好这样拉下去。韦瑟是一位有经验又善解人意的指挥家，他没有给陈曦压力，但陈曦自己还是有点往前赶（节奏快了些）。乐队休息时，陈曦主动去征求意见，首席陈允老师、队长赵雪廉老师等在给予他肯定的同时提醒他注意多留点气口，与乐队合作和与钢琴合作不同，这是经验问题，陈曦默默地记下。

陈曦首次与中国爱乐排练拉威尔的《茨冈》（2001年4月4日）

4月6日的上午，在保利剧院演出。陈曦演奏的《茨冈》是上半场的最后一个曲目。待他调整好情绪正要上场时，韦瑟一把将他拽了回来，陈曦一愣，还没闹清楚是怎么回事，就感到韦瑟猛地用膝盖顶了下他的屁股，大手一推，把陈曦"送"上了舞台。在韦瑟的指挥下，他与中国爱乐成功地演绎了拉威尔的《茨冈狂想曲》，当乐曲演奏结束时，整个剧场简直要被掌声淹没了。韦瑟在后台热情地拥抱着陈曦，不停地说："Ok！Ok！太棒了！太棒了！"

8日下午，林老师在上课时转达了中国爱乐乐团总监余隆先生的意见，他说："陈曦的那场演出非常棒，台风也好，从技术到表演都很好，是一流水平的，准备让他9月份随爱乐乐团到台湾演出。"能同爱乐再次合作演出真是最好不过的事情，陈曦的努力让他成为幸运儿。

与著名指挥家余隆先生合影（2016年于北京）

音乐评论家赵世民先生观看演出后在文章中这样写道：

那天，在保利剧院，在《西班牙狂想曲》之后，陈曦上场了。他在韦瑟的示意下，奏起了《茨冈》的引子，这是一大段华彩性质的小提琴独奏，乐队始终保持肃静，一任小提琴发挥。

世代以流浪人为生的茨冈人有着奔放不羁的性格，他们的歌舞鲜明展现了这一点。正好，陈曦从《卡门》借鉴了很多感觉，卡门就是这种性格，陈曦将引子的幻想性和舞曲的火辣性拉得色彩分明。在弓弓干净的基础上，其音乐处理得火而不炸，慢而不沉，丰富多面地塑造了茨冈人的原生状态。如果你闭眼听，淌入你心中的音乐，其成熟程度你绝想不到是一个没经历过爱情、没体验过流浪的少年。（完）

紧接着，陈曦又应邀与中国少年交响乐团多次合作演出，舞台上的锻炼及经验的积累使他很快成熟起来，他的所有演出都要返场或谢幕三次以上。

在同美国某中学生交响乐团交流演出时，美国学生听完陈曦演奏萨拉萨蒂《流浪者之歌》后，全体起立为陈曦的精彩表演欢呼喝彩，掌声连连不断。音乐学院附中的学生们高兴地拍着巴掌，冲着我大叫："阿姨，陈曦真牛！真给咱们学校争气！"附小的孩子们也学着大哥哥大姐姐的样子，喊啊，叫啊，还跺脚，团团稚嫩的小脸儿，乐得像一朵朵初绽俏皮的小花。

音乐处理得火而不炸，慢而不沉

演出结束后，陈曦同美国中学生进行了一次座谈，他们激动地看着陈曦一脸崇拜："你的演奏让我们大开了眼界，在美国，我们没有见过有拉得像你这么好的。"

一位在美国留学的台湾学生用中文讲："确实我们在美国没有见到比你拉得好的。"他们的语言非常诚恳，对于他们的话我不全信，但也不是不信，我知道陈曦是在努力的去同世界接轨。身为母亲，我为陈曦的进步感到由衷的骄傲。

全国比赛刚刚结束，文化部就下了通知：国家将委派在广州选拔赛中获青年组前三名的选手参加 2002 年 6 月在莫斯科举办的第 12 届柴科夫斯基国际音乐比赛。接到通知后，我们立刻紧锣密鼓地投入到这个世界上最高级别的音乐大赛准备当中，用砺兵秣马来形容我们的状态再形象不过了。

离比赛只有整整 8 个月的时间，四分之三的曲子还没有正式上过课，有的是比赛必拉的曲目，手里连谱子都没有，能不能练好这些曲子，谁的心里都是个问号。虽然有的曲子陈曦在以前的比赛时拉过，但是距国际比赛的水平还是相差甚远，我们又非常想参加这个比赛，想知道陈曦在国际上能达到个什么水平。我和陈康都认为，中国人只能通过国际比赛来确定自己在国内国际上的位置。比赛，是让世界来认识你、认可你的一个重要途径。

2001 年 6 月，陈曦报名参加 2002 年 1 月在南非举办的国际音乐比赛，我带病为陈曦填写好了各种资料表格，连同录音带拿到邮局寄出。由于我相信了一个工作人员的"胡话"，邮了平信，她明明告诉我 20 天就能寄到，结果 10 月份南非组委会才收到，整整在路上耽搁了 3 个月，赔上了 75 美金的报名费不说，更误了入选的期限。当时我非常懊恼，林老师却对我说：

"这是天意呀！是上帝要安排我们陈曦去参加'老柴'比赛，你办了一件错事，其实却是一件好事，你承认不承认他这是因祸得福哇？咱们这回就可以拿出全部的精力准备'老柴'比赛了，你说对不对？啊哈！"

我本来也只是想让陈曦先参加个国际比赛长长见识，多积累积累经验，给"老柴"比赛奠定一个非常好的基础，这下子计划泡汤了。心想，但愿像林老师说的能因祸得福吧！

说起来，陈曦虽然经历了一些磨难，但他始终是个幸运的孩子，关键的时刻总会有贵人襄助，这里还有一段鲜为人知的故事。

2001 年 9 月的一天，我们的好朋友、德国指挥丁已留先生，把陈曦介绍给来北京演出的德国著名指挥家、钢琴家尤司图斯先生。尤司图斯先生听了陈曦演奏的巴赫《恰空舞曲》后，激动得眼里涌出了泪水，当即要为

与德国著名指挥家、钢琴家尤司图斯先生合影
（2001年9月）

陈曦在德国举办音乐会。第二天，尤司图斯先生为北京交响乐团担任指挥和钢琴独奏，我们在中山音乐堂观看了这场音乐会并给他献了花。

开演前，著名指挥家、北京交响乐团的艺术总监谭利华先生，就坐在我们附近。我还是在80年代初，通过电视认识的谭老师，他和包括李德伦大师在内的许多指挥家在首都体育馆轮流指挥一场大型的音乐晚会，除了大指挥家李德伦外，我只记住了当年这位潇洒英俊、风度翩翩的年轻指挥家的容颜和名字，并记住了他指挥的乐曲叫《威风堂堂进行曲》。到北京陪读后，听过几场由谭先生指挥的音乐会，每场都会让我联想起当年电视里的那个风华正茂、风度翩翩的谭利华。

今天，能近距离见到大名鼎鼎的谭老师（我们一直称他为谭老师），实在是件巧事，也是件荣幸事。我抢步上前同他打了个招呼："您好，谭老师。"谭老师微微一笑点点头，看来没什么名人的架子，我坐在他的后一排。

坐在谭老师的后面，我不由得想起两年前的一天。我们一家人和林老师听完小提琴神童杨天娲和北京交响乐团合作演出的门德尔松《e小调小提琴协奏曲》后，一起漫步在长安街上。那时我们和林老师还没有像现在这样亲近得无话不谈，除了尊敬就是敬畏了。陈康心里有话不敢直说，就绕着弯子夸杨天娲拉得好，运气好，能和北交合作，我明白他的意思，就贸然问了一句：

"林老师，能不能给我们也联系一场和北交的演出？"我当时认为演出应该是由老师推荐的。

林老师哈哈笑着说："哎，着什么急呀！你要是拉得好，自然就会有人来找你，好好打基本功啊。你看，杨天娲总有演出，她好就有人请她，她的演出总不断。"

我再也没话可说了，但是我记住了林老师的话：你只要好，就会有人来找你。两年来，陈曦除了被中国爱乐邀请过一次外，我们还没有与国家或地方乐团合

感恩谭老师的大力扶持帮助
（2006年8月于北京）

作演出过。陈曦获国际选拔赛第一名已半年了，也没有人来找过我们演出。明年很可能就是"老柴"比赛，现在不上台和乐队锻炼到时怎么行？

一会儿音乐会就开始了，再不说机会就错过了。可能是因为见到谭老师有些兴奋，我不知哪来的勇气和灵感，壮了壮胆，走到谭老师面前，直截了当地说出了自己的想法："谭老师，我儿子今年3月得了全国小提琴国际比赛选拔赛的青年组第一名，明年要参加柴科夫斯基国际音乐比赛，希望您能给他一次与你们合作的机会。"

谭老师很认真地问："他叫什么名字？他是哪儿的？今年多大了？"

看来他对这次比赛不太知晓，别等着人家来找你，还是你主动找人家吧，这个时候我觉得我的勇气算是鼓对了。我马上回答道："他叫陈曦，是中央音乐学院附中的学生，现在不到17岁。"说着，我把家里的电话号码告诉了谭老师。

谭老师点点头说："行，看看吧。"我谢过他，心想，话是说出去了，成与不成就不是我能决定的事了。在这事上，可是谋事在我，成事在他。

这事过去有十几天后，我的日记本上记载的是10月10日上午，儿子

正在家中练琴，我心不在焉地接起一个电话："喂？"

"我是谭利华，请找陈曦。"声音很陌生，我这是第一次在电话里听谭老师的声音，一下子没反应过来。

我推开儿子的房间："接电话。"

"谁来的？"儿子停下琴，漫不经心地问。

"谭利……啊？谭利华？"我这才突然反应过来，儿子赶忙放下琴，三步并作两步跑到电话边。

原来是谭老师亲自打电话，邀请陈曦于当月 19 日在北京中山音乐堂演出柴科夫斯基《D 大调小提琴协奏曲》，我真没有想到谭老师会记着这件事，还会亲自打电话来，让我们喜出望外，更让我倍受感动，这对我们参加老柴比赛可是巨大的支持啊！

陈曦曾于 8 月与辽宁交响乐团合作在沈阳"李宁——奥林匹克情大型交响晚会"上演出过这个曲子，指挥是德国朋友丁巳留。那次演出在家乡沈城引起了不小的轰动，但从专业的角度看，还只是一个初见雏形的演奏。

接到谭老师电话后，陈曦马上抽出时间抓紧练，争取把握住这个难得的机会。这个机会对于任何一个演奏者来讲都是难于遇上的，我们当然倍

于"李宁——奥林匹克情大型交响晚会"演出柴科夫斯基《D大调小提琴协奏曲》。
指挥：丁巳留

加珍惜。林老师得此消息更是高兴，因为我们把重点放在了第一轮曲目上，而柴科夫斯基《D大调小提琴协奏曲》是第三轮曲目，所以他立刻给陈曦加时上课。

19日上午走台，林老师坐在台下观看，对学生的表现总的来讲还是满意的。他小声对我说："这首协奏曲还没怎么细抠，他自己弄的还行啊，陈曦这孩子就是肯练琴啊！"晚上的演出林老师有事没有来看。陈曦演得很成功，掌声热烈，观众的情绪高涨。

10月28日谭老师又带陈曦到深圳演出一场，又在那里火了一把。之后，2002年2月3日在谭老师主讲的"雅俗共赏的柴科夫斯基音乐会"上，陈曦又演奏了柴科夫斯基《D大调小提琴协奏曲》第一乐章。谭老师表扬他比去年成熟了。听谭老师的讲解，我对这首协奏曲也有了进一步的认识。

柴科夫斯基《D大调小提琴协奏曲》是"老柴"比赛的必拉曲目，与乐队密切合作是十分重要的。是谭老师给这位年轻的学生三次极宝贵的合作机会。陈曦能获得第12届柴科夫斯基国际音乐比赛的头奖，谭老师也是一位幕后英雄，没有像余隆先生、谭利华先生这样的艺术"大家"襄助，就不会有陈曦的成功。

与北京交响乐团合作演出柴科夫斯基《D大调小提琴协奏曲》。
指挥：著名指挥家汤沐海先生（2004年）

大师的财富与情怀

10月29日，陈曦中午从深圳演出后赶回北京，下午在音乐学院大礼堂参加了当今世界最年轻的俄罗斯小提琴大师马克西姆·文格洛夫的大师课。文格洛夫对他的评价很好。更为重要的是，这次课让我看出了点门道，坚定了一定要参加"老柴"比赛的决心。

左起：林老师、杨晓宇、文格洛夫、龙希、陈曦
（2001年10月29日）

我认为"老柴"比赛对我们有利的是：林老师是苏联小提琴教育大师杨格列维奇的学生，其弟子陈曦的演奏从发音到风格都是地道的俄罗斯学派，虽然不在一个档次上，正像文格洛夫对林老师教学的评价中所说："今天，我看到了俄罗斯学派在中国得到了延续和发展。"

比赛的初期准备开始了，所有的曲目都已基本敲定，现在需要的就是时间。中央音乐学院附中9月与大学校舍分开，校址迁至丰台区的方庄地

著名小提琴大师文格洛夫在上大师课（2001年10月29日）

区。我考虑有全国比赛和国际比赛，要经常到大学这边上课，所以就没有到方庄那边租房子。这样陈曦每天骑自行车上学来回路程需要两个多小时，回到家里已是筋疲力尽，练琴只能保持在两个小时左右，想很快完成这么重大的国际比赛的大量曲目，是不可能的。

学校为了支持这次比赛，决定于11月暂停陈曦的文化课，全力让我们准备"老柴"比赛，这真是雪中送炭。我们有世界上最好的老师，有一颗坚定比赛的决心，有十几年积蓄的实力，现在学校又给我们送来了千金难买的宝贵时间。有了这些，我们还能去奢望什么？谁都知道，学校是块清贫之地，能给我们这个"优惠政策"已经是最大的支持了。

林老师比我们还高兴，"干！加课干！有了时间，就有了信心，你们随时在家做好准备，听我的电话，做到随叫随到，见缝插针，有空我们就上课！"老师的话，对我们更是莫大地鼓舞。

在林老师的琴房里挂着一个条幅上面写道："感悟人生，热爱提琴，享受音乐，伴我终身——耀基先生琴铭"林老师以此自勉，努力工作，为社会创造更大的精神财富，实现自我价值，活出精彩人生。

老师需要什么？奢望什么？中国的教师清苦一生，能培养出优秀的学生就是他们的财富，能有获奖的学生就如同是家中有珠宝钻石。我曾经同林老师探讨钱给予人的诱惑，我问林老师：

"现在社会上是办学热，找您办学的人一定不少，您能挣到很多钱，外国学校也高薪聘您，您怎么看待这个问题？"

他回答说："要那么多钱干什么？那东西够花就行了。国家当初派我去俄罗斯学习培养我，我就选择了做小提琴老师这个职业，我就应该为祖国培养人才。办学是一种普及的教育，普通的教师都能做得很好，我要为国家培养尖子人才，我认为我有这个能力，有这个义务，我也做出了成绩。上帝造我，就是让我来教小提琴的。"

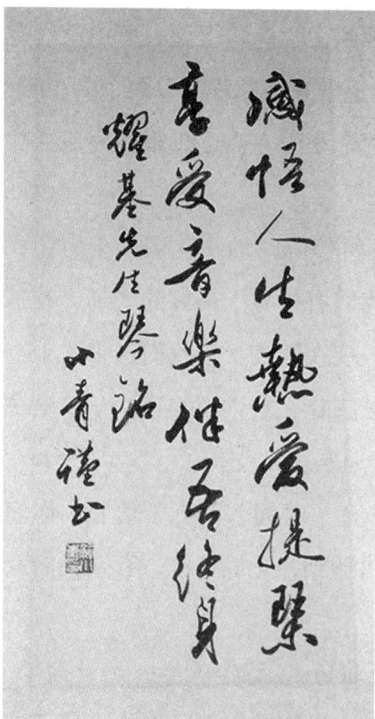

说着，他伸出双手给我看，"你看，伸出我的左手，数数我有几个好学生，伸出我的右手，数数我还有几个好学生，这就是我的财富，是我一生的财富，你说不是吗？"

这就是世界小提琴教育大师林耀基先生的财富观、价值观。如果是这样论财富，林老师可是"大亨"啦！

听了林老师这段感人之言，我对林老师的仰慕之情骤然倍增。我希望陈曦的名字能牢牢地刻在林老师的某一个手指上，我也希望有更多学生的名字刻在他的手指上，刻在每一位老师的手指上，让老师们拥有多多的"财富。"

原来一周上两节专业课，现在常常是隔一天一上课，一上就是两个钟头。

感悟人生，热爱提琴，享受音乐，伴我终身——耀基先生琴铭林老师上课从不分节假日，"五一""十一""元旦"我们都上过课。记得有一年过节，我们正在家中准备吃午饭，1点半左右，林老师打来电话要我们2点去上课，来北京过节的陈康对着电话愣了一会儿才说话："林老师，今天是过节，你还上课呀？你不休息呀？"

我们都是林老师的财富啊！左起：杨晓宇、黄萌萌、林老师、陈曦、李传韵（2001年3月）

"不休息，你们来吧。"

"我，我们还没吃饭呢。"陈康顺嘴说了一句。我比较知道林老师的脾气，一把抢过电话说："林老师，我们马上就去。"我对陈康说："让你上课就赶紧去，林老师的时间多紧呢，多少人想上都排不上呢。吃什么饭，收拾收拾赶紧走吧。"

节日期间这样的"突然袭击"不止一次。

2002年的元月2日下午4点，我们又被林老师叫去上课，上的是贝多芬《第九小提琴奏鸣曲》，一下子上了整整三个乐章。一节课上了两小时40分钟，林老师没有休息一分钟，一会儿讲解曲子的背景，一会儿大声地唱起来，一会儿挥动着手臂，抑扬顿挫，声情并茂，在他所描绘的音乐世界里，陈曦迅速领会了曲子的精髓。

那天，他的情绪特别地好，他说："曲子的第一句是能量的储存与释放的关系，是很难做的句子。要储备大，但是得细水长流，情在先，声音

林老师在课堂上经常幽默搞笑，制造宽松的氛围（2004年春）

出来是情感表达的流露。拉琴就像演戏一样，当充满热情的时候，不能缺乏理智，不能浑身紧张，学会偷偷地放松。一个音推出去，要预见它到达哪里。要把自己交给苍天，交给上帝。贝多芬创造了那么多的音乐，谁教他的？是从大自然生活中得来的。我讲的上帝，就是大自然，要善于观察大自然，与大自然和谐对话、和平共处。不和平共处怎么行？你看，人们毁坏树林，破坏了生态平衡，结果怎么样啊？北京的沙尘暴多厉害呀！我们有的学生拉琴就是沙尘暴，违背了小提琴这个乐器本身的特性和正确的科学练琴规则，要编织美丽的画卷，需要整体的统一性。要把一个个音符看成一个个点，由一个个点连成一条线，穿过"换"字的胡同，走到小提琴这个广阔的天地里。"

这就是林老师上课的风格。他常常有一番精彩绝伦的讲述，天文地理无所不及，最终却都要回到音乐的核心中来，听这样的课简直就是一种享受，无论你再疲劳，你都不舍得休息一会儿，生怕漏掉了大师精辟、经典的论述。我们从他的课中学到的不仅是音乐，还有很多哲学思想和做人的道理。

遗憾的是，由于我急于记笔记，话筒的插头没有插进 MD 机的插孔里面，没有录下来这节完整的贝多芬《"克鲁采"奏鸣曲》的全部指导课，许多即兴产生的精辟论述，在我的笔下溜走了。每每想起，大有扼腕痛惜之感。我曾随着他的激昂表演，在笔记本上画了他的小漫画：一个人左臂平伸，是指要开阔视野；右臂垂直高举，手掌撑开，是要有包容天地的博大胸怀。我想，这就是大师的气度吧。

他很高兴地看着他的学生夸道："好，你今天的表现很好啊！你如果每天就像今天这样来练，我看咱们'老柴'比赛有戏，我现在对你有信心了。"

说着，他又转向陈康："啊？陈康老弟，我们就这么干吧！拼它一把试试。咱们年龄小怕什么？初生牛犊不怕虎嘛！"

"陈康老弟"在向林老师学习（2004年春）

陈康和林老师最对脾气，听林老师这么一说更来劲了，他就势对答了一句："对，就这么干！自古英雄出少年嘛！"

林老师一挥手："走，吃饭去！"

我们来到就近的瓦缸大酒店，大家边吃边聊很热闹，我心里却有个迷团始终解不开，而且觉得很奇怪，林老师一天上六七个学生的课，每堂课他都要说好多话，甚至还要表演跳舞做示范，他哪来那么大的精神头儿呢？我每次听完他的课后都觉得很疲劳，有种大脑缺氧的感觉。我羡慕林老师的精神状态，他是不是吃了什么灵丹妙药？所以，我想向他讨要个良方。

我问林老师："您一天上六七节课，怎么那么有精神，您不累呀？是不是吃什么进口的营养品了？"因为我看到他家桌子上放着一堆写着外文的药瓶什么的。

林老师笑了笑，摆摆手道："什么营养品都不吃，我喜欢给学生上课，已经四十多年了，习惯了就不觉得累。如果没有学生上课，就觉得不得劲儿。我现在，就想把我这些年积累的教学经验，尽快教给我的学生，我的年龄也大了，积累的经验越来越宝贵，我留它做什么？干嘛不快点教给我的学生呢？我看着他们一个个早日成功多好啊！"

我真是打心眼儿里感谢上苍带给儿子这么好的老师！

　　我真想对所有学琴的孩子们说，听听这位早已功成名就的大师的话吧，他仍在为着自己一生追求的艺术事业不懈地奋斗着，他代表了全国艺术教师的心愿，用不辞辛劳的工作，换来你们一个个早日成功。你们是年轻的一代，是接班的一代，你们要努力学习呀！

　　坐在林老师旁边的林夫人胡适熙老师小声对我说："其实，他都是表面现象。每天回到家里，累得我跟他说话都不想回答，总要眯着眼睛靠在沙发上坐上一会儿。我经常提醒他注意身体，不要激动，可他一上课就什么都忘了，他有高血压、糖尿病，每天都离不开药。他这个人哪，就是不爱惜自己的身体，真拿他没办法。"她说完摇了摇头，对我微微一笑，一副无可奈何的样子。

2009年与尊敬的胡适熙老师合影

　　元旦之后，林老师参加院里召开的党委扩大会。在会上，他以一个老战士的名义向党委请战，要在自己的有生之年为中国的小提琴事业多做贡献，继续发光发热。

　　林老师在会上慷慨激昂地说："'老柴'比赛我们面临的困难还很多，虽然，8个月的准备时间是很仓促的，但是，我们要努力争取取得好的成绩。我知道，每届'老柴'比赛，都是要提前到莫斯科柴科夫斯基音乐学院参加'老柴'比赛的大师班学习，至少两个月或20天，和那里的教授专家沟通沟通，让他们给上上课，把握一下曲目的风格。我们体谅到国家的困难，不伸手向国家要钱，但是我们需要时间，时间就是钱！"院领导都被他的精神给感动了，当即表示大力支持。

　　老师认真教，学生刻苦练，我这位"助教"当然也不能闲着，听录音记笔记，把重点写在白板上，放上课的录相，找陈曦的差距。吃饭睡觉的休息空闲就是我俩讨论研究的时间。这时，与我们合租房子的是个大学生，也是林老师的学生名叫王笑影，他也是一位专业的观众，一同加入我们的研讨。我每天都过着紧紧张张、充充实实的生活，还要为儿子的各种演出做好准备工作，经常忙得脚打后脑勺。

在阅读林老师的教学笔记（2001年秋）

这一年的大年三十晚上，我们一家三口回到沈阳在我的娘家过年。窗外爆竹声声，我们和母亲、哥嫂、侄儿、侄女有一二十口人，齐聚一堂其乐融融。男人搓麻将，女人包饺子，看电视，孩子们打游戏机，放鞭炮。对于我们一家三口而言，这是一年当中唯一的轻松时刻。这次陈曦要去莫斯科参加比赛，更给全家人增添了许多喜气。

事情总是瞬息万变的。麻将正打在兴头上，陈康手机响了，是林老师打来的，他们通完话后，陈康神色不安地告诉我：

"林老师刚从南非回来，说有个俄罗斯选手非常好，得了第一名，他也是'老柴'比赛的选手，他的姐姐是他的钢琴伴奏，连伴奏谱都背下来了。人家是热身去了，我们才准备三个月，比赛的谱子还没有全部背下来，怎么去同人家比呢？林老师的意思是不让我们去了。"林老师此次去南非是做"南非国际音乐比赛"的评委，这个比赛就是我们想参加而没有报上名的那个比赛。

我听后没有说什么，但是我想，能不能去不在老师在自己，命运要掌握在自己的手里。关键是你自己想不想去？你有没有参赛的能力？你能达到什么样的水平？你去的目的是什么？是拿奖还是学习？你了解自己才有信心，才有目标。林老师的话看你怎么去理解，为了得奖才去，那干脆就放弃算了，这个大思想包袱压在身上根本练不好琴，比赛就更要命了。但如果只是想去学习，想去试试，想去体验一下，那就可以轻松上阵，玩儿命地去拼。

柴科夫斯基国际音乐比赛四年一届，今年陈曦是 17 岁，过了这村可就没这店了。下一届是 2006 年，陈曦已经 21 岁了，机会不等人啊！现在有像林老师这么好的老师在身边手把手地教你，你不去拼那才叫傻呢。林老师的话我不去琢磨他忧虑的是什么？我就知道，他的话提醒了我们，让我们本来就有的紧迫感更加强烈，要紧上加紧。

备战"老柴"，锻炼身体（2001年）

自古英雄出少年。人在少年时期潜力是最大的，也是最易开发的，适当地给点压力，会前进一大步，尤其对陈曦这样的孩子来讲，潜力是很大的，这几年他有了飞快的全面进步。我了解他的实力，他会让自己的每一天都能有所进步。现在我们参赛欠火候，是不熟练的原因，一旦准备成型，陈曦的进步可就当刮目相看了，我相信这一点。我想好了，牢牢把握住参赛机会，决不放弃。

20 天的寒假一晃儿就过去了，我们从沈阳匆匆返回北京的"家"。我们仍然把备战"老柴"比赛当作 2002 年的首要之事。林老师一方面积极上课，一方面思想上有些徘徊顾虑，他不像年前那样信心十足。上课时偶尔流露出让我们要做不去比赛的准备，尤其是陈曦在回课不好的时候，甚至说要收回比赛的决定。

锻炼就是储备（2001年）

南非比赛的事情，给林老师造成的压力很大，使他的思想有了个大转弯，他越来越感到我们准备的的确是太晚了，而且陈曦还太不成熟。南非比赛的第一名已在美国茱莉亚音乐学院毕业，又在德国科隆音乐学院学习，已经完全准备成熟了，像他这样的选手一定不少。林老师是面对现实重新考虑。

我们是以一种初生牛犊不怕虎的劲头向前冲，不知道比赛当中错综复杂的利弊关系，也就没有许多顾虑，一个心眼儿奔比赛。我们希望林老师把进度搞得越快越好，陈曦一天可以练七八个小时的琴。

可是事与愿违，我们在练习巴赫的曲子上卡了壳。林老师总是说，如果巴赫的曲子不过关，不能进行第二轮的曲目。开学以来几乎都在抠巴赫的曲子，可就是通不过。拉快了，林老师就批评说："着什么急呀？"拉慢了，就说："速度太拖拉。"声大了，说："太强了。"声小了，说："太弱了。"我和孩子都不知该怎么办好？隔一天上一次课都是以巴赫曲目为主，捎带拉上其他的曲子。每节课都少不了批评，性格再好的人也会产生烦躁心理的。

4月8日，日记本上记的这天是沙尘暴天气：

> 9点上课，林老师讲的句句是重复的问题，儿子要提高自己的水平，该怎么做呢？距比赛的时间还有一个多月了，这个时间比金子都宝贵。上完课后，我在路上和儿子做了一次长谈。

学会思考，主宰自己（2001年）

　　"为什么林老师说过的问题一犯再犯，音不准和出现劈音的问题怎么就不能找出原因彻底解决。你已经是成人了，我在17岁的时候，正好当知青在农村种地，主宰自己的命运。你要学会思考，要去主宰自己，你要成为小提琴家，什么叫家？就是全方位地自我培养，学会动脑筋解决问题，要学会去吃苦，哪个成功者不是刻苦出来的，现在你的机遇最好，好好把握住它吧。"儿子默默地听着，看得出他在思考着我说的话。

　　下午，我的话有了效果，他烦躁的情绪稳定了下来，弓弓以慢练来纠正毛病。凌晨一点时，我正在整理上课笔记，儿子从床上爬起来上完厕所后，趴在我的耳边说："妈妈，林老师的话我琢磨出来了，音乐要像海绵呼吸一样有伸缩。你快拿纸写下来，不然一会儿就忘了。"我顺手拿起桌上的红笔写下了儿子的这句"梦中感悟"。

4月13日的一次课，更让我记忆犹新，我不会忘记林老师那不曾再有过的严肃面孔。因为那年3月份，世界著名小提琴大师平恰斯·祖克曼的秘书亲自给陈曦发来了邀请，要他参加6月份在加拿大渥太华举办的祖克曼大师班，德国著名钢琴家兼指挥家尤司图斯先生邀请他参加5月的德国

音乐要像海绵呼吸一样有伸缩（2001年）

巡演，到底参加不参加"老柴"比赛，林老师还是举棋不定，可我们总不能错过这么多好机会啊。加拿大、德国、俄罗斯总不能一个国家都不去呀！上课前，我硬着头皮向林老师提出了我的想法。

"林老师，我和陈康商量了，德国、加拿大我们不准备去了，想一心一意弄好'老柴'比赛。"我说话不会绕圈子，林老师也马上猜出了我的意思，我是让他表态，让他落下这颗手中待定的棋子。他很不高兴，知道我是有意将他的军。

他严肃地说："德国、加拿大去不去你们自己考虑，俄罗斯去不去还要听我的。你是我班上的学生，就要听我的安排。我何尝不想让你们去，老师能不为学生着想吗？老师教学求得的回报就是学生获奖，如果你够水平我为什么不让你去呢？我一周上三次课给你，不就是为你好吗？盼你早点提高，进步更快，这次不去下次还有机会，你才17岁嘛，利用这次比赛提高自己也很好，积攒一些曲目。我已经这么大岁数了，希望你们早点出去，走向世界，但你们要好才行，我是要保护你们的积极性，你还小，受到打击会影响你一生的前途的。"

我不敢再说什么，那时感到心里很不是滋味。巴赫的曲子又是挨了一顿批，没有过关。出了校门，我就压不住憋在心里的火了：

林老师亲自到家给陈曦上课（2001年）

"林老师是怎么了？没完没了地整巴赫曲子，那标准还有个头啊！6月份就比赛了，咱们还在第一轮的曲子上打磨磨，真是无法解释。"陈曦无语。

一到家，王笑影就堵在门口关切地问："怎么样？这回林老师对巴赫的曲子满意没？"

"没有，这回是栽在巴赫上了，现在都什么时候了？也不知道林老师是怎么想的？"我心里憋闷难受，发着牢骚。陈曦进屋就往床上一躺，眼睛红红的，一言不发，这是陈曦从未曾有的状态。我俩的情绪降到了谷底。

没多一会儿工夫，铃！电话铃响了，我拿起话筒就听见了林老师从前那和蔼的声音："啊，陈曦怎么样啊？能不能经得起我的批评啊？"老师这么一说，我的第一反应是：林老师实际是在说我呢，陈曦妈妈你怎么样啊？能不能经得起我的批评呀？人家是国际大师，这样关心我们的感受，我们还能说什么呢？我忙不迭地说，"林老师，没关系，批评是对的，批评是为他好嘛，不批评哪能进步呢。"实际上我心里说，林老师你对我的批评是对的，可我有我的难处啊。

"就是呀，我刚才上课批评他严厉了一些，是让他赶紧把我提出的毛病改掉，想比赛嘛，那就要快点提高上个档次才行。巴赫的东西千万要搞好，把它做好了，其他的曲子就都好办了。陈曦这个学生啊，平时是能经得起批评的，他有个踏踏实实的精神，你要多鼓励他呀！我现在，是在根据他进步情况考虑，去与不去没有最后定。你们不要着急，要理解老师，我这样做，是为了你的儿子将来更好，更有出息，你说对不对呀？让他接电话。"我还没来得及谢谢林老师，早就翻身下床站在一边支愣着耳朵听的儿子，一把拿过话筒，他的脸上早已露出了可爱的笑容。

"林老师好！嘿嘿！您刚才说的话我都听见了，没事儿，我能经得起批评，您这是为我好嘛！"

"啊，怎么样？能经得起我的批评就好，要学会经得起大风大浪的考验，有12级台风掀不倒的力量才行。不要泄气，继续努力，我在等待你的进步。把我这节课讲的内容赶紧落实了，争取把巴赫这一关闯过去，下面的曲子你还成问题吗？只要我一指点，你就上来了。好，那你就好好练吧，不光用手练，关键是用脑子想，先想好再动手做，第一是脑子想，第二是左手到位，第三才是右手出声音，好，就这样吧，再见！"

4月15、16日，林老师给我们定了在附中的小礼堂走台，演奏比赛一、二轮的曲目。虽然林老师每次上课重点上的是巴赫的《第二无伴奏奏鸣

有林老师掌舵，我们一定能成功（2002年3月）

曲》，其他的曲子也都有计划地捎带上过了，所以走台的效果还算可以。林老师特别邀请了几位老师来听，他们反映陈曦音色上进步很大，特别是巴赫的《第二无伴奏奏鸣曲》，拉得很有味道。林老师见大家一致反映不错，自己也很满意，无形中更增添了一定的信心。

因为陈康来了，所以我俩第二天和林老师一起喝早茶，林老师的情绪大有改变，说前一天晚上的走台质量很高，没想到他进步这么快。

我想让陈曦能有多点上台的机会，就提出向学校租借大礼堂。林老师一听，眼睛一瞪，说："学校的礼堂就是给学生用的，我在为学校、为国家做贡献，学校还能不支持我，我给你们借礼堂。"

我趁他心情好，就又旧话重提，我说："我和陈康商量了，决定德国、加拿大真的不去了。"他听后挺高兴，但也没说什么。他是个滴水不漏之人，我知道他还是在犹豫、在观察。虽然这次他没有表态，但从他流露出来的态度上，我还是看到了希望。

4月17日我们来到深圳，同深圳交响乐团合作演出决赛曲目西贝柳斯《d小调小提琴协奏曲》，这是我们唯一一次参赛前正式和乐队演出，是非常宝贵的机会，这要感谢著名指挥家、中央音乐学院指挥系主任俞峰教授。他得知我们要参加"老柴"比赛需要找乐队演奏这首曲子时，马上为我们联系了这场演出。

非常感谢深圳交响乐团，为我们提供了重要的协奏机会。在走台时，乐队又陪陈曦练了一遍柴科夫斯基《D大调小提琴协奏曲》，在这关键时刻，

与著名指挥家、中央音乐学院现任院长
俞峰教授合影（2004年郑州）

与深圳交响乐团排练西贝柳斯《d小调小提琴协奏曲》。指挥：
现著名指挥家陈琳（2002年4月）

乐团为我们的第三轮比赛创造了一个良好的实践和热身机会。

4月26日下午，我们在大学演奏厅走台，林老师看了陈曦在舞台上演奏巴赫《第二无伴奏奏鸣曲》等第一轮的全部曲目后，高兴地把我叫到他旁边，让我坐下，他对我说："现在我才同意他去参加'老柴'比赛，为什么？因为他经过这段时间的努力，经受这段痛苦的磨练考验，他达到了我要求的规格，所以我同意他去了！如果他达不到，我还是不同意他去，他确实是进步了一大块，上了一个高台阶。他现在演奏的巴赫，从感觉到速度都达到了我的要求，但是，不能骄傲，要继续努力，距比赛还有一个月的时间，我们还要更上一层楼。"

啊！我激动得周身的

感恩深圳交响乐团。左起：陈曦、指挥陈琳、现深
圳交响乐团团长聂冰。借此，向深圳交响乐团表示
衷心地感谢

热血一下子涌到了头顶，心"突突"地跳个不停，我们终于能参加比赛了！终于能站在国际的大舞台上了！这段苦挨苦熬苦等的日子总算结束了，我们可以轻松地迈着大步继续向前努力了！

林老师最终决定让陈曦参加"老柴"比赛，这个决定下得不容易呀！大半年来，他在陈曦身上花费了大量的心血；他有过一时的犹豫，有过反复的思想斗争，他反复地去平衡利弊关系，不断地针对陈曦水平的提高制定新的教学方案。这位年过花甲早已是名利双收的大师，多少像他这样有成就的人，早已过着颐养天年的享乐生活，他却依然兢兢业业地传道、授业、解惑。望着他逐渐花白的头发，望着他脸上日渐堆积的皱纹，心中再次升腾起对大师崇高的敬意和无尽的感激……

5月2日的上午，全国人民都在过节，我们接到林老师的电话，让我们下午3点上课。当我看到他时，他的脸色发红，眼睛也发红，嗓音沙哑，我一下子意识到他生病了。我们穿着短袖衣服走进来，他见了我们就问："外面很热吗？我怎么还冷呢？"我这才发现一向最怕热的他，里面穿着毛背心，外面套着西装，他肯定在发烧。我这样判断，可我不敢问，我知道他最忌讳别人谈论他的身体。他淡淡地说昨天有点拉肚子，但今天好了。这节课他仍在不停地讲，就是语气激动不起来，眼睛时而半睁半闭，一个半小时，他没有站起来一次，这是从没有的现象。我知道他很难受，是在硬撑着。

林老师，我们永远爱您
（2001年3月在演奏厅排练时合影）

带病上课这已不止一次了，我们真不忍心他这个样子，因为我们希望他能好好地保重身体，永远做我们中国小提琴事业的核心和灵魂。

5月5日早上，我们再见到林老师时，发现他的额头上爆了皮。我知道发过高烧的人退烧后会有爆皮的现象，心里

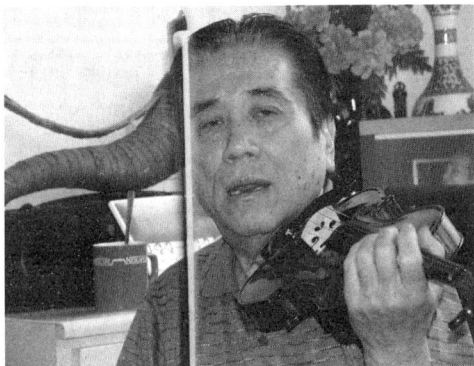

林老师在课堂上边讲解边示范（2004年）

有说不出的感慨。回想起4月13日课上，我还"逼"着林老师做决定，他用从没有过的严肃的面孔和语气同我说话，我还在背后埋怨过他，现在想来他的一席话是多么地富有深情、富有爱心、富有责任感。我为我的自私想法感到羞愧，为惹他生气而懊悔。实际上他心里比我们急上十倍、百倍。他一面为陈曦迟迟达不到要求着急，一面急着给他上课，解决他存在的问题，还要急着解决参赛用的小提琴。没有好琴，对于参加这么大的国际比赛的选手来说，就等于"巧妇难为无米之炊"。林老师想方设法要为陈曦借到好琴。在国家政协会议上，他提出了关于修复国家名贵小提琴的议案，他又亲自打报告到文化部，要求借一把适合比赛的小提琴。那些时候，他的心情能比我们好受吗？

5月27、28、29日，陈曦连续3天在学校大礼堂举行了开赴莫斯科之前的最后三场音乐会。赵薇老师和很多老师学生都来观看，并同我们进行了

陈曦与童卫东老师合影于2007年校庆

交流。演出令人满意，老师们的脸上神采飞扬，鼓励和增加信心的话不绝于耳，小提琴学科主任童卫东老师单独找陈曦谈话，少不了很多的鼓励啊，总之是道出了全校师生的期望。

几年来，一直给予陈曦许多帮助指导的大学艺术指导系主任黄萌萌老师，嘱咐了陈曦一个多小时。记得那一天，不知谁说了句颇有含意的话："陈曦，奇袭莫斯科！"

29 日的音乐会后是话别。30 日林老师比我们先行一步到厦门，为"小柴"比赛做准备工作（"小柴"比赛是在柴科夫斯基国际音乐比赛组委会授权下，可在各国举办的 16 岁以下的少年组比赛）。6 月 1 日我们将启程飞往莫斯科。

5 月 30 日上午，林老师在离家之前给我们打来了电话，他的声音仿佛比以往更加凝重，言语间寄托着无限的期望，他对陈曦说："你是个机灵、聪明、肯于吃苦、不怕困难的好学生，所以你在半年里有了质的变化，突飞猛进的发展，我相信你能按照我的要求把握好自己，首先要记住我的几首诗：

> 灵感穿弦而过，
> 魅力四射八方。
> 集天下之精华，
> 奏大地之乐章。
>
> 脚踏地球中，
> 顶天立地松，
> 四面八方通，
> 展翅翔太空。

然后，他嘱咐道："要正确对待获奖，重在展示才华，这是我们赴赛的宗旨。不要忘记今天的到来是我们共同奋斗的结果，要特别地珍惜。"

此刻，责任、爱心、真情已将我们的心紧紧地连接在一起。我们知道该怎样理解他的每一句话，该怎样去落实他的

"我将拿出最好的成绩回报祖国"（2003年）

每一句话，只想对他说："我们将拿出最好的水平参加比赛，赢得最高的呼声，就是对您、对学校、对国家的最好的回报！"

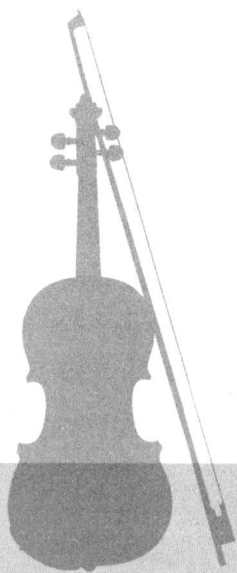

第三部
莫斯科磨砺　真金不怕火炼
——妈妈的日记

　　6 月的北京，已是盛夏时节。花红柳绿，景致宜人。我们却没有一点心思去欣赏城市季节的变换。堪称音乐界的奥林匹克、四年举办一次的第 12 届柴科夫斯基国际音乐大赛将在欧洲的莫斯科拉开序幕，陈曦作为中国的参赛选手之一，已经进入了最后的准备阶段。

　　按文化部的要求是 6 月 3 日离京，我们考虑北京空气干燥，而莫斯科潮湿多雨，为了保证比赛顺利，力争取得好成绩，一定要让小提琴适应当地的湿度，不然会出现开胶、沙哑等现象，这是比赛时选手最忌讳的事情。我们向文化部建议提前两天去莫斯科，立刻得到了部里的批准。在这短暂又漫长的整整 26 天里，我和陈曦在异国他乡历尽波折，最终以辉煌战果凯旋而归，其中滋味一言难尽。下面是我这 26 天的日记，也许这种文体最适于记录这段无论对我们还是对祖国都值得回忆的日子。

林老师的电话 2002 年 6 月 1 日

　　东方欲晓，晨光熹微。陈曦即将踏上征程，一家人早早就忙乎起来。已转业到沈阳北方航空公司工作的陈康提前两天赶到北京，专为儿子出战莫斯科送行。

　　早上 8 点来钟，陈康朋友的一辆面包车停在了楼下，我们迅速将行李运上了车，正待要锁门时，突然屋里的电话铃声响了，儿子的第一反应是：肯定是林老师。他边说边急忙推开门，两步冲进屋里，一把抓起电话：

"喂，林老师好！"儿子的声音比以往任何时候都洪亮，就像一名整装待发的战士，即将接受首长的指示一样。

这时，电话里传来了林老师亲切的声音："我现在从厦门刚到上海，怎么样，一切都准备好了吗？"

"准备好了。"儿子回答得很干脆，似乎他已胸有成竹。

林老师接着嘱咐说："我们呢，一是去锻炼，二是去学习，主要是在国际的大舞台上展示自己，能发挥出我们的最高水平，就是这次比赛的最终目的。你是最让我放心的学生，到了那边，记住按我教你的方法去练琴，一定要慢练，那是我们制胜的法宝啊！你好好地干吧，我对你充满了希望。"

林老师声音有些激动，但听得出来，他已经在极力控制自己的感情，3年多的苦心栽培，8个月来的苦熬苦战，今天，他的爱徒就要参加"老柴"比赛，这是世界最高的音乐擂台，他能不激动吗？但是，他清醒地

坚定信心，不负期望（2002年）

知道此刻该说什么，说到哪里为止；不该说什么，就是话到嘴边也要咽下去，没有人比他更懂得该怎样嘱咐他的学生。

"林老师，您放心吧！我全记住了，谢谢林老师，林老师再见！"

车，在通往机场的大道上奔驰。一家人无暇欣赏窗外风景，我们对这次比赛的前景并不乐观，压力甚大。我俩沉默不语，陈曦打破沉闷气氛："爸爸，妈妈，刚才林老师在电话里说，对我这次比赛充满希望。"

"真的吗？"陈康半信半疑。

"那当然啦！"陈曦美滋滋地说。

林老师做事态度认真，说话不含水分，而且从来说话都留有很大余地，特别是对于这次参加国际比赛，除了抱着学习锻炼的目的外，他从没有说过"我对你充满希望"这样鼓舞人心的话。在这即将出发的时刻，他的这番话让我们一下子好像看到了朦胧中的希望，晨雾中的曙光，心里敞亮多了。

给我们一道送行的还有王笑影的爸爸，他是我们多年的好朋友，特意从长春赶来。他坐在车上，听陈曦这么一说，也激动起来，把身体转向陈康说："老陈啊，林老师是不轻易这样讲话的，他从来不放空炮，我看，咱们曦子有戏呀！"

他又提高了嗓门对坐在后面的我说："建华，咱们得有信心，林老师的话——'充满希望'——的意思是什么你还不清楚吗？你们的情绪不对，要有必胜的信心。曦子，王大大祝你旗开得胜，马到成功！拿个大奖回来，给咱们中国人争光！"我们一下子都乐了，车内的气氛变得活跃起来，心情也放松了许多。

车很快驶进了首都国际机场，我和陈曦先进去办理托运和登机手续。不知怎的，我的心总是揪着，看到陈康还在直愣愣地向里张望，好像是在找我们，他的脸色不太好看，我的心也不好受。

陈康紧紧握住儿子的手，我听得出他在字斟句酌："儿子，咱们一定要好好比赛，拿出你的实力来，别怕他们（指外国选手），要把你美妙的琴声留在莫斯科，留在每个评委和观众的心里，你就赢了，你就完成了你的使命。另外要注意身体，听你妈妈的话，她的身体不好，你们互相照应吧。"

"儿子，咱们一定要好好比赛，拿出你的实力来"

他又握着我的手说："这次比赛全靠你了，你要好好把握形势，遇事多动脑筋，咱们尽量争取好成绩吧，一定要多向人家学习。好，就这样，祝你们成功！我等着你们的好消息！"

轮到我了，我该说什么呢？这次比赛我心里没底呀！喉咙里就像卡了个瓶塞子，欲吞不进欲吐不出，哽噎得说不出话来，只是点点头。我觉得仿佛背上了一座山。

就这样我们分手了，我能感觉到，当我和儿子往里走的时候，陈康的目光一直追随着我们。

后来他对我们说："看你们走的时候，我的心里可不是滋味了，知道你们的飞机晚点一个小时起飞，我一直等到你们的飞机安全起飞后才离开机场，不知怎的，就是不想走。"

一路心事　　　　　　　　　　　　6 月 1 日

伴随着马达的一阵轰鸣，我们乘坐的俄航飞机腾空而起，我感到很沉重也很清醒，我们的莫斯科之行该是一场艰难之战啊。

不知不觉地飞机进入平稳飞行。急性子的俄罗斯人早已耐不住这凝固的气氛，纷纷离开座位找熟人聊天、喝酒。我看了眼身旁的儿子，他可能没有我这么复杂的忧虑，已将耳机插进耳朵里，说：

"妈妈，你听，'老柴'协奏曲，拉得太好了！"

我赶忙带上耳机，专心致志地听起来，的确是好听极了，可惜解说是俄语，不知是哪位大师的演奏。我们俩一起评论他的演奏技巧，探讨他的演奏风格。因为是循环播放，我们一下子听了3遍，聊得听得都过瘾。

平时，我和儿子在一起总是有说有笑、谈这谈那，今天却少言寡语不同从前。这半年多来，为了准备这次比赛，我们的精神都高度紧张，尽管许多曲子都很生疏，参赛的条件也不充分，但我们全家人决心一定要参加这次比赛。时间不够，那就一天当两天、三天拼，不能错过这次机会。能拿奖更好，不能拿奖向人家好好学习，长长见识也不白来。17岁怕什么，4年以后第13届"老柴"比赛时才21岁嘛。就是抱着这种心态，我们全力准备，直到4月26日林老师才认为达到了他所要求的规格，正式同意陈曦参赛。这次机会是我们用不可动摇的决心、智慧和汗水拼力争取来的，真的是来之不易呀！

我凝望着舷窗外一朵朵漂浮的白云，像一团团雪白的棉花散落在蔚蓝的天空里，自由自在地飘呀，游啊……我的心啊，多么想像云彩一般自由自在，哪怕是轻松上一小会儿。可是，这怎么可能呢？仅仅是这么一点点小小的渴望也不能去求得，我时时告诫自己松懈不得。

我陷入了许久的沉思。从儿子学琴到现在，风风雨雨、坎坎坷坷14年，经历了8次比赛，在比赛中他逐渐地成长进步，而我更觉得好像前8次比赛都是为这第9次大赛而做的铺垫。

从一场场比赛走来，仿佛是在为我们的学琴生涯做的一个个小结；一次次的进步，显示出了我们在向成功迈进。老师和朋友们都鼓励我说："熬吧，陈曦妈妈，你快熬出头来了，你已经要见亮了。而我们……"是啊，谢谢你们的祝福！我多么盼望这一天快点到来，多么希望这次比赛能得名次、获大奖，我的儿子能够一鸣惊人啊。

可是，毕竟我们只准备半年多，第三轮曲目尚不成熟，陈曦是第一次参加这么大国际比赛，而且是文化部公派。空手回来，愧对国家，想捧回奖牌，谈何容易。说是锻炼学习，其实哪有那么轻松的事啊？谁能真那么天真地认为？我们心里都明白，但彼此都不愿谈到那些话题，还有对于外国选手我们一无所知，他心里压力很大，我看出他心烦，不想总打扰他。

再说，我陪读他7年，失去了工作，收入只靠陈康一人上班所得，此行要花掉两万元，对于我们家这可是不小的一笔数目。2000年我就自费陪他参加波兰的维尼亚夫斯基国际小提琴比赛，现在，家中还能有几个两万？我对儿子早已有言在先："现家中已近乎'弹尽粮绝'，陪你参加国际比赛这是最后一次。"

咳！真不敢再想下去，索性还是带上耳机听"老柴"协奏曲吧。

飞机在急速降落，我们平安抵达莫斯科。两个小时后，我们由一位事先约好的朋友把我们送到由中国人办的欧亚宾馆。吃完饭后，已到晚上8点多钟。我开始整理物品，儿子自然是开始练琴，只有练好琴，身上的压力才能减轻

在北京没有窗户和厕所，改造的小屋里（1995年12月）

在宾馆聆听林老师上课 6 月 2 日

　　莫斯科同北京一样已进入盛夏，气温很高。宽阔的马路，奔驰的汽车，耸立的教堂，古老的建筑，比比皆是，真是让我大开眼界。

　　我们将在这里住上 4 天，然后到组委会指定的莫斯科宾馆报到。在这里，每天练琴都要有变化、有提高才行，分分秒秒争取时间是我们的宗旨。我把林老师上课的录相带有选择地带来几盘，又将林老师上课的重要内容写在笔记本上，当陈曦练完每天必练的音阶部分之后，我们就边拉边看林老师上课的录相带，仿佛林老师正在给陈曦上课一样，感到格外亲切，他所讲的每个字都更加有分量。

　　巴赫《无伴奏第二奏鸣曲》是个分量很重的曲子，在比赛中有着举足轻重的作用，一旦准备不好，第一轮就得下来。当初林老师在这首曲子上狠下工夫，原因就在于此，他怕前功尽弃，他不放心啊！

　　现在，在练习巴赫这首曲子时，陈曦还是觉得搞不稳速度，找不到准确的感觉，哪怕就相差一丝一毫也不能含糊。台下是一丝一毫，台上就不是这么简单啦。他让我翻开林老师上课的笔记本，一字一句地念给他：

　　你要想把琴拉好，必须进入角色才有永恒不断的声音，才能给你一种信心，一种前进的步伐。演奏巴罗克时代的宫廷音乐和宗教音乐，就好比你在教堂里演奏时的那种意境。巴赫的音乐表现要亲切，不断地向前推

深刻领悟，准确把握

动，注入生命的活力。

　　要会使用剩余的音，让它延续下去。慢板要体现挽留、诚意。快板要身体不动弓子动。练反差，坐如钟，动如风，弓直以后，瞄准目标发射。练安静，要如同茫茫黑夜，闪光在黑夜里才耀眼。要相信大自然，想到有大自然在为你伴奏，大自然在捧着你，托着你。

　　陈曦逐渐深刻地领悟林老师的要求，逐渐准确地把握音乐感觉，提高了练琴效率。当练每一首曲子时，我们都这样配合来做，既不脱离老师的指导，又能加深对曲子的理解，促进自己独立思考，并揣摩作曲家的思想涵义，将老师所教的内容融会贯通，这就达到了林老师在上课时所说的，"我要教会你们如何自己练好琴。"现在就是一次很好的检验。

卸下包袱　　　　　　　　　　　　　　6月3日

　　原打算一到莫斯科就先到红场去转一转，看看历史博物馆、大教堂，感受一下欧洲的文化，对我们演奏或许会有帮助。可是，认识的朋友都有自己的工作，不能陪我们走，我们在这里人生地不熟，加上语言又不通，简直是寸步难行。

　　今天外面下起小雨，气温骤然下降，我让陈曦喝了板兰根冲剂预防感冒。

　　晚上早点收了琴。我想一方面抓紧练琴，另一方面也要养精蓄锐，不能太累，就催儿子早点睡觉。躺在床上已10点钟，可外面如同北京晚上六七点钟，窗帘不遮光，窗里窗外几乎一样。虽然人躺在床上，却谁也都难免有些紧张，我故意做出一副很轻松的样子说："儿子，你说我想起了林老师的哪句名言来了？"

　　"哪句？"儿子问。

"平时练琴要不想不好，只想最好，如果不好，马上改好。在演奏时那就是要只想美好，不想不好，有了不好，马上忘掉。"儿子听后不觉来了精神，"咯咯"地笑了："妈，林老师的口诀听起来像顺口溜一样，细品味真有独特味道，又有趣又经典，叫你越想越是那么回事，可想做好就难了。"

过了一会儿，他有点不安地说："妈妈，其实我也想拉好，把不好的忘掉，可是我总觉得有压力，这次是最大的国际比赛，我是公派呀，咋说也是代表国家来的。现在，我是全国小提琴比赛的第一名，大家的眼睛可都看着我呢。"

我豁然明白儿子的心思。虽然他性情温柔开朗，心灵朴实纯洁，却有着强烈的责任感和使命感。在他的内心积蓄着一股力量，他是要在国际舞台上展示中国小提琴的水平，这一副重重的担子他已经扛到了自己肩上。

我鼓励他说："我看出你心里有点压力，这样也好，我国石油工人有句话，那叫：'人没压力轻飘飘，井没压力不喷油。'人有压力，才能有紧迫感，促使你进步得更快，这是好事。但不要想得太多、太复杂，这样反而会拖累你。你很有实力，要相信自己，尽管发挥就是了，不行，4年后

他的内心积蓄着一股力量（2002年）

咱们再来嘛，那时你才21岁，我们本来也是那样打算的。还有，你想到是代表祖国，有爱国心，有责任感，是好事啊，说明你长大了，懂得祖国在你心中的位置。"

"妈妈，你说的对，我知道了。"儿子好像心里轻松了许多。

"妈妈，我干脆就豁出去了，放开大胆地拉，给评委们看看！我爸不是说吗，名次不重要，要把美妙的声音永远留在莫斯科，留在观众的心里，那才是我们的目的啊。"

"你要是这样想就对啦！你爸的这句话可谓是名言啦。"我真高兴儿子觉悟得这么快，他终于想开了，今晚我们算是很开心，他一定能香香地睡上一大觉，因为他的心里踏实多了。

背着儿子夸海口　　　　　　　6月4日

中午，我到欧亚宾馆经理室接电话，李经理和出纳小刘她们问我，陈曦参加的是什么比赛？咱们水平怎么样？她们的关心是真心实意的，不是普通的客套话。每一个身居国外的中国人，都盼着中国在世界上获得的荣誉越多越好，他们也会引以为荣。

我当时想，怎么回答她们呢？保持低调谦虚点说自己不行，准备的不好，那你来干嘛？多让人扫兴。说泄气话没意思。其实，我心里也另有想法，就是不敢说出来，怕放炮。

今天，憋在心里最底层的话，终于找到了说出的机会（因为在音乐的圈子里是不敢乱讲的）。我讲给她们："这次比赛，如同现在进行的世界杯足球赛，是最高级别的音乐世界杯大赛，年龄在16~32岁。陈曦现在17岁，已获全国小提琴比赛青年组第一名。我想，依我们的实力进入第二轮没问题，一旦进了第二轮，第二轮曲目都是陈曦的强项，他一拉起琴来会让你感受到如同一团火在燃烧，很有感染力。如果闯入第三轮，那就是拉协奏曲，拉协奏曲更是陈曦的强项，小伙子在乐队前一站，英俊潇洒，琴声一响，就奔着前三名去了。"我连比带画地直把她们说得心花怒放，都祝陈曦好运！

我是一通大炮放出去，反正儿子不在身边，口出狂言，夸下海口，心里别提有多痛快了。掏心窝子讲，我真希望我说的不是狂言，愿先有梦想后成真吧！

口出狂言，愿梦想成真

Xi Chen 来了没有

下午，我们赶到莫斯科宾馆报到，看到许多外国选手也陆续前来。当陈曦向组委会说出自己的名字时，其中一人说："今天有好几个人问 Xi Chen 来了没有，你就是陈曦呀！"儿子好惊讶，中国选手还没有报到，别人怎么会知道我的名字？当时我在楼下大厅看行李箱，陈曦跑下来好奇地告诉我这件事，我也奇怪。

接着陈曦说："妈妈，你住不住在这里？每天 40 美金，不住马上就有选手同我合住，房间非常紧张，组委会知道你来了，特意给你留下床位。"

　　我早知道房费很贵，很想在附近找个条件差点的便宜旅店住下，听儿子这么一说，要和选手合住，那可不行，二话没说就交了280美金，7天的房钱（进了复赛后再续交）。

　　晚上，陈曦在房间里练琴，他很专心。我坐在宽宽的窗台边上，欣赏着窗外的美景，收进眼底的是莫斯科古老、宏伟而美丽的建筑；一座座恢宏耸立的大教堂，气势磅礴的历史博物馆，威武雄壮的二战骑兵雕塑，还有闻名遐迩的俄罗斯首脑的官邸——克里姆林宫。我细细端详着克里姆林宫顶端那个大大的红五星，因为童年时我就知道，在克里姆林宫上有个红五星，是从苏联小说《古莉娅的道路》中了解的，今天，童年记忆得到证实。

　　往下面看看，在街上有两位年轻英武的警察，骑在骏马上巡逻，这可谓是莫斯科街头的一景吧！一对披着婚纱和穿着西装的新人在家人和朋友们的簇拥下，手捧着鲜花，向无名烈士墓方向走去。我意识到红场就在我们的附近，因为莫斯科年轻人结婚那天，必须到红场去瞻仰革命导师列宁的遗容；到无名烈士墓前，向二战死难的烈士们敬献鲜花。多年前，我就

莫斯科红场，革命导师列宁公墓（2002年6月26日）

听说了这个不是风俗而成风俗的佳话。

地铁口处，人流涌动。广场上面，青年男女轻盈漫步。

莫斯科，这才是我想往的莫斯科，小时候第一个知道的外国首都就是莫斯科，今天终于亲眼目睹了。

别开生面的开幕式 　　　　　　　　　　6月6日

上午，我们来到组委会报到，被安排到三楼指定的琴房练琴。突然听到楼下响起一阵军乐队的号角声，我走到窗边往下一看，第12届柴科夫斯基国际音乐比赛开幕式开始了。地点就是学院门前的世界伟大的作曲家——柴科夫斯基的雕像前，观众主要是些过路的人，一部分是来观望的各国选手和老师。号角声过后，是音乐界人士讲话，约有四五个人，之后是大家自愿在作曲家的塑像前献上一束鲜花，以表达对柴科夫斯基的敬意。这个仪式很有意思，观众是完全没有组织的，过路的行人们不约而同地停下脚步，人自然越聚越多，怀着对伟大作曲家的崇高敬意纷纷上前献花的人络绎不绝，同时，电视台的记者们紧张忙碌地工作着。

在伟大的俄罗斯作曲家
柴科夫斯基塑像前留影
（2002年6月5日）

我把陈曦叫过来看看这特殊的开幕式，看看这特殊的观众，我们俩同时不胜感慨地说："了不起呀！俄罗斯是一个伟大的民族，伟大的音乐之国。莫斯科，伟大的音乐之都！"

十全十美的签　　　　　　　　　　6 月 6 日

下午两点，我们同所有选手、老师、家长一起来到柴科夫斯基音乐学院小提琴比赛的玛丽音乐厅，参加由组委会组织的赛前抽签。

舞台上坐着一些来自各国的评委，台前放着一张桌子，桌子上堆满了信封。专门有人叫名字，然后被叫到的选手到桌前任取一个信封，拿出里面的一个卡片，给另一个人看，这个人告诉大家他抽到了多少号，那就是比赛的出场顺序。抽签没有技巧，全凭运气。坐在我身后一位日本选手今天大出了风头，他大摇大摆地走上台，自信地从桌子上拿起一个信封打开看后随即一愣，眼睛瞪得溜园，突然"啊！"的一声，全场一惊，他竟然自己报了号，Number One！（第 1 号）大家被他逗得边鼓掌边"哈哈"哄堂大笑。有他抽到第 1 号，其他人就心有底了。

10号不错，是一个吉祥数，十全十美（2002年6月6日）

在 47 名选手中，除几个日本选手号靠前外，陈曦是第 10 号，5 名华人选手中，他的号是最靠前的。比赛的顺序还是越靠后越好，谁心里都清楚。陈曦无奈地看着我，我马上鼓励说："10 号不错，是一个吉祥数，十全十美，明天你是倒数第三个上场，好好拉吧。"

电话遥控   6 月 7 日

今天，第 12 届柴科夫斯基国际音乐比赛正式拉开序幕，陈曦下午上场。

上午，林老师打来电话询问陈曦的情况，我说挺好的，他就是有点紧张，说着，话筒转到了陈曦的耳边。

林老师说："首先要放松，不要有紧张情绪，还记得我的林六条吗？"

"记得，冷静的头脑，火热的心，松弛的肌肉感觉，坚定的节奏，充分的表现，充分的享受。"学生答道。

"哈哈，对嘛，就按这六条做嘛，这时不要想技术要想音乐。我对你很有信心，你的实力很强，我心里清楚，只要你放松地去拉，就一定会拉好。最近慢练了没有啊？"

"慢练了。"

"慢练就可以，照我的话去做没错。"

林老师很自信，因为他有着丰富的比赛经验，十几年来，他的学生多次在国际比赛中获奖。林老师最会做赛前学生的思想工作，他非常了解他的学生现在的心理活动，如此鼓励再鼓励，是要你树立起自信心。

陈曦的音色太美了   6 月 7 日

比赛于上午 10 点在玛丽音乐厅开始。我在下午的后半场赶到赛场，想在前面找个位置坐下。这时，有位漂亮的中国女孩问我："是从中国来看比赛的吗？"

我说："不是，马上就是我儿子上场，我来找个座位。"

"你儿子是谁？"漂亮的女孩问道，她是天津音乐学院在这里的留学生，名叫唐甜甜。

"陈曦，10号啊！"我实话告诉她。

她一下子高兴起来，惊喜地说："我们就要看陈曦的演奏，陈曦太棒了！我们早就听说过，他一定要给我们中国人争气啊！

正说着，气喘吁吁跑来两位中年女子，她们是天津音乐学院的老师，自费专程来看比赛的。听甜甜说我是陈曦妈妈时，也非常高兴，边喘着粗气边说：我们就怕回来晚了进不了音乐厅，看不到陈曦的演奏。"

她们热情地问这问那，还告诉我说，她们就住在欧亚宾馆，欧亚宾馆的李经理特意嘱咐我们，如果看到陈曦的话，一定祝他比赛成功！

我在心里暗暗为他祈祷：有这么多中国人的热情支持，陈曦你一定要拉好啊！

想到刚才与陈曦分手的时刻，我有好多话想说，想再嘱咐他：演奏巴赫时，你一定要让声音滚动起来，像涌动的海水。你眼前要出现画面：巴罗克时代的高大宏伟的建筑，教堂里，虔诚的教徒正在聆听上帝的声音，巴赫以他大海一般的胸怀，用琴声去传递上帝的旨意。

在演奏帕格尼尼随想曲时，你要想到他是一个魔鬼，一个有思想的魔鬼，一个能把小提琴玩到登峰造极的魔术大师。表面看来是在炫技，实际上，他的作品充满了对美好生活的向往、渴望，也流露出他对上层社会虚伪一面的蔑视。在技巧方面你要做得无懈可击，每个音出来都有它的走向，从哪里来再到哪里去，音乐是由每个音符组织起来的。

拉莫扎特的曲子，你要把作曲家当作一个上帝派来的天使，他的音乐是从纯净的心灵里流淌出来的，要演奏得轻松、美妙、有动感、有创意，等等。

陈曦在候场时练琴
（2002年6月7日）

我想说的东西太多了，其实，都是林老师嚼烂了的东西，我不过是添枝加叶地来天天重复而已。我本能地控制了自己，只说了开头的一句话："演奏巴赫时，你一定要让声音滚动起来，像涌动的海水。至于帕格尼尼、莫扎特等等，我就不再多讲。"我感到与他多呆一分钟，可能会多给他增加一份不必要的压力，我相信，他会成功的。

下半场铃声响过，报幕员通报曲目和选手名字后，陈曦上场了。

他身着笔挺的黑色演出西装，有点蜷曲的乌亮头发衬托着一张英俊少年充满自信的脸庞。场上的掌声突然热烈起来，好像大家都很熟悉他。还没有拉琴就有这么热烈的掌声，这在初赛是不多见的。陈曦很稳重地站在舞台上，向热情的观众深深地鞠躬，接着，从容地把琴托起，稍微调了下琴弦便开始了他的演奏。

他演奏的第一首曲子是巴赫的《无伴奏第二奏鸣曲》，就在他的弓弦接触而产生摩擦的瞬间，那清醇而又富有磁性的美妙琴音萦绕大厅。他让人们感受到了巴罗克时代的宏大建筑，看到了虔诚的教徒在祈祷上帝，看到了音乐巨人巴赫的博大胸怀。在快板中，让人们听到了那个时代前进的脚步声。全场观众报以热烈的掌声。这是成功的一曲，良好的开端。

接着是帕格尼尼随想曲第16首和第24首，他的演奏声音清脆明亮，节奏又稳又匀，几句连续的琶音好像几串断线的珍珠撒落玉盘，清脆悦耳。第24首是必拉曲目，他完成得同样非常好。由于他娴熟的技巧和音乐的把握性恰到好处，把观众的热情推向了最高潮。接着，他演奏了莫扎特《D 大调第四小提琴协奏曲》的第一乐章和柴科夫斯基的《谐谑圆舞曲》，当全部曲目结束时，陈曦谢幕两次，反响非同一般。

"他的音色太美了！他是今天最好的一个。"说这话的是唐甜甜。

那两位老师也很激动地说："陈曦，好样的，给咱们中国人争气！拉得太好了！"一些选手和评委也来同他握手表示祝贺。

第一天的比赛过去了，我俩躺在床上，开始回顾今天的演奏，做一下总结。其实当你很激动的时候，往往看不到缺点，冷静下来，还是找出了一些毛病。第一轮曲目林老师下的功夫最大，巴赫的演奏反响最好，两首帕格尼尼随想曲完全是炫技和音乐的综合表演，对于 17 岁的选手来讲，难度很大，尤其莫扎特作品的风格最难掌握，它是说起来容易做起来难。我们探讨了很长时间，又对比了今天的参赛选手，认为我们还是很有实力的。

他的音色太美了
（2002年6月7日与唐甜甜合影）

失去伴奏　　　　　　　　　　　　6 月 8 日

第一轮给陈曦钢琴伴奏的是一位年轻貌美的俄罗斯小姐，名字很好听，叫塔吉亚娜，她的钢琴弹奏得很动听。

昨天第一轮结束后，我们马上就开始了第二轮的准备，塔吉亚娜为陈曦伴奏《贝多芬第九奏鸣曲》的第一乐章和拉威尔的《茨冈狂想曲》时，速度一直跟不上，她说晚上回家练练，明天再合试试。今天上午仍然是跟

宾馆练琴，专心致志
（2002年6月17日）

不上，她很不好意思地对陈曦说："如果你放慢点速度，我再好好练练提高点速度也许会行。"陈曦无法接受她的请求，坚决不同意改变自己的速度，因为这会影响整个第二轮的演奏效果。塔吉亚娜只好很遗憾地放弃合作。她很喜欢陈曦，也很负责任，她领着我们到组委会说明情况，请求组委会重新安排伴奏。

这一天只好在宾馆里练琴，等待组委会的电话。我们的领队兹老师是文化部下属机构中演公司的一位女士，50多岁，英语、俄语说得都很好，工作认真负责，陈曦没了伴奏她同我们一样着急，不断地打电话给组委会，催着解决伴奏的事。开始组委会说下午两点通知我们，后又改为下午4点，直到晚上11点我们亲自到组委会再次要求解决伴奏一事时，仍没有答复。这一天白白浪费掉了。现在是争分夺秒合伴奏的时候，第二轮将近1小时的曲目都需要伴奏，不能默契地配合是要吃大亏的。

随时充"电"   6月8日

今天我看到了两个半场的第一轮比赛，觉得有好几个选手拉得很好，有非常出色的表现力，特别是几个来自美国的选手，巴赫的曲子演奏风格各异，莫扎特协奏曲演奏得更是轻松自如，看出他们不是按老师的框框去做，而是凭自己的理解来充分表达对音乐的感受。他们的音乐有时会让你感到是从心田里淌出来的蜜，他们是在真正地享受音乐，这一点让我感触很深。也许在美国呆久了的人都会有这种带点自由浪漫的演奏风格。当然啦，他们都是已经毕业的大学生，有的已是小有名气的演奏家啦。

赛场就是战场，竞争不分年龄大小，想要取胜，就得躬下腰来学习人家的优点，这本是我们参赛的目的之一。我和儿子边听录音边讨论，善于吸收营养，才能强壮自己。而有的选手不这样想，他们不敢看别人演奏，怕乱了自己的思路、套路，影响上台的情绪。

不幸被球迷误伤　　　　　　　　　　　6月9日

昨天，失掉了一天的合伴奏时间很是懊恼，兹老师在电话里说，组委会同意今天12点解决伴奏问题，后来又说下午两点落实。咳！这儿的人办事实在是太拖拉了。

选手在正常情况下应该是初赛结束后，马上就同伴奏一起练复赛的曲子，整个复赛的曲子将近1个小时，全部需要伴奏，奏鸣曲的量更大，要求又高，需要默契配合。我们眼看失掉了两天的伴奏时间，现在还没有眉目，这么大的比赛，选手个个都是世界小提琴精英，人人都在分秒必争地练琴，忙着合伴奏。别说少练一天，就是耽误半天也要影响比赛效果，真是急煞人心！

6月12日距复赛开始应该是有四天的排练时间，我们被组委会整整拖掉了两天，眼下还不知道结果如何？真不甘心眼睁睁地看着梦想变为泡影，赛场就像变幻的风云，不可揣测。

为了尽快催促组委会解决伴奏问题，我们决定午后两点就走。可是当我们从宾馆附近的地下通道下去，再从另一个通道口上来时，发现今天的马路上格外地喜庆，许多中小学生成群结队地向着我们宾馆方向那边兴致勃勃地走去。他们的小脸上贴着国旗，手上举着国旗，背上披着国旗。远看好像是有老师带队有组织的活动，走近一看哪有什么老师，各个都是小球迷。

陈曦小声说："一会儿是世界杯赛日本队对俄罗斯队，他们一定是看球赛的。"我觉得这些孩子们很可爱，他们脚步匆匆、欢天喜地，像是去开庆祝大会似的，跟随在他们两边的有许多的青壮年人。

我被这浩大的场面所吸引，不由得引发感慨，对身旁的儿子说："我看出来了，俄罗斯不仅是个音乐大国，还是个足球大国，竟有这么广泛的球迷，真不得了！"说着，我朝着从我身旁走过的孩子们微笑着，他们当中的个别人竟向我怒目挥起了小拳头，吓了我一跳，不知为什么？

陈曦拉我一把说："别理他们，日俄足球赛马上就开始了，他们肯定恨日本人，咱们快点走，别让他们把我们也当成日本人了。"我不太关心足球，不知球迷的心态，心想这和我们有什么关系？

当我们走到路程的一半时，陈曦突然发现琴房证忘带了，没有琴房证是不能进琴房练琴的，他马上把琴递给我，说了句："妈，你就在餐厅门口等我，我回去取琴房证，"说完，就往回跑。

克里姆林宫前留影（2002年6月26日）

我来到柴科夫斯基音乐学院的餐厅门口，等待陈曦回来。可是，半小时过去了，不见人来，1个小时过去了，又不见人来。我又气又急，时间这么紧，怎么他还不回来？我真后悔不如自己回去取琴证，好节省他的时间。无奈，我只好先到组委会问一下关于伴奏的事情。

一来到组委会，见几个人沉着脸，我问，陈曦的伴奏解决了吗？他们马上很客气地让我坐下稍等一会儿，然后，人就全走了。

我坐在空荡荡的房间里，顺手拿起电话，先给兹老师打电话，因为她是翻译，也许会知道伴奏的事情，结果电话占线。接着，我给宾馆打电话，陈曦接电话，我刚要发火，他急忙说："妈，妈，你别急，听我说，你千万别生气，我被球迷打了。"

被球迷打了？这怎么可能？我简直不敢相信自己耳朵。

"被谁打了？"我感到莫名其妙，忙追问。

"是球迷打的。"他答道。

"球迷为什么打你？你仔细说清楚。"我迷惑不解，陈曦从不同别人打架，怎么会在这里同球迷交手发生这种事情？这又是在异国他乡，从人格、形象到尊严都不能给国家抹黑，尽管我有些激动，还是摆出了家长的威严。

"妈，你别激动，你听我讲是这样的……"儿子太了解妈妈了，他知道如果一旦我知道是他的错，我不会轻饶他，我为他犯错误而生气，他会很心疼我的。去年我做了淋巴结核的手术，刀口半年后才愈合，医生说这病最怕生气，所以儿子先稳住我的情绪，再开始描述事情发生的经过。

"刚才我们分手时，我就往回跑，在地下通道的入口外，有一群大约十七八岁的年轻人冲我瞪眼睛、吐唾沫，我感到情况不妙，没理他们赶紧跑回宾馆。取完琴证后，我走出宾馆，见广场上已聚集有上万人，都是球迷，我从离宾馆最近的那个地下通道下去，因为平时那里人很少，可是当我刚走到地下通道的拐角处，偏偏又碰上了那伙人，我要躲开已经来不及了。突然扑上来七八个人，嘴里还不停地喊着什么，紧接着，拳头像雨点般地落下来，我为了保护头和手，就用胳膊去挡，我要往回跑，他们就上前拦住我，可我还是挣脱了他们的围攻，突围出来，我拼命地往回跑，一步迈上 6 个台阶，他们还不罢休，一直追我到宾馆门口，幸亏被保安人员拦住。妈，我平生第一次体验到逃生的感觉……"

　　我握话筒的手在抖，浑身浸出冷汗，整个心被揉成一团，继而感到头晕眩晕起来，但我理智地提醒自己，现在最急的是要知道儿子的伤势情况，我立刻打断了他的话，说："怎么样，伤着没有？"

　　儿子支支吾吾地说："没，没有，没什么大事，就是左胳膊抬不起来，有几拳打得很重，都打青了。"

　　听到这，我就像后脑勺挨了一闷棍一样，感到头"轰"的一下子差点晕过去，气得一句话也说不出来。这不是祸从天降无妄之灾吗！

　　妈最疼爱儿子，儿子也最关心妈妈，我对儿子的话半信半疑，怀疑他会不会隐瞒了伤势，但我也不再追问，向领队汇报是要做的第一件事。

　　"你给兹老师打电话了吗？"我强忍着难过，告诫自己要沉住气，一定要沉住气，这是在莫斯科，不能感情用事。

　　"我已经打过了，她已向大使馆做了汇报，并通知了组委会。"

　　"组委会也知道了？"我这才明白过来，怪不得刚才那几个人脸沉着，一见我来，就格外客气。

　　"你要马上看医生，做检查，必须要有一个结论，这样做也对比赛有

游览莫斯科（2002年6月26日）

利。"我坚决地说。

"509 室的组委会人已来看过我了，问我是否需要看医生，我说需要。他们说：那你就在房间里等着吧，我们给你找医生。"儿子答道。

"那好，你好好休息，千万别跟这群足球流氓生气，我马上回去。"

我了解儿子的身体情况，他平时从不惹事，可受不了别人的委屈，在学校有两次被人欺负，气得胸闷，难受得不能练琴，我最担心他犯这个毛病，所以在电话里一再嘱咐他。

"妈，我一点儿都不生气，是球迷把我当成日本人了，所以才打我。"儿子回答得比较轻松，也许因为他也是球迷的缘故吧。

"不生气那就好，千万不要生气呀！"我不放心地再三嘱咐他。待我刚要撂下电话，"妈妈，"他突然提高了嗓门，急切地对我说："你千万不要回来，听我的话，千万不要回来，他们会把你打死的，广场上现在已有三四万人，他们都疯了，还有许多人在往这里聚集，狂喊狂叫，简直是太恐怖了，我从来都没有见过这么可怕的场面。"

儿子这回真的急了，他知道我最怕听到他受欺负，他也知道我脾气犟，胆子大，想做的事谁也拦不住。所以他在恳求我不要去冒险。我理解儿子，身处异国，我们彼此都要保重才行，儿子的话是对的。

"那好，你好好休息吧，我不回去啦。"说完我挂上了电话，屋里依然是我独自一人。

宾馆赛场两茫茫　　　　　　　6 月 9 日

此刻，我一是为儿子受伤而难过，二是气愤，怎么也不理解儿子怎么会在莫斯科被球迷无缘无故打伤。俄罗斯与日本踢球，为什么要伤害日本人，天下哪有这种道理！在我心目中的世界强国俄罗斯怎么会是这样？几天来，莫欺科这座美丽的都市和市民们给我留下的美好印象，突然蒙上了一层灰灰的阴影。

比赛刚刚开始，就遇到两天没有伴奏的难事，真是一波未平一波又起。现在突然被打，左胳膊受伤抬不起来，中医有句行话："伤筋动骨一百天。"12日就要开始复赛了，这不是雪上加霜嘛！不能上台比赛就等于放弃呀！

8个月来苦苦地准备，我们过得是什么样的日子？不去管春夏秋冬，不知道周日周末，每日睡觉都在凌晨之后，我们凭着执着，凭着毅力，拿到了进入莫斯科的通行证。林老师为之付出的心血远远超过我们，他已是65岁的人啦，他何尝不企盼自己的学生再为国家抱个奖牌回来，为国家再做一份贡献。眼看这一切的一切都将付之东流，再一想儿子正在忍受着不知什么样的伤痛，我心里又气、又急、又恨，眼泪禁不住扑簌簌地滚落下来。

儿子现在怎么样？胳膊真像他说的那样没什么大事吗？他现在在干什么？他能够自己倒水喝吗？他能自己慢慢地躺下休息吗？他到现在仅吃了一顿饭，他不饿吗？他多么需要我呀！我要见到他，一定要呆在他身边，我是他的母亲，我是他在这里唯一的亲人和保护人，无论冒多大的风险也要回去，我边擦着眼泪，边期待着组委会的人出现，请求他们的帮助。

来到走廊，环顾四周，想寻找中国学生做翻译。恰好，正在英国留学的四川学生宁峰来了，他见我流着眼泪，吃惊地说："阿姨，你哭了？出了什么事？"

我哽咽着说："陈曦被打了，被球迷打伤了。"

宁峰追问："为什么？出了什么事？他们凭什么打他？伤得厉害吗？"

我简单地告诉他陈曦被球迷打伤的经过和现在的情况。

他气愤地说："太不像话了，太欺负人啦！找组委会，他们人呢？"过了一会儿，仍不见有人回来。

宁峰安慰我说："阿姨，你在这儿等我，我吃口饭马上就回来，你别着急，一会儿我陪你回去。"说完，他回头要走。

"等等，"我忙把他叫住。

"你赶快告诉中国和日本选手，还有亚洲选手，千万不要上街和回宾馆，外边很危险。"宁峰答应一声便下楼去了。

宁峰关键时刻挺身而出（2002年6月19日）

宁峰是个豪爽、正直、很仗义的男子汉，和陈曦曾在加拿大参加夏令营时相识。不一会儿，就有选手上楼来问我陈曦的伤势怎么样？由于语言不通，我只能借助几个英语单词和手势向他们说明情况，选手们都很惊讶和愤慨。我心想，宁峰这孩子真好，一会儿告诉了这么多人，至少不会再有选手出事了，这些孩子都是天之骄子呀！

母亲对"母亲"的思念　　　　　　　　　6月9日

过了一会儿，宁峰吃完饭回来了，组委会的人也出现了，我顾不上问什么伴奏的事，直瞪瞪地望着他们。宁峰上前用流利的英语向他们说明情况，他们说，他们已经知道这事，并由509宾馆组委会的人看过。宁峰说："现在他的妈妈要回宾馆看儿子，路上不安全，你们应派车送她回去。"

回答是："我们现在没有车，据我们所知，不像你说的那样严重。"

我不知他们是真不知道，还是想逃避什么，而且刚才一见我就全走了，只请我在这里等候，等什么？他们回来后，对陈曦的遭遇无一句同情之语，对我的处境也无动于衷。

　　我感到一阵凄凉寒楚，我想念祖国——母亲。（如果你在此时此地，一定会有这些感受。）有"母亲"在，我不会这样孤独、无助。

　　2000 年 9 月，在波兰参加第八届维尼夫斯基国际小提琴比赛的情景又浮现眼前，比赛结束后，我提前一天先回到北京。一下飞机，顿生一种情感：受了委屈的孩子回到了母亲身边。在西单民航大厦下车，本应打的回家，可我却在长安街上拉着行李箱走了整整一站地的路。我思索着、体会着，仿佛吸进来的空气都是甜的，风景、人群、建筑一切都是那么亲切。

　　从小就喊着热爱祖国的口号，这 10 天前（波兰比赛共计 10 天）的无数天，我从没有认真思考过这个口号，可今天才真正体会到：祖国好比母亲，她不应是口号，而是发自内心的那种真挚的爱，永远依附于她的深深的爱。当你跨出国门的时候，特别是你遇到麻烦的时候，祖国对我们是多么地重要。

归心似箭　　　　　　　　　　　　　　　　　6 月 9 日

　　现在，我心急如焚，归心似箭。宁峰咽不下这口气，与她们争辩，要求组委会保证我们的人身安全。在宁峰的一再要求下，组委会才答应派一名身高 1.80 米的小伙子护送我们回去，因为宁峰明天参加初赛，现在也要回宾馆练琴（琴房使用时间有限）。

　　七八分钟后，我们在马路对面看到一家麦当劳店门口，那儿的人多极了，都是些十几岁的少年，其中也有少数的成年人，我偷偷地瞟了那边一眼，立刻看到许多回敬我的憎恨目光，更多的是向我们挥动的小拳头，嘴里还说些什么，更让我害怕的是门口还冒着一股股白烟。

　　宁峰今年 21 岁，他坚持让我走在中间，他在后面，他说："阿姨，别理他们，有我在，别害怕。"我也叮嘱宁峰抱着琴，千万别让他们砸坏

组委会小伙子护送我们回去（2002年6月21日）

了琴。

我们很快来到大街上，嗬！平日在马路上来回奔跑的汽车没有了，满地尽是踩扁了的饮料瓶、乱纸屑，一片狼藉。马路两旁停着许多小汽车，孩子们甚至爬到了车头上玩耍。我们完全不用走地下通道了，穿过无车行驶的马路，眼前已是黑压压的人群。我再也不敢抬一下眼皮，心里慌得很。

我那时只知道紧紧抱住这把小提琴，因为她如同我的生命一样重要。这是一位新加坡的华裔商人林启明先生，知道陈曦要代表国家参加柴科夫斯基的国际音乐比赛，特意从国外带回来赞助我们的。他已经赞助中国学生几十把小提琴，这一把是较昂贵的价值十几万美金的琴，我们非常珍爱她，她将同我们一道来展示她的魅力。

突然，那个小伙子停住了，我的眼前豁然一亮，我们遇到警察了。机警的小伙子出示挂在胸前的工作证，请求他护送我们回宾馆，好心的警察同意了。我们三人便紧跟在他的后面，在拥挤的人群里钻来钻去。好歹我敢抬起头看看这可怕的大场面，上面大屏幕是日俄足球大战，下面是狂热的球迷在摇旗呐喊，有两对青年人手握酒瓶正在宾馆门口打架，那位警察便上前制止，我们来到宾馆门口，向保安人员出示住宿证件后，才获准进去。我们三人算是松了一口气，终于闯过来了，人人脸上露出了笑容，仅仅 20 分钟的路，却让我们如此惊心动魄。

至高无上的利益　　　　　　　　　　6 月 9 日

我急匆匆地推开房门，看见儿子背靠着床头，右手托着左臂，双膝蜷起，放着乐谱，他正在读乐谱，见我回来十分吃惊。

"妈，你怎么回来啦？"儿子吃惊地忙问。

"我能不回来吗？把我担心死了，怎么样，没事吧？"我急忙跑到他的床边，心疼地问道。

"没事，你快告诉我你是怎么回来的？"

"噢，是组委会里你说的那个最帅的小伙子和宁峰送我回来的。来来，让我看看伤得重不重？"说着，我就去抬他的左胳膊。

他忙闪开，说："别动，别动，疼，疼。"

"来，来，抬抬看，坚强些。"我嘴上鼓励他，心里却不敢相信这是事实，我太害怕这个事实啦。儿子很听话，咬咬牙抬了一下。

"没有事，就是一抬胳膊里面疼得厉害，骨头肯定没事。"儿子的语气里有一种刻

莫斯科大教堂（2002 年 6 月 26 日）

意营造的轻松。"儿子好像有意要哄我高兴，津津乐道地侃起了事情发生的详细经过：

"妈，这回我才体会到什么叫逃生的感觉。"儿子再一次引用"逃生"二字，这个字眼却让我的心再次为之一紧。

"我拿了琴房证要返回音乐学院，见广场上是人山人海，我就从离宾馆最近的地下通道口下去，刚走到拐角处，就有一人上来吐我，我有防备地一躲，他没吐着，这时候就上来六七个人把我围起来打，我想告诉他们我不是日本人，我是中国人，可那拳头已像雨点一样地落下来，说话的时间都没有，把我给吓坏了，其中有两个人手里拿着啤酒瓶子。"

我一听还用啤酒瓶子打，心里更气了，简直是无法无天了，忙问儿子："他们拿瓶子打着你没？"

"我只知道有一下打中我的胳臂，打得非常疼。妈，当时我就一个念头，决不能让他们打着我的头和手，因为我从学琴的那一天起，爸爸就告诉我，无论遇到什么事情，首先要保护好自己的头和手，这双手就是我的艺术生命啊！我宁可挨几下打，也不能伤着我一根手指头，妈，你说是不是？"

"是，是啊，你临危不惧，临阵不慌，想到保护手就是大将风度，儿子你还真行。"我边夸奖儿子边心疼地看着他。

"我捂着头，弯着腰，在他们堆里左躲右闪，想瞅着个空就冲出去，这就叫突围，怎么也不能就这样被他们给活活打死呀。在那一瞬间脑子简直就是一片空白，只想两个字——逃命。突然，我从这伙人的腿缝中钻了出去拼命往回跑，他们追着还想上前拦截我……"儿子端起了杯子，喝了一大口水，而后又从床上下来，兴致勃勃地接着说：

"我知道已经到了生死关头，打我的那伙人也丧失了理智，我只有跑出去才能活命，所以我没命地往回跑，一步迈上6个台阶（我后来真就在地下通道口的石阶上看看6个台阶有多大的跨度，儿子的腿再长，也只能跨4个台阶，我想他当时一定是吓晕了。——作者注）。那些人还在后面喊着追我，幸亏我跑得快，躲过一难。"

"妈，当时的情景太恐怖了，当那伙人追我的时候，我什么都不想了，就是逃命，生怕他们把我打死。"儿子重复着"逃生""逃命""活命"，17岁的他如经历了一场生死战斗。

儿子精彩的演讲告一段落，从没有和人打过架的儿子现在是谈笑风生。

我望着受惊后还很乐观的儿子，心里说不出是个什么滋味？是惊恐还是庆幸？是气愤还是欣慰？

可是，很快我感到一个不可避免的亟待解决的严肃问题摆在我们面前，话锋一转，我沉着脸严肃地说。

"儿子，你到底能不能拉琴？我们毕竟是来参赛的。"

"能，可现在不行。"儿子回答得很干脆。

"如果12日复赛开始，你能不能上场？"我紧接着问。

"那要到时再看吧，反正现在拉不了，我试过了，琴都举不起来。"听着儿子认真诚实的回答，我心如刀割。

"还剩下两天时间，伴奏没有消息，你又摊上这事，情况严重啊！"我现在是愁上加愁。

"就是啊，那怎么办？"儿子也无可奈何。

我冷静思考片刻后，像是在命令儿子似地说："我的意见是这样，今天坚持等医生来，让医生开个证明，明天咱们到组委会申请第二轮要最后一个上场。如果组委会不同意，那你再疼也要坚持，只要没有伤着骨头，不耽误你终身拉琴，这次说啥也要挺下来，决不能放弃比赛，因为你是代表中国，国家的利益至高无上。"

儿子知道我是在谈一个重要而又严肃的事情，这是对他的意志和毅力的一次严峻的考验。他想了想，眨了眨眼睛说："行！"

儿子坚毅的目光，使我不禁回想起 1996 年冬天的一个小故事。郎朗准备去美国学习了，许多人都送他礼物，陈曦不太爱做这样的事情，也许是当时他还小，没想到这些。（他刚 12 岁，送郎朗什么礼物那是我们大人的事情。）我们一起吃完麦当劳后，往他家里走。仍然是小孩性的郎朗搂着他眼里的小不点儿，逗他玩儿，故意拉着长声："曦子啊，我要走了，你想我不啊？"

儿子也拉着长声说："想啊，咋不想呢。"

"那你送我啥礼物啊？"郎朗摸着他的脸蛋说。

"送你啥呀？"两人一人一句地拉着长声，儿子想了想，从裤兜里掏出一角钱的硬币，就对他说："就送它了，这面是国徽，希望你到了美国，不要忘了祖国，不要忘了你是中国人。"说完，两人哈哈一笑，虽说是个玩笑，但是个非同小可而有分量的玩笑。爱国已在孩子的心里有了烙印。

郎朗在就要走的时候，曾对我提起这事，他说："李阿姨，小曦子可比从前进步多了，从那天送我一毛钱硬币做纪念的事，我就看出来了，他行，有良心，有水平，这孩子好。好多比他年龄大的学生，我看说话没有曦子有劲。"郎朗要去美国留学那年才 14 岁，你听他说话已经像个成年人了。现

可爱、懂事、有良心、有水平的小哥俩（1995 年）

在很多人说音乐学院的学生只会拉琴，缺少文化，其实那是不公正的。

我很欣赏儿子做的这个看似不起眼的举动，经常夸奖他。夸他的目的不是说他灵机一动，拿出一角钱应付一下，而是他心中有国家，做人首先要爱国。现在我坚信儿子的话是认真的。可是我知道，如果真是 12 日上场比赛，那么，他将付出的是何等的代价呀！

我有眼泪也不敢流出来，硬生生地往肚里咽。强忍着痛苦跟儿子说："我体谅你的伤痛，体谅你至今没有伴奏的苦处，可是呀，儿子，赛场就是战场，战场就是厮杀，就是残酷的，什么样的事情都可能发生，眼前不就是意想不到的事吗？你才 17 岁，就尝到了逃生的滋味，今后，你还可能遇到这样那样的磨难，我希望你能挺得住。眼下你的基本功扎实，实力很雄厚，咱们咬咬牙一定战胜它。"我一面安慰，一面给他打气。

儿子和妈妈从来就是息息相通，心心相印。他最理解妈妈的心，他终于说："妈，你放心吧，再疼我也要挺过来，到时我会好好拉的，我明白你的意思。"

面对这么刚强的孩子，我明明知道这样对他不公平，却也只能这样说，伤痛虽在孩子身上，可它像刀一样剜着我的心。但是，我如果表现出太多的唏嘘就会影响到孩子的情绪。儿子是一个不说大话、心中有数的孩子，关键是他知道"代表中国"这四个字的分量；她不仅是一份荣誉，重要的是一份责任。陈曦的肩上担负着展示中国小提琴事业发展水平的重担，寄托着中央音乐学院师生及全国艺术界的厚望。如今他要带着伤痛去比赛，去完成这一光荣使命，我只能收起泪水坚决地支持他。然而，我禁不住在心里叹道：这次比赛，怎么这么难啊！

母亲的爱莫过于疼爱孩子，如果我只是从身体上爱护他，完全可以让他冠冕堂皇地退出比赛，反正我们准备的也不算充分，伴奏还迟迟没有，对陈曦来讲，一切条件都非常不利。卸下担子，放弃责任，做一个观众好好学习也不白来呀，完全说的过去，也会受到同情，可这样做不行啊！我所培养、所期望的孩子，是一个不怕困难，具有宽阔胸怀，能够热爱祖国、报效祖国的赤子，我要托着儿子的臂膀去搏击，去为国争光。

事情已经不可避免地发生了，该说的都说了，我已是几番愤怒几番难过，现在该是平静一会儿啦。儿子毕竟是孩子，他心里始终都很平静，没有太大的变化，也许是有我在他身边的缘故。

铃！铃！电话铃响了，我转身拿起电话，偏偏不巧是陈康打来的。他询问我们："怎么样？比赛有什么消息吗？"

"没有。"听到他的声音，我好像受了多大委屈终于找到了可倾诉的人似的，心里又激动起来，我真想把刚刚发生的不幸说给他听，把我心中的痛苦让他分担一半，可话到嘴边又咽了回去。

"今天已是比赛开始的第三天了，你有没有看到比曦子好的选手啊？他们水平都怎么样？"陈康很希望听到他最想听的，那就是：儿子是最好的。是啊，谁不惦记远方的亲人，谁不盼望天天有好消息传来，身在赛场的我更是这样期盼。可是啊，唉！看着儿子，我们互相打着手势都认为暂不告诉他为好。

"哦，我昨天征求了一位评委的意见，他说他认为 10 号还不错，可是有水平比他高的，也有比他低的，等下一轮再看吧。"他就是来自中国香港演艺学院的小提琴教授马忠为先生，他出生于大陆，在台湾学习，后考入美国柯蒂斯音乐学院，师从小提琴教育大师加拉米安。

"啊，是这样。曦子好吗？状态怎么样？怎么听不到琴声？让他接电话。"陈康惦记着儿子，哪知道我们此刻的心

与香港演艺学院小提琴教授马忠为评委合影
（2002年6月21日）

情，我要是把真情告诉他，他会气炸了肺，如果不需要签证的话，马上就得坐飞机来。

"陈曦挺好的，刚练完琴休息呢，状态也不错，信心很足，好啦，就这样吧。"我急忙放下电话，还是等明天看情况再说吧。

异国他乡同胞情   6月9日

由于莫斯科到处都在戒严，医生迟迟不能赶到。已经晚上8点多钟，我俩的肚子里还只有一顿早餐。早有些饿了，我上楼借个电水壶回来，准备烧点开水泡方便面吃。一位日本选手向我打招呼，问陈曦的伤势怎么样？我带她来到房间，她是第一个前来问候我们的外国人。她刚刚参加完比赛，琴盒还提在手中。我们聊了1个小时，听不懂的时候就写汉字，很有意思。她给我们带来了一天里的第一次欢乐。

接着，宁峰带着两名中国在欧洲的留学生（钢琴比赛选手）来看陈曦。晚上11点钟，一位从上海专程来看比赛的张老师，通知我们到509组委会房间等救护站的医生来，她在这里学习过，要主动为陈曦做翻译，可是

日本美女选手看望陈曦（2002年6月9日）

一等就是快 1 个小时。张老师困得不得了，我就劝她回去休息了。至今我都很感激这位素不相识的上海老师。

凌晨 12 点，医生终于等到了，他看了看伤势，提出上救护站治疗。陈曦英语水平一般，兹老师住在俄罗斯宾馆，位于红场那边，那里早已戒严，不可能出来。我们一直同她保持电话联系，但是，她也是爱莫能助。只好再次求助宁峰。宁峰接到电话后，很快赶到 509 室，我高兴之余，就听宁峰很诚恳地说："我明天要参加比赛，也许不能陪你们去，居觐这人特别好，又是你们中央音乐学院派出来的留学生，正好她今天刚弹完第一轮，她一定能去。如果实在找不到人的话，我一定陪你去。"

居觐接到电话后，二话没说就起床赶来。她听说此事后，一着急，两条腿差点穿到一个裤筒里。大约快凌晨两点钟了，他（她）们才从救护站回来，居觐还给我们送来了她的酸痛灵药水，同房间的韩国小提琴选手送来了中国的伤湿止痛膏。有这么多好人来关心、照顾陈曦，我真是感到心里暖融融、热乎乎的，我永远会记着他（她）们的。

陈曦从救护站回来后，详细描述了去救护站和看医生的具体情况。医院在很远的一个被绿树环绕着的山脚下，出出进进的车相当多。医院里的

感谢居觐姐姐鼎力相助（2002年6月21日）

人多极了，都是在下午球迷骚乱时受伤的人。医生给他看了伤之后说："没什么大事，休息几天就好了。"

"能拉琴吗？"儿子问。

"6 天之内绝对不许拉琴，要好好休息。"医生强调说。

组委会的人一听说 6 天不许拉琴可傻眼了，马上向医生解释说："不行不行，他要参加柴科夫斯基比赛。"

医生只好说："那就至少 3 天不能拉琴，用衣服做个吊带，把胳膊吊起来。"说着，又给陈曦开了外用药。

居靓在车上特意嘱咐陈曦："你千万别拉琴，好好养几天，你妈叫你拉琴也别拉，一定听医生的话。"

唉，都啥时候了，我哪能那么"无情"啊！大概孩子们都有这样的经历吧。确实，她的嘱咐是对的，是负责的，是为了陈曦好，我发自内心地感谢她。中国学生走出国门，尤其是在这样重大比赛时期，占用自己时间无私帮助他人，表现出非常难得的崇高境界。

父子师生两牵挂   6 月 10 日

今天一觉醒来已是 9 点多钟，我小心翼翼地问儿子："胳膊好些了吗？"

儿子懒洋洋地答道："哼，没好也没坏，还那样。"据我的经验，只要伤势不加重问题就不大，抓紧时间按摩敷药会好得快一些的。

我给儿子洗头时发现他的头上被打了两个大包，一个包在头顶，一个包在脑后。我越想越后怕，如果是啤酒瓶子使劲砸下去，后果不堪设想啊！说真的，万一儿子有个三长两短，我也就撂在了莫斯科，现在这样子也算是不幸中的万幸啊！

电话铃响了。陈康今天提前打来电话，往常都是 10 点钟。陈曦的伤势没有变化，我的心情也好多了，还是告诉他实情吧，瞒了今天瞒不了明天，总是憋在心里也不是那回事。再说，反正情况稳定了，算是万幸没出大事。

陈康的情绪听起来还不错，我俩聊了几句后，他想跟儿子说两句，因为昨天没说上话。我先给他下点了毛毛雨："听说俄罗斯球迷骚乱了吗？"

"知道啊，电视里都播了，怎么啦？你们怎么样？快说快说！"他突然敏感起来。

我说："球迷打伤了好多人，你儿子就是受害者之一呀！"

"啊？"他大叫一声，忙追问道：

"打哪了？伤得怎么样？现在在哪里？你是怎么照顾的？"他是真急了。

我把昨天下午发生的事情经过详详细细、一五一十地告诉他，并对他说，现在儿子已没有事了，只是暂时不能拉琴。陈康听后完全没有了一开始说话的精神头。

"咳！怎么叫没事了，不能拉琴还不就是事吗？咱们干什么来了？昨天下午你在电话里吞吞吐吐，我就听出来不对劲，想不到真出了事。今早起来，我就像有什么事似的，总想给你们打电话，这就是第六感觉吧。行啦，也许上帝就是有意给他这个磨难，幸亏没出大事，好好休息吧。你们外出一定要小心，安全第一，千万别再出事啦。"

电话转到了儿子手里，就听陈康慷慨陈辞地说："儿子，没事。咱们是男子汉能挺得住，这几天养精蓄锐，复赛的时候，拿出你的强项火它一把，显示显示咱们的实力。"

陈曦顽皮地回答他老爸："老爸，没问题，你就放心吧。咱们男子汉嘛，区区小伤何足挂齿。世界杯最近有什么新闻啊？"

都是足球惹的祸，还唠世界杯的事儿，我没心思听。陈曦放下电话不一会儿，铃又响了。

林老师来电话，一定是陈康向林老师做了汇报。我拿起电话就听到林

陈曦和父亲陈康在香港（2002年3月）

老师急切的声音：

"喂喂，我是林老师，陈曦现在伤得怎么样？上医院了吗？医生怎么说？"我等林老师一连串询问结束了，才一一解答。

他和陈康一个口气地埋怨我："你是怎么搞的，怎么不在他身边呢？"

我知道人人都会这样责问我，可我怎会料到竟会出这样的事，我很少看球，不了解球迷会发疯到这种野蛮地步，其实我早就后悔应该自己回去取琴房证，已是追悔莫及啦。

陈曦一听是林老师来电话，连忙从床上爬起来，接过电话，关键时刻，师生二人倒比我这个当妈的更好沟通。陈曦汇报了他被打经过及现在情况，两人你一句我一句地聊起来。林老师既是陈曦最尊敬的恩师，又是他最崇拜的长者，平日林老师对陈曦所尽的不只是一个专业老师的职责，他从各个方面都给予陈曦无微不至的关怀、培养和教育，陈曦良好的意志品质和广阔胸怀多是得益于林老师的点滴教诲。林老师现在来电话，简直就是及时雨，陈曦最需要的就是林老师的指点。

林老师不愧是教育大师，他一边鼓励一边教导陈曦说："要把这次挫折，当成对你人生的考验，我相信你能经得起这次考验，你是个很能吃

大师与爱徒（2001年3月30日）

苦、能把握住自己的学生，你本身又有很强的实力，技术上是一流的，几天不练琴不会影响你演奏。现在关键是要学会用脑子来练琴，用心来合伴奏，认真读谱子，包括伴奏谱，一定要认真，像练琴一样，按我的要求和谱子的要求，该做的都记在谱子上，你不要有任何思想负担，照我的话去做，一定不会有问题的，好，我相信你啦！"

陈曦笑呵呵地说："谢谢林老师，我听懂了，一定照您的话去做，再见！"

来自八方的关怀　　　　　　　　　　　6月10日

今天，为了安全起见，组委会有专车接送选手到柴科夫斯基音乐学院，我们12点在宾馆大厅等车，一位日本选手的母亲同我聊天，她说："你是陈曦的母亲吧，陈曦的琴拉得非常棒，他在日本很有名气。"

我很惊讶："是吗，为什么？""噢！我明白了。"

我马上同她说："你们在电视里见到陈曦了吧，2000年5月日本NHK电视广播公司拍了他的电视片，那上面还有我呢，还有波兰的第八届维尼亚夫斯基国际小提琴比赛，日本摄制组一直在录像。"

她说："你说得太对啦，我们日本人都很喜欢陈曦，说他琴拉得非常棒，这次一定能拿第一。"

我不知道怎样回答是好，心里想，都这样了还拿什么第一，下一步棋还不知道怎么走呢？我勉强地笑了。但日本人对我们很友好，早就看出来了。我马上想起来儿子报到的那天，就有一些人打听 Xi Chen 来了没有。初赛那天，他刚上场，掌声就很热烈，这奇怪的事情，答案不就在眼前吗？

我很感激他（她）们给予陈曦的热情支持，作为赛场上的竞争对手，他们这样大度毫不计较，令我钦佩。她又关心地问陈曦的伤怎么样？能不能练琴？当我告诉她们三天不能练琴时，他（她）们都低下了头沉默不语，看得出来他（她）们很难过。

中午，陈曦左胳膊跨在用衣服做的吊带上，出现在柴科夫斯基音乐学院。他很快引起了大家的注意，许多知情的选手、老师和家长都上前问候，特别是日本选手更是让人感动。他们非常歉意地说：

"对不起，非常对不起，你是为我们才挨打的，我们很过意不去。"一位日本选手的母亲，几次拉着我的手反复地说：

"太对不起了，我们真的很惭愧，陈曦是为我们日本人挨打的……"她几乎眼泪都要流出来了，我反复地做解释，陈曦被打完全是俄罗斯球迷所为，不关日本人的事，你们对我们这样友好关心，令我很过意不去，并对他（她）们的关怀表示谢意。后来这位母亲买了几包巧克力糖硬是塞在我手里。在我的记忆中，差不多所有的日本选手、摄制组人员都来问候过陈曦。

在餐厅里，俄罗斯评委、著名的小提琴演奏家、教育家格拉齐先生见到陈曦这个样子很奇怪，当他得知是在 6 月 9 日被球迷打伤时，他心疼地一手搂住陈曦，一手紧握拳头，恨不得抓住那几个足球流氓好好教训他们。

日本NHK电视广播公
司美女记者看望陈曦
（2002年6月10日）

第一轮的钢琴伴奏塔吉亚娜小姐见到陈曦后，就像大姐姐疼爱小弟弟一样，抓住陈曦的手久久不愿松开，眼泪在眼圈里含着。

一位加拿大的钢琴选手见到陈曦后说："听日本人说，有个中国选手被球迷打了，不能拉琴，真可惜，人家就是冲着第一来的，原来就是你呀！"

与著名俄罗斯小提琴大师
格拉齐先生合影

陈曦听后忙笑着解释说："暂时不能拉琴，过几天一定会拉琴的。但是，我可不是冲着第一来的，我想都没敢想。"

还有许多的外国朋友都来问候我们，实在是让我感激不尽。最让我们感动的是我国著名的钢琴教育家、中央音乐学院教授、此次钢琴比赛评委周广仁先生，她见到陈曦这个样子很痛心，一边关心伤势，一边问我们有什么困难，当我们告诉她还没有钢琴伴奏时，周先生立刻答应帮我们找到伴奏。

最好的伴奏　　　　　　　　　　　　　　　6 月 10 日

下午来到组委会，我首先提出复赛最后一个上场的合理请求，得到的答复是：如果你进了复赛就可以。我们很满意组委会的态度。

伴奏问题也得到解决。组委会的人说："陈曦，你很幸运，你的伴奏是莫斯科最好的钢琴家，是我们刚刚专门为这次比赛请来的。"

果然是这样。下午先后见到了两位伴奏，一位是刚从美国讲学回来度假的，他叫阿那托里，弹奏鸣曲以外的 4 首曲子。他见到陈曦这般模样感到奇怪，当知道情况后马上表示歉意，并仔细询问伤势，然后他让陈曦放心，一定不要着急，说是等胳膊好了再合伴奏来得及。他又打开一本本伴奏谱，征求陈曦每首曲子各个段落的速度，很快就达成了一致。

陈曦最后半开玩笑地说："我还不一定进二轮呢。"

他拍着陈曦的肩膀肯定地笑着说："我看你肯定没问题。"

第二位伴奏叫谢利盖，是刚从西班牙回国度假的，他负责弹奏贝多芬《第九小提琴奏鸣曲》。他和陈曦一见面，同样是关心伤势，安慰陈曦不要着急，然后研究谱子，统一一下速度等，约定 13 日开始合伴奏。

陈曦成了新闻人物　　　　　　　　　　　　6 月 10 日

中午，从宾馆出来刚要上车时，我们被莫斯科电视台记者堵个正着。他们的消息极为灵通，一直在宾馆门口守候，专门等着采访陈曦。这是到莫斯科以来接受的第一次采访。他们询问了被打经过和对比赛所造成的影响，当记者得知陈曦现在不能拉琴时，马上问到："那你准备退出比赛吗？"

陈曦面对摄相镜头，从容而坚定地告诉记者："如果我进入复赛的话，我不会放弃比赛，就是伤没好，我也要坚持下来。因为我这次来莫斯科参加比赛，是受中国文化部委派，不仅代表我个人，而且还代表中国，代表我的学校。"陈曦的回答让记者们又惊讶又佩服，他们频频点头称赞。

下午，我们坐在学院的柴科夫斯基雕像下，接受了又一家电视台的采访，这是俄罗斯国家电视台。他们对陈曦的提问非常细致，比如陈曦多大了？出生在什么地方？几岁开始学习小提琴？是否喜欢小提琴这个乐器？

陈曦的回答是让人满意的，他说："我现在17岁，出生在中国的辽宁省沈阳市，辽宁是我国的重工业基地，沈阳市是一座美丽的古城。4岁开始跟父亲学琴，后来同沈阳音乐学院王冠老师学习，11岁考入中央音乐学院后，由赵薇和隋克强教授教我，现在是同著名的世界小提琴教育家林耀基教授学习，我非常喜欢演奏小提琴。"

接受俄罗斯国家电视台采访（2002年6月21日）

当记者问我陈曦小时候是否知道柴科夫斯基的时候，我告诉记者，莫扎特、贝多芬、柴科夫斯基等都是世界最著名的作曲家，陈曦从一两岁时就开始听他们的曲子，柴科夫斯基是俄罗斯最著名的作曲家，全国的人都知道。

这次采访是下午6时开始，晚上8时就在新闻中播放了，而且那两天是滚动播放。主要关于球迷闹事的新闻和政府发布的措施法令等，比赛一开始，陈曦已成了新闻人物。

进入复赛 6月11日

初赛历时4天，于昨晚10点结束。11点钟组委会宣布了进入复赛的名单。共有参赛选手47人，来自近20几个国家。进入复赛的有22人，中国人除1名淘汰外，其余4人全部进入复赛，这本是预料之中的事情，但我们仍然很兴奋。

上午，我和兹老师来到组委会，申请最后一个参赛，很快得到了批准。

中午，我给儿子做了按摩之后，贴上止痛膏，他仍不能抬起胳膊，但稍微渐好，我们急切期待伤的痊愈。

令我们高兴的是俄罗斯文化部长就陈曦被球迷打伤一事，给陈曦写了一封慰问信。信上说，对此事发生表示遗憾，对陈曦本人的身体健康表示慰问。

与格拉齐夫人合影（2002年6月13日）

儿子的体贴 　　　　　　　　　　　6 月 11 日

早上，儿子躺在床上，懒洋洋地对我说："妈妈，今天早餐你去吃吧，这几天你净吃方便面怎么行，反正这两天我不拉琴也不累，还是你去吧，早餐可好了。"

儿子的一番好意我领了，可我不能去，他的营养最重要，我饿不着就行了，吃什么无所谓。

"不行啊儿子，你是关键人物，苦了你怎么行？你必须吃好，养好身体。"

可他说什么也不肯。最后他撒谎说："我今天要多睡一会儿，你要不去吃，过了开饭时间，餐券就作废了。"我只好答应了。

一进餐厅，我就被摆在餐厅内两侧的丰盛佳肴吸引住了。各种青菜沙拉、鱼排、肉排、西点、咖啡、牛奶、酸奶、麦片、果汁、水果等应有尽有，当时胃口就被吊起来了。借儿子的光，我就享用一次吧！几天来吃了太多方便面，胃肠早已渴望吸收新的食物了。我迫不及待地抄起刀叉一盘一盘换着样地吃，一杯一杯换着样地喝，足足吃了 40 分钟，真是饱餐一顿啊！

回到房间，儿子已吃完了方便面。我发现儿子近来成熟了许多，练琴很有规律，也很有方法，知道关心照顾我，能够为别人着想了，也许这就是他对我回报的开始吧。

今天，儿子吃了一天方便面。（午餐和晚餐要步行到学校餐厅去吃，一次往返要 50 分种，他舍不得这个时间。）他在抓紧准备复赛，按林老师的话用心用脑去练琴。他还打开小摄像机，重温林老师在家里给他上的课。儿子的行动还是让我感到了更多的欣慰。

停琴三天以后 　　　　　　　　　　　　6 月 12 日

复赛于今天开始，将于 6 月 16 日结束。

我和兹老师上午又赶到组委会，再次提出书面申请后，组委会秘书长这才将陈曦被打的事上报讨论，很快就得到了批准。

下午比赛开始时，10 号 Xi Chen（俄罗斯人这样称呼陈曦）没有按时上场，评委们这才都知道陈曦被打一事。其实，组委会早已将比赛的顺序表公布出去，陈曦就安排在今天下午，幸亏我们上午提早赶到组委会，不然，不能按时上场，后果可想而之。

我观看了全天 6 名选手的比赛，他们来自 4 个国家，全部是大学生或研究生。其中有两位据说是在美国小有名气的青年演奏家，经常开独奏音乐会。我对他们的演奏很感兴趣。只有知己知彼，方能百战百胜。我把他们的优势、优点记下来，做录音，回来和儿子边听边讨论，做到心中有数。

陈曦全天在家休息，看录相带和研究谱子。

宁峰下午在学校见到我，他告诉我陈曦开始练琴了。因为，下午他在我们房间的门口听到了琴声，这是个绝好的消息。

参观琴展（2002年6月20日）

回来后，陈曦告诉我，一拿起琴，发现左手都有点僵硬了，从考进中央音乐学院附小到现在，还没有三天不拉琴的时候呢，眼前这么大的比赛，别说三天不拉琴，就是半天不拉琴都是损失，实在太可怕了。胳膊还是很疼，可是必须要练了，不然就来不及了。

我问他，你准备怎么练？要用脑子先想好，不能蛮干，要有耐心，一点一点地恢复，不要着急。

儿子说他心里很清楚，今天他练的是儿时王冠老师教他的五种手指练习，是专门训练左手机能的最有效的方法，效果非常地好。说着，他拿起了琴，慢慢地、一弓一弓地拉起来给我看，果然是不错。

奇迹出现之后   6 月 13 日

下午 6 点至 8 点，陈曦正式同两位钢琴家合伴奏。果然他们不出组委会人所言，出手不凡，简直是好极了，他们如同老搭档一样合作得非常默契。

我的眼前不是出现了幻觉而是出现了奇迹，陈曦全然没因受伤而影响每一首曲子声音的质量和音乐的表现。他以宏大的气势展现了贝多芬《第九小提琴奏鸣曲》的主题思想。有暴风雨中的雷鸣、茫茫黑夜里的闪电、高山下的瀑布、大海掀起的狂澜，还有和煦的春风、明媚的阳光；在巴托克的《第一狂想曲中》，我看到了匈牙利人的多姿多彩的民间舞蹈；在拉威尔的《茨冈》中，我听到了吉卜赛人的悲泣；在柴科夫斯基的《沉思》里，我品味到作曲家的哀愁与伤感，浪漫与欢笑；在普罗科菲耶夫的《D 大调第一小提琴协奏曲》的第二乐章中，我感受到那滚滚向前的车履声和铿锵作响的激战场面。

一字一句，一招一式，他都做得十分认真，恰到好处，让人无法感到他三四天没有练琴，胳膊仍带着伤痛。他如此坚强，如此有毅力，如此铁打一般的功夫，是他十几年来得教于四位老师的科学训练和他自己的勤奋学习及对艺术的执着的追求和热爱的结果。他完全超出了以往我对他的了解和想象，我陶醉在儿子的琴音中，更被儿子的精神深深打动，为有这样的儿子深感骄傲。

合完伴奏后，钢伴老师谢利盖对陈曦说："现在全莫斯科人都在电视里看到你啦，说你长得很帅，长得漂亮，却被当成日本人挨打，还不能拉琴参加比赛，真遗憾。我们和中国是老朋友啦，真对不起你，你现在是莫斯科最受同情的人。"是的，我们永远是朋友。

与钢琴家谢利盖合伴奏（2002年6月13日）

回到宾馆，他疲倦地一头栽倒在床上，有气无力地说："妈妈，你觉得我刚才拉得怎么样？"

"好哇！儿子，我真没想到你能拉得这么棒，胳膊还疼吗？"我兴奋地说。

"妈妈，你知道吗，我拉得太狂了，我是想试试我的胳膊到底恢复到了什么程度，现在又疼得厉害，已无持琴之力。"说完，他闭上眼睛休息了。

我回想儿子在合伴奏时那股玩命的劲儿，虽然很激动，心里也曾犯嘀咕，他能一下子恢复到这种程度，真是个奇迹。可我没有想到，他是在忍受着很大的伤痛来检测自己的恢复程度。哎，都是我惹的祸，我的罪过。

可是，儿子的精神又感染了我，我没有提示过让他这样来试试，可他却能想到这点，这说明他对自己当时被打后的承诺是认真的，他心里装着祖国、装着事业，他对他的事业和祖国有着强烈的责任感，我想这才是他能有今天这种举动的前提。

林老师说得对   6 月 14 日

上午，林老师照例打来电话，询问了陈曦伤势情况。陈曦又将两天的比赛情况做了详细的汇报，每个选手的优势和特点一一说明，因为我每天都会将比赛的情况录下来，作以分析比较。林老师听后对目前的形势做了系统分析，认为就目前形势来讲对我们有利，没有出现很强的对手，但不可放松思想警惕，要保持应有的积极状态，发挥我们的技术强项，加强音乐的表现力，16 日一定要拿出自己的实力向决赛冲击。

今天没有合伴奏。下午看了一场比赛，选手们奏鸣曲都拉得不错，技巧性的曲子就有欠缺，显得勉强和力不从心。林老师说得对，我们的实力还是比他们强。

儿子批评我太骄傲   6 月 15 日

一是因为下雨，二是因为陈曦明天要参加比赛，我今天就不去看比赛了。我俩一首曲子一首曲子地过两遍，自己录像自己看。研究以往设计布局的不到之处，力求从音乐内在的表现到外在的表演都达到一个统一性和完美性，很有收获。

下午 6 点至 8 点，我们开始第二次合伴奏，我感觉他们配合得更加默契，陈曦的演奏称得上如鱼得水，潇洒自如，不同的乐曲、不同的风格，都能把握得很好。

我由于心切，问了伴奏一个不该问的问题，我说陈曦明天就这么拉，能进第三轮不？钢琴家阿那托里思考片刻后说："根据我的经验，如果你明天能像今天这样拉，就能进入决赛，我对你明天的比赛充满信心，你将来会是一个非常出色的演奏家。"

与著名钢琴家阿那托里合伴奏（2002年6月13日）

晚上，天津的两位老师在电话里告诉我今天的比赛情况，并说明天有宁峰、陈曦和一名俄罗斯选手，另一名是韩国选手，可他们的老师都是俄罗斯评委，可谓是一场中俄之战。我们攒足了劲要为你们叫好，你们一定要好好表现，为咱们中国人争气。

是啊，这两位老师和那位漂亮的留学生，没少为我们鼓掌叫好，在她们身上，我们得到了很大的鼓舞和力量，也看到了国内同行对陈曦所寄予的厚望。她们是唯一来自国内的观众，说起来算是一支微型拉拉队，三对巴掌、三张嘴，拍起来、喊起来能有多大的动静，可她们所给予我们的精神支持是不能估量的，我每次看比赛都和她们在一起，感到特别地亲切。

明天是复赛的最后一天，陈曦将最后一个上场，心里看来有些紧张。尽管胳膊的伤有些好转，与两位钢琴家合作得也很成功，准备得算是很充分，但他毕竟才17岁，从没有参加过这么重大的国际比赛，从心理因素到应变能力都缺少经验，我要做他的工作，给他鼓劲。

郑蓓蒂老师和管文宁老师一直和
我在一起，给予陈曦热情的鼓励
和支持

（2002年6月20日于比赛音乐厅）

　　我替他分析各个选手的情况，提出我的看法："尽管第一轮好的选手的确很出色，他们的年龄、资历和阅历都比你强，而且曾经获的奖也比你大，但你不要被他们的优势所吓倒，要用我们的优势去同他们比，哪个更优势？一是你比他们年龄小，以后的比赛机会还很多，不必为争名次而给自己增加压力；二是你有雄厚的实力，你的音色是无人能比的；三是你有比他们更扎实的基本功和娴熟的技艺，在必拉曲目普罗科菲耶夫《D大调第一小提琴协奏曲》的第二乐章的演奏上，我实实在在地说，他们谁也没有你拉得精彩；四是你拉琴大气、洒脱、有大将风度，这也是你舞台演奏的一大优势，这四点优势足以战胜他们，只有知己知彼，方能百战百胜，我给你的自信不是虚

在客房里练琴

（2002年6月18日）

有的、牵强的，是你对小提琴事业十几年不懈的追求所凝聚的实力。"

陈曦是个做事谦虚谨慎、质朴善良的孩子，他不大赞同我的看法。他批评我太骄傲了，看人家的缺点多优点少，他认为有相当一些选手拉得很好，实力也很强。我不反对儿子的看法，但我是在激发他的斗志，给他以足够的信心。我说，你这样的心态是好的，但比赛就是竞争，你要调整一下心态，增强竞争意识，全力发挥自己的最佳水平。

餐桌上谈陪读 　　　　　　　　　6 月 15 日

今天合完伴奏后，我们径直来到学院餐厅就餐。儿子打了一份晚餐，我在食杂店买了瓶水和一个馅饼就面对面地吃了起来。多年养成了一个习惯，吃饭和睡前是我俩最好的沟通时间，有时躺在床上会聊到大半夜，总有说不完的话，谈不完的事。

现在，我坐在他的对面，眼前有很多选手三人一群五人一伙聚在一桌，有说有笑，没有大人陪着，但他们都已是二十几岁的成人了，也许我看到更多的是他们常常坐在楼下的小西餐亭下面，一坐就是一两个小时，消费也不低。我想，将来陈曦有一天离开我在国外学习，也会是这个样子。

我对他说："如果现在你出国我不陪你，你能像现在这样自觉吗？"陈曦看着我，知道我刚才扫视餐厅是什么意思，停顿了一会儿说："不能！"

"为什么？"我纳闷他的回答。

他说："一个人在国外料理生活会占去很多时间，买菜、洗衣、做饭，还要独自处理事情。其实，有些事情完全可以不用必须自己去做。还要交一些朋友，出门在外靠朋友，不能不交往，这样一来，练琴的时间会减少很多。"儿子客观而又坦率地亮出了自己的观点，看来他想过这个问题，他已经是多次出国了，大概了解一些情况。

我接着问："如果你出国学习，我不陪你行不行？"

　　儿子很干脆地说："不行，至少现在不行。其实每一个人的成功，都是很多人努力的结果。当年世界大教育家奥尔为了教好海菲兹，让他的父亲陪他一起上课，可是学校不许家长进，奥尔竟在他的学生花名册上填上了海菲兹父亲的名字。文格洛夫有今天，离不开他的母亲，郎朗有今天，离不开他的父亲，这个问题太实际了。我想要做得更好，走得更高，第一要保证足够的时间练琴和学习；第二需要有人在身边给把把关，少惹些麻烦。"

　　我静静地倾听儿子的阐述，想不到他会把问题谈得既简单又明理，我同他的想法一致。他看了一眼周围的人说："你不陪我，也许，我也会同他（她）们一样，在一起喝咖啡，进餐馆闲聊，一是交友需要；二是谁都很难约束自己。"

　　是啊，我理解儿子的心，他的心高了，也更实际了。他同海菲兹比，同文格洛夫比。其实陪读7年来，我一直在给他讲陪读的意义所在。莫扎特是在父亲的陪伴下成为艺术家的。在他20岁的时候，他的母亲还同他乘在一辆马车上旅行，中途客死他乡。贝多芬小时候也有父亲陪伴，帕格尼尼、李斯特等，都是有人陪着成长为艺术家的。

　　有位学者曾对我说，家长为了孩子学习艺术，放弃工作，放弃家庭，异地陪读，是一个悲剧。

　　而我的看法恰恰相反，她是一个社会的进步，家长意识到自己的责任、培养孩子的重要，不只是什么光宗耀祖的问题。家庭层次的提高，带来的是整个民族的文化素质的提高。

　　他说："你已经陷得太深了，同你讲不明白。"

　　我说，你不身临其境深入调查，你怎么就敢下此断言。古今中外，陪读到处都有，不足为奇。而我们今天勇于来陪孩子学习，是为了他成长得更好、更健康、更迅速，是为了国家出更优秀的人才。我们是要同学校、社会共同负起教育子女的责任，而不是像过去那样，把孩子甩给学校，毕业时是什么样就是什么样了，父母的奢望等于零。因为父母缺少付出，就

游览莫斯科（2002年6月26日）

不要有奢望。今天我们参与就会有回报。陪读成功的例子不胜枚举，做出的牺牲是值得的。

今天让我欣慰的是，陈曦认识到了我在他身边的意义、所起的作用、所付出的价值和所寄予的希望。

我要反思自己   6月16日

自从陈曦被安排到最后一名参赛，我腾出了大量时间看比赛。看到有的选手在某个曲子上演奏不如陈曦，我就对身边的天津老师说："陈曦拉得比他好"。也不知人家爱不爱听，可我话说出去了，心里就舒服、顺畅些。

回到房间，见到儿子第一句话就是几号不行，不信你听听，说着，把录音机递过去让儿子听。我是有点狂妄了、自大了、沉不住气了，陈曦连续两天批评我："你说话要注意，不要当人家面夸自己儿子好，你这样做是不对的，会对我有压力"。

我还不服气呢："你就是比他们好嘛，夸你，你会有什么压力？只要你好好拉，不出错，正常发挥准能进三轮。"

　　甚至有一次在同林老师的通话中，我差一点说，第二轮我们会拉的比他们强得多，进了第三轮就是前三名。话到嘴边又咽了回去。我在林老师面前还能保持清醒，可同儿子说话就口无遮拦。

本届参赛选手花名册（2002年6月21日）

　　我躺在床上，越想越睡不着，儿子的话又在耳边响起："你总说别人不好，那我就必须要拿第一呗，一个选手如果一心想争第一，那他肯定拉不好。"这一夜我反思自己，怎么还没有进决赛就昏了头，我的自满情绪从何而来？

　　想来想去终于找到了答案。"老柴"比赛造成了我的心理压力过大，第二轮以来，压力有些缓解，就从一个极端跳到了另一个极端，沾沾自喜，夜郎自大，把拿第一的想法硬加在儿子的头上。幸亏儿子没有像我这样盲目乐观，我的思想情绪可是太危险了，差点因为我的情绪而误了大事。

　　早上起来，我调整了心态，以平常心看人看己，看待比赛就是一场音乐会。8点钟儿子开始练琴了，我向他坦白了我的想法，承认了错误，我俩都开心地笑了。儿子指着我说："你呀，就是不撞南墙不回头，让林老师知道你就是这么陪我，准得挨大批评。"

红毛衣的祝福　　　　　　　　　　　　　6月16日

　　陈曦今天下午最后一个参加复赛。

　　下午3点来到餐厅吃午餐，3：30准时合伴奏，约4：30时我把陈曦送到后台交给兹老师照顾。我最后叮嘱他："贝多芬奏鸣曲要拉出宏大气势，想着有高山大海做背景。巴托克《第一狂想曲》要热情起来。'老柴'

的《沉思》要稳下来，体现出修养来。普罗科菲耶夫《D大调第一小提琴协奏曲》要勒住往前冲，这是你的绝活。《茨冈》就不说了，是你的看家曲目。记住林老师今天特意嘱咐的话，把今天的比赛当成一场音乐会。"儿子点点头，我们彼此重重地握了握手，用目光传达心灵的话语：

儿子，妈妈祝你成功！

妈妈，你放心吧！我要用行动实现我伤后的诺言。

下半场休息时，我赶到比赛大厅，在惯常坐的座位上坐下，周广仁先生的老伴刘硕颖老师也专门来看陈曦的比赛。他一见我就开玩笑说："你今天穿了件红毛衫，很特别，你的儿子今天一定能成功。"我是因为天下雨有点凉才穿上这件的，其实与比赛无关。天津的一位老师还特意在选手名册的陈曦照片下面写了一句：今天陈曦妈妈穿了件红毛衣。

我想，中国的红色象征着吉祥、幸福、成功，大家也许都这样盼望陈曦成功吧。

下半场有位俄罗斯选手使用的是斯特拉迪瓦里小提琴，声音非常漂亮，穿透力极强，听这种琴演奏简直是种高品味的享受。它属于俄罗斯政府所有，一有高级别的比赛就会借给选手。遗憾的是我们国家却拿不出一把名贵的琴给学生比赛用，幸亏林启明先生借给陈曦这把尚好的古琴，虽不及俄罗斯那把名贵，但也能登上大场。如果没有这把琴，我们可能就来不了这里。这里已经是名琴荟萃。我真希望中国也能有两把这样名贵的小提琴，供中国选手比赛用。

万千宠爱于一身   6月16日

第二轮比赛已近尾声，最后一名选手陈曦在热烈的掌声中走上舞台，他向久违了的观众和评委们深深地鞠了一躬。随即场内又爆发出更热烈的掌声，这掌声有来自第一轮比赛对他产生的好感，有来自对他被球迷打伤一事的同情，并且还有对他能带伤坚持参加比赛的这种精神的鼓励。

这个演奏大厅叫葛兰特音乐厅，是柴科夫斯基音乐学院最大、最漂亮的音乐厅。他演奏的第一首曲子是贝多芬《第九小提琴奏鸣曲》的第一乐章。由于当时因受伤没有参加走台（赛前走台，是为了熟悉场地的音响效果，对于选手来讲特别重要），所以当他刚出手几弓下来，我便听出他有些紧张，可当我的冷汗还没有沁出来时，他就很快恢复了正常，他与钢琴配合得丝丝入扣、相得益彰，而且愈发挥愈好，一曲下来，掌声四起。

第二首是属于匈牙利的舞曲，叫巴托克《第一狂想曲》。他演奏得火辣、热情、欢快，很吊观众的胃口，这曲结束后，掌声经久不息，陈曦三次向热情的观众鞠躬后，观众们仍在使劲鼓掌。陈曦从没有见到过这么热情的观众，他一时不知所措而腼腆地笑了。他笑得可爱，笑得真挚，很多观众也不由得笑了。他的微笑又引发了一阵狂热的掌声，评委会主席斯皮瓦科夫不得不招手示意陈曦继续拉下一首曲子。

第三首曲子是柴科夫斯基的《沉思》。这是比赛的必拉曲目，而且音乐表现比较有深度，他演奏得惟妙惟肖，刚柔相济，尤其他的独特醇美而有磁性的发音，深深吸引了在座的观众。

正值下午，强烈的阳光直射舞台，陈曦身着西装（而绝大多数选手是身着便装、单装，音乐厅内没有空调），潇洒英俊、带有稚气的脸上，越来越充满自信，此刻，他已是汗如雨淋，大滴的汗珠顺着前额流进眼角里，有些观众真以为他动情流泪了呢。这一曲下来，掌声仍如前次热烈，陈曦不得不多次行礼以示感谢。

第四首乐曲是普罗科耶夫《D大调第一小提琴协奏曲》的第二乐章，仅有3分钟，这也是比赛的必拉曲目。这首曲子主要是炫技性的表演，你只有用无懈可击的技术，才能真正表达音乐的思想内涵，陈曦左手飞出的琶音是大珠小珠落玉盘，个个有点声声脆。最叫绝的，是他的全弓的马特烈弓法，发出的声音如同黑夜里的流星闪电、战场上的刀光剑影，这么高超的

复赛场上，陈曦不得不多次行礼以示感谢（2002年6月16日）

技巧整场比赛只有陈曦一人做得出来，其他选手都是用弓根或用下半弓去拉，远不及这样效果好。这首不到3分钟的乐曲，叫他拉得气势逼人，扣人心弦，声音炉火纯青，音乐轻盈流畅，让人大饱耳福。我被他搞得有些紧张，几乎屏住了气息，心里直骂，你疯了，这么快的速度如有半个闪失就砸了。

随着琴声戛然而止，陈曦以琴弓闪电般穿弦而过的一刹那静止在半空中，美妙的音乐加上美妙的造型。全场观众被他的激情演奏所感染，使劲地鼓掌，疯狂地叫好。真要好好感谢那位被称为俄罗斯最好的钢琴家的阿那托里，没有他的默契配合，不会出这种效果的。

最后一首是拉威尔的《茨冈狂想曲》，这可是陈曦磨了两年的看家曲子。2001年4月，他就和中国爱乐乐团成功地合作演出过。一开始是没有伴奏的引子部分，他把吉卜赛人的悲哀、哭泣、诉说和反抗演奏得淋漓尽致。观众席上寂静无声，他仿佛在牵着观众的心，拉着观众的手，把他们带着往前走，去看吉卜赛人的游荡生活。引子一结束，钢琴走了进来，整个音乐情绪产生了强烈的反差，由凄凉伤感转为高亢欢快，他们是能歌善舞的民族，他们热情、奔放，又放荡不羁，这一切又让陈曦真真切切地演奏出来。我观察了一眼评委席，所有人都停下了手里的笔，专心听他的演奏，其中几个评委面带微笑。尤其是斯皮瓦科夫的微笑透露着对陈曦的喜爱之情。这首曲子在最后的三声拨弦后戛然收尾，整个复赛就此结束。

观众沸腾了，掌声、叫好声如山呼海啸震荡着整个大厅，观众们拼命地鼓掌跺脚叫好，我想观众只有这样才能将按捺在胸中的激情迸发出来。我后排的观众知道我是 Xi Chen 的母亲时，纷纷同我握手拥抱，离我远的就挥手祝贺，用俄语说着："太棒了！"坐在身旁的那两位天津老师和留学生也同我握手祝贺。有一位美国评委，特意转过身来向我伸出大拇指，后来好几个评委也同我握手，评委们几乎是边鼓掌边离开座位退场的。

掌声渐渐地停下来。我急忙赶到后台，祝贺儿子的精彩表演，儿子美滋滋地趴在我耳边悄悄地说："刚才斯皮瓦科夫过来同我握手，又轻轻地拍拍我的脸，评委们都来同我握手，有的还和我拥抱。"

他得到了观众和评委们的特殊宠爱。

莫斯科人都爱你　　　　　　　　　　6 月 16 日

陈曦很快被热情的记者、观众围住。莫斯科广播电台采访了很长时间，许多观众忍不住地打断采访，过来与陈曦握手、拥抱、合影、签名，他们一个个不停地夸奖陈曦，几位老者也来同陈曦握手，并送他几句祝福。一位莫斯科少女操着流

莫斯科广播电台采访了很长时间
（2002年6月16日）

利的英语说：

"你是我见到的所有选手中最好的一位，你这么年轻漂亮，音色实在是太美了！你让我感动得流下了眼泪，现在莫斯科人都知道你、都爱你，我也爱你。"

所有向陈曦表示祝贺的人都关心他的胳膊还疼不疼？伤好了没有？并都送给他最美好的祝愿，兹老师可忙坏了，不停地翻译，她说她也为陈曦高兴，因为这是中国人的骄傲。

1个多小时后我们才走出音乐大厅来到外面，这时周广仁先生和刘老师正向我们招手，陈曦顿时高兴极了，如见亲人一般，他边喊"周先生！周先生！"边向周先生扑过去，同周先生紧紧拥抱。

周先生用颤抖的声音说："你拉琴时，我都激动得流下了眼泪，有3年多没见你拉了，就像变了一个人似的，你成熟多了，林老师特意让我来看你的这场比赛，我的手都给你拍麻了，太好了，拉得非常非常棒，祝贺啊！"

她是中国艺术界名人，一点架子都没有，她的膝盖处骨质增生很严重，每天走路都很困难，还要坚持看陈曦的比赛，关心着祖国新一代艺术人才的成长。我对陈曦说，这就是老一辈艺术家的高贵品质，她发自内心的渴望亲眼看到你们一代人的成功，你不能辜负他们。

如见亲人一般向周先生
扑过去紧紧拥抱
（2002年6月16日）

　　我们很快又被外面的观众们围住，许多亚洲的选手、家长、老师，我们也算老相识吧，到处都是祝贺。格拉奇先生的夫人和他的助教也来同我们握手、拥抱，称赞着这个孩子演奏得非常好。

　　我们坐在学院前的咖啡亭下，边休息边聊天，陈曦可忙坏了，一会儿让人叫去合影，一会儿让大人们搂一下、亲一下，他们像喜欢自己的孩子一样喜欢他，有两位年纪大些的女士见到陈曦后，喜欢得不得了，她们说：

　　"你的演奏简直是太好了，你的发音没人能比，现在谁的演奏都不想看了，就想看你的，也不知是为什么？"接着，她们冲着我说：

　　"你很有福气，有这么一个好儿子，你的儿子是最棒的！祝他幸福！"她们兴冲冲地走了，但马上又兴冲冲地回来了，原来，她们忘记了让陈曦签名。

陈曦的乐迷纷纷前来签名合影（2002年6月16日）

　　整个柴科夫斯基音乐学院门口，选手都聚集在这里，陈曦这样被观众喜爱也成为一景，真是风光极了。我也是第一次感受到：音乐会产生这么大的魅力！

虚惊之后是狂喜   6 月 16 日

晚上 8：30 时，我们坐到了马丽音乐厅，等待宣布进入第三轮的结果，这可是"命运攸关"的时刻，能否闯进前 8 名，一会儿就见分晓。前 3 个小时的兴奋劲儿总算平静下来。

9 点了，公布结果的时间已到了，还不见评委出现。我们经历了 2000 年的第八届维尼亚夫斯基青少年国际小提琴比赛，体会到比赛的结果是残酷无情的。现在没出结果，一定在某些问题上有争议，我的心不由得敏感地提了起来。

我对陈曦小声说："我们要做好进不了第三轮的思想准备。俄罗斯评委占半数以上，这里还有许多评委的学生，拉得也很好，我们什么人也不认识，什么背景也没有，不公平的事可太多啦！"

我是想先下点毛毛雨，做好两手准备总比一根筋强。日本电视台、俄罗斯国家电视台的摄相机和多家摄影记者的镜头始终对着我们，到时候不能表现得沮丧，还要有风度。

陈曦若有所思地点点头说："太有可能了，我早就做好了思想准备，我们来的主要目的就是展示自己，今天也算是很成功了，妈，你说对吗？"

"那当然啦！你今天演奏得太好了！太成功了！可谓是超常发挥呀！我的心激动得都要蹦出来了，儿子，你给中国人争了气。"我肯定地说。

10 点钟，评委们在众人的期待和掌声中走上了主席台，主席斯皮瓦科夫开始正式宣读结果。首先，是一位被称为俄罗斯神童的来自圣彼得堡的 16 岁的美丽女孩获得了特别奖，来自韩国的被誉为天才少年的 16 岁男孩也获得了一个特别奖。（所有评委为他们写了一封鼓励信。这是本次比赛仅有的两名 16 岁少年选手。陈曦是唯一一名 17 岁少年选手。）宁峰和俄罗斯的一名选手分别获施尼特凯现代作品和萨拉萨蒂作品演奏奖，他们很

评委们在众人的期
待和掌声中走上了
主席台

（2002年6月16日）

遗憾没有进入第三轮。我们尤其为宁峰痛惜，因为他演奏得非常好，这个结果对他来讲真是太残酷。

斯皮瓦科夫这时重新调整了一下情绪，微笑着面对选手和观众。紧张的时刻来到了，他好像是在故意制造一种紧张气氛，全场一时间鸦雀无声。

片刻之后，宣读开始了，每念到一个人的名字，都会有观众为他鼓掌，朋友们为他欢呼，有个德国选手因为惊喜而失态，"噌"地从座位上蹦起来，大家先是一惊，随后是满堂笑声。

没有听到 Xi Chen 的名字，斯皮瓦科夫就放下了手里的名单。

"怎么没有陈曦？现在是第几个了？"有人问。

也有人答："已经够八个了。"场内唏嘘一阵又寂静下来。我的心脏好像瞬间停止了跳动，我和陈曦不约而同对视一下目光，彼此苦笑一下，残酷的事情难道真的又要发生了吗？我心里正嘀咕着。

大约有 20 秒钟左右，斯皮瓦科夫微笑着向大家宣读了什么，没等翻译译成英文，我只听 Xi Chen！啊！全场爆炸般的掌声、吼声轰然响起，我们当时并不知道主席讲了什么，但从这热烈的气氛中猜出陈曦已经进了决赛，陈曦站起来向大家行礼致谢，我长长地松了一口气，终于一块石头落了地。我说不出有多高兴，终于闯入了第三轮，我们的第一梦想实现了，激动得我真想抱住儿子狠狠地亲上一下。

柴科夫斯基国际音乐比赛可谓最高级别的世界大赛，陈曦正值少年就进入了前八名，太荣幸了。

全场突然爆炸般的掌声、欢呼声轰然响起，陈曦站起来向大家行礼致谢（2002年6月16日）

兹老师告诉我们："刚才主席是说由于比赛期间球迷闹事中国选手陈曦被打伤，所以第二轮改为最后一个参赛，评委会一致同意。在第三轮里他仍是最后一个参赛。"

我明白了，我理解了，大家送给陈曦的最热烈、最激动的欢呼声和掌声，不仅是祝贺他进入了决赛，更多更多表达的是对他的深切关爱。我真想站起来向大家深鞠一躬表示谢意。

我真诚地感谢评委会对陈曦的关照，这一刻梦一般地来到了。

我要从零开始   6 月 16 日

在回宾馆的路上，我们碰到了原中央音乐学院附中校长靳爱萍老师，她捎来了邢维凯校长的口信，对陈曦受伤一事表示慰问，并鼓励陈曦克服

困难，争取取得比赛的好成
绩。邢校长的话，是对陈曦
的最大鼓励，能得到来自学
校的关怀，我们又是高兴不
已。都怪我没把电话本带来，
不能把进入第三轮的喜讯亲
自告诉邢校长。

27日凯旋而归，邢校长亲自到机场迎接
（2002年6月27日）

　　回到房间，我们赶紧打
电话给林老师和陈康，可他
俩人电话都是一接就没声。还是林老师反应快，他觉得这个电话一定是陈
曦打来的。（后来才知道，林老师一夜就守在电话机旁等我们的消息。）

　　他立刻拨通了我们的电话："喂，喂，我是林老师，结果出来了吗？
怎么样？"林老师的声音很急切，我们告诉他已进了第三轮，把从下午比
赛到公布结果观众热情的激烈场面说给他听，共享这来之不易的成果。林
老师别提有多高兴了，他哈哈地大笑起来，朗朗的笑声源自于他的心底，
颤动着我的心。我不仅为陈曦高兴，也为他高兴，这里蕴涵了多少他的辛
劳和汗水，智慧和才学啊！

　　但是，大师毕竟是大师，
知道这不是最后的胜利，他
很快冷静下来，嘱咐陈曦不
要骄傲，一切从零开始，在
第三轮要注意调整好心态，
不要把名次看得太重，给什
么名次那是评委的事情，让
观众满意是我们最大的追求。
稳下心来慢练，记住做到

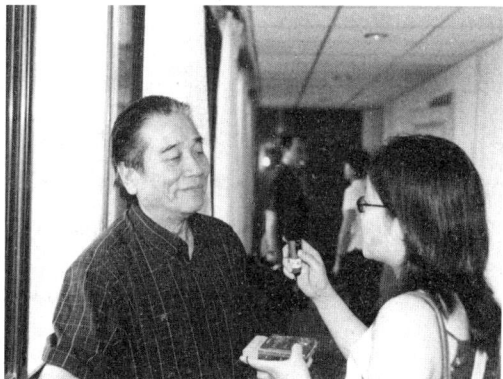

林老师在中央音乐学院接受采访
（2002年7月1日）

"匀、准、美"和"林六条"。("匀、准、美"和"林六条"都是林老师教学的核心思想。)

放下电话已是第二天凌晨两点，昨天夜里我就失眠，没睡多少觉，现在已经困得不行。我催儿子赶紧睡觉，可是他却翻开西贝柳斯《小提琴协奏曲》的谱子对我说："我现在就从零开始，好久都没有看谱子啦，你先睡吧，我得研究研究。"我真的先睡了。

练兵千日　用兵一时　　　　　　　6月17日

今天没有进入第三轮的选手都去柴科夫斯基博物馆参观旅游去了。

熬了大半夜的陈曦上午10点开始练琴。第三轮决赛是同俄罗斯国家交响乐团协作演出，一首是必拉曲目柴科夫斯基《D大调小提琴协奏曲》，另一首是自选曲目西贝柳斯《d小调小提琴协奏曲》，这两首曲子对他来讲都不很成熟。没有经过老师细致的处理和同乐队的磨合，至今林老师还没有看过陈曦与乐队协奏的演出，这可能是所有人都不敢想象的事情。一般是选手都巡演一年或两年，而我们仅同北京交响乐团尝试性地演出过两场，指挥家谭利华老师给予陈曦关于与乐队合作方面的艺术指导，与辽宁交响乐团演出过一场。而西贝柳斯《d小调小提琴协奏曲》仅于4月19日在深圳首演一场，后来中国爱乐乐团给了陈曦一次排练的机会。艺术总监、指挥家余隆老师给陈曦做艺术指导，青年指挥家杨洋和陈曦演出了该乐曲的第三乐章。这些演出，使陈曦得到了很好的锻炼，也积累了一定的演出经验。

假如没有上述乐团的合作演出和老师的艺术指导，决赛，我们是没有底气的。能为国争光，就是对他们最好的回报和感谢！

但是，我们始终都把大量的精力、时间花在第一轮和第二轮的曲目上，特别是第一轮。当然不是我们完全不相信自己有进第三轮的可能性，我们和林老师有共识，第三轮曲子虽然抠的不细，但基本框架结构都有了，要表达的思想内涵和曲子的风格已是心中有数，就是时间不够用。打好前两仗，第三轮曲目就在第三轮时自己去磨合完成。4 天时间能有多大的进步，全凭自己啦。

4 月 26 日前，林老师下不了决心，就是因为准备时间

赛前候场练琴（2002年6月16日）

紧迫，准备得不太充分。为什么又同意我们来呢？一是看第一、二轮的曲目达到了预想的规格；二是看到陈曦这段时间的刻苦努力，基本掌握了他的练琴方法，相信陈曦能用他的练琴方法，在比赛期间使每首曲子都能得到提高和完善，用林老师的话就是：我要求我的学生离开了老师照样能练好琴，能上台演出，能参加比赛，这就是我的教学目的。

实际上这次比赛，是对一年里拿了两个国内大赛青年组第一的少年小提琴家的挑战，陈曦左臂带伤，对他来讲还是一个意志与毅力的考验。

乐队的惊叹　　　　　　　　　　　　　　6 月 17 日

下午 6 点要到柴科夫斯基音乐学院与乐队排练，每人只给 40 分钟的一次排练机会。陈曦很着急，午饭只好在家吃方便面，省出时间抓紧练琴。时间这么紧，他无法满意自己的演奏，说句老实话，这两首乐曲陈曦连谱子都没有熟背下来，特别是西贝柳斯《d 小调小提琴协奏曲》，只好硬着头皮去合乐队。

下午 6：30 时，陈曦上台与指挥和乐队见面，他首先给大家恭恭敬敬地行了个礼，又同指挥握了手，大家都笑了。笑什么？我也不知道。猜想可能是他年纪太小了？太娃娃相？这个乐队是俄罗斯国家交响乐团，她标

志着这个音乐大国交响乐队的最高水平，也许对这个不起眼儿的中国男孩儿根本就没放在眼里？

我的猜想是有依据的。一开始，乐队的演奏有点漫不经心，可是随着乐曲的深入，乐手们逐渐地感觉到眼前的这位年轻的中国选手，大大超越了他们的想象，不仅人有风度，声音也漂亮，张弛有度，出手不凡，乐手们的演奏也不一样了。

40分钟时间很快结束了，陈曦迎来了乐队的一片击弓赞赏、叫好声。其中有几位乐手走近陈曦，从陈曦的手中拿过琴，眯缝着眼睛，翻来覆去地端详了半天，然后，伸出拇指咋舌地说："瓜内里，瓜内里，哈拉少！"（"瓜内里"是世界具有300年历史的名琴，价值上百万美金，"哈拉少"是好的意思。）

陈曦笑着摇头告诉他们，这不是上百万美金的那种名琴，而是仅价值十几万美金的名琴时，他们都大吃一惊，恍然大悟，再次伸出大拇指点头赞叹陈曦的发音太美了，绝对是世界一流水平。

自从陈曦受伤以后，得到了俄罗斯政府和有关方面人士的关心，柴科夫斯基国际音乐比赛组委会、小提琴评委会都给予了照顾，俄罗斯文化部长写了亲笔慰问信，总统普京、外交部长亲自过问，媒体和莫斯科乐迷都

柴科夫斯基音乐比赛
决赛舞台。陈曦在与
乐队最后排练
（2002年6月21日）

给予了关爱和同情。我们早已不再为这事而恼怒，反而感到莫斯科政府和人民非常通情达理，他们所做的已让我们无法挑剔。

现在，我们很爱莫斯科，爱这里的人，爱这里广大的乐迷们。在这里，我们真正感受到了高雅音乐是多么地神圣！有多少人在执着地爱着她。

儿子一天天消瘦　　　　　　6月18日

早上，接到了陈曦儿时第一任小提琴老师、沈阳音乐学院王冠教授的电话，我们十分惊喜，他当然是有祝贺、有关心、有批评了，祝贺和关心是给他的学生的，批评则是指我的失职。陈曦向王老师汇报了这些天来的比赛情况，王老师鼓励他继续好好干。

王老师又对我说："你让林老师接电话，我跟他说几句。"

我笑了，"林老师也没来呀，我上哪去找他，王老师你是不是乐糊涂了。"我们同王老师已是多年的老朋友，所以我同他说话可以随便些，时而开个玩笑。他把陈曦看得比自己的孩子还亲，陈曦每次比赛他都给予指导帮助。考入中央音乐学院附小以后，他依然如故地关心爱护他，陈曦取得成绩，他高兴，在专业上有了问题，他着急。他的老伴于珏老师也同王老师一样时刻关注着陈曦的成长。

去年，第七届全国小提琴比赛在沈阳举行，身患重病的于老师坚持要看陈曦的比赛，在她坚持看完第三轮决赛时，晚上突发脑血栓，经及时抢救才挽回一命。我们一家人得知看望她时，她拉着我的手说："恭喜呀！建华，你们培养了一个这么好的儿子，你们的心血没有白费，陈曦的演奏太好了，将来就是一个世界大师，我没想到他的进步太快了，林老师教学还是很有办法的。我昨天看他拉琴心里就激动起来，最后心慌得受不了，又舍不得走，到了晚上就出事啦。"（陈曦在"老柴"比赛获奖的一个多月以后她不幸因病与世长辞了，我们一家都很怀念她。）

与王冠老师、于珏老师在沈阳合影（2001年10月）

王老师听我这么一说，才知道我们是在独立作战，连说你们真不容易！

陈曦从昨晚9点一直练到半夜12点（12点以后宾馆不许练琴），我催他早点休息，他说："不行，时间已经不够了，很多地方我还没有练好，还需要仔细研究琢磨。"说着，打开谱子，听着CD，至于又是几点睡觉，我还是不知道。

儿子在拼搏，在向一个高峰攀登，我支持他，不打扰他，他应该有这种精神。

今早起来，儿子拿起琴又是这句话："从零开始。"这四个字成了座右铭。9点钟林老师就来电话，关心陈曦的胳膊好了没有？现在状态怎么样？有什么困难吗？他知道第三轮曲子的问题多，跟陈曦在电话里交谈了很长时间。

现在，陈曦从早到晚练琴不少于9个小时。午饭、晚饭都是方便面加火腿肠，就为了节省去学院吃饭的时间。我眼看他一天天消瘦，胃口渐渐地小了，早餐吃得也少多了，我到现在还没有踏进过商店一步，也不知上哪去买营养品。儿子也声明什么也不要买，他吃不进去。是啊，早餐仍是那么丰盛，可他总是吃一点点，有人告诉我，你儿子吃的太少了，怎么能拉动琴？我急也没用。（回国后发现体重整整掉了5公斤。）

我又犯了老毛病 6月19日

今天，是儿子第三轮紧张准备的第三天，我听声音感觉比第一天强多了，但更细节的地方我也听不出来。这两天我不做儿子的听众，而是看比赛，了解选手，取长补短，重点是欣赏学习人家的长处，你可以从外国选手的演奏中，品味出一种我们中国学生所不具备的那种天然的音乐感觉，毕竟古典音乐是他们的本土文化。

昨天第三轮决赛开始了，3号是23岁的日本选手，她和今天的8号美籍俄罗斯人都发挥得不错。13号选手今年1月在南非国际音乐比赛中获得第一名，他那时就已经开始了柴科夫斯基比赛的热身赛，是陈曦很强的对手。林老师担任南非比赛的评委时，就看到13号准备得已经相当充分。现在，我看陈曦比他们的实力强得多，心里又有些浮躁起来，我憋不住心里话，犯了老毛病，我对儿子说："你呀，第三轮好好拉，咱们前三名一定有希望。"

陈曦很冷静，听完他们的部分录音后，给他们很好的评价，并说要向他们学习，他们有许多地方拉得非常好。他又批评我头脑发热，让我保持低调，保持冷静，不要说人家不好，给他增加压力。他需要平静些，平常心等等。儿子的话很对，我真要克制自己，管好自己的嘴。

与3号日本选手并列第二名

（2002年6月21日）

Lin Yaoji 了不起　　　　　　　　　　6 月 20 日

在第一轮时，一直坐在我们后面的几个俄罗斯人就曾问我："Xi Chen 在哪国学习？"

我说："在中国。"她们表示怀疑。

她们又问："老师是哪国人？"

我说："当然是中国人啦。"她们几个人又是一起摇头摆手，以一种不相信的口吻说着"不可能。"

天津的两位老师生气地对我说："不告诉她们林老师的老师是杨格列维奇，谁叫她们不相信我们中国也有世界最好的老师。"（杨格列维奇是俄罗斯伟大的教育家，是林老师在前苏联留学时的老师。）

第三轮比赛开始了，她们又坐在我们后面，由于上一轮比赛陈曦的表现太出色，她们迫不及待地再次追问陈曦的老师是谁？我非常幸运儿子有这么多乐迷，我不想让她们再失望，最后还是告诉她们："陈曦的老师是中国的、也是世界最好的老师，他叫 Lin Yaoji，是杨格列维奇的学生。"

一听到杨格列维奇，她们如梦初醒，"啊！"地喊出声来，以俄罗斯人特有的那种摊开双手的姿势高兴地说："杨格列维奇，伟大的教育家，难

陈曦的老师是中国的，也是世界最好的老师，他叫Lin Yaoji（2006年）

怪 Xi Chen 演奏得这么好，纯正的俄罗斯学派，简直比我们俄罗斯人拉得还地道。Lin Yaoji 了不起！真没想到，中国有这么好的老师。"

一些评委前些天和我们接触时，当他们一听说陈曦的老师是林耀基时，都伸出大拇指称赞："林教授是世界上最好的老师，他学生的发音是一流的。你太幸运能成为他的学生，你的老师了不起！"他们听说林老师没有来都很遗憾，表示非常想见到林老师，让我们回国后代向林老师问好。

Xi Chen 是块金子　　　　　　　　　6 月 20 日

决赛定于 6 月 18 日开始，21 日结束。每天两人，每人一场。6 月 16 日第二轮陈曦的精彩表演，使他拥有了更多的乐迷。第三轮，也就是决赛，其 21 日最后一场比赛的门票早于 18 日售罄。决赛的第一天，有位朋友开着陈曦的玩笑说："你这回可出了名了，俄罗斯的姑娘们排着队买你的票，嘴里还念叨着 Xi Chen ，Xi Chen。"新闻媒体通过电话多次要求采访，陈曦因要专心练琴，都婉言谢绝了。

这几天我走到哪儿，都有人向我树大拇指："Xi Chen 了不起！我们非常喜欢看他拉琴。"

陈曦为乐迷们签字，她们对我说："你真幸福，有这么好的儿子，祝他好运"
（2002年6月23日）

有两位上了年纪的俄罗斯小提琴老师对我说："你的儿子 Xi Chen 是个天才，我们从没有听到过这么好听的琴声，他这么年轻，真是太有前途了。"两位乐迷对我说："Xi Chen 最好，我们最爱看他拉琴。"

今天，我在葛兰特大厅门口等着入场，有几位俄罗斯老师围住我说："Xi Chen 拉琴像大师一样，让我们感动得流泪，他是块金子，闪闪发光的金子。你太幸福了，有这么好的儿子，我们都为你高兴。"说完，我们又拥抱又握手，还让我给她们签名，我写了"Xi Chen"还不行，还要写母亲的名字。俄罗斯人太热情了，他们看中一个选手，不管是哪个国家的，只要他们喜欢，就会去爱个够。

妈妈，我心慌   6 月 21 日

今天是第三轮决赛的最后一天。昨天晚上，陈曦有些紧张，他到底是个孩子，心理上难免产生波动。亏得前两天他提醒我保持低调，我管住了自己的嘴，没有给他制造新的压力。说真的，进了第三轮如闯第三关，对陈曦来讲已经是太不容易了。从紧锣密鼓地准备到莫斯科的激烈鏖战，他脑袋里的那根弦已经绷得紧紧的，他想到明天是最后的冲刺，非常有希望的冲刺，心里能不紧张吗？

这么多年，我最了解他，只要想早睡，肯定是心里紧张。结果他 10 点钟躺下，没出 5 分钟就沉不住气了，一骨碌从床上坐起来说：

"妈妈，我心脏跳得快，心慌。"边说手还捂着胸口。

我故意慢悠悠地说："慌什么？平常心嘛！向人家好好学习，有什么心慌的。"

"妈妈，真的，我真是紧张啊！"

我心想，谁不紧张？我比你还紧张呢！明天不出意外，金奖就能拿到手。我是又紧张又激动。（当然，如果评委就是不给那也没办法。）可我现

在得极力克制自己，不能让儿子看出我的"野心"。

我故意拉着长声说："到我床上来躺一会儿吧，就不紧张了。"其实他就等着这句话呢。儿子颠颠地一下子跳到我的床上，依偎在我的身边。我想，怎么做他的思想工作呢？我决定绕开比赛的主题，讲故事来启发他，成大事者，无一不胸怀广大，处变不惊。

我提议背毛主席的七律《长征》，陈曦对这段历史了解很多。我们俩我一句你一句地开始了，我给他讲：

"'红军不怕远征难，万水千山只等闲'，只等闲明白吗？当年几万红军爬雪山过草地，吃草根树皮，还要行军打仗，却当作平常事。毛主席有多大的气魄，才能感受到'只等闲'这三个字呀！"

陈曦佩服地说："是啊，毛主席真了不起！"

我又解释说："'五岭逶迤腾细浪，乌蒙磅礴走泥丸。'高高蜿蜒的山脉，毛主席比喻为平静的海面上涌动的浪花，气势磅礴的高山峻岭，在红军的脚下如走石头子一般，把这巨大的困难看得那么渺小。"

"妈妈，你说毛主席是从天上俯瞰大地吧？怎么看什么都是很渺小，他的胸怀太大了，不愧为伟人啊。毛主席青年时代有一首词《沁园春·长

玩得开心，笑得爽朗（1998年元月北京郊游）

沙》，有一句我非常喜欢，'恰同学少年，风华正茂……到中流击水，浪遏飞舟。'这'浪遏飞舟'四个字用得多好啊！"儿子被我引导地上了道，我就借势扣上主题。

我说："人要成就一番大业，就要站得高，望得远，心胸宽广才行，要学会到中流击水……"

不知是我刚才啰嗦一通对儿子有所启发，还是孩子在妈妈身边本能地会得到一种抚慰，反正他不说心慌了，过了一会儿，他笑嘻嘻地又跳回到自己床上，很快就睡着了。

不眠之夜 6 月 20 日

儿子睡着了，我却怎么也睡不着，都说教育别人容易，轮到自己就难了。这 3 天来，6 名选手的演奏都装在我的脑子里。虽说我不会拉小提琴，可是，这几年经常听林老师上课和看儿子练曲子，又经历了几个国际国内比赛，也能看出点门道。明天和上午出场的是俄罗斯选手，我看过他走台，心里有个八九不离十，如果陈曦像今晚练得这样，就有希望拿金牌，至少也是前三名。因为今天他的两首协奏曲都比以前提高了一大截，达到了一定的水准，也是我认为他拉得最好的一次。

我心里想争第一，恐怕比儿子心切。我的心才真是慌呢。我被这金牌、前三名缠绕着直到天亮，怎么也无法解脱。想起儿子从 3 岁半学琴至今，一家人这十几年来辛酸苦辣，一言难尽。在北京，我们由住寒冷的招待所到厕所改建的小屋；由不通风的地下室，到 24 平米的大仓库，从这个房子搬到那个房子，一共搬了 8 次家，有的甚至就住了 3 个月。生活像流浪一样，洗澡都成问题，有时还难免要受气。记得住在一所小学校里时，校方同意我们在学校洗澡，可几个老师在浴室里看着我们说："别把传染病带进来传给我们。"当时我真的不知道自己该不该出去。

　　家中的经济已经到了危机的边缘，我先后患了关节炎、淋巴结核病，虽然没有大毛病，付出的代价是不小的。陈康由于长期一人在家，生活缺少人照应，于1998年先后得了糖尿病、高血压。不是家家都能承受为孩子做出这样的牺牲。我在吃穿上从不奢望，整日不知什么是休息，从1996年到今天已是第6个比赛了，早已没有寒暑假的概念，只知冬去春来更换着装，坐上火车是回家，十几天再坐火车就是开学，和儿子一道学，一道拼。在京陪读七八个春秋，终于快有结果了，想到这，心发抖。

　　真没有想到陈曦在第二轮比赛中会这么火，一下子就有了这么多的乐迷，陈曦确实拥有比他们强的实力。虽然他们中年龄最小的也已20岁，最大的已经28岁，但我相信我们也一定能战胜他们。咳，胡思乱想，一夜未眠。

林老师北京遥控　　　　　　6月21日

　　知道今天是决赛的最后一天，林老师早早就开始电话指示："陈曦现在怎么样？应该没问题吧？"

　　我说："他有点紧张。"

　　因为，我相信林老师是解决思想问题的专家，他用的是哲学思想这把钥匙，所以我从来都是实话实说。

　　"紧张什么呀？不是都准备好了吗？有什么问题让他讲。"此时的林老师俨然一位临阵的指挥官。

　　陈曦清楚今天是关键的一天，林老师今天的指示将对他的比赛起着至关重要的作用。他一手接过电话，一手抓耳挠腮笑嘻嘻地说："林老师呀，其实也没什么问题，就是心里没底，怕拉错，嘿嘿！"

　　"好，现在你记住我送你的一句话：追求卓越，不求完美。不要怕拉错，就怕不辉煌。平时练琴要追求完美，不要拉错，上台演出，就倒过来，

林老师给陈曦讲解音乐（2003年1月）

你要拿出你自己的风格特色来，拿出你的强项实力来，听懂了吗？"林老师关键时刻不忘用哲学思想开导学生。

陈曦立刻抖起精神说："听懂了，明白。"

"你重说一遍，看你真明白假明白。"林老师知道现在来不得丝毫的大意。

"追求卓越，不求完美。"学生重复一遍。

林老师这时正式下达战斗命令，他斩钉截铁地说："好！你就放下包袱，大胆地拉，拉错了也不要紧，关键是拿出你的真实水平，展现你自己的才华，就达到了我们的目的。把最好的声音留给观众，评委给不给奖不管它，就按我说的去做吧。还有，要当一场音乐会去拉，不要在意评委，观众满意就是我们最大的追求，这是我平时要求你们的，好了，祝你成功！"

儿子放下电话，冲着我连连点头敬佩地说："妈妈呀，林老师送我的这句话真叫绝了，'追求卓越，不求完美'，我才明白上台应该想什么，发挥你的优势，别介意出点小毛病，真是太好了！林老师怎么不早说呢。"

儿子乐得脸上绽开了花。我也觉得这时候林老师对儿子这样讲，确实说到他的心窝里，陈曦的紧张情绪一扫而光。

林老师的话如醍醐灌顶，完美是求整体的美，卓越是突出个性的美，只有突出了个性的美，整体的美才有价值。学生的思想如释重负，情绪立刻饱满起来。

上午10：20时，我们准时到达葛兰特大厅，同俄罗斯国家交响乐团一起走台。两首协奏曲过了一遍，柴科夫斯基《D大调小提琴协奏曲》一结束，乐队就报以激烈的跺脚击弓和赞赏声。紧接着是西贝柳斯《d 小调小提琴协奏曲》，陈曦拉得更好，结束时，乐队再次报以热烈的掌声，几乎所有乐手都同我们握手，纷纷对我们说："到现在为止还没有一个人比你拉得好。"

"你是最好的。"

"你非常有才能，将来一定很了不起。"

"祝你下午好运！"

……

这些话让我的心里更有底了。但我时时提醒自己注意言行，现在是非常时期，每一句不当的话都会造成儿子不必要的心理压力。

评委们起立为他鼓掌　　　　　　　　6 月 21 日

午后稍做休息，他起来冲澡，这已是演出前的习惯了。2：30 时就开始由兹老师照顾在后台候场了。新华社的两名记者早就想在比赛现场拍几张照片和做采访，由于一直搞不到票，急得团团转。票早已提前售完，他们只好等比赛结束后在外面拍几张照片了。

今天，容纳两千多人的葛兰特音乐大厅里坐满了人。我去时，一些面孔熟悉的俄罗斯人和中国老师都同我握手，说了同一句话：祝你好运！这沉甸甸的四个字，饱含着祖国的期待和外国朋友的祝福。我在心里不停地祷告："儿子，祝你成功！"

下半场铃声响过，报幕员待评委们坐好后用俄语报幕，她报完幕刚一转身，台下的掌声就响了起来，如同在欢迎一位久别重逢的朋友。陈曦在愈来愈热烈的掌声中走向舞台，一次又一次向热情的观众行礼，大家掌声不息，他在台上微笑着，面对这么多关心、支持他的观众，他掩饰不住自己的心情，只好用有些羞涩的微笑向大家致谢。

场内静下来了，乐队在指挥棒的示意下，奏响了柴科夫斯基《D大调小提琴协奏曲》，不愧是世界一流乐队，声音非常漂亮、和谐、准确，把握性好极了。

具有大将风度的陈曦在决赛场上（2002年6月21日）

伴着乐队的节奏，演奏家走进了作曲家创造的世界里，他把第一弓一个很低沉而又富有魅力的声音传送到整个大厅，也将观众带进了这个世界。他的演奏是那么炽热，那么富有激情，人们仿佛听到，他在用心灵赞美饱受战争蹂躏而又不屈不挠的伟大的俄罗斯民族。他成熟的表演如此具有大师的风度，让人很难相信他还是个17岁的少年。第二、三乐章表现的是这个民族的风土民情，他们勇敢善良，能歌善舞，陈曦的表演潇洒大气，雄壮激昂，技巧和音乐达到了完美的统一，掌声再一次响起来，震撼着整个大厅而经久不息。

稍做两分钟休息后，陈曦迎着热烈的掌声走上舞台，这一回他要演奏西贝柳斯《d小调小提琴协奏曲》。上千名观众屏息聆听，陈曦演绎出一个如诗如梦的意境，不禁让我想到一位外国小提琴手告诉我的，这首曲子的开头，写的是在芬兰多雪寒冷的冬天里的一个早晨，作曲家漫步在静谧的森林中，一阵阵的寒风吹打着他的面颊……

现在，陈曦那纤细、清亮的琴音好像一缕缕晨光射入密林，一排排挺拔的树干得到了温暖的爱抚。陈曦在演奏到乐曲的高潮时，他把色彩和力度的转化控制得恰到好处，让观众感受到排山倒海之势，雷霆万钧之力。他无懈可击的演奏技巧，通透、浑厚、富有磁性的声音震颤人心。他以十几年来对音乐和对生活的学习、领悟，以及修养的积淀，成功地演绎了西贝柳斯这首著名的小提琴协奏曲。

一位17岁的少年演奏得如此美妙，震惊了全场观众，人们再也无法按捺住激动的心情，刹时间，震耳欲聋的掌声、欢呼声响彻整个大厅。好多乐迷跳起来为陈曦鼓掌。陈曦对自己追求卓越的演奏很满意，观众的热情更给了他莫大的鼓舞，他深深地向评委、观众行礼。

陈曦三次出场向热情的观众鞠躬谢幕（2002年6月21日）

一位美丽的姑娘跑到台前，给他献上一束淡雅的鲜花（在比赛中是没有人献花的）。后来观众干脆打着节奏鼓掌叫好。在指挥里斯先生的陪同下，他三次出场向热情的观众行礼谢幕。

我注意到，评委们在西贝柳斯《d小调小提琴协奏曲》演奏一开始就都停下手中的笔，专心致志地听看，直到结束。他们最后全体起立，为这位出色的中国少年鼓掌祝贺。在我周围有多少人激动得跳起来同我拥抱、握手、挥手示意，我都数不清了，有的人眼里流着热泪。那沸腾的场面，让我这位母亲感到了万分的幸福和自豪，为中国自己培养出来的这么优秀的世界级小提琴人才感到骄傲！那场面将永远永远留在我的心里。

得不得第一不重要了　　　　　　　　　6月21日

随着渐渐退去的人潮，我走向一个楼梯口，下一层楼梯口的旁边就是陈曦的候场室。我好容易挤下楼，呵！难怪散场那么慢，整个楼梯口里里外外都站满了人，简直是水泄不通。一架架摄相机，一只只话筒伸向儿子面前。兹老师在那里不停地翻译，我在人群里使劲地往前钻，不停地说："谢谢，谢谢！"终于来到儿子身边，听到记者一个接一个地提问题，关心他的伤势好了没有？今天拉得满意吗？等等，他气喘嘘嘘，汗流浃背，一边擦汗一边回答。

一位莫斯科电视台的记者突然向陈曦提出一个非常棘手的问题，记者问："这几天，大家都认为你表现得最好，掌声也最热烈，都说你能拿第一，如果结果出来不是第一怎么办？"

陈曦被多家媒体围住接受采访
（2002年6月21日）

当时我一愣，心一下提了起来，这个问题不好答，搞不好会授人以柄，甚至贻笑大方。

兹老师瞅瞅我乐了，"这回你儿子可不好答了。"我冲着陈曦想张嘴说什么，也没想出合适的词来。

只听儿子笑着从容地答道：

"我现在有这么多喜欢我、支持我的观众和乐迷就已经足够了，至于得不得第一，现在已经不重要了。"

好家伙，太棒了！回答得精彩极了！我简直太佩服儿子了。如果你没有这种境界，心中没有观众，在这样的紧张时刻是回答不上这个问题的。

急不可待的乐迷们纷纷涌向前来让他签名，与他合影，亲吻、拥抱他（2002年6月21日）

采访一结束，急不可待的乐迷们纷纷涌上前来让他签名，与他合影，亲吻、拥抱他，他们的脸上带着兴奋的喜悦，仿佛陈曦成了他们的青春偶像。

这时，刘老师搀着步履蹒跚的周广仁先生缓慢地从楼梯上走下来，陈曦忙上前去同周先生、刘老师握手拥抱，他（她）们更是激动得不得了，周先生拍着陈曦的肩膀说：

"好样的，小家伙，为咱们中国人争光，争气！简直是棒极了！"周先生忍着腿病的剧痛，刘老师这期间腰疼病也犯了，可他（她）们还是坚持来看我们的比赛，为我们鼓掌加油，让我们又激动又心痛。他（她）们用行动向我表达了老艺术家对晚辈的关心，成为我们在这里最亲的亲人。

大厅里已挤得让人透不过气来。随着人走潮退，我们终于来到外面，可以凉快一会儿。观众都不愿离去，他们要等待3个小时后才能看到比赛的最终结果。俄罗斯拥有这样执着的乐迷，他们每场都要买票，好多人场场都看，有的人带着孩子甚至全家来看。上至拄着拐杖、坐着轮椅的老人，下至几岁的儿童，他们的掌声是最真实的情感表达，是没有国界之分的，是最公正的，我被他们对艺术的虔诚所折服。

"你才17岁，竟然把西贝柳斯理解得那么深，音色拉得那么美，真是不可思议"

我们和兹老师坐在咖啡亭里，新华社的两位记者随后也过来了。他们因为买不到门票一直在外面等候，得知我们比赛很成功，很为我们高兴，抓紧时间采访、拍照。后来他们干脆决定同我们一起等最终的结果。说是结果一出来，他们就会通过新华社向全世界宣布这个消息。

陈曦依旧忙碌，他不停地接受记者采访，还要同观众、中小学生，老爷爷老奶奶们合影，为他们签名，接受他们的祝贺。一位先生来到我们面前对陈曦说：

"我想问你一个问题，西贝柳斯是一个现代作曲家，他这首曲子音乐的深度连成年人都很难懂，你才17岁，竟然把西贝柳斯理解得那么深，音色拉得那么美，真是不可思议。请问你是怎样做出来的？"

谢利盖神秘地说："据内部可靠消息，陈曦是第一名"

（2002年6月21日）

陈曦回答他："其实我准备得还不太充分，我只是通过老师上课，读有关方面的书籍，听许多版本的 CD 和自己的思考做出来的，主要是靠脑子想。"

这位先生伸出大拇指说："你是东方的巨人！中国人真伟大！你的老师很了不起！祝你越来越好！"

钢琴家谢利盖是个幽默之人，他也来到我们身旁。在向陈曦祝贺之后，他神秘地对兹老师说："据内部可靠消息，陈曦是第一名。"我们听后不禁大笑起来，但我相信这会是很多人的愿望。

中国赢了

6 月 21 日

晚上 8：30 时，我们赶到玛丽音乐厅，俄罗斯国家独立电视台采访陈曦，我索性躲到一边，不去听那反反复复的问题。第一遍铃声响过，采访也就随之结束，我们都回到音乐厅里坐好。

俄罗斯国家独立电视台采访陈曦（2002年6月21日）

厅里的大人孩子们都在猜第一肯定是 Xi Chen。有的人干脆对陈曦说："你要不是第一，以后柴科夫斯基比赛就没意义了，我们再也不来看了。"

评委会主席斯皮瓦
科夫宣读比赛结果
（2002年6月21日）

陈曦还是同他们说："我从来没想到得第一，有几个选手拉得比我好。"他一直保持着谦逊态度，大家热烈地争执着，还是坚持说陈曦应该拿第一。又一阵清脆的铃声响过，马上就要开始了，四家电视台的摄像机镜头一齐对着我们。

9：30时，主席斯皮瓦科夫等评委全部走上台前，我发现这十几个评委的脸上喜怒参半，这很正常，任何一种结局都不可能让所有评委满意。主席和翻译站在前台中央，开始宣读结果。场内安静极了，15天的紧张角逐，期盼的就是这个时刻。斯皮瓦科夫面带微笑扫视了全场，场内随即响起了他洪亮的嗓音：

"优秀奖……，俄罗斯；第六名刘洋，中国；第五名……，德国；……，俄罗斯；第四名……，俄罗斯；第三名……，俄罗斯。"主席停了一会儿，我和陈曦松了一口气，进了前两名了。

主席这时脸色变得很难看，他说："非常遗憾，我们评委会做了长时间的艰苦努力，第一名很难产生，第二名是……，日本（热烈掌声），Xi Chen，中国。话音未落，啊！台下一下子欢呼起来，大家高兴极了，使劲地鼓掌，陈曦忙站起来向大家行礼。我问兹老师第一名呢？

结果公布结束，陈曦马上又被这几家电视台请去采访（2002年6月21日）

兹老师大声说："咳，我们陈曦就是第一，第一名空缺。"噢，我和陈曦才明白，我们会心地笑了，主席在台上也笑了。（没等翻译开口会场就欢呼起来。）

结果公布结束，陈曦马上又被这几家电视台请去采访，我则被人群围住，和观众们握手祝贺。人们好像和我一样激动。我很满意这个结果，不管设不设第一，我们已经是当之无愧的第一了，全世界马上就会知道：

第12届柴科夫斯基国际音乐比赛小提琴比赛：中国赢了！

是在第一名空缺下的第二名，是在被球迷打伤忍痛参加比赛的情况下夺魁的。但是，还有好多选手、观众打抱不平，说："评委会不公平，Xi Chen就应该是第一，他们这样做是大民族主义，这样搞下去，比赛越来越没有意思。"

一对德国小提琴教师夫妇，都60多岁了，气得双手冰凉。我握住她的双手，一个劲地劝她："谢谢你，其实我们很满意了，您不要生气，我们也不生气。"她是实在太喜欢陈曦了，每场比赛后她都来看望陈曦，送来美好的祝福，她让陈曦去德国找她，她会帮他找一位最好的老师，而不是俄罗斯老师。我禁不住笑了，知道她是在说气话，俄罗斯老师其实是很好的。

与俄罗斯评委扎克
哈尔·布朗（文格
洛夫的老师）合影
（2002年6月21日）

我们一直到凌晨12点才回到宾馆。

第12届柴科夫斯基国际音乐比赛小提琴比赛陈曦参赛曲目

初赛

第二无伴奏奏鸣曲 —— 巴赫

第四协奏曲　第一乐章——莫扎特

第16、24随想曲——帕格尼尼

谐谑圆舞曲—— 柴科夫斯基

复赛

第九小提琴奏鸣曲　第一乐章——贝多芬

第一狂想曲——巴托克

沉思 ——柴科夫斯基

D大调第一小提琴协奏曲　第二乐章——普罗科菲耶夫

茨冈狂想曲——拉威尔

决赛

D大调小提琴协奏曲 ——柴科夫斯基

d小调小提琴协奏曲——西贝柳斯

一阵狂喜之后　　　　　　　　　　6 月 22 日

大赛完毕，大功告成。回到宾馆，一进屋里我们俩禁不住拥抱在一起高兴地转着圈跳啊！乐啊！喊啊！

成功啦！我们真的成功啦！我们的梦想实现了！

8 个月的艰辛，十几年的奋斗，终于有了今天的回报，我忍不住一次次使劲地亲着儿子的脸，他也同样地回敬我，此时此刻，我们俩真的是用语言都无法形容自己的那种心情。

儿子四脚朝天地在床上翻来覆去地打滚，嘴里大声地喊着："我是'老柴'第二啦！是第一名空缺下的第二名！啊！我们终于赢了！啊！我们胜利啦！啊！……啊！……"他把枕头一次次地抛向空中，平日温文而雅的他疯狂了！他在拼命地释放着压抑在心中太久太久的那份太重太重的说不清的复杂情感。

是啊，他太高兴了！8 个月顶人家 4 年用。他太累了，他的压力太大了，他一直极力控制自己的感情，时刻告诫自己保持低调，他还是一个孩子呀，能做到这些是多么地不易。就像一个一直被压紧的弹簧一下子弹了起来，我从没有见他像现在这么高兴、狂喜，我流泪了。在宣读结果的时候，我没有因名次而激动流泪，可是，眼前的孩子是那样地欢腾喜悦，禁不住让我想起了他学琴的历历往事，眼前像幻灯片一样唰唰地闪过，从咿咿呀呀学语，跌跌晃晃走路，

气冲霄汉（1998年元月）

到拎着一把小提琴坎坎坷坷、风风火火一路走来，走到了今天，站在了世界的舞台上。做母亲的不能不动心，不能不流泪，母亲的眼泪啊，总是在为孩子流淌。

儿子想起了3岁半时送给他第一把小提琴、为他十几年学琴呕心沥血的父亲，"妈妈，要是我爸在多好，咱们好好出去吃一顿。"

"是啊！如果爸爸在，一家人一定要好好庆祝一番"
（2003年元月于澳门）

"是啊！如果爸爸在，一家人一定要好好庆祝一番。林老师知道了不知能有多高兴呢。"

一阵狂喜之后，他推开门就往外跑，我忙叫住他问："你上哪儿去呀？你不累呀？再过一会儿就给林老师打电话，你到处乱跑什么？"我不明白他要干什么。

他回过身来，挠挠头发，咧着嘴笑着说："妈妈，我想拉勃拉姆斯《D大调小提琴协奏曲》，反正也睡不着，我找刘洋借谱子去。"

我的天啊！莫非是他哪根神经出了毛病，深更半夜地借谱子拉琴，简直成了琴痴。在历次比赛后，他都马上找老师留新曲子，已经成了习惯。

今天儿子得了这么大的奖，明天就是众所周知的世界名人了，他一点别的想法都没有，还是想着练琴，实在让我无法理解。

在回来的路上，我俩在谈下一步该做什么，这个奖来得太突然，完全没有什么思想准备，所以要马上准备曲目，尽快地拿出几台音乐会的曲目来。扩充曲目是当务之急。儿子可是雷厉风行，说干就干。可我还是没让他去借，第一他太累了，要好好休息一天；第二后天颁奖音乐会，要拉"老柴"的第二、三乐章，可要再好好练一练，同日本第二名同台演一首曲子，要给观众留下好印象，这些观众可都是来自全世界的艺术家，不只是俄罗斯人。要重视这场演出，至于勃拉姆斯嘛，回去再拉吧。

顽皮学生蒙老师 6 月 22 日

现在是凌晨 1 点多钟了，也就是北京的早 6 点，我想林老师已经起床了，该把这特大喜讯首先告诉他和夫人胡老师。儿子拿起电话，又是打通了而听不见对方说话，陈曦又给陈康打，奇怪电话总是这样，林老师很快打来了电话。陈曦抓起电话一听是林老师的声音，立刻兴奋起来，他刚要……我贴在他的耳边小声说："跟林老师说话悠着点儿，他有高血压，别让他太激动啦。"

儿子随即眼珠子一转会意地点点头。故意用一种略显怯懦的低音问候他的恩师："喂，林老师好！"

依林老师的性格，这时恐怕是沉不住气了，很急地问："啊，怎么样？今天决赛表现如何？"我听出了他话音，他其实是想问比赛的结果如何，可他一听陈曦今天的声音有点不对，心里就犹豫了一下绕了个小弯子。可能他也不想一下子就去接受一个"不想接受的事实"。

陈曦顺势跟林老师开起了玩笑，他故意压低嗓子说："林老师我第三轮没拉好，有个地方拉错了。"

林老师一听信以为真，声音不像第一句那样激动，他用很关切平和的

"得意忘形"的顽皮学生与恩师合影（2003年夏）

语气安慰他的这个已经"得意忘形"的顽皮学生，

"啊，没关系，你已经进了第三轮嘛，比我们预想的还要好。咱们回来好好总结，不要有压力，已经很好了，再说我们准备的时间那么短，你又被打了，带伤比赛就很不容易了，你是尽了力的，名次怎么样啊？"

林老师还在做工作安慰陈曦，他可真爱护自己的学生，没想到这个调皮的"坏"学生是在骗老师呢。林老师现在最想听的是比赛的最后排名。

陈曦对我做了个鬼脸又耍了个花招，故意悠着点说："评委会给了我第二名。"

"第二名？第二名已经就很不错了，你，你还有'失误'。"林老师顿时高兴起来，音高上升了八度，他还要继续说，陈曦再也憋不住了，他蹦起来，挥舞着拳头，冲着话筒喊起来：

"林老师，第一名空缺，我和一位日本选手并列第二，她的名字公布在前，我的名字公布在后，哈哈！我骗你呢，我没拉错。"

林老师高兴得声都变了，也喊了起来：

"那你不就是第一名嘛！是第一名啊！哎呀呀，太好了！太好了！太不容易啦！祝贺啊，祝贺……"

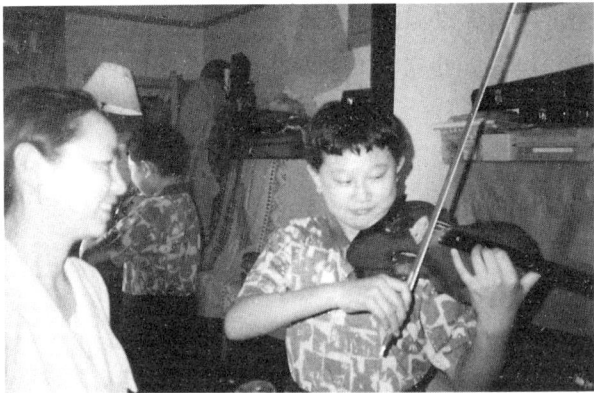

感谢恩师赵薇老师（1997年）

我就是负责汇报工作的，我也很激动，我把电话接过来，向林老师描述了下午决赛时观众们热情沸腾的场面，和公布结果时的观众气氛和反应。

我还告诉他，"我们是最后一个宣布的，按名次从后往前的顺序，陈曦是排名第一，我们是彻底地赢了，赢得大家心服口服，陈曦从来都没有把这两首协奏曲拉得像今天这么好。"林老师已经高兴得不得了，他说他要立刻向院里做汇报。

感谢恩师王冠老师（1991年）

近中午的时候，我们把这个喜讯告诉了前任老师赵薇教授，让她同我们一起分享这份荣誉和快乐。我们又给隋克强老师打电话，他不在家。陈康负责通知王冠老师。

咱们的目标你还记得吗   6 月 22 日

已经是深夜两点多钟，我和儿子还在兴奋地聊着……

成了，成功了！我们真的梦想成真了！

刚来时，在欧亚宾馆口若悬河的一通胡侃竟成了现实。这个银奖来得太快了，太突然了，根本没有思想准备，完全是硬拼出来的。我俩你一句我一句地侃起来。

我不知足地说："要是拿个第一名多好，这几年咱们南征北战的比赛不就全结了吗，比赛是太熬人了。"我又有点"狂妄"起来。

儿子却一本正经地说："妈，我觉得我得第二还是受之有愧。"

"啥？瞎说啥呀，啥叫受之有愧？"我心想，你谦虚也不能过分啊，咱们这银奖来的容易吗，说的悬点，差点把命搭上。这回我没让份儿，照

与俄罗斯选手、第四名卡扎江合影（2002年6月21日）

直说：

"本来你就比他们好，我看第一都当之无愧。谁的掌声有你热烈？谁的呼声有你高？那还用说吗，评委给不给第一那是另一回事。"

儿子皱起眉头，很认真地说："我总觉得米沙和卡扎江比我好。（米沙第五名，南非比赛第一名，卡扎江第四名。）米沙的把握性、准确性比我好，卡扎江也是块好料，很有才能，再说他们是俄罗斯人啊，可惜他们名次太靠后，出乎我的预料。"

我说："他们俩是很不错，我也很遗憾他们的名次，你这个时候还能看到人家的优点，真是难能可贵，你现在的思想境界很高啊。"我有些自惭形秽，儿子这时头脑仍然比我冷静。

儿子接着说："其实评委会没有给我第一是对的，我才 17 岁，音乐修养还差得很远，很不成熟，我认为'老柴'第一，应该是一个成熟的、完美的小提琴演奏家，如果我真是第一，我会在金牌压力下迷失方向，不知如何去发展自己了。"

儿子的一席话，又让我大吃一惊。喔！他的思想进步得也太快了，说得太好了，考虑得很长远，宣布名次才几个小时，他就有了这么成熟的想

与俄罗斯选手、第五名米沙合影

法，不能不令我刮目相看。一般人获了这么大奖，一定想的是要好好大吃一顿，大量购物，或是到哪旅游玩上几天，过几天后才能冷静下来，而陈曦一直就处于冷静之中。

以前，我一直认为：我是儿子的第一教育者，希望他能按我说的原则去做就行了，儿子确实也是这样成长起来的，我对他的影响最大。现在，我开始意识到我们要互相学习，互相接受对方的教育，儿子成长起来，有了对事物的独立见解，我要抓紧学习，提高自己，要托着儿子往上走，不能被儿子拖着走。今天的谈话让我很有收获，也给我敲了警钟，想要儿子好，你要比儿子做得更好，境界更高。

我也对陈曦这样讲："现在咱们的目的达到了，在这国际大舞台上展示了自己，让全世界同行知道你，认可你，你也知道了自己现在的水平，就要为下一步的发展找到方向。"

儿子点点头说："我们真的拿到了这个奖，对于当初的想法来讲，可真是一个意想不到的收获。兹老师说进了第三轮就是爆炸新闻，新华社就发稿，看来谁也没想到啊！"

"我要好好跟林老师学，争取把林老师的东西都掌握好"

我说："你要记住，你只是一个'老柴'比赛的获奖者，可不是什么了不起的小提琴家、小提琴大师，今后的路还长着呢，咱们设定的目标你还记得吗？"

"当然，我会努力，现在就努力，我要好好跟林老师学，争取把林老师的东西都掌握好，我没有觉得比赛后很轻松，反而是时间更紧、压力更重了。要做的事情太多了。"
儿子的思想非常纯洁、质朴、向上，他的想法是正确的。我相信，他最终
会实现他的远大理想。

骄傲的时刻　辉煌的演奏 6 月 23 日

下午，柴科夫斯基音乐学院金碧辉煌的葛兰特大厅光彩夺目，整个大
厅的台阶上都坐满了人，后面过道里也站满了观众，第 12 届柴科夫斯基
国际音乐比赛即将在这里落下帷幕。

下午 6 时整，闭幕式仪式在雄壮的号角声中开始，精神抖擞的乐手们
列队从台上走过。我期待的颁奖时刻终于来到：当小提琴评委会主席斯皮
瓦科夫宣读到最后一个前来领奖的选手名字"Xi Chen，中国"时，全场掌
声雷动。

陈曦接过奖牌和获奖证书，向主席先生和观众们深深地鞠了一躬，以
表达他对评委会及观众们十几天来对他关爱的深切谢意！

我的眼泪再也抑制不住夺眶而出。这是中国音乐界值得骄傲的时刻；
是许许多多耕耘在音乐天地里的园丁们值得骄傲的时刻；是为了孩子学习
音乐而默默奉献自己青春年华的母亲、父亲们值得骄傲的时刻。陈曦为祖
国争光，为中华民族争光，无上光荣。他没有辜负党和人民的培养，没
有辜负学校、老师和同学们的希望，在短短 8 个月的准备时间里，在没有
拿国家一分钱出国学习一天的情况下，仅凭中央音乐学院和附中领导的支
持，师生的共同努力，一天当三天用的拼搏精神，硬是摘下了本届比赛的
头奖。

晚上 8 点整，突然，舞台上灯光闪烁，异彩飞扬，随之观众席上爆发
了雷鸣般的掌声、欢呼声。只见十几名记者"瞄准"同一个目标，闪光
灯"噼噼啪啪"地闪个不停；俄罗斯总统普京及一行人从音乐厅的侧门走

了进来，观众们"呼啦"站了起来，激动地望着自己的领袖，掌声和欢呼声更加猛烈了，恨不能整个大厅都被摇撼。

普京总统微笑着，同近距离的观众们点头招手示意，接着，他又仰起头来，向楼上的观众们微笑着挥挥手。

我很崇拜这位有着特殊背景和传奇色彩的总统先生，他的威武与威严、胆识与震慑力，以及超凡的领袖风度，在他走进来的这一刻，我顿然倍加感受。

几十秒钟后，他没有坐在音乐厅的中央位置，而是在斯皮瓦科夫和组委会主席赫连尼科夫的陪同下就座在靠侧门一边的普通座位上。接下来，全场一片寂静。主持人宣布："闭幕式音乐会开始！"

参加演出的是声乐组男、女生第一名，俄罗斯人；大提琴第二名（第一名空缺），德国人；小提琴并列第二名（第一名空缺），日本人，中国人；钢琴第一名，日本人。陈曦是本届大赛也是历届大赛获奖选手中年龄最小的。

音乐会在热烈的气氛中进行。日本选手演奏柴科夫斯基《D大调小提琴协奏曲》第一乐章，陈曦演奏第二、三乐章，因为陈曦在比赛中的出色表现，他已成为大家关注的人物。他超凡的技巧和感人至深的音乐表演再一次深深地打动了每一位观众的心。

他的演奏结束时，全场如大海掀起了狂澜，掌声、欢呼声一浪高过一浪，大家不断地高喊着bravo！bravo！（特别好！）面对如此激动的观众，陈曦一次次行礼致谢，又一次次领受着观众们对他疯狂的爱、猛烈的爱。他忍不住又在台上腼腆地笑了，他笑得还是那么真挚、可爱，观众的情绪是由于陈曦辉煌的精彩表演才这样如此激动兴奋不已，陈曦不得不在这赞美和爱的涛声中谢幕四次，炙热的声浪久久不息。

此情此景我又是平生第一次遇到。这些观众很多是来自于世界各地的音乐界高层次人物，他们能用这样强烈的感情来赞赏、认可陈曦的才

陈曦一次次行礼致谢，又一次次领受着观众们对他疯狂的爱

华，我不禁眼泪再次夺眶而出……

音乐会结束了，我又同往常一样来到后台，结果又是让人群围个严严实实，依然是采访、合影、签名、祝贺，好像他是最后一个演奏完似的。我微笑着站在一旁，享受这眼前美好的一切。

这位德国评委曾说："您的发音像林教授的学生"
（2002年6月26日）

第12届柴科夫斯基国际音乐比赛就此落下帷幕。可是，曲终人未散，明天我们将在这里做最后一场演出——获奖音乐会的首场演出。

我们来到外面，寻找评委签名、合影。使我们最感愉快的是能同斯皮瓦科夫主席合影，他是莫斯科人心中最崇拜和尊敬的人民艺术家。

由于今天的演出，使许多其他专业比赛的评委对陈曦产生了好感，他们纷纷主动同我们握手拥抱，我们还被他们请来参加评委们的闭幕酒会。

评委会主席、俄罗斯小提琴大师斯皮瓦科夫是莫斯科人心中最崇拜和最尊敬的人民艺术家，能请他签字并与他合影深感荣幸

（2002年6月23日颁奖音乐会后）

酒会上，我们看到了亲切万分的周广仁先生和刘老师，他们拿来好多食品给我们吃，并语重心长地鼓励陈曦，"不要骄傲，不要迷失方向，向更高标准看齐。"她主动为我们做翻译，转达外国评委对陈曦的评价。

我们还看到声乐评委、著名歌唱家、教育家郭淑珍老师，她语重心长地说："拿了大奖，你首先要感谢林老师，他可是位好老师啊！你还这么年轻，好好跟林老师学吧。"

也听到有人向我们透露了评委会的意见：

没有给陈曦第一，是因为他的年龄太小。这么年轻就得了第一（"老柴"比赛还没有17岁选手获第一名，其实获第二名的也没有），对他将来

与俄罗斯评委合影留念（2002年6月21日）

与俄罗斯国家交响乐
团指挥里斯先生合影
（2002年6月21日）

的发展没有多大好处，是出于对他的爱护，才给他第二名的。

评委会这样的考虑，实在是太惜才啦，我们还是要感谢评委会。

兹老师回国了

6 月 24 日

今天淅淅沥沥地下了一天的雨。兹老师中午赶来宾馆，她做完了准备回国的所有事宜，下午6点钟将带领上海音乐学院的两名老师和两名选手一起回国。因为陈曦今晚有演出要去合伴奏，等下午回来时，刚进门不一会儿，陈曦就接到兹老师打来的告别电话，我身不由己地往楼下跑，知道留不住她，只是想送送她，毕竟她同我们一起度过了这不寻常的20天。可当我站在宾馆门口时，已经不见一行人的踪影。我有些茫然，心里一下子空了许多，简直就是没了底。

这些天来，她一直跟着我们做了大量的工作，我都不知道该怎样感谢她。我们处处都依赖她，现在她回去了，只剩下我们两人，说句实在话，想吃饭都不敢进饭店，更谈不上逛商场购物了，我们只有硬着头皮孤军作战，去完成最后的演出任务，善始善终吧！

中国音乐赛史上的辉煌一页　　　　6 月 24 日

　　昨天的闭幕式后，还有几天的获奖选手音乐会。吴碧霞、居觐还有陈曦都被安排在今晚的音乐会上。在开演前，有两位俄罗斯女孩拿着节目单，让我把中国获奖选手的名字用中文写在上面，我很乐意替他（她）们签名，这女孩特意提醒我也写上刘洋的名字。（刘洋第六名，原林老师的学生，现在美国留学。）我很有自豪感，为中国人骄傲，真想多签上几份。

　　演出开始了，我国先出场的是身着紫红色华丽晚礼服的钢琴第三名得主、中央音乐学院的教师居觐（暂在英国留学），她小巧纤细、亭亭玉立，美丽的秀发盘绕头顶，只见她步履轻盈地走到钢琴凳前行礼后坐下。这时，我担心她身体这么瘦弱单薄，琴声一定不会很大，她弹的曲子是柴科夫斯基的作品。

居瑾在中央音乐学院教师节上汇报演出
（2002年9月10日）

　　我很少听钢琴曲，可我觉得她弹得太好了，触键力度、发音都是那么讲究，听起来修养很深。曲子一开始，只见她伏在琴上，摸着琴键，琴音弱小，韵味十足。随着音乐的跌宕起伏，她愈发刚柔相济，尤其是最后高潮部分，她手指下键的力度不像是从她小巧的身体里迸发出来的力量，而是那么地强大、震撼，以至让台下的观众始料不及，她迎来的掌声让她四次谢幕，观众太喜欢她的演奏了，都在为她叫好，我拼命地鼓掌，为她祝贺！为中国祝贺！

吴碧霞在中央音乐学院教师节上汇报演出
（2002年9月10日）

　　第二位上场的是声乐组女生第二名，中国音乐学院教师吴碧霞。她从侧幕到台前，宛如仙女下凡，飘然而至。她个子偏小，但长得似出水芙蓉，歌喉动听感人，我只觉得她的声音甜美清脆，加上她那一双诱人传神的眼睛，更让人感到声情并茂。她的整个表演尽善尽美，观众给她的掌声也是格外热烈。她一趟一趟地来回于舞台之间谢幕多次，我的手都拍麻了，观众还是不依不饶，中国选手在今天的音乐会上可是人气大旺。

　　陈曦第三个上场，他演奏拉威尔的《茨冈狂想曲》，尽管他全力地去做，但琴因天气潮湿已不在状态之中。热情的观众还是报以了极其热烈的掌声，一束束鲜花捧在他的手中，我突然看到有位白发苍苍的老人给他献上一束美丽的鲜花。当他第三次谢幕时，主持人没有让他下台去，而是奖励他一套环球唱片公司出版的 CD《莫扎特全集》，这意外的收获、意外的惊喜让陈曦欢欣不已。

这场音乐会，中国选手真是大出了风头，痛痛快快地在莫斯科火了一把，让中国人扬眉吐气。在第12届柴科夫斯基国际音乐比赛中，中国选手创下了辉煌的战绩，为中国国际音乐赛史谱写了新的一页。

感人的一幕   6 月 24 日

陈曦演完后我就赶到后台，这次后台比较清静，因为演出还没有结束。我们正准备回去，这时门开了，一位中国姑娘搀扶着一位年约八旬的俄罗斯老奶奶走了进来。

陈曦很热情地上前同她握手，并把我介绍给老人家，陈曦还指着一束美丽的鲜花对我说："这是她刚才献给我的。"我不禁对这位老人肃然起敬。我上下打量着她，她上身穿一件白丝绸便装，下身是一条黑丝绸长裙，面色红润，气质不凡，她双手一直紧握住陈曦的手不放，表情严肃认真，不停地说着俄语，我通过这位中国姑娘翻译后才知道事情是这样的：

我不禁对这位老人肃然起敬（2002年6月23日）

原来，她曾是一位小提琴教师和演奏家，她的老师同海菲兹一起都是奥尔（世界最著名的小提琴教育家）的学生，在世界上很有名气。昨天她看了陈曦演奏的柴科夫斯基《D大调小提琴协奏曲》的第二、三乐章后很激动，她非常喜欢陈曦，今天特意将她珍藏了许多年的他的老师演奏的录音唱片交给了组委会，想通过组委会转交陈曦，这位姑娘根本不认识她，但在这位老人的一再请求下，才答应做翻译，她说老人都快急哭了，她被老人的精神所感动。

老人家说："你还年轻，学习是最重要的，希望你更好地成长"

老人找到陈曦，一是祝贺他演出成功；二是问他拿到唱片了没有？我们说没有，她一下子就急了，我们安慰她别急，组委会一定能转交给我们的；三是她要同陈曦谈谈自己的一点想法。

她说："你现在的演奏非常非常地感人，我都感动得流了泪。但是，希望你不要骄傲，要多学习、多看书，要加强音乐修养，你还年轻，学习是最重要的，希望你更好地成长！"

她说了很多，很多。我想，在莫斯科能碰上这么好的老人是多么地幸运，她对陈曦所寄予的厚望，就是我们要达到的目标。我让她给我们留下电话和通讯地址，她不放心翻译，自己动手写，笔握在她的手上不停地抖动，好半天才写完，我在一旁感动得都快落泪了。后来，我建议合影留念，并送给她一条印有"寿"字的红色丝巾，愿她老人家永远健康长寿！她欣然接受了我的礼物和祝福。

她为陈曦献上了一束鲜花和老一辈音乐家真诚的心
（2002年6月23日）

今天晚上回来早多了，开始真正地静下心来，想想明后两天的日程，可刚才发生的感人一幕让我难以入睡。

Xi Chen 你好   6 月 25 日

早餐时，认识了美籍台湾人赖先生一家，他们很喜欢陈曦，同意带我们一起玩渡船游览莫斯科城，结果因下雨没有玩上，我们只去了较近的普希金历史博物馆参观。当我们去存包时，工作人员一下子就认出了陈曦，她摆出了拉小提琴的姿势，伸出大拇指说："哈拉少！"（"好"的意思）并拍拍陈曦的左臂，意思是说："怎么样，好了吗？"坐在一旁的三位参观者也认出了陈曦，立刻同我们打招呼，这么多俄罗斯人都关心陈曦被打和获奖的事情，可见柴科夫斯基国际音乐比赛，已是家喻户晓，人人关注。

我们在美术博物馆里看到了几世纪至今的艺术珍品，有雕塑、工艺品、名贵的油画等。参观后，红场仍在戒严，我们不能穿行只能绕行，走了两个小时才回到宾馆，真是太累了。7点钟又赶到学院吃晚饭，结果餐厅已关闭（结束比赛用餐），我们只好在路边买点土豆沙拉小吃。（因为没有翻译，不好上饭店。）

参观历史博物馆（2002年6月26日）

晚上，组委会送来了昨晚那位老人家送给陈曦的老唱片，她怕我们没有老唱机，又亲自录了一盘磁带给我们，我们的感动无以言表，我们一定要用行动回报她老人家。

40分钟的旅游   6月26日

上午9：00时，我们拨通了一位朋友的电话，想让她陪我们参观红场。她说："不用了，你们出去40分钟就全看遍了。"我半信半疑，知道红场就在附近，但近到多少？具体在何处？还是不知道。结果我们仅用5分钟

莫斯科的无名烈士墓前有一束永不熄灭的小火炬
（2002年6月26日）

时间就走进一个公园，这就是著名的纪念在第二次世界大战中牺牲的无名烈士墓，墓前有一束永不熄灭的火炬在燃烧，从公园里走到头，就看到克里姆林宫在马路对面，遗憾的是我们没有时间去参观。

从公园出来，就看见许多人在排队等待什么。噢！我忽然想起来了，听兹老师说过，上午10点钟列宁墓开始参观。但要到较远的地方存包（相机等），我们也没时间去看。转到右侧的一个高大的古老拱门里，就像走

莫斯科红场。参观列宁墓的人群络绎不绝（2002年6月26日）

进一座古城一样，红场就在眼前，远
处有一座方型建筑，是伟大的革命导
师列宁之墓，这就是我们在北京世界
公园里看到的那一角。建筑古老而美
丽壮观，可惜我们仍没有时间上前
细看。

此次莫斯科之行，就是比赛之行。
这是唯一的 40 分钟的走马观花式的
旅游。

但我想，我们一定会再来莫斯科
演出，这里的人们太喜欢陈曦了，到
那时再来好好浏览这世界名城吧。

游览莫斯科（2002年6月26日）

10：30 时，朋友开车带我们购
物，只到一家位于胡同里的礼品店，又吃了一顿中餐，回来已是下午 4 点
钟。休息 1 小时后，5 点整理行李，6 点就离开了莫斯科宾馆。

再见了，莫斯科　　　　　　　　　　6 月 26 日

汽车在通往机场的大道上急速行驶，这座世界名城的迷人景色再
次一幕幕进入我的视野，又迅速地消失掉。我竭力想多看一眼，多欣赏
一幕……

我专注地望着窗外，心里默念着：

再见了，莫斯科！再见了，朋友们！音乐连结了我们的友谊，发展了
我们的友谊。在这里，有一位中国少年展示了他小提琴演奏的艺术才能，
世界开始认识、关注这位 17 岁富有才华的少年啦！

再见了，莫斯科

（2002年6月26日）

载誉归来　　　　　　　　　　　6月26日

26天的莫斯科之行，26天的莫斯科征战，陈曦没有愧对党和国家的培养，没有辜负师生们的希望，他终于载誉归来了。

我们刚刚走出机场，林老师、中央音乐学院郭淑兰书记、刘康华副院长、附中邢维凯校长，还有几名学校和院里的领导、老师都来迎接我们，文

音乐学院和附中领导同来机场
迎接陈曦凯旋归来

（2002年6月26日于首都机场）

化部、中演公司的领导也来了，兹老师也来了，陈康、老王大哥也来了。

陈曦一见到林老师，就疾步到林老师面前，师生两人紧紧拥抱、百感交集，胜利的喜悦，难以言宣。容光焕发、神采飞扬的林老师此刻眼眶里充盈着泪花，26 天的离别，26 天的思念，26 天的共同奋战，26 天的焦心等待，此时此刻，尽在不言中。

26天的分别，26天的思念，26天的共同奋战，今天我们共享这荣誉与快乐（2002年6月27日相会于首都机场）

林老师又走到我跟前同我握手，不停地说："祝贺，祝贺，辛苦了！"我忙答道，"谢谢，谢谢！"本来嘛，最辛苦的还是他们师生二人。

所有在场的领导、老师都上前祝贺我们，并对陈曦的伤势表示关切和慰问。附小学生刘芳希、任然向林老师、陈曦献了花，我和陈康也分别得到了一束鲜花。

花，实在是太美了！在莫斯科也接到过许多鲜花，可却抵不过眼前的这些花——那么耀眼，那么艳丽，那么沁人心脾，那么四溢芬芳。我爱不释手地亲吻这芳香扑面的鲜花。

中央电视台的新闻记者也来采访，记录下了这激动人心的欢迎场面，当晚中央电视台就播发了这条新闻。

中央电视台记者采访，记录下这王者归来的一刻
（2002年6月27日）

　　我清楚地记得：当每个人都伸手向陈曦祝贺的时候，说的话都有那一句——真是太不容易了！"

　　是啊，真是不容易，她与那份责任和那付担子一样地沉重。

厚爱与厚望

在庆祝香港回归5周年国庆演出时与钢琴家刘诗昆先生
合影（2002年10月）

北京时间已是 27 日

　　晚上，在皇冠假日饭店的国际艺苑，由《小演奏家》杂志社主办、北京雪平提琴厂赞助为陈曦凯旋归来举办了欢迎庆功酒会。

　　当我一走进会场，就看到一个大花篮摆放在舞台一边，主持人凌紫告诉我："刘诗昆先生听说陈曦获'老柴'比赛的大奖很高兴，因有事在外地出差，特意送来了这么漂亮的花篮表示祝贺。"

我国著名小提琴演奏家盛中国老师因在外地演出，也打来电话说："一定要向陈曦表示祝贺，能取得这么好的成绩太不容易了。"

与著名小提琴家盛中国先生合影于2009年《音乐人生》录制现场

凌紫接着说："还有著名作曲家付庚辰先生，歌唱家金铁霖老师，我国著名指挥家、中国爱乐乐团艺术总监余隆先生等，因有事不能参加，都专门捎话来表示祝贺。"真没有想到陈曦获奖会惊动这么多艺术大家。

陆续来了许多人，除了有林老师和夫人胡适熙老师外，还有陈曦的前任老师赵薇教授及中央音乐学院、附中的一些领导和老师。

感谢恩师林耀基老师（2002年6月27日）

感谢恩师赵薇老师（2002年6月27日）

　　还有我国著名书画家刘迅先生，中国音协副主席鲍惠荞老师，我国著名指挥家谭利华老师，以及在京的各大交响乐团的部分领导、指挥和首席们。

　　还有中央电视台、中央人民广播电台、各大报刊杂志等在京和上海的新闻媒体，人民音乐出版社总编辑祖振声先生，中国唱片总公司副总经理刘开勇先生，中唱华夏演出有限公司副总经理徐麗英先生，中国乐器协会副秘书长丰元凯先生，中国音协奥尔夫专业委员会会长李妲娜女士，等

著名钢琴家鲍惠荞老师前来祝贺（2002年6月27日）

我们与林老师、胡老师还有李妲娜老师合影（2002年6月27日）

等。很抱歉，不能一一说出这些前辈艺术家的名字，他们都赶来参加这个欢迎庆功酒会，面对这个从未经历的场面，我显得木讷而不知所措。

在会上，陈曦讲述了这次参赛的大致经过，林老师谈了关于比赛的准备过程，赵薇老师也讲了话，鲍惠荞老师、国交指挥李心草、中央歌剧舞

与林老师和国交指挥李心草、首席刘云志合影（2002年6月27日）

与著名指挥家、北京音
协主席谭利华老师合影
（2009年）

剧院交响乐团首席曹欢老师等也发了言。

最难忘的是谭利华老师的发言：

"这是我国小提琴比赛所取得的最好成绩，奥运会、世界杯都是 4 年
举办一次，'老柴'比赛恰好同世界杯赛同时举行。陈曦 17 岁就拿到了这
块金奖空缺下的银牌，我看这块银牌的含金量不亚于金牌。我希望媒体多
关注宣传中国在高雅艺术方面所取得的成绩，因为他是我们中国的荣誉，
是我们中华民族的荣誉。"

感谢凌紫老师为我们举办
了这么高规格的隆重欢迎
会（2002年6月27日）

是啊，他说得太好了！真的说到了我们的心里。

在即将过去的 26 天里，在我们苦苦煎熬、孤军奋战的日子里，谁给了我们无畏拼搏的勇气？谁给了我们要去战胜一切的力量？在挫折中我们忍痛含泪站起来，那就是：国家和民族的荣誉至高无上！

今天，在这热烈、热情、温馨的欢庆会上，有这么多国家艺术界的知名人士和国家重要新闻媒体参加。年逾古稀的刘迅先生将自己珍贵的画册赠送给陈曦。在大家的发言和彼此的畅谈中，我深深体会到老一辈艺术家对陈曦所给予的厚爱和所寄予的厚望。

回家了，终于回家了！一切都将从零开始，向更高的目标努力。

是啊，一定要从零开始啊

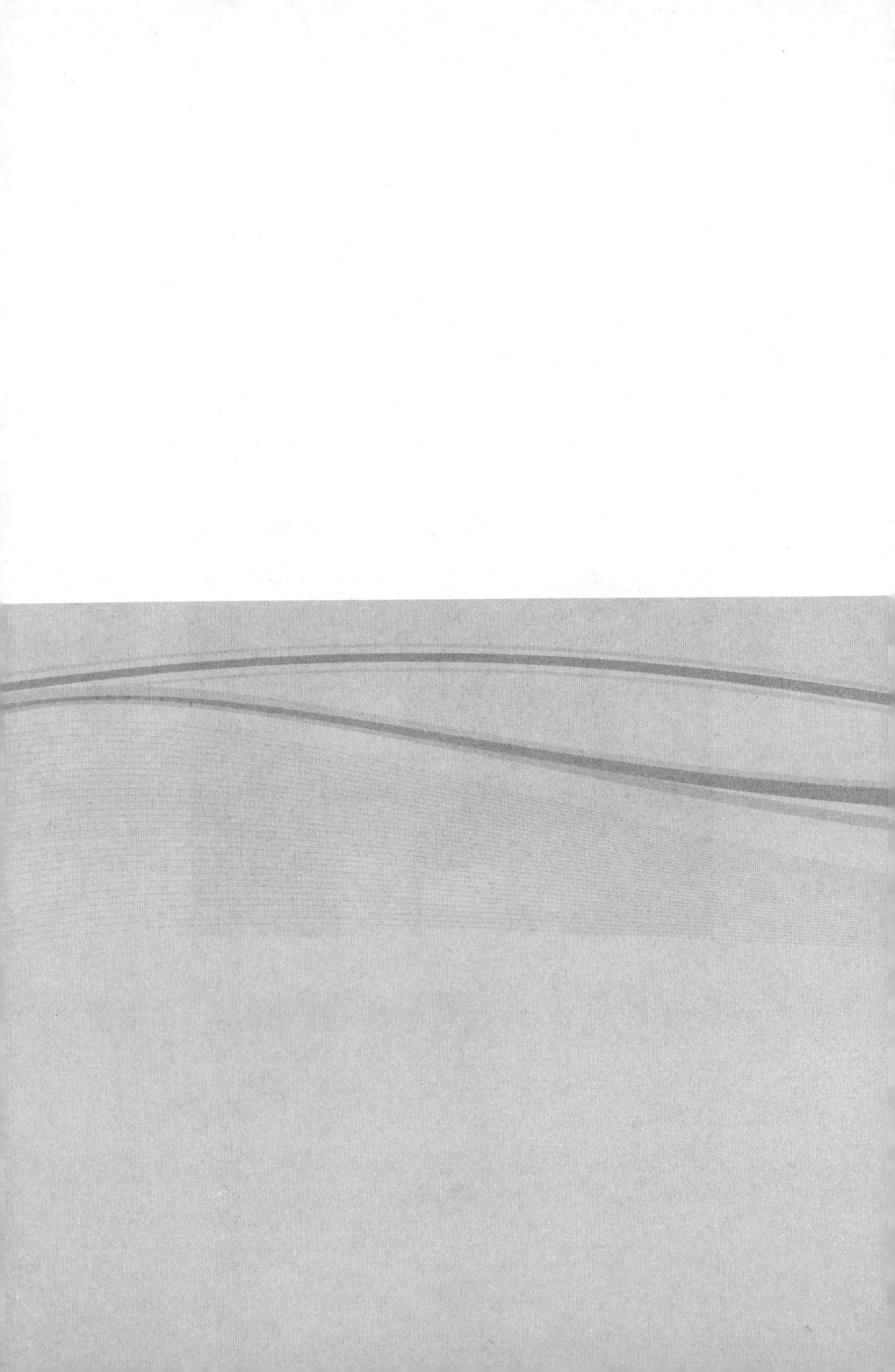

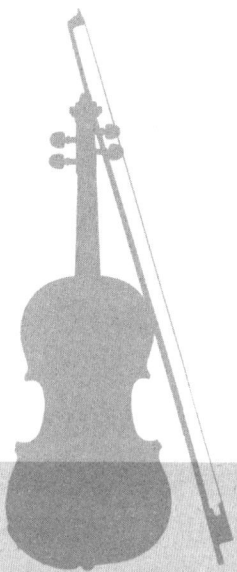

第四部
晨曦初露　期待永久的光芒

盛誉之下的陈曦

陈曦载誉归来，全国各大新闻媒体纷纷争先报道，以醒目的标题、重要的版面报道这一消息：《中国 17 岁小将拔头筹》《学生荣耀，母校自豪》（《北京晨报》）、《中国选手全面开花》《左臂受伤，他仍折服了莫斯科》（《北京青年报》）、《中国音乐大有可为》（《光明日报》）、《陈曦获奖倒计时》《陈曦与小提琴人物连载》（《音乐周报》）、《叩开国际音乐之门》（《音乐生活报》）、《少年小提琴家陈曦，征服音乐之国俄罗斯》（《北方航空报》）、《沈阳少年获国际大奖》（《沈阳晚报》）、《北京音乐届为陈曦举杯》（《辽沈晚报》）、《陈曦，升起在世界乐坛上的一缕晨曦》（《中华儿女》杂志）、《陈曦，让中国为你疯狂》（《北方航空》）。还有《国际音乐》《音乐爱好者》《音乐生活》《小演奏家》《琴童》杂志，等等，都相继发表了叙述陈曦成长历程的长篇文章。他同时成为了《人民音乐》《器乐》《音乐生活》等多家杂志的封面人物，台湾、香港甚至世界媒体都对陈曦给予了高度的赞赏。

世界最权威的弦乐刊物英国《斯特拉底》杂志在文章中这样评述陈曦：

陈曦是一个没有在北京以外的任何学校学习过的中央音乐学院的学生，他是一个有着强烈个性、非常光彩辉煌的音乐家。

郭书记在"陈曦同学载誉归来欢迎会"上讲话
（2002年7月1日）

中央音乐学院在党的生日那天，举行了"陈曦同学载誉归来欢迎会"，党委书记郭淑兰老师在开场白中说："今天是中国共产党的生日，陈曦同学的获奖是对党、祖国和人民献上的一份厚礼。"

王次炤院长说："听到陈曦等人的获奖消息感到非常地振奋。'老柴'比赛是国际乐坛上的一项重要赛事，其分量与体育比赛的奥运会相当。陈曦是一个十分有才华且又十分用功、谦虚的学生。而他的老师林耀基更是

王次炤院长在欢迎会上讲话（2002年7月1日）

一位在国内外享有很高声誉的小提琴教育家，他们的努力工作和学习，为学院、为国家赢得了荣誉。"

林耀基老师在会上发言说："陈曦是我国自己培养的柴科夫斯基国际大奖的获得者，完成了我的梦想，他是一个用心演奏的小提琴家，一个潜心钻研音乐的好学生。陈曦的获奖代表着中央音乐学院小提琴教学的成果。代表着一个时代的高峰。"

林耀基老师在会上发言（2002年7月1日）

陈曦像一个凯旋的勇士，受到了人们的欢迎和赞誉，在缤纷璀璨的五彩光环照耀下，他的心是激动的，但是，他的头脑是冷静的。

在刚刚回来的一些日子里，电视台、报社、杂志社的记者登门采访，络绎不绝，大家都想争先报道这一中国也是世界音乐界的大喜事。我们也希望关心、关注这件事的人们，能早日听到有关陈曦更多的真实报道。已经疲惫不堪的孩子没有要求休息的奢望，除了接待采访之外，还要抓紧时间练琴，他知道自己任重道远。

27日回到北京，29日中国交响乐团的指挥李心草老师就打电话给林老师，想请陈曦登台救场，因为与中国交响乐团准备在7月2日合作演出

著名歌唱家郭淑珍老师在会上发言（2002年7月1日）

的独奏演员因手突然受伤不能上场。陈曦得知此情后，毫不犹豫地答应下来。我心疼地劝他暂时不要演了，他需要好好地调整一下身体。他说："救场如救火，我们是同行，我有义务这样做，这体现一个人的艺术道德，我能行。"

7月2日晚上，在首都天桥剧场的成功演出后，指挥李心草在台上激动地拥抱着陈曦说："曦子，拉得好哇！这是一场合作得最好、最完美的柴科夫斯基协奏曲。"

刚刚听了"老柴"比赛录音的林老师，不停地夸耀这场演出比比赛时的水平又提高了。在观众的一阵阵欢呼和掌声中，陈曦走下舞台，将两束绚丽的鲜花献给了在座的恩师林耀基和夫人胡适熙老师，全场观众再一次对他报以热烈的掌声。

陈曦后来和我谈了他对荣誉的看法，他认为，没有老师的奉献付出，就没有他的成功、他的辉煌。他清楚地懂得，在他的所有奖杯和证书上，都深深地凝聚着林耀基、赵薇、隋克强、王冠四位教授的智慧和心血。无论将来他走到天涯海角，他都将永记老师们给予他受益终身的教诲。

在同学们都为陈曦取得的成绩兴奋不已的时候，他没有因此而沾沾自

演出结束后与恩师、师母合影（2002年7月2日）

喜、趾高气扬。同学们都说他获奖回来，一点儿也没变，还是那么谦虚，好像没有那么回事似的。

家长们也对我说，陈曦妈妈，你还和原来一样，穿得依然那么朴素（其实是邋邋遢遢不讲究），说话没有一点感到自己了不起的样子。我为什么要那样呢？这当然不是我的性格。我们一贯是向前看，看前方的目标，像林老师教导的那样，每天都要从零开始。得奖早已是以前的事啦。而陈曦呢，他也不认为获奖就应该从此趾高气昂起来，而要更谦虚地做人。

他曾对我说了这样一句话，我把它记在了我的日记本上：

"我认为天才是综合性的，不光是你的琴技方面有才能，还有你的性格、修养、人品、善良和智慧的综合，缺一不可。"

在英国留学的宁峰，三次到加拿大参加夏令营，从而三次遇见了陈曦，他对陈曦的评价是：

"第一次见到他是1999年7月，是一个不起眼儿的小孩；第二次见到他是2001年7月，不得了，拉琴的水平提高了，他变了，成熟了，俊朗了；第三次见到他是2002年6月在莫斯科比赛时，更不得了啦，琴拉得太好了，人也好。就是有一点始终没变，那就是他的谦虚没变。"

是啊，这是获奖后儿子最让我们感到欣慰的，他能保持良好的心态，无论在任何时候，都能够静下心来思考问题，不骄不躁，沉着冷静。

说到陈曦的谦虚温和，我曾问过他，走进音乐的殿堂8年了，你们班谁跟你有过矛盾？他说："瞧你问的，谁跟我也没有矛盾，我跟谁都好。

我没有跟谁最好，我不喜欢
几个人扎堆总在一块儿，在
我的眼里，全班同学都是我
的朋友。"

班主任刘京建老师告诉
我，"老柴"比赛之后，全班
开了个讨论会，大家提问题，
陈曦来回答。（陈曦对此事从
未提起。）同学们问他对交异
性朋友怎么看？

50周年校庆时与刘京建老师合影（2007年6月）

陈曦回答说："首先我不反对你们交异性朋友，但是我不交。为什么？
我认为应该是什么年龄做什么事情。现在我们是学习的年龄，都是中央音
乐学院附中的学生，能进到这所学校是很不容易的，学校里有中国最好的
老师，我们应该珍惜这个学习环境，努力掌握专业本领，不要分散我们的
精力。将来，我们要干一番事业，现在是打基础的时候，我觉得我的学习
时间都不够用。在我的眼中，男生女生都是同学，都是朋友，没有什么薄
厚之分。"刘老师说，大家对他的回答报以了掌声，没想到陈曦谈话这么
成熟。

一段时间以来，找他演出的电话不断打来。有的演出时间是重叠的。
参加哪些演出，舍掉哪些演出呢？当时就曾有三个活动是同一时间，一是
去年定下来的加拿大"晨兴音乐桥"国际夏令营；二是中央电视台"中国
电影百花奖颁奖晚会"的演出；三是担任在厦门举行的首届中国大学生艺
术节开幕式的独奏演出。大学生艺术节主办单位是中央音乐学院，我们选
择了参加首届中国大学生艺术节，因为他毕竟还是艺术院校的高中生，他
接受了这个特殊的邀请。为此，他推迟了去加拿大参加夏令营活动的时间，
放弃了"中国电影百花奖颁奖晚会"演出的机会。

著名指挥家、现中央音乐学院院长俞峰教授担任指挥
（2002年7月13日）

在到达加拿大夏令营营地——皇家山音乐学院后，院长保罗先生亲自对他说："你已经是第三次参加我们的夏令营活动，今后，我们随时都欢迎你来。现在你不是一般人了，你在这里的演出可以由你自己决定，因为你可以谈出场费了，我们对你不做任何要求。"

"晨兴音乐桥"国际夏令营合影（2002年7月）

　　陈曦坦诚地回答："校长先生，我是来参加夏令营的，你们就把我当作普通的学生来要求，而不是柴科夫斯基比赛的第二名。"听着这位只有17岁的中国少年的回答，院长唯有不住地赞叹，陈曦的谦逊有礼在夏令营传为佳话。

　　加拿大的夏令营结束后，我与陈曦赶到上海，参加由上海音乐学院主办的世界著名小提琴大师帕尔曼先生的大师班。帕尔曼4岁时不幸患上小儿麻痹症，双腿残疾。但是，他却以顽强的毅力学习小提琴，最终成为当今世界顶级的小提琴大师。他的成就和品格使他成为我们心中最崇拜的音乐大师。现在能够亲耳聆听他的讲学，我们感到莫大的荣幸。

　　记得1993年，当陈曦还只是个小孩子的时候，帕尔曼大师到中国访问演出，为了一睹这位传奇大师的风采，我们花了360元钱给陈曦买了张帕尔曼在人民大会堂演出的入场券，专程从沈阳赶到北京观看。那时候我们并没想到，9年后，他竟然来到了我们的身边。

　　我去过几次大师班看学生们汇报演出，帕尔曼大师也在场，他温厚随和，一点没有大师的架子，每一个学生演奏他都会认真听，演奏结束时他也会使劲儿地拍着那双宽厚的大手掌给予鼓励。儿子告诉我："大师每天和学生在一个食堂吃一样的饭菜，他吃得非常多，也非常地香。排练合唱的时候，他站在队里和大家一起唱。有一次，他溜了号，自己先大声唱了

帕尔曼大师风趣可爱的表情变化（2002年8月）

出来，发现错了，他瞅了指挥一眼，还吐了下舌头，样子很滑稽。"

大师知道陈曦刚刚得了"老柴"比赛的大奖，幽默地称他是"柴科夫斯基"。

8月13日下午，大师单独给陈曦面对面上课。两人一见面，他就打招呼，"Hello，柴科夫斯基！"陈曦笑着上前同他握手问大师好。接着，大师问："拉什么曲子呀？"

陈曦回答他："柴科夫斯基协奏曲的第一乐章。"

大师风趣地说："我怎么没听说过呀？"然后俩人哈哈大笑，课就这样在愉快地气氛中开始了。陈曦在日记中这样记载：

当我拉完第一乐章的时候，帕尔曼说我拉得非常好。并且问我："你今年多大了？在哪个学校学习呀？老师是谁呀？"我都一一做了回答，他说他认识我的老师林耀基。他评价我的拉琴，总的来说声音非常好，但是他希望能帮助让我的声音拉得更好。接着，他让我从头再拉，并且让用更多的压力。大师说："多点压力，声音就会像冰激凌。拉琴尤其是拉慢板的地方，就要像捏橡皮泥的感觉。拉快板时，要把弓子贴住，不要怕噪音。要让音乐厅的最后一排都听得到。"

跟他上课很有意思，也很轻松。大约上了1个小时，收获不小。最后他问我是否参加今天晚上的音乐会，我说参加，我拉柴科夫斯基的《谐谑圆舞曲》，他说非常好，并用怪里怪气的声唱这首曲子的开头一句，之后，我俩又都笑了，课又在愉快的气氛中结束了。（完）

写到这儿，我想起了2001年7月1日，陈曦第二次参加在皇家山音乐学院举办的"晨兴音乐桥"国际夏令营活动时，他曾作为同另一位世界著名的小提琴大师、也是帕尔曼最亲密的朋友祖克曼先生上通过卫星转播的大师课的唯一一人。陈曦当年是这样向我描述的：

　　让我感到荣幸的是学校在来自世界 100 多名小提琴手中，只挑选我一人和世界著名小提琴大师祖克曼上大师课。这次大师课特别新颖，是在加拿大第一次使用卫星传送系统进行电视双向教学。加拿大的许多学校都同时收看。

　　7 月 3 日晚上，我提前半个小时来到学校的阶梯教室，一眼就看见屏幕上红光满面的祖克曼大师在试音。皇家山学院的保罗院长把我带到摄相机前，祖克曼先生立刻非常友好地对我说："How are you！"我也问候了他，并告诉他我的名字和年龄。我们在大屏幕前示意握手。大师很随意，他提出同我拉莫扎特的《小星星变奏曲》，他拉一句，我拉一句，他还带着我变换节奏拉得很快，我完全不紧张了，反倒觉得离他更近了。

　　6 点了，大师课正式开始了，我演奏普罗科菲耶夫《第一小提琴协奏曲》的第一乐章。我边拉，他边讲，讲得非常细腻认真；包括音乐的表现，有难度的技巧，他告诉我如何作好揉音，如何演奏更能表达你的内心想法。他不停地作示范，那精彩的表演都把大家看呆了，掌声不断地响起。我在他的启发下，茅塞顿开，再重新演奏一遍时，觉得声音确实变了，仿佛提高了一大截。结束时，祖克曼先生和大家一起给我鼓掌，大师说："你演奏得太棒了！非常有才能，很有前途，希望以后再见到你。"大师课结束后，我一直沉浸在莫大的幸福之中，感到自己太幸运了。

　　是啊，两年里同两位世界最著名的小提琴大师上课，陈曦的确是太幸运了！

　　8 月 24 日，帕尔曼大师在上海大剧院与上海广播交响乐团合作演出贝多芬《D 大调小提琴协奏曲》，在观众热情的掌声中，他拄着双拐一步步艰

帕尔曼和老师们一起演奏四重奏（2002年8月）

难地走上台前，他的音乐令全场 1000 多人倾倒陶醉。

我同儿子的感想是一样的，"这样一位有着卓越成就和人格魅力的音乐家不仅是全世界艺术家的典范，也是我们人生的典范。"他艰难地走上舞台的身影让我久久难以忘怀，肢体健康的我们，有什么理由不去努力和珍惜？

赤子之心　感恩之情

2002 年教师节，中央音乐学院决定在这一天召开"献给教师节——第 12 届柴科夫斯基国际音乐比赛获奖者汇报音乐会"。李岚清副总理、文化部部长、北京市市长、市委书记及 40 多所重点大学的校长都将前来观看这场演出，这是一个重要的演出任务。

我们在接到院里通知的同时，柴科夫斯基国际音乐比赛小提琴比赛评委会主席斯皮瓦科夫邀请陈曦于 9 月 6 日至 9 月 16 日同俄罗斯国家交响乐团合作演出，在俄罗斯三大城市进行巡演，这也是一个千载难逢的好机遇。可是，在这两种不同性质的演出之间只有取舍而无法平衡，我们最后忍痛放弃了赴俄罗斯演出的良机。

新华网这样报道：

> 9月10日晚，中共中央政治局常委、国务院副总理李岚清同在京高等院校负责同志和中央音乐学院广大师生员工聚会一堂，欢度我国第18个教师节，并出席了第12届柴科夫斯基音乐比赛获奖者汇报音乐会。李岚清向辛勤耕耘在教育战线上的全国广大教育工作者致以节日的问候。

左起：郭淑兰、俞峰、吴碧霞、王次炤、居觐、吴祖强、杨骏、陈曦、陈至立、刘淇

（2002年9月10日）

教师节那场音乐会气氛热烈，李岚清副总理演出后走上舞台第一个同陈曦握手，陈曦紧握着副总理的手不慌不忙地说："李总理，我已经是第二次见到您了，您记得我吗？"

李岚清副总理亲切地说："记得，记得，当然记得，祝贺呀，陈曦！"

李岚清副总理在讲话中谈道："世界上许多科学家也是艺术家，许多艺术家同时又是科学家。他们的经历表明，科学和艺术是相通的。比如：

李岚清副总理说："可是，他没有我们陈曦拉得好啊"

听说地质学家李四光、水稻专家袁隆平都会拉小提琴，可是，他没有我们陈曦拉得好啊！""哈！哈！哈！"大家都笑了起来，真是太幽默了。

当我们走出礼堂的时候，却发现很多老师、学生、家长都聚集在大礼堂门前，他们由于没有票就一直站在门外面，其中许多人是从音乐学院附中方庄那边赶来的，乘公共汽车需要1个小时。

陈曦是附中的学生，对培养他的学校、老师和同学有着特殊的、深厚的感情，见此情形，他情不自禁地对我说："妈妈，我自从获奖回来，学校的老师同学还没有看到我的演出，我特别想给他们演一场。今天是教师节，看演出的都是外面的老师和领导，咱们学校的老师和学生大部分都没进去，你看看，他们都在外面一直站到现在，我想跟郭书记（中央音乐学院党委书记郭淑珍）说说，明天再给全校的师生演一场。"

郭书记听后高兴地说："你的想法很好啊"

　　儿子的话令我心中充满喜悦，能够正确对待荣誉的人，首先要懂得知恩图报；有作为的人，不管走到哪里都不会忘记了自己的根。我支持！我急忙催他，"你这个想法太好啦！正好郭书记就在我们旁边，你赶快跟郭书记说。"郭书记听后高兴地说："你的想法很好啊，我们看看再安排一场吧！"随后，他们还合了影。

　　结果，第二天真的加演了一场，不仅满足了师生们的愿望，也满足了陈曦的心愿。第二天的演出结束后，他对我说："妈妈，给咱们学校里的人演，我可来劲啦，心情不一样啊！听到台下的掌声、叫好声就是感到十分亲切激动，今天的演出可真过瘾啊！"

不仅满足了师生们的愿望，也满足了陈曦的心愿

　　我感慨地看着儿子，"是啊！你过瘾，你们同学都过瘾，他们都为你欢呼高兴啊！"我心里想说的是，过瘾的又何止是与你朝夕相处的同学，老妈也过瘾啊！

　　这时，让我想起了2001年底的一件事。当时陈曦正在深圳演出，当天晚上我们的好友——深圳"都来咪艺术教育中心"的小提琴部刘鸣主任找到了我们，想请陈曦第二天给他们的数百名业余小提琴学生上大课，孩子们都想一睹"全国小提琴第一"的风采，看看他们心中的陈曦大哥哥。

当着人家的面他没好意思回绝，回到宾馆后，他让我转告刘叔叔他不想去，理由是他在准备"老柴"比赛时间紧。这次到深圳演出是辽宁省到深圳招商引资答谢音乐会，身为家乡人是推不掉的演出，再者，陈曦当时感冒很难受。他的理由很充分，但是我不同意。我说刘鸣叔叔是我们的朋友，在你的小提琴学习中他多次帮助过你，做人要知恩图报，你不愿给小学生上课就是不敢锻炼自己。

第二天一大早陈康来了电话，我说起了这件事，他让我把电话给儿子，他对陈曦说："儿子啊，普及小提琴教育不是咱们的责任嘛！"就这一句话把儿子说得露出了笑脸，顽皮地看着我，"我爸说得就是比你说得强，一句话说到了点子上，'普及小提琴是咱们的责任，'瞧我爸说得多好。"他果然带病给几个孩子上了课，百十个孩子站成排让他签名、与他合影。陈曦后来告诉我，他当时非常庆幸自己没有真的拒绝，不然多对不起那些孩子和刘叔叔呀！

2002 年 10 月 26 日的晚上，我和陈曦各忙各的事情，他填写出国留学报名表，我自然是在写林老师的上课笔记，写着，写着，他有些坐立不安起来。此刻，厦门举办的第四届青少年柴科夫斯基国际音乐比赛（我们习

陈曦和"都来咪艺术教育中心"的琴童们（2001年12月）

惯叫它"小柴"比赛，因为年龄在 16 岁以下）的小提琴比赛正是最后的决赛时刻，我们盼着中国选手得第一名，盼着中国少年最有实力的选手、林老师的学生、陈曦的师弟——杨晓宇拿到第一名。

晚上 11 点了，厦门还没有消息。据我们所知，比赛已经结束，我也有点坐不住了。

凌晨 12 点，我打通了在厦门的杨晓宇妈妈的手机，她激动地告诉我，结果刚刚出来，晓宇得了第一名。陈曦高兴地边喊边跳了起来，我不得不赶紧按住他，"小心点，楼下人家正在睡觉呢。"

林老师接过了电话，他声音颇有点激动地告诉我："黄萌萌老师得了优秀伴奏奖，本人是优秀教师奖。怎么样，高兴吧？"我和陈曦都乐晕了，不夸张地说，不亚于我们获"老柴"奖时的喜悦。

我不由得对林老师感慨起来，道："林老师啊，您今年可是个大满贯丰收年啊！'老柴''小柴'的头奖都让您揽过来了，在世界上您都是首开先河啊，您给咱们国家立了大功啊！这几年的辛苦算是换来了最丰硕的果实，圆了您 40 年的梦想，不容易，太不容易了。林老师，我们祝贺您啊！！！"

林耀基优秀学生音乐会。左起：黄萌萌、陈曦、林老师、杨晓宇

（2000 年 5 月）

还有谁比我们更理解他此刻的心情呢？林老师当年是为参加第二届"老柴"比赛才去苏联学习，后因距比赛水平相差较远而改学教学，那时他就抱定决心："有朝一日，我的学生一定会在这里摘取头奖。"整整40年风雨坎坷，他终于实现了当年的夙愿。

第二天晚上9点来钟，陈曦继续在填表，突然他手机响了，我正要问谁的电话，这边的陈曦已乐得"噌"地一下从椅子上蹦起来，"妈妈，你知道吗？田博年获得了'小柴'的大提琴组第一名，第一名啊！我国的大提琴很少在国际比赛中获奖，他真争气！他第一个告诉我的。"

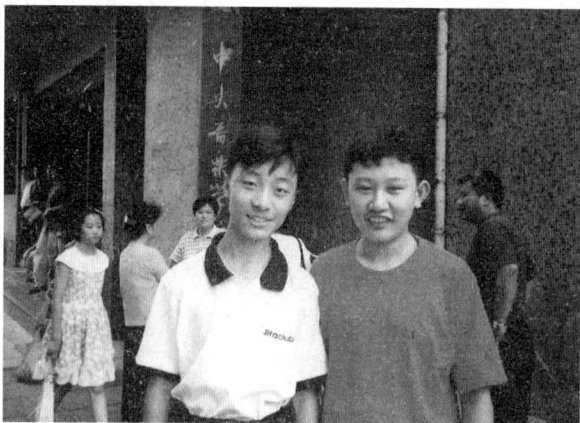

陈曦和田博年1999年7月合影

"天啊！真是太好了！大提琴获第一名是多么地不易呀！真是值得高兴啊！"是啊，我也为他高兴，为他激动。学习音乐是多么地不易啊！田博年是陈曦的好朋友，也是我们沈阳的老乡，最让我们佩服的是他非常懂事，在北京学习始终没有家长陪读，居然能取得这么好的成绩。

我不能不对儿子说："田博年是个了不起的孩子，你要向他学习呀！"儿子心服口服地说："是，是，他是很让我佩服的。"

看到儿子能为别人的成绩而欢欣鼓舞，我终于确信了他没有背上荣誉的包袱。嫉贤妒能是成功者的大忌，也是做人的大忌，陈曦能以一颗赤子之心、感恩之心看待荣誉和友情，要做一名真正优秀的艺术家，正需要这样的品质。

后来，他在报考茱莉亚音乐学院必做的一篇短文中这样写道：

为什么选择这科？学习小提琴的目的是什么？

在我眼中，西方古典音乐是神秘而又严肃的，因为它与中国的音乐有着很大的不同。这个不同体现在音乐创造者的思维、欣赏者的喜好，但它们都会使人入迷、联想、流泪与喜悦，因为它们都是音乐——没有国界的语言。

在我很小的时候，我就很喜欢弦乐。觉得它在交响乐中占着最重要的位置，而且它们的声音是那么地细腻、优美，再加上我父亲是个受过训练的小提琴手。所以，我自然就选择了它——小提琴。总的来说，我刚开始学时很枯燥，甚至从来没听过自己想要的声音。但是，随着时间的流逝与刻苦的练琴，我对我今天所取得的成绩还是比较满意的。

在莫斯科比赛（2002年第12届柴科夫斯基国际音乐比赛）之前，我希望自己能成为一名获奖者，并能在世界演出，做一名真正的小提琴演奏家。但比赛回国后，我认为，我应该继续学习，实践演出，广学知识，积累经验，把这些知识最终带回中国。毕竟中国西方古典音乐的整体水平还不是很强。我应该有责任让中国与西方架起更多、更长的音乐桥梁，让西方古典音乐在中国更加快速地发展。

音乐天才"闹"台湾

自从1997年郎朗和他爸爸出国以后，他们一家人的影子时刻都在我的眼前飘来飘去，他们是我们一家人学习的榜样，"郎朗"两个字几乎天天挂在我们的嘴边。虽然郎朗走得高、走得远，使我们大有望尘莫及的感觉，但是，我们没有一天不在向他学习，相信只要下决心努力，就会有进步，就会缩短我们之间的距离。14 岁的郎朗留给陈曦的赠言是：

陈曦，加油啊！ V（胜利）

2001 年 5 月 30 日，我们在大学演奏厅第一次见到了留学后的郎朗，那是他第一次回国，同美国费城交响乐团在人民大会堂演出。郎朗热情地同我拥抱。当时我刚做完手术不久，郎朗看到我脖子下的药布，关切地问我的身体怎么样？问曦子怎么没来看他？我说他在上课，一会儿下课了会来的。

我非常喜欢郎朗，喜欢他热情爽朗的性格；喜欢他天真、纯洁、善良的品德；喜欢他不怕吃苦、勇争上游的精神。那时，就有人说他的表演做作，过于夸张，我对儿子说，那是因为他们不了解郎朗的个性，他们用平常人的眼光看郎朗，当然会有看走眼的时候。

那次分别，他仍是 14 岁时留下的那句话："曦子，加油啊！超过他们，胜利属于我们！"他本应挥手向我们告别，却改成挥着拳头告别。郎朗啊，永远是这股子拼劲。

郎朗总是这么阳光灿烂（2001年5月29日）

再见面是陈曦获奖之后的 2002 年 10 月中旬。我偶然路过音乐学院东门，听人说，郎朗和他爸爸来了，在大礼堂接受中央电视台《东方时空》的采访呢。我立刻走进了学校，一眼就看见郎国任在礼堂门外站着。

"哎，老郎，见到你太高兴啦！"我老远就向他摆着手打招呼，毕竟五六年没见面了嘛。郎国任一见到我开口就说："祝贺啊，祝贺陈曦获'老柴'大奖！"我们又是握手又是拥抱。

与郎朗爸爸合影于中央音乐学院附中（2003年）

他说："'老柴'比赛结束后，郎朗偶尔在网上游览，发现了陈曦的名字，仔细一看，没错，就是陈曦。郎朗高兴地蹦起来喊：'曦子获老柴第二名啦！曦子真争气呀！'可把郎朗高兴坏了。怎么样？下一步是怎么打算的？"

"下一步肯定是出国学习，具体是哪个学校考考看吧，现在说不准。"我答道。

这才叫三句话不离本行。多少年不见面，一见面，头一句还是关心孩子的事。我马上给家里打了个电话，让儿子火速赶来，看看郎大大和郎朗。因为第二天我们一早就飞往上海，参加一个国际会议的演出。郎国任这一次给我的感觉是比以前更执着、更痴迷了。作为一个成功的父亲，一个多年来把儿子的事业当成自己的事业不懈奋斗的父亲，他好像进入了一个更高的境地，成了一个和儿子一起在艺术道路上奋勇拼杀的勇士。他是个强者，他把自己的大半生完全融入到儿子的事业当中，而且干得异乎寻常地漂亮。

陈康、郎朗爸爸在沈阳桃仙机场合影
（2002年10月18日）

难得相见——采访结束后我们合影
（2002年10月16日）

陈康在沈阳陪着他们一整天，对此深有同感："他满脑子里全都是郎朗的演出啊、生活啊、采访啊、今后的……我看他是着魔了，他是彻底投入进去了。"

对郎朗的采访终于结束了，郎朗从大礼堂里走出来，我们见到的他仍是那么可爱、热情、充满活力和竞争精神。他开心地拍着陈曦的肩膀又拍拍他的头，笑哈哈地说："曦子啊，祝贺祝贺，'老柴'第二名，厉害呀，行啊！争气，真争气！"边说还边逗陈曦，一副大哥哥赞扬小弟弟的神态。

那次见面两个人时间都很紧，我们只相聚了几分钟。没想到，在短短的两个月后，12月29日，小哥俩在辽宁广播电台"95.9"文艺直播间不期而遇了，他们是同一天回家乡参加2003年的新年音乐会演出的。前两次见面没得工夫多说话，这回小哥俩敞开唠。郎朗又像当年一样，伏在陈曦的肩膀上，道："哎呀，想不到当年的小不点儿长得这么大啦，还比从前帅了。"

陈曦也不示弱："哎呀，还没你酷啊！看你的头型多时髦，帅哥呀！"两人又搂又抱又比个头，怎么看也只是两个大男孩儿。我知道小哥俩这回相处时间不短，参加完家乡的演出后又将马上一同去北京，同中国少年交响乐团一起去台湾演出。郎朗诡秘地对儿子说："曦子，咱俩要大闹台湾。"

第二天晚上，"辽宁新年音乐会"在辽宁大剧院隆重开幕，下半场由陈曦独奏的萨拉萨蒂的《流浪者之歌》开始，辽宁交响乐团协奏，虽说家乡人给予的掌声

小哥俩一见面就开始互相调侃起来
（2002年12月29日）

很热烈，但是，把音乐会推向最高潮的还是我们的一代天骄——郎朗，他那丰富的表现力和不在话下的超人技巧，又一次展示了他所富有的才华和魅力，他的整个身体都在放射出耀眼的光芒。

陈曦在演出结束后征求郎朗意见："我说郎大师呀，给咱的《流浪者之歌》提提意见呗！"

郎朗这时一本正经地说："曦子啊，你的进步太大了，不过，这才是个10分钟的小曲子，看不出什么。到台湾看你拉'老柴'协奏曲后再说，那时才能说得准。"我旁听他俩的对话，感到了郎朗的成熟，一谈到艺术方面态度就非常地认真，他不吹捧，不乱夸，讲实话。

这一回去台湾没有家长随行。陈康打电话想请郎朗照顾下陈曦，终于离开了大人遥控的郎朗，像是孙悟空逃出了如来佛的掌心，在电话里得意地开怀大笑："哈哈，老陈叔哇，现在还不知

陈康、郎朗在辽宁文艺直播间
（2002年12月29日）

道谁照顾谁呢？你就别管我们俩了，我们要开心地大玩一场。"

陈康本想再嘱咐几句在台湾要注意的事情，听他这么一说，干脆就关上了手机，这时候说啥也没用，这哥俩根本听不进去了。他大笑着对我说："这俩小子可算是疯到一块去了，得了，咱们的话都不好使了。"

其实，我已经私下嘱咐了儿子，同郎朗在一起的机会难得，要在专业方面多学习、多请教、多探讨。儿子后来在台湾多次打来电话谈论郎朗，他激动地说："妈妈，现在我和郎朗成了最好的朋友，他弹得实在是太好了，他太伟大了！真的，我就是这样说他。"

我在逐字理解儿子的话，儿时的朋友和现在成了最好的朋友，意义大不一样，在儿子心目中的伟大和高大也不同，他能这样的称赞郎朗，说明他看到了郎朗身上最宝贵、最本质的东西，他有了真正的收获。

这次可是陈曦搂着郎朗啦（2002年12月29日）

郎朗看了陈曦的"老柴"协奏曲后这样评价说："你比去年拉的普罗科菲耶夫《第一协奏曲》进步多了。（去年他来北京时，我们送给他一盘陈曦的录相带。）你的进步太大了。你就差那么一点点就能成为世界大师。"郎朗很会鼓励这个在他眼中的"小不点儿"弟弟。

陈曦随少年交响乐团在台湾演出效果如何，我没有在现场，不敢信口开河，但是下面几段台湾报纸的报道，足以说明他的演出还是颇有影响。

中国少年交响乐团首次来台演出，一举带来两位音乐天才，一是在国际乐坛崭露头角的青年钢琴家郎朗，另一则是去年柴科夫斯基大赛小提琴二奖得主陈曦，昨天在台湾中山纪念馆演出时，二人精彩琴艺，将柴科夫斯基两首最著名的钢琴与小提琴协奏曲，演奏得淋漓尽致。第一次听到陈曦的演奏，很难想象眼前这位外貌依然腼腆的年轻小提琴家，已有如此流畅自若、成竹在胸的演奏技巧，琴风更是绚丽多彩、热情奔放，可惜纪念馆大会堂的音响太差，否则一定会让观众大呼过瘾。

台湾《民生报》2003 年 1 月

　　柴科夫斯基音乐大赛银奖的光环，让陈曦成为乐坛瞩目的明日之星。虽然年仅 18 岁，听过陈曦演奏的音乐界人士都认为，陈曦的演奏展现了超龄的自信与热情，他的音乐里还听得到'故事'。"

台湾《联合报》2003 年 1 月

　　在台下，他是低调腼腆的 18 岁沈阳青年；上了台，他摇身一变为自信稳重的小提琴界新星；他，就是去年柴科夫斯基音乐大赛银奖得主陈曦。

台湾《中国时报》2003 年 1 月

泪洒台北机场

中国少年交响乐团于 2003 年 1 月 9 日圆满完成了在台湾的演出任务凯旋归来，陈曦则留在了台湾，他还有两场在台北市和彰化县的独奏音乐会。我和钢琴伴奏黄萌萌老师于 12 日下午来到台北机场。

这是自陈曦考上附小以来我们娘俩第一次如此长的分别。虽然没有了比赛的担心；虽然儿子确实是一个令人放心的孩子，但我的心里还是空落落的，有些牵挂，有些失落。人坐在飞往台湾的飞机上，心早已飞到了那座既陌生又熟悉的城市——台北。我无心观赏舷窗外的天景，闭着眼睛，想象着儿子的笑脸，猜想着这些日子他到底生活得怎样？

飞机落地的时候我已经有些等不急了，耐着性子随人流走下舷梯，我的眼睛在四处张望，寻找着分别半月的儿子。只见有人向我招手，陈曦，是他。我惊喜地走过去，站在他身旁的是台北"传大演出公司"的季小姐。他消瘦了许多，面容也有些憔悴，我心疼地说："怎么这么个脸色？你可是瘦多了。"儿子笑了，身旁的季小姐不好意思地说："可能他这几天太累了，让妈妈心疼了。"我顿觉失言，就此打住。当我们坐在了前来接我们的车上时，季小姐甩了下蓬松的秀发，转过头来，微笑地对我说："该怎么称呼您呢？"

我说："随便吧。"

"那就叫您陈妈妈，好吗？"

"当然可以，谢谢！"我欣然答应。

她递过一叠报纸到我手上："陈妈妈，这些都是最近陈曦在台湾的演出宣传和乐评，您的儿子好棒啊！您好有福气呀！"

近年来我听了太多这样的话，但从一个台胞嘴里讲出来还是让我觉得特别开心。

与台湾著名女高音范宇文老师合影（2003年元月）

传大演出公司的老板周敦仁先生请我们吃过晚餐后，我们就被台湾著名的女高音歌唱家范宇文女士接到了家中。我看得出来，儿子已经与她相处得很好，她已经把陈曦当成了自家人。她家三楼的琴房就交给了我们使用，而且是在台北的任何时间都可以，还可以在她的家里就餐。伴奏琴是斯坦威三角钢琴。紧张地排练随即一刻不停地开始了。范宇文女士（我们称她为范老师）是这次"少交"巡演活动的主办人，对陈曦的独奏音乐会，她也是大力宣传的支持者。她告诉我们，她们全家人（指家族）都买了陈曦音乐会的票。

中国学生们都亲切地称呼她"谭阿姨"（2002年）

　　15日是第一场音乐会，在此之前的时间除了有限的时间排练外，全部都是接受各家媒体的采访或是到大、中、小学校座谈。陈克璐女士专程从香港赶来看陈曦的这两场音乐会。她是在台湾出生、加拿大长大的华人，是位非常有爱心、有责任的女性，前面提到陈曦三次赴加拿大参加国际夏令营活动，克璐都是中国学生的翻译，而陈曦后两次都是住在她家里，她（他）们彼此间结下了深厚的友情。因为她的丈夫姓谭，中国学生们都亲切地称呼她"谭阿姨"，又因为她小我一岁，我称她克璐，对于她不远万里赶来倍加感动。

　　这场音乐会是在台北的"国家音乐厅"举办，遗憾的是那几天正赶上全台北的学校学生考试，家长都在家里陪孩子学习。1700多人的音乐厅空出了不少座位。尽管如此，陈曦依然连续返场了三次。很多人来到后台，找陈曦和黄萌萌老师签名合影，许多在场的同行们更称这场音乐会是两人天衣无缝的合作。

　　我在演出结束后赶到后台，对萌萌老师说的第一句话就是："今天你弹得太好了！你们合作得太默契了！太完美了！"萌萌笑了，我从来不评价他们的合作效果，我很有自知之明，一个外行不能乱评价这么专业人士的演出，那是有班门弄斧之嫌的。今天，我好像忘记了这些，见了萌萌就

"你们合作得太默契了！太完美了"

兴致勃勃地脱口而出。

台湾著名乐评家杨中衡先生观看了这场演出后，在报纸上发表文章，他这样评价陈曦的演奏：

在音乐厅清晰的聆赏环境，我才得以听到这个青年音乐家杰出的细腻音乐性。印象中，现场听过而能让我完全佩服的音乐家，陈曦是年纪最小的一位。潇洒利落的音乐，挥洒而出，成熟大方毫不见匠气，真正能直钻进人心眼里去。

陈曦的演奏无论从任何角度来观察，都是忠实严谨的，而在这种极度自我把握的情况下，他让每个音符完美串联，自行发出无法抗拒的说服力。这样的年纪和这种程度的演出，我愿意予以最高肯定和推崇。陈曦无疑又是一个值得记忆和关注的名字。

选自台湾《联合电子报》2003年1月

16日一早，我们驱车两个多小时赶到彰化县，当晚就在彰化音乐厅举办第二场音乐会。音乐会后，200多名观众排着长队等待两位来自大陆的演奏家——陈曦、黄萌萌的签名，场面蔚为壮观。他们大多是学琴的孩子，除了把名字签在节目单上以外，文具盒、笔记本、书包上等什么花样都有；有个孩子的家长把孩子的外衣脱下来，铺在桌子上让陈曦签。陈曦一直忙碌地手一下子停了下来，看看眼前的孩子，再看看微笑的孩子妈妈，他不敢下笔。

陈曦说："这么好的衣服，用这么粗大的签字笔写上就洗不掉了，可惜啦。"

孩子妈妈说："不可惜，我们孩子说，陈曦哥哥拉得太好了，一定要留个纪念，就签在衣服的背上吧。"她这么一做，有的人就干脆一转身，让陈曦直接签在衣背上。

一个小朋友，打开琴盒，拿出他的小提琴，摆在陈曦大哥哥的面前，儿子这下真的不敢下手了，中央音乐学院有多少世界小提琴大师来讲学，学生们也纷纷上前签名，没有人把小提琴举过去让大师签名的，陈曦岂敢接受这样的崇拜，他连连摆手不敢签，他对家长说："我真的下不了手啊，我的名字不值得写在这么好的琴上，不行，实在是不行。"

小孩妈妈说："怎么不值，值呀！我的孩子就是贪玩，不爱练琴，可是，他说就喜欢听陈曦哥哥拉琴，你就是我们孩子的榜样啊！签吧，上面有了你的名字，拉琴的时候，就会想到你，就不贪玩了。"儿子迫于家长的请求，工工整整地在油亮亮的小提琴背板写上了"陈曦"两个字。黄老师也在上面签了名。签名整整1个小时才结束。

准备登机回京了，就在我们走进机场大厅的时候，一对上了年纪的夫妇已坐在这里等

在小提琴上签名（2003年11月6日）

候我们多时了。他们就是陈曦出国留学的经济赞助人——台湾某公司总经理宗先生和夫人，我们入乡随俗称他们是"宗爸爸""宗妈妈"。

与亲爱的"宗妈妈"合影于上海（2002年8月18日）

与宗先生夫妇的相识非常偶然。还是在前一年上海的帕尔曼大师班上。"宗妈妈"和她的女儿亲耳听了陈曦的演奏，"宗妈妈"女儿与帕尔曼同出一门，都是被世界誉为"小提琴教母"的迪蕾的学生。她们认为，陈曦是个极有前途的孩子，希望能对他有所帮助。"宗妈妈"主动向儿子提出：如果你出国留学，经济上的困难她提供赞助。儿子同我商量，对于我们这样的家庭来说，支持陈曦留学是有一定难度的，有人赞助当然是好事。于是有了我和"宗妈妈"的第一次约会。

一个雨天的黄昏，她撑着伞在上海音乐学院的门口等我，我们在附近的餐厅边聊边吃。她给我的印象是朴实、传统、非常善良。饭后，她把剩下的一点点菜打包让我带给陈曦吃，她认真地说："我们家里虽然有点钱，但是，是不许浪费的，要养成节俭的好习惯。"

后来，她们即将回台湾的时候，我们又聚在一起吃了顿告别宴，她6岁的小外孙餐碟里也不许有剩菜，要么孩子吃，要么孩子的妈妈吃，总之，是不能浪费掉的。面对如此节俭又如此慷慨的一家人，我能说什么呢？唯有告诫陈曦：一定要珍惜这份珍贵的情义。

这次听说我们到台湾来演出，"宗爸爸"亲自在台北圆山饭店为我们接风，并带着亲朋好友观看陈曦的演出。我很感动他们这样款待我们，中

与"宗爸爸""宗妈妈"一家人合影于圆山饭店（2003年元月）

国年——春节就要到了，为了表达我对他们的敬意和新年的祝福，我送了张贺卡给这两位老人，我在上面表达了自己的感激和敬重：

尊敬的宗先生、宗太太：

您们好！非常感谢给予我们极其热情的高级款待。您们谦和、大度、平易近人，令我格外地钦佩。也许是两岸的一家人长期的分离，也许我们都是山东老乡，乡里乡亲，才具备了彼此间共有的感情。陈曦是个很优秀的孩子，您们将为他的学习支付部分费用，我会教育他，这是高尚的情操。他应以刻苦、勤奋、自强不息的精神来回报您们对他的期望。在他取得成功和成就之时，发扬光大您们的高贵品质，延续您们的奉献精神。

您们已到享乐之年，可还在努力工作，创造，为他人着想。宗太太一直要为大陆的穷孩子们做些善事，我敬佩不已。您已成为我的一面镜子，善良做人，努力工作。我会告诉我的朋友们，海峡对面有这样一个美好的大家庭，孩子的父母亲从智慧到心灵都是那么地完美。

中国的新年就要到了，这张贺卡是我特意带来的，也带来了我们一家人对您们新年的祝福。祝您们及全家：健康长寿，合家幸福！财运亨通，羊年吉祥！

2003 年元月于台北

我注意到，他们坐在机场的椅子上还在看着这张贺卡。老人家对陈曦一再叮嘱："希望他出国后，好好学习，努力进步，只要是学习的需要，我们就会全力地支持。""宗爸爸"还把一只自己喜爱的名贵手表送到了陈曦的手里，作为纪念。

与"宗妈妈"一起看陈曦独奏音乐会
（2002年8月18日）

我们检票的时候，他们一直站在外面，怕我们发生不太顺利的事情。此刻，我的心中已不是"感激"二字能形容的了，40分钟后，我们检完票与他们挥手告别的时候，我的眼泪已经止不住地流了下来。我不知陈曦和萌萌老师能不能体会到里面蕴涵着深深的情谊，而不单纯是我们个人的感情。陈曦在台湾受到这样多的关怀，这是我事先无法预见的。同胞，同胞，真正到了台湾才算真的了解了这个词的真实含义。

必须要走了，两位老人趴在检票厅的玻璃窗外，不停地向我们摇动着手臂，我们向他们挥手告别，慢慢地一步一步地向后退着走，直到彼此谁也看不见谁为止。

报考路上的爱与失落

　　我们从台北一回到北京就开始准备到美国费城的柯蒂斯音乐学院和纽约的茱莉亚音乐学院参加面试。陈曦去美国的签证非常顺利地拿到了。他是第一次去美国，一走要一个来月。2003 年 2 月 19 日早上，陈曦自己打车去机场，我本想送他，可他说，他出国已不止一次，这套程序印在脑子里了，完全可以应付，不用妈妈了。我想了想，儿子总要长大，也到了放单飞的时候了，索性由着他吧。

　　陈曦前脚走，我的心就重重地沉落下来，我明白儿子就要从我的身边消失，他要独闯世界了。那段时间，我的脑子很乱，我在 22 日的日记中给儿子写了封信：

写在这里的一封信

亲爱的儿子：

　　想念你的妈妈在太平洋的彼岸遥祝你成功！祝愿你为再创辉煌迈出新的一步。自从你同我挥手告别的一刹那起，我的心里就像空了许多。有你在我的身边，或说、或笑，或哭、或闹，我都是愉快的、充实的，你给我带来的永远是快乐。

　　你走的第一夜，我一点儿没有入睡。一会儿看看手机有没有短消息（我特意给儿子买了个三频的手机，可在国外使用，发信息较经济些），一会儿看看有没有电。我牢记了你的话，常看着点，别没有电也不知道。就这样，"常看"了一宿，其实，还不如说，我盼了你一夜。夜里两点钟，突然，手机响了，我忙翻身把手机拿到手里，慌张地打开手机盖，屏上清楚的显示"呼叫无应答"。我不会摆弄这玩意，所以，对它束手无策。我瞪着眼睛盼到了天亮时，你终于来电话，说你已与谭阿姨在机场见了面，妈妈的心算是放了下来。有谭阿姨专程从加拿大赶来帮你，你是多么地幸运和幸福啊！其实，妈妈的担心是多余的。妈妈了解儿子的能力，越是我不在身边的时候，越能超常发挥自己的能量。我儿子小时候就有办事小心、认真、稳妥的特点，再有谭阿姨在你身边保驾，我的担心是太多余了。

20日是你走后的第二个晚上，我竟然梦到了小时候的你，精神失常、胡言乱语，我奇怪怎么会这样？醒来是个梦。之后，就再也没有睡着，等待你住宿的消息，可是，你无消息给我。

第三个晚上，是21日的晚上，是最好的，我一觉睡到大天亮，因为我收到了你发给我的短信，就几个字，足叫老妈高兴了一天。（短信是：请放心，我很好。）可一大早，你的电话又叫妈不安了。妈本是个粗心大意、本性难改之人，忘记给你带演出服的裤子了，实在是太不应该了。以前，已是屡次犯这样的错误，恐怕是难改了。以后，琴、谱子、演出服，这些随身带的必不可少的行头、乐器，还是你自己亲手整理装箱吧。你又来了短信，自己解决了裤子问题，这很好。你的短信最后说："再见，厉害！"分明是开妈妈的玩笑。（儿子是在讽刺我，到柯蒂斯考试这么大的事，你还敢马马虎虎，厉害呀！）

你爸很快给我来了电话，他太关心你了，我知道你住在于光老师家里，可忘记告诉他于老师家的电话号码，他通过短信，才知你的电话。他告诉我这次报考柯蒂斯有100多人，今年只招收两名小提琴学生，他为你担心起来。放下电话后，我心里不好受，知道这不像我们所想象的那样容易，是一场硬仗。我又流泪了，为你流泪了。平时的考试比赛都是我在你身旁，给你鼓劲儿，给你出主意，给你母亲的抚慰。每次考前的那个晚上，你一定要在我的床上、我的身边躺上一会儿，"嘭、嘭"紧张的心跳才能平静下来，母子间无形的精神传导和安慰就是那么地神奇。

　　我擦干了眼泪，就给你打了刚才的电话，妈妈告诉你，100 个人
也好，1000 个人也好，同你竞争的就是五六个人，别在意，好好拉。

　　最后，妈妈祝你成功！

　　放下电话的时候，妈妈的心啊，舒服多了。（完）

　　24 日的上午，终于收到了儿子的好消息，他被柯蒂斯音乐学院录取
了。陈康激动得在电话里都不知说什么好了，一个劲儿地"呵呵"地傻笑，
别说他了，连我都有点语无伦次了，一个人在屋子里又唱又跳，舞来舞

去。从某种意义上，我们比
陈曦在"老柴"比赛获奖后
还要开心。

　　如果此刻陈曦就在我身
边，我真想深深地亲吻他！

　　林老师听到了弟子考取
柯蒂斯的消息后激动不已！
他跟陈康谈感想，又给我打
电话，恨不能把一肚子话全
倒出来，他滔滔不绝地讲啊
讲："陈曦现在要去闯荡世界，
学会独立处理各种事物。世界
舞台太大，就是打擂台，叫
中国产品打入国际市场。能
出去是最好的锻炼，要很好
地锻炼、考验自己的能量。
在国外，听现场音乐会的机
会多，多学多看，使你具备

想念你的妈妈在太平洋的彼岸遥祝你成功
（2006 年）

陈康与林老师合影于北京（2005年）

了起飞的能力。还有社会的交往，语言的交流，那里也是战场。要在不同的阶段去扩充曲目，去打擂台。告诉陈曦，我最近教学又有了新的感想，你记好啦，悟性最重要，能转化成音乐，这叫：技术生活化，生活艺术化。"

每一次听林老师讲话我都有新的收获，"技术生活化，生活艺术化"，短短10个字，三个层次的连接与跳跃，解释它用3000字也不多。

陈曦不负众望，考上了世界一流的音乐学院，我们一家人长长松了一口气。回想起这次准备出国留学的过程，虽然有些波折但每一步都有爱心相伴，让我们感激，更让我们回味。

我们从2002年11月就已着手填写报名表了。为保险起见，我们相继报考了4所美国音乐学院，有克利夫兰音乐学院、曼哈顿音乐学院、茱莉亚音乐学院和柯蒂斯音乐学院。

四所学校的若干张表格，摊放在儿子的面前，他将它们一张张地用眼扫过，然后，双手支着下颌，闭上了眼睛。我知道他在想什么，完成这么多表格填写，不仅要读懂，还要用英文填写正确，陈曦那点连瓶底都没有盖满的英语水平是不可能胜任的。我有点兴灾乐祸地说："我可不帮你呀？谁叫你平时不好好学英语的，你自己折腾吧，这才叫秋后算账呢。"我对他的英语学习一向非常不满意，如果说我陪他有一些成功之处，那最失败的就是他说什么也不肯重视英语学习，无论我如何说破嘴皮子，他就是不做，我早就告诉他，欠账总是要还的，现在找上门了吧。

陈曦不慌不忙道："你除了会查几个单词，还会什么？我有快译通不用你帮忙了，谢谢您。"他得意地看着我，咧着嘴笑着说："天无绝人之路，哎！谁叫咱人缘好呢，让谭阿姨帮我填。"我嗔怪地瞪了他一眼，早料到他会这样做的。

实际上，儿子真的没有这么多的时间做这些事情，眼看同林老师上课的时间不多了，在有限的时间内，能抠出一首曲子就算攒下了一个曲目，还要接受各种演出活动，找谭阿姨帮忙虽然是走了个捷径，但也是有他的道理的。

谭阿姨倒是高兴地接受了他的请求，她在电话里对我说："陈曦妈妈，我非常乐意为他做这件事情。因为他是个谦虚、懂事、很优秀的孩子，我非常喜欢他。我知道他的英文不好，可以到了美国慢慢地学，现在我来帮他好了。"

"我乐意为他做这件事情"（2002年7月）

儿子如释重负，此后他（她）们几乎每天都在电脑上见面，谭阿姨把有关的材料译成中文，有的通过电子邮件传来，有的速递邮来，有的是干脆打电话来，逐句、逐条、逐张地教他如何填写，对这"庞大的工程"，谭阿姨埋头工作、一丝不苟。她边做边开着玩笑说："我都快成了冒牌的陈曦了。"

要说谭阿姨只对陈曦一个人好，有人要挥着拳头反对。凡是去加拿大参加音乐桥夏令营活动的中国学生，她都喜欢，都愿意帮助，上帝赐予她一颗善良的心。她说，她信仰上帝，是上帝让她这样做的。在这年的帕尔曼大师班期间，她和她的儿子到中国旅游，我们在上海见了一面，那次我是第一次见到她本人。她身材瘦小，穿着普通的淡蓝色衬衫，浅灰色制服裤子，头上梳着两个小辫，那张团团的娃娃脸上嵌着一对美丽善良的大眼睛，很干练、很开朗。儿子说她是个富家的女儿，到音乐桥当翻译，完全是出于自愿和尽义务。她还到北京看望了中央音乐学院她所认识的所有学生。她在那次走后留给陈曦的信上写道：

陈曦小友：

现在是早上6点多，小谭（她的儿子）还在梦中。我就要走了。在中国虽然是短短的几天，但我非常非常享受和你们在一起的时间。

我和小谭并没有到什么名胜古迹去看，但也没有白来，我看见我的中国朋友们，这比看名胜古迹更好。中国朋友们的友情比风景更吸引我，我实在舍不得你们。这是每次想来中国的原因。

我和你妈妈聊了很久，你有一个了不起的妈妈，我不及她的十分之一。在跟她聊的当中，我想起她写你的简历中所用词的含义。（陈曦的英文简历是她翻译的——作者注）她非常爱你，她以你为荣。好好珍惜她所做的一切。

其实，我还有好多话没来得及跟你说，每次都是一大堆人在旁边。你也知道，我的中文有限，用中文写信对我来讲是非常困难的。不知这次又有多少错字啦！就算有错字，我还是要给你写信，说我没来得及对你说的话。不管以后你面对什么压力，要知道这写（些）都是对你好的（有好处的），这会使你成长、成熟。但受了气，一定要有出气的时候。这是平行（平衡）自己心理的方法。不高兴一定要与你熟识的人说，倾诉的对象很重要。

每年一定要给自己有休息的时间。心理上的、生理上的休息，这也是成功的秘诀。锻炼自己的体力，你一定要有一个强壮的身体，去面对以后身体与心理的疲倦。

不管以后你的成绩是怎样，对人要真诚、真心。做每件事要三思而后行。最后，无论以后你怎样，你还是我以前认识的陈曦。你成功，我不会对你更好。因为我已经尽心、尽力、尽意。万一不成功，我也是尽心、尽力、尽意对你，我们的友情不是衡量在你的成功与否。你明白我说的话吗？如果有什么演出告诉我，假如可以，我一定去看，我会告诉你我去否。但不保证我会在众人面前拥抱你、恭贺你，我会在远处看着你，为你高兴，为你祝福。

最后一句话，认识你真好，真的！我的家永远是你休息的地方。

2002 年 9 月

　　她真的到台湾看了陈曦的演出，听说我不能陪陈曦去美国后，又欣然到美国帮陈曦参加考试。在此，我衷心地感谢她，也感谢所有曾经帮助过陈曦的老师及朋友们，我想借此引用陈曦给他尊敬的老师——隋克强老教授的新年贺卡上写的一句话：

　　　　我事业的成功，是对您最大的回报！

　　但是，在陈曦拿到了去美国的入境签证之初我还是伤了一番脑筋。如何解决吃住问题呢？我们此行准备报考柯蒂斯和茱莉亚两所音乐学院，陈曦有近一个月的时间在那里，住旅馆每天要 100 美金。

　　我第一想到的就是去投奔郎朗家，那样是再好不过了。我打通了他家里的电话，投宿的事半字没提呢，郎朗的妈妈周秀兰急不可耐地告诉我："建华，你可真赶巧，现在来电话了，我们明天就到芝加哥，芝加哥交响乐团跟郎朗合作录制 CD，是和 DG 公司签约的。可隆重了，我们坐专机去，DG 公司要向全世界发布郎朗签约的消息，这次出来，要一个月呢……"

　　周秀兰和我一样，一提儿子就眉飞色舞、滔滔不绝，我们都常为儿子自豪。郎国任接过话头："哪想到今年小提琴考试提前了，我本想回来后正好是曦子到费城，住在我家里，那还有啥说的嘛！"

久别重逢，格外亲切。与郎朗妈妈合影于 2016 年

著名中提琴演奏家、指挥家、中央音乐学院何荣教授
（2003年夏）

怎么办？总要找个住的地方啊。中央音乐学院的何荣老师，是我国知名的中提琴演奏家、指挥家、音乐教育家。他从美国回来创办了中国第一个中国少年室内乐团，并担任指挥和总监。他为人热心诚恳，把陈曦介绍给住在费城的表姐汪镇美老师，她是我国一代小提琴宗师马思聪先生的外甥女（何荣是外甥），丈夫于光是大提琴老师。陈曦在他们家受到了特别照顾，很快融入了这个欢乐祥和的家庭。

陈曦在美国期间，我和陈康经常打电话给于老师和汪老师，询问儿子的表现，请他们督促儿子练琴。于老师的性格爽朗幽默，他诙谐地说："陈曦呀，你爸你妈来电话让我汇报你的情况，你说我是当你爸你妈的警察呢？还是当你的警察呢？"

在美国的亲人于光老师、汪镇美老师（2003年）

陈曦阴阳怪气地回答道："我看您还是当双重间谍好。"随后就是他们的哄堂大笑。

陈曦回过头就用手机短信"警告"我们："告诉我爸，你们俩别整天像警察似的看着我，我会抓紧时间的。"我保留了这条短信，想起来就看一眼，觉得很开心，常常自己开口大笑。儿子烦我们了，把我们比作警察，我们该让儿子解放一点，其实是我们自己该解放自己了，管儿子都习惯了，他是真的长大了呀！我们也该"收山"，歇歇气了。

比考上柯蒂斯还幸运的事

值得一提的，是儿子同他现在的国外老师约瑟夫·席尔维斯坦先生的师生缘。陈曦到达柯蒂斯音乐学院的时候，被许多考生认了出来，有人同他握手，有人向他祝贺，可是评委却没有认出他来。

第一试的时候，规定每人拉10分钟。陈曦只拉了两分钟就被叫停下来。评委中有个人有点眼熟，他对陈曦说："考官们认为你拉得非常好。"接着，他又对评委们说："这个学生是刚刚结束的'老柴'比赛的第二名。"

"你记不记得你去年拉过我的琴啊？"他又把头转向了陈曦。陈曦被他这一问，倒突然想起来了，"啊，记得记得，您是席尔维斯坦先生。您的琴非常好。"席尔维斯坦先生点头笑了。

原来，2002年北京国际音乐节期间，他被邀请参加演出。他是世界著名的小提琴演奏家、教育家和指挥家。中央音乐学院特别邀请他为中国青年交响乐团指挥训练乐队，排练柴科夫斯基《D大调小提琴协奏曲》，陈曦作为独奏演员参加排练。

当第一乐章拉完时，他对陈曦说："我的琴是瓜内里的，你要不要试一试？比你的琴好得多。"价值上百万美金的琴，谁不想摸一摸。"想，想，当然想啦！"陈曦接过琴就拉了起来，什么激动啊、开心啊、过瘾啊，种种感受他都有了，出来的声音就是不一样。排练结束后，席尔维斯坦故意逗他说："你想不想有一把这种琴啊？"

儿子傻乎乎地说："想啊！"

哪知他下句话是："问题是你没有足够的钱啊！哈哈！"

"我能同席尔维斯坦学琴，比考上柯蒂斯还要幸运"

"哈！哈！哈！"

真是无巧不成书。何荣老师带着附中室内乐团的同学也来到了柯蒂斯音乐学院参观，去过加拿大的学生就都来宾馆看望谭阿姨，十几个中国学生热热闹闹地围着谭阿姨谈笑风生，陈曦也在其中。哪知道，院长格拉夫曼先生亲自两次打电话到于光老师家里找陈曦，并让老师把家里的电话转告陈曦。谭阿姨在宾馆里接到了于老师的电话留言，迅速拨通了院长家里的电话，她高兴得一字一句翻译给同学们，"我们评委一致认为陈曦表现很好，音乐学院同意录取了。我们学校历来有个规矩，是老师选学生，现在我们6个评委都选了陈曦，那么他就可以打破这个规矩，自己来选老师了。3天之后让陈曦回电话，我建议是席尔维斯坦教他。"

陈曦与格拉夫曼院长交流（2004年冬）

"啊！"学生们欢呼起

来，陈曦却有些发懵，他在电话里说："妈妈，我一听，都有点慌了，没想到我来选老师，天啊！我对这儿的老师一无所知，你们赶紧和林老师商量吧。"

林老师也认为应该请席尔维斯坦做陈曦的专业老师。三天后，陈曦给院长回了电话。许多外国的老师朋友知道后，对陈曦说："你能同席尔维斯坦学琴，比考上柯蒂斯还要幸运。"

一个同乡见到了席尔维斯坦先生后，说："听说您刚刚收了一个学生叫陈曦，他是我的老乡。"

席尔维斯坦说："我非常自豪当他的老师，我为有这样的学生感到骄傲。"

真应该感到骄傲和自豪的应该是陈曦。在我书写到这儿的时候，儿子在电话中谈了和老师席尔维斯坦学习的体会。他说："他是个非常非常好的老师，他教我怎样动脑筋，怎样划各种指法，去增强对音乐的构思。音乐的东西，有的是想出来的，不是练的。"

著名的演奏家、指挥家、教育家席尔维斯坦先生正在给陈曦上课（2004年于柯蒂斯音乐学院）

我说："他是否让你西化，改变你的东方性格？"

儿子说："太是了，但主要是改变我的思维，用西方的思维理解和认识音乐。他说我的技巧非常好，同他要求的一模一样。他说我的音乐已经很好，但可以做得更好。正因为我有这么好的技巧和发音，才能有条件去吸收理解他教的东西。"

未别三日　也当刮目

2003 年的春天，"SARS"病魔从天而降，北京是"SARS"的重灾区，一时间闹得沸沸扬扬，人心惶惶。正值 4 月下旬，漫天飞舞着杨树"制造"的白絮，街上的行人无论男女老少皆戴口罩，担心不知道自己呼吸到体内的哪一口空气会带来"SARS"病毒，本是绿肥红瘦、春意盎然的古老皇城，却笼罩在一片"白色恐怖"之中。

在"白色恐怖"中坚持上课（2003年夏）

中小学生放假了，林老师却坚持给学生上课。在京的外地人纷纷逃离北京，从前人如烟海的京城，如今避之犹恐不及。我们是走是留一时拿不定主意。亲戚朋友的电话不断打来，千言万语只为一件事，就是催我们快点回沈阳。怎么办？留，谁也不能保证不被传染，如果到了大批人感染的时候，恐怕想走都来不及了，听说北京即将封城（后知是谣言），那就更可怕了，林老师也得停课；走，怎么个走法？做飞机、火车都不如在家里呆着保险。最舍不得的是放弃林老师的课。

正在进退两难之际，一天晚上 9 点左右，我们的老朋友王明伟来电话说，次日早上她们有车回沈，不能同我们一起回去了，因为只剩下一个座位，是个告别电话。

我的心立刻翻腾起来，还有一个座位！是走是留必须当机立断。留则危险，走则安全。儿子的安全第一，保护好他是我毕生的职责。我对陈曦说："现在王阿姨她们的车上只有一个空座，你先回去吧，我再找车想办法回去。赶紧收拾东西吧，这可不是十天半个月的事。"

陈曦毫不犹豫地回绝了我，他斩钉截铁地说："不！要走一块走，要不走，就都不走。留下你一个人，我能放心吗？绝对不行！我怕什么？听说现在我这个年龄的年轻人没有一个被传染上的，就你们这样的人，才容易得上。我不能自己回去，把你撂在这里。"我鼻子一酸，这样危急关头，母子俩却要分头行动，不能不让人有种离散之感，儿子如此孝顺更让我心里又温暖又难过，可现实是无情的，有一线机会我也绝不能让儿子和我一起担风险。

我决意不能放过这个机会，想到黄萌萌老师是沈阳人，他又会开车，他要走的话，也许会开车回去，我可以搭乘他的车回去。我马上拨通了他的电话，正巧他也是第二天早上开车回沈阳，而且车上也只有一个空座位。真是天助我也！我们就各乘一车，三十六计走为上。

陈曦毕竟是孩子，当年面对地下室着火，他拎起小提琴一溜烟儿跑到了外面。现在，面对来势凶猛的"SARS"疫情，他却没有意识到事态的严峻程度，依然想的是同林老师上课。我这里已是急得火上房，他却一副壮志成城的样子："你决定走了，咱们就马上收拾东西，不走就算了，同林老师战斗在一起吧，直到

危难时期，患难与共（2003年夏）

'SARS'结束。"

"走，我俩明天全走，决定了。"事不宜迟，我不再犹豫了。

陈曦有一点是我一直很欣赏的，就是关键时刻总能沉着应对。在舞台上一向潇洒自如的他，此刻也显出临危不乱的大将气度。他一边整理东西，一边安慰我不要慌，事要一件件地做，有他在，什么都不要担心云云。我一边干活一边心中暗笑，这么多年我一直是儿子的依靠，什么时候他倒变成我的依靠了？就听他好像又想起来了什么，用命令的口吻对我说："不仅今晚要把箱子装好，而且，每人都要洗个澡。"

"哪还有时间洗澡啊，别瞎操心了。"

他的态度异乎寻常地坚决，"不行！就是下半夜也得洗。因为家里淋浴器坏了，几天内，你不可能与外人接触（因为我们是从疫区回沈阳，必须隔离15天才能和当地人接触，真难为他这时候还记着这事），天这么热，身上不臭才怪呢。"

好家伙，我还没"退位"呢，他就当起家来，我让他说得来了兴致，禁不住忙里偷闲地从一堆杂物活中直起腰板，欣赏着儿子一本正经地小伙模样。

陈曦开始用手机向有关联的人交代在北京的事宜，我则负责打电话给林老师。

拿起电话心里突然很不是滋味，心先就"嗵、嗵"地跳起来，仿佛做了一件天大的错事。林老师知道我们要走会怎样想呢？他会伤心吗？

出乎我的意料，听说我们要走，林老师马上关切地说："你们走吧，应该回去，沈阳现在还没

林老师爱徒如子，放心不下（2005年）

有发现疫情，这很好。这件事来得太突然、太快、太凶猛了，我们的教师楼已经封闭，不许外人进了，你们也不能保证能进来上课，还是回去避一避吧。"

"记住我的话，陈曦现在是唱比拉更重要，唱好了，就一定能拉好。上节课我告诉他怎么唱，回去别忘了，别忘了我们'老柴'是怎样得来的，唱是最重要的。好，一路要注意安全啊。"

林老师这样说，我的眼泪就含在眼圈里。这一走又不知道多少天，我们是不是有点像逃兵？是不是有些对不住老师的一片心意？怕林老师觉察我的失态，我使劲深吸了口气，向上提了提声调说了最后一句话："林老师，胡老师，您们也别给学生上课了，非常时期千万多保重啊！"那一晚我们又是收拾物品又是打电话，一直忙到下半夜。

第二天是 4 月 24 日，我们一路顺畅，直达家乡沈阳。一家人团聚了，陈康那颗一直提到嗓子眼儿的心总算是落了下去，大家也都为我们松了口气。我贪婪地呼吸着家乡健康的空气，离家 9 年了，第一次感受到家乡的春天变得如此爽朗，空气如此清新。

一家人团聚了（2002年6月28日）

　　因为我们的乐谱资料都在北京，15 天的隔离期满后，陈曦开始向沈阳音乐学院的小提琴老师们借乐谱，准备拉新曲子。王冠、李正根、于泳、汪海等老师都毫不犹豫地向陈曦伸出援手，把谱子和 CD 亲自送到家门口来。老师们能够在非常时期不回避我们，使陈曦深受感动。他知道，不辜负老师们的希望，就是对他们关怀的回报。他像饥饿的人得到粮食一样，一口一口地咀嚼、吞咽着乐谱上的每一个音符，恨不能利用"SARS"时期，把所有的小提琴名曲都拉完。看到儿子每日潜心练琴，我们真心地感谢那些关心他成长的老师们。

　　陈曦是他们看着长大的孩子。从 1998 年崭露头角以来，他们就成了我们一家人的朋友，为家乡有这么个小人物感到自豪。老师们经常和我们一起谈论陈曦的进步，帮助他查找目前的不足，指出努力的方向，告诫他防骄破满。记得正根老师为了教育陈曦，曾给陈曦讲起他年轻时上北京求学的故事：

　　"80 年代初，我第一次进京拜师，怕老师不收，特意给老师准备了礼品——一袋 50 斤大米。现在讲起来都好笑，太土气了。我把它放在火车上面的行李架上，特意在米袋上栓了个绳子，从行李架上绕一圈吊下来，系在我的手腕上。"

　　陈曦奇怪地问："为什么要这样？"

　　正根老师讲："因为我当时只有十六七岁，长得又瘦又小，就是喜欢拉小提琴这门乐器，一心想学好小提琴。可是学什么

左起：李正根老师、提琴收藏家陈阿光、陈康
（1999年）

都得花钱，那时家里穷，什么都怕丢。为了省钱，我坐夜里的慢车，我妈怕我夜里困，睡着了，中途到站的人把大米偷走，就想出了这么个主意。我是从黑龙江坐火车上北京，时间可长了，手腕子都吊紫了。下车还得把大米背到老师的家。咳，那时候进京学琴哪有你们现在享福啊！还有父母陪着。我那时是自己带干粮去北京，哪有钱吃饭店，有钱还得留着给老师交学费呢，父母挣点钱自己都舍不得花，我不敢乱花啊！"这个故事成为我教育陈曦要珍惜现在的学习条件努力拼博的好教材了。

6月21日晚上，在古城西安举办某集团西部开发论坛会。我国当代大作家贾平凹先生、国际名模殷子小姐和陈曦作为文化特邀嘉宾参加，殷子小姐做主持人，贾先生现场题字，陈曦干他的本行，拉了3首小曲子。后来贾平凹先生对陈曦说："我虽然不懂你们的西洋乐器，但是我听出来，你拉琴的控制力很好。其实，各行各业的最高境界，就是控制得当。你才18岁，将来的发展不得了。"

陈曦回来学给我们听，我觉得这句话非常具有哲理：最高境界，控制得当。这八个大字，对每一个渴望成功的人士来讲，是多么地至关重要啊！多少控制不当的豪杰壮士半途而废，自毁前程。我希望陈曦记住这句话。

陈曦从西安返回时我和陈康到机场接他，陈康提议到餐厅吃宵夜，儿子说纪念"老柴"比赛获奖一周年，我们俩这才想起今天这个特殊的日子。这些日子我们已经忙得把它暂时忘掉了。席间，陈曦从背包里拿出两本书给我看，是王志刚编著的《成大事必备的九种能力》，说是对他很有帮助。他还告诉我们，在机场候机的时候，只有他一人在专心听电视里的演说，是关于企业管理和经济管理方面的内容，

即将留学的陈曦（2003年8月20日）

他听得很入迷，他说他感到入迷的是其中做人和成功的道理。

他接着说了一句话，让我回味数日："你们不跟着我，我反而会独立地思考一些问题。"

即将留学的陈曦
（2003年8月20日）

7月初，辽宁演出公司的尹明经理给陈曦运作了一场在湖北大剧院的独奏音乐会，6月底的时候，他急着要两首曲目的内容简介，我们手头也没有，陈曦说："没关系，我说，妈你记，然后，发传真给尹叔叔，没问题。"下面就是我的记录：

《茨冈》内容简介

茨冈即是吉卜赛人，拉威尔将这首曲子献给了匈牙利著名女小提琴家达隆尼。这是反映吉卜赛人性格特点的曲子，从乐曲中可以感受到吉卜赛人的苦难生活。这段引子是没有钢琴伴奏的。接下来是全曲的主题，旋律恰如其分地表现了吉卜赛人对音乐的热爱和热情奔放的性格。在演奏方法上，拉威尔大胆地运用小提琴演奏法的所有高难技巧，使这首曲子成为在音乐会上最常演奏的技巧性乐曲。

普罗科菲耶夫《第二小提琴奏鸣曲》内容简介

本曲原是为长笛而写，当普罗科菲耶夫写完这首乐曲，并将这首乐曲首演时，苏联伟大的小提琴家大卫·奥伊斯特拉赫聆听了这次演出并有感想，认为将这首乐曲改编为小提琴奏鸣曲，会更能表达作曲家的思想内涵。所以，具有讽刺意味的是这首原本为长笛而写的奏鸣曲，远不及改编后的小提琴版著名。

陈曦一气呵成，我这个"秘书"记下了全部内容。我不知他说的是否完全准确，但意思是对的，语言的组织是对的，儿子越来越让我刮目相看了。我真怀疑现在如果再让我陪读，我能不能跟上他的进步速度。

儿子出国前的最后一场演出是在家乡的辽宁大剧院。音乐会的策划者把这场音乐会的名字"陈曦暂别故乡小提琴音乐会"写在节目单上。可是，那天在舞台的帷幔上，并没有打出这场音乐会的名称，我想不是剧院的疏忽，而其意义在于陈曦是家乡的儿子，如果家乡人想听他的音乐会，他随时都会回来，暂别不过是个小别，一个演奏家哪能三年五载不把家还呢？

告别家乡音乐会。钢琴指导：黄萌萌、尹一迦（2003年7月27日）

那场演出非常精彩，曲目的难度也是相当大的。在组织曲目的时候，有人建议他拉些简单的通俗易懂的中国曲子，能让广大的观众接受。陈曦说："不行，我就要出国留学了，这是出国前我给家乡人民的最后一场演出，我要把我最拿手、最精彩的节目献给大家，而演奏中国曲子，不是我的强项，我还需要以后系统地练习。我对自己音乐会的要求是：一场要比一场好。"

"我要把我最拿手的节目献给家乡人民"
（2003年7月27日）

那天的音乐会上，热情的家乡观众为他的音乐打动，情不自禁地随着他的音乐打起了节奏。他多次返场答谢，我在台下看着即将远征的儿子，古人云：士别三日，当刮目相看。儿子却让我"未曾相别，先已刮目"了，这样的儿子，我还有什么不放心的呢？

妈妈的离愁变奏曲

雨过天晴，疫情解除。7月30日，我们终于回到了一别3个月的北京，第二天见到林老师，他刚从西班牙旅游回来，看上去精力充沛，气色很好。我们于是马上上课。师生二人在那里一个讲一个听，我的思绪却飞到了美国：没有林老师在身边，陈曦会不会把一些宝贵的东西丢掉呢？

8月4日的上午，我们来到北京的美国领事馆办理留学签证。约10点30分的时候，儿子从里面悻悻地走出来，他勉强笑着告诉我他被拒签了。我忙安慰他说："没关系，下一次再来，第一次签不过去的人多了。哎？你没告诉他你获的奖吗？"

"告诉了，他听都不听就说不用了，'你不能去美国'。"

为了尽早拿到签证，我下午又电话预约，结果约到了21日。太可怕了，24日就报到了，时间紧啊！到8月底的机票都预订完了，美国学校要求一定按时报到，我拿什么去报到？没有签证就拿不到机票，临走时还要回哈尔滨看望一下上了年纪的奶奶，现在却一刻都离不开北京，离不开电话、电脑，我……

我在这里火烧眉毛，陈曦却似乎很乐观，他有时会故意逗我说："我很高兴美国人没有在今年2月份把我拒签，那我现在就在别的使馆签证了。振作起精神来，别整天愁眉苦脸的，我都不急，你急什么，我会有办法的。"是啊，除了他的饭量减少之外，不见他有什么忧虑。白天他坚持去林老师那儿上课或练琴，累了，就到户外找王笑影打乒乓球放松一会儿，晚上则忙着同加拿大的谭阿姨通电话，传达柯蒂斯音乐学院的意见，设计下次签证的方案。

　　现在大局已定，我暂时不能去美国陪读，因为我的签证结果会更是不可想象。我在做自己的心理工作，要习惯儿子离开妈妈这一即将来临的事实。儿子马上就要开始独立的学习生活，他要接受，我更要接受。陈曦是我生命中的一部分，他是我精神世界的一部分，我非常非常地爱他；但他同时又是独立的，迟早要自己去闯世界，我不能一味地沉浸在离愁之中，而应该帮助他尽快适应新的生活，让陈曦离开父亲母亲能进步得更快。

　　对儿子的离愁是"SARS"时期还在沈阳家中就已开始的。一天下午，我在厨房做饭，陈曦则在房间里拉哈恰图良《小提琴协奏曲》，他还打开音响与俄罗斯小提琴大师柯冈演奏的录音同步走，拉得甚是热闹、好听、好玩。我不由自主地跺脚打节奏手舞足蹈起来。饭做好了，我关上了厨房门，干脆，儿子拉，我就连蹦带跳带两手指挥起来，音乐让我从心里透亮舒畅。哈恰图良《小提琴协奏曲》是一首典型的俄罗斯音乐，其旋律和情节都有着强烈的感染力，听了这首曲子，你会更理解俄罗斯人那比我们东北人更豪爽的性格。

　　我跳着、舞着，儿子边看着谱子边笑着看我在那里闹哄。在北京，我们经常是

开心时刻（2005年）

这样子，每当看到儿子琴拉得很美或很欢快的时候，我就会被音乐打动而"翩翩起舞"。我知道，正是因为这优美的琴声是出于儿子之手，我才会有如此激情。

我也是在逗儿子玩，冷不丁地凑上前亲亲他，排解我们俩人的寂寞，表达我对儿子万分喜爱的感情。陈曦也有不耐烦的时候，他就向我吼："别在这捣乱了，该干什么就干什么去。"我就向他做个鬼脸讪讪地收场。

除了在情感上我们是母子之情，其他方面我们是平等的，我们常常谈论国际时事、国内要闻，谈人生、谈事业、谈未来，我们在这方面的交谈都是很有效果的，陈曦总是显得比同龄人更有见解、有思想。

陈曦习惯了我这个活跃的性格，这天下午，他高兴地和我"合作"起来，俗话说"乐极生悲"，我们都正在"玩"的兴头上，突然一个念头钻进了我的脑袋，我不由得停了下来，坐到床边上伤感起来。

参加2007年校庆活动

唉，儿子8月份就要到美国上学了，琴音再美，不过绕梁3月，总不能绕梁3年吧。3个月之后呢？耳边少了这熟悉的琴音缭绕，这空空荡荡的家里我能接受吗？是啊，朋友们说我陪儿子陪上瘾了，我的确是陪上瘾了，戒掉这个瘾需要时间啊！

想着想着，我躲到另间屋里偷偷地掉眼泪，儿子还没有走，我已经开始思念他了。

再次签证前，陈曦因为有急事赶回沈阳几天，我独自在北京整理他的资料和出国要带的物品。由于儿子不在身边，心情无一时宁静。接连写了两篇日记诉说心里话。

妈妈的嘱咐　　　　　　8月13日（高温）

儿啊：

　　这几天妈妈都在想你到美国学习要带些什么？买些什么？这里有半新不旧的被、毛毯等，是我俩用的，我想还是你带走吧。又不是办喜事，要里外三新地讲究。我们本是普通人家，靠着简朴和纯朴的生活方式和思想作风培养了你，你才能专一地学琴，事业成为你唯一的追求；你才能在众多的伙伴中脱颖而出，并成为他们的榜样；你才能成为学校的骄傲、国家的骄傲，当然更是爸爸妈妈的骄傲。回想我们一家人共同走过的学琴之路，哪一步不是艰难地走来，租价格低廉的房子，穿人家剩下的衣裳，你和妈妈爸爸一样，不介意穿戴。穿戴掩饰不了心灵，不要追求它，人的打扮我主张是论条件立标准。把时间好好地利用起来。你想我不买新的，是不是你认为妈妈图省钱省事，不是的。妈妈想嘱咐你，能够到世界一流学校去学习，不是你一人努力的结果，是国家、是学校、是老师、是众多的支持你和爱护你的人同你共同努力的结果。你想，假如没有当年301医院的王爷爷给你治病，你能有今天吗？以前你如何奋斗，到了美国，你要保持这股子热情，要爱惜荣誉和事业。以前的穿戴铺盖都随你走，看到这些，你会感到亲切，不会忘记北京的9年生活。

　　到了那里，环境变了，国家变了，老师变

合影于国家大剧院（2006年）

了，朋友变了，所有的变化你都作为进步的动力，因为你要往前走的路没有变。人的一生重要的是做个好人，有个好的品质。说来容易做来难。不像是儿时的拾金不昧不说谎，爱劳动懂礼貌那么简单。随着你的成长，良好的品质，会促进你的事业发展。人有了高贵的品质，才会有崇高的境界，你的事业，恰恰是崇高境界的表达。你要善于学习，扩大眼界，拓展胸怀，积累文化，充实头脑。妈妈相信你会顺利地闯过第一关，因为你有健康的灵魂。（完）

下面是 8 月 14 日，我独自在家，流着泪写的一篇伤感的日记。

儿啊：

　　这两天你不在妈妈身边，妈妈好孤独。我在体会你即将离开妈妈赴美学习后，妈妈的心情会是怎样地难受。昨天，我放声哭了几次，今天，我又是这样，是在整理你的各种资料的时候，看着看着渐渐地哭起来的。我不控制我的眼泪，不控制我的感情，反正屋里只有我一人，任它流淌，有多少，流多少，趁你不在的时候，尽情地发泄。现在多释放一些，当你领到签证时，当你登机时，我会少一些泪水。

　　妈妈真不愿意我们分开，因为我们相处得太好了。我们虽是母子之情，但我早就认定我们是最最好的朋友，最有共同语言，最能相互讨论问题，最能沟通感情，是最忠实的朋友。妈妈是你的大朋友，你是妈妈的小朋友，我真的舍不得你走。妈妈看着你每一天地长大，每一步的艰辛，你是我的快乐，是我的安慰。十几天后，你欢乐的笑容、优美的琴声就要暂时从我的眼前、耳边消失，你想我是多么地痛苦啊！我如何接受得了这马上就要到来的空前的寂寞？

　　说实话，从你学琴的那一天起，我就料到总会有这么一天。可我想，我会同你一起走，我会陪你走到天涯海角。今天，你长大了，马上就是 19 岁的男子汉了。妈妈还是跟在你的身边，就不会显出你的高大了，名副其实的男子汉是他能够独立、自律、顽强进取、不断成功。你要尽快地独立起来，不仅能处理、决策事情，当务之急是学好英语。

你现在还远不会全面地分析思考问题。虽然有时判断是对的，仅仅是有时而已。判断问题是有具体分析的方法的，你要多读书，多学别人的经验，少发表意见。你现在说话很冒失，虽然你给人留下的印象很好，但随着年龄的增长，让人不仅夸你谦虚、憨厚，要让人感到你聪明、有学识才行。做人的价值不仅仅是谦虚和一时的成功，思想文化的层次才是你最终做到最好的基石。

我不陪你了，是对你的考验，也是对妈妈的考验，希望我们共同经受考验吧！我要把书尽快地写出来，她不是我新事业的开始，应是我们一家共同事业的继续。我要让人们知道，你的成长历程，证明爸爸妈妈在你的学琴路上，仅仅是个拐棍和陪衬，而在关键时刻，都是你的毅力、意志战胜了那些不可想象的困难。爸爸妈妈敬佩你的精神，如果不是你在手坏的时候坚持要考附小的话，妈妈是不会让你再拉琴了。这段历史，这段故事，是你创造了奇迹，值得你一生骄傲，那时你才 10 岁。要记住这段历史，珍惜这段历史，去实现你儿时的夙愿吧！

生活中有了困难，千万跟爸爸妈妈说，克服它是对的，不跟妈妈讲是错的，我们会帮助你，会为你分担的。

妈妈永远盼着儿子更好（2006年冬）

我相信，我这几天就能变得坚强些，泪流完了，就没有了。妈妈不能太自私，我是想看到你更大的进步。（完）

陈力老师是我国古典音乐评论家，我们素未谋面，但却建立了良好的关系。在陈曦拿到签证的前夕，他在电话里以一个师长的身份教导陈曦：

希望你到美国之后，注意加强文化底蕴的学习，这是很重要的。许多学生到了美国就不注意中国的文化，当你演出每到一地，要游览那里的名胜古迹，增长对历史的认识。在演奏中，要知道感动的是什么？让人感动的目的是什么？要敏感，音乐上的敏感不仅要有技术上的完美，这是一个高领域的问题。做大师还是做匠人，是鉴定人艺术境界的分水岭。

人品最重要，看到你们母子间的感情，就有一种感应，是你妈妈教育的成功。你的人品是你们母子间灵性的感应。（陈老师是在学校看见我们的，而我们并没有看见他。所以说，我们还是素未谋面。）

一定要戒骄戒躁，培养发扬东方美德，发展自己的音乐，只有从音乐带来的感动，观众才会被感动。1978年，你的老师席尔维斯坦先生来中国演出了门德而松《小提琴协奏曲》，去年在北京国际音乐节上，演奏莫扎特《第五小提琴协奏曲》，我认为是非常地棒。你拜在名师的门下，音乐敏感性提高是没问题了。

我和儿子把电话打到免提，一起听，我认为这是一堂课。儿子思考了一会儿说："陈老师太有水平，他讲得很对。到了美国，我知道我该怎么做了。"

我对儿子讲："每个演奏家都希望乐评家在媒体上说好话，说有分量的赞美的话、评论的话，把自己捧得高高的。然后，把它从刊物上剪辑下来，作为下次演出的资本和宣传资料，我们也是一样。可是你想，你把陈老师的话记住了，按照他的话去做，比盼望谁给我们多写东西更有意义。只要你做好了，观众享受了，乐评人自然会知道如何下笔。"

小鸟放飞了

拿到签证是当务之急，为了办好这件事，柯蒂斯音乐学院和席尔维斯坦先生都分别写了信给领事馆，席尔维斯坦老师还特意给他的新学生写了一封信，克璐把它翻译给我们。

亲爱的 Xi：

你不要太担心你的签证，相信一切问题都会解决，会在我的欧洲演出结束 9 月 17 日看见你。9 月 17 日前在欧洲。我已把给你借的小提琴寄放在费城给你用，是让别人保管在一个办公室里。当你在费城还需要小提琴或弓子时，我会带你到芝加哥去选琴和弓子。我于 8 月 3 日离开费城，祝你好运！

席尔维斯坦先生和夫人合影于北京（2005年夏）

相信我们会有办法将所有问题都解决的，希望能很快地见到你。

席尔维斯坦

在他写给美领管的信中，充满了对陈曦的溢美之辞：

陈曦被柯蒂斯音乐学院录取，跟我学习小提琴。他是怎样进入这个学校的呢？他参加了有 100 多人报名的柯蒂斯音乐学院的小提琴考试，他的才能超过了这 100 人，是非常有才能的小提琴家。他现在在国际上非常有成就，因为他参加了 2002 年在俄罗斯举办的第 12 届柴科夫斯基国际音乐比赛，他赢得了银奖（金奖空缺），世界上很多人都认识他。

美国费城柯蒂斯音乐学院是一个非常好的音乐学院，有 140 名学生。每个学生都是很突出的，在学费上是全免的，除了奖学金外还有生活费。陈曦在这所学校里学习 4 年，在这期间，我们都希望他成为国际上知名的小提琴家。

终于捱到 8 月 21 日。早上 6 点我匆匆起来，东一把西一把地收拾要带的资料，7 点多钟，我俩已坐在了公共汽车上。坐了一站地，我发现"老柴"比赛的银牌忘带了，要是照以前的性格，我就不回去取了，可是，这次我必须回去，只要对签证有利的物件材料一个也不能少。我已经有了一次教训，长了见识，不能怕麻烦，不能怕多余，不能谦虚，要主动地推销自己。下车！打个出租车回去！

两个小时后，陈曦不慌不忙地检查好资料准备进去签证，我在栏杠外叫住了他，两个人都伸出手使劲地握了握，我发自内心地祝福他："万事俱备，祝你好运！"

陈曦留给我一个胸有成竹的微笑，说："一定。"说完，径直大步向签证处走去。

　　我开始了漫长而焦灼的等待。这两天，我给陈曦预定机票，人家问我哪天去签证？我说 21 日，对方立刻说："陈曦被拒签过吧？"

　　我说："你怎么知道？"

　　对方说："21 日是周四，每个周四是给拒签过的人办签证，能签上的人极少。"

　　我没有把这事告诉陈曦，怕他心里慌，回答问题出错。可这话却让我忐忑不安。我同一大堆人站在那里，看着签证的人陆续从里往外走。签上的人真的是寥寥无几。已经中午了，又一拨人出来，却仍然没有儿子的身影。我坐不住了，跑过去打听："有个穿蓝格衣服、大眼睛、长得挺好看的大男孩签上了吗？"他们说看到了，他正在等着拿签证。终于，12：30时，陈曦夹在最后一拨人群当中，连比带划地说笑出来，我知道——成功了！

　　顽皮的儿子来到我的跟前脸一沉，双手伸开向外一翻，一耸肩，一翻眼，一摆头，一撇嘴，"没签上。"瞧你那春风得意的样子，蒙得过我的眼睛么？

　　"儿子，祝贺你！"我把手伸给了他。

　　"妈，你怎么知道我签上了？"他还在自作聪明。

父子相会于2003年元旦

"傻儿子，你在里面的时候，我就知道了。来！"我们使劲地握了手，我还觉得不过瘾，抱住儿子的双肩摇了摇，乘他不备，狠狠地"偷袭"了他的脸。两个人同时迸发出一阵畅快的笑声。

"儿子，快，赶紧给你爸打电话，他来了几次电话了，都快急疯了。"光顾着我们高兴了，陈康还在那边等信呢。这些年陈康都是这样，千里之外，他比我整天在陈曦身边忙活还要累得多。他的心随着陈曦的场场比赛忽上忽下，陈曦不比赛时，他还要绞尽脑汁地想他儿子的下一步是什么？怎么走？现在又该拉什么曲子比较好？他虽然没在北京陪读，他的一大半心却放在了北京，放在了儿子身上。

"老柴"比赛回来，我看见他的后背上拔了8个大火罐的紫印子。我问他："你这是怎么，受风了？"

他的回答是："替你们着急上火上的，听说儿子被人打了，就更上火了，你们俩在那么远的地方参加国际大赛呀，我能不惦记吗？"

开始我不理解他，我说："我天天给你发去的都是好消息，你上什么火呢？即便是被打了，也没出大事嘛，亏得你没在莫斯科，你要在的话，儿子没住院，你倒可能住进医院了，瞅你的火上得都吓人。"我真是又心疼又来气。现在换位想一想，我可能也会是这样。有牵挂儿子的母亲，同样有牵挂儿子的父亲，这些年，我们心心念念的，除了儿子还有什么呢？

第二个电话打给了林老师，林老师得知喜讯开怀大笑，"哈哈，哈哈！你小子，是够有福气的，人家都签不上，你却签下来了，是个大好事啊！现在，

"哈哈，哈哈！你小子，是够有福气的"（2006年）

你可以在世界这个大舞台上展示自己了。"

　　第三个电话打给加拿大谭阿姨，她一个夜晚都守候在电话机旁，期待小友陈曦的佳音。我能听到谭阿姨在电话中热烈地表示祝贺的声音，我知道此刻她的心情同我的心情一样地激动，她为她的这个小朋友做了太多太多的事情了。

"老柴"比赛银牌

　　陈曦给我们讲了他这次签证的经过。他说："今天去的人有600多，屋里人站着都没有弯腰的地方，绝大多数的人被拒签，最后只有十几个人签上。我因为进去得晚，所以签证材料就排在后面。当我看见那么多人都没签上的时候，心里也紧张，但还是默默地鼓励自己，给自己信心。屋里的人剩下不多的时候，我看到第一次去美国给我签证的那个人，他把旁边的一摞材料拿来，准备办理。上面第一份材料就是我的，我就感到有希望。果然，那人看完了我的材料后，主要是柯蒂斯音乐学院和席尔维斯坦老师的信，就问我'你带来了照片吗？'我不知道还带什么照片，柯蒂斯音乐学院并没有让我带这个。我先是一愣，立刻反应过来，'带了带了'，我紧忙

"老柴"比赛获奖证书

外孙说："姥姥您多保重，我要出国留学了。"姥姥说："外国怎么就那么好，别忘了报效祖国。"陈曦与姥姥依依不舍（2003年8月）

答道。想起了妈你嘱咐我的话，敢于推销自己。我把你给我准备的'老柴'比赛的银牌、获奖证书（带着镜框呢）、个人简历全盘送到了他的面前。

"妈妈，我真要感谢你，最最重要的是我开始不想带而你非让我带的那个你给我设计印刷的个人简历，上面有我在'老柴'比赛时的舞台照片和帕尔曼的合影，他仔细地看了上面的全部照片和英文简历后，什么都没问我，就笑着对我说'没问题了，你很棒啊！希望你在美国的每一天都快乐，每一天都进步。'就这样，我拿到了去美国学习的签证。"

陈曦赶往哈尔滨与奶奶、姑奶奶及亲人们告别。接下来的几天，走亲访友告别成了主题。

奶奶和姑奶奶流泪了，舍不得大孙子走得那么远（2003年8月）

25日我们回到北京。晚上，天圣超奇服装责任有限公司老板曹光胜先生，将刚刚赶做出来的一套燕尾服、两套演出西服和五件白色演出服衬衫，共价值上万元，无偿赞助给了陈曦，我们向他表示深深地谢意！

说起来，我们与曹先生

的缘分有些偶然。2000年4月的一天晚上，我和陈曦在火车站等着陈康，准备坐火车到河南郑州演出。可是，陈康飞机晚点，坐在地铁的车厢里，想给我们打电话，让我们不要等他了，发现手机没电，就左右地看，想借个电话打。这时，坐在身边的曹先生看出了他有急事，就把手机递给陈康用。陈康和我们通话，曹先生听出来是演出的事情。两人就谈了起来，他说他是做服装的，业余唱摇滚，是个音乐爱好者。陈康说，正好我们想给儿子做一套演出服，出国比赛穿。曹先生一听说是中央音乐学院的，马上就说："大哥，你儿子这么小，就这么优秀，今后他的演出服我赞助了。我就喜欢这样有出息的孩子。"就这么三言两语，曹先生送了张名片给陈康。

　　儿子在郑州演出回来，陈康也就回沈阳了，临走时给了我这张名片，让我去找他。我听了陈康讲述的上面那段故事，压根儿就没信世界上有这么好的人，而且还是个年轻人。但我着急给儿子做演出服是真的，又不知上哪做，都说红都服装店最有名，可做一套得几千元，一个孩子家还在长身体，穿那么贵的衣服就为了一次比赛，我觉得不值，因为我们不富裕。

　　我拿起了名片，给曹先生打了个电话，他二话没说让我们去量衣服。路很近，我骑上车带着儿子几分钟就到了。我想，如果做得活好，价钱便

我们一起观看音乐会。右二为曹光胜先生（2000年）

宜些，就在他那做啦。我这个人是怕跑远路的，脑子里始终有个观念，时间也是钱。做套衣服今天量后天试的，不合适再来改，很耽误孩子练琴的。

曹先生是个浓眉大眼的彪形大汉，年轻热情，留长头发，像个唱摇滚的样。我让他先做了白衬衫黑西裤看看他的手艺，不曾想一周后我来取，他说什么也不收钱，说是跟大哥（大哥指陈康）说好了的，绝不食言。从此，儿子的演出服就一直是曹先生提供无偿赞助了。如果您在舞台上、电视里看到陈曦的演出，身上穿的就是曹先生亲手裁剪缝制的演出服。

在这里，我们衷心地祝愿他的公司、他的事业兴隆！

就在我修改本书的时候，得知曹先生的儿子学了大提琴，参加国际比赛还拿了大奖。曹先生说，绝对是受了我们的影响才让孩子走这条路的。

连日来紧张的工作，操劳奔波，陈曦累病了，发起烧来。我忙给他服药退烧。虽然"SARS"疫情解除了，但发烧病人是不能登机的，就是上得了飞机，我怎么能放心得下呢？

到了晚上，他执意要到外面洗个澡，回来后退烧了，我悬着的心算是落了下来。快夜里12点了，儿子应该睡觉了，我却坐在儿子的床边不愿离开。儿子拉着我的手故意逗我说："妈，我走了，你想我不？"

"不想，一点都不想。那你想我不？"我也逗起他来。

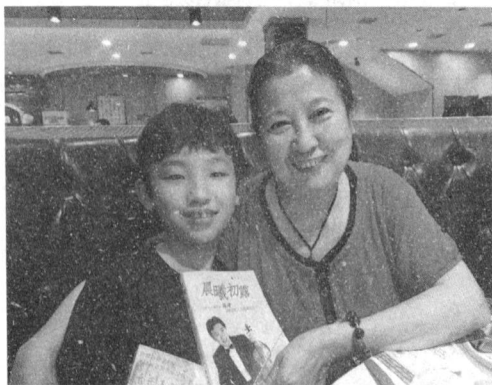

我和曹先生的儿子曹洪源合影（2017年）

"也不想。"

"啥不想啊，想我都想发烧了，嘴还硬，我好歹没发烧啊。"

玩笑归玩笑，彼此间能不想吗？陪读一下来就是9年，明天儿子真的就离开我们了，该说的话早已说得差不多了，可是，我总想再说些什么。我抚摸着儿子的额头说："小鸟总算飞出笼了，把你放飞大自然啦。"我话的动机是，你终于摆脱了我们的掌心，我们管不着你了，你是渴望这一天的吧。儿子却语出惊人，他一脸深沉地说：

"是啊，小鸟是出笼了，是放飞了，但它有风险了，没有在笼子里那样有安全感啦。"

"是啊，儿子，你说得对呀，你有这个心理准备就好。你就自己闯吧，好好地把握自己，妈妈相信你会做好的。时间很晚了，你睡吧。"我亲了下儿子的额头，也起身休息去了。心里感到沉甸甸，喉咙有点堵。

26 日，陈曦要启程了。他的身体恢复了，精神也很好。我催儿子快给老师朋友们打告别电话，仅有 1 个小时的打电话时间，学校的老师、领导、音乐界的老师朋友，只要手机开机的就一一告别。第一个要打给赵薇老师，儿子刚要拿电话的瞬间，赵老师的电话先行于学生打过来了，她闻知陈曦今天要走，一定要嘱咐上几句……

终于来到了分别的一刻。在首都国际机场，我的心情异常地平静，当儿子自己办理登机手续时，我们一行人在外面等候他。陈康让我和大家

为陈曦送行。左一王笑影妈妈；左三余晨妈妈；右一王笑影；
右二陈阿光

（那天我们的几位朋友也和我们一起送陈曦）坐在一起，我知道他是怕我难过流眼泪，但是我不肯，坚持站在入口处，也许这样可以看到儿子来回走动的身影。

这时，我看见一对母女在抱头痛哭，女儿哭得泣不成声，分明是女儿要出国留学，妈妈来相送。我和鲁老师（余晨的妈妈）触景生情都哭了，我抹下了早已积在眼窝里的泪水，对鲁老师说："趁儿子不在，赶快把憋在肚子里的泪水流出来，一会儿他来了，我就不会当儿子的面哭啦。总不能让儿子看着我哭哭啼啼的样子上飞机。"这是我关键场合不流泪的成功经验，是他的多次出国让我总结出来的。

陈曦办好手续和我们道别，当他和我拥抱时，刹那间我激动起来，儿子偷偷地拍拍我的后背，悄悄地说："别整事啊，别整事啊。"他是怕我难过哭出来，因为他知道妈妈的心是太脆弱了。我是忍住了，他的眼圈有点红了，男子汉嘛，儿子早就比我坚强了。我目送他再次走进机场登机大厅，他挥手和大家告别。

从机场回到家里，看下表，儿子此时正在登机，他的手机不会关。现在，我不想放过一刻能和儿子"近距离"说话的机会，本能地打电话给他：

全家照（2003年出国前夕）

"儿子，爸爸就在我的身边，我们要对你说的是：向世界攀登的梯子我们总算是给你搭上了，怎样向上走就看你自己的啦，我们暂时都过不去，帮不了你，你要努力呀！别忘了注意身体。"

"妈妈，你们放心吧，儿子明白，我会努力的，再见！"

"再见，儿子！"

（完）

2004 年 5 月于沈阳家中

2017 年 11 月 12 日修改第二版

附　记

　　妈妈，您的这本书写得很好，有的地方很生动感人。建议写我的儿童时代应该突出表现的是我的天真烂漫，那是一个人发展过程的最初阶段。我由于是小孩子，想法单纯，有一股子向前冲、向前闯的冲劲，一股脑儿地蛮干。我真正开始体验到人生的挫折感是在少年时期，您知道吗？可以说那是我学琴生涯的低迷期。第六届全国小提琴比赛之后，我才确切知道自己的发展水平是不足的。成为林老师的学生后，让我知道了自己与林老师的要求还相差甚远。那时，我的音乐保守而不敢创新，我曾错误地认为，比赛是毛病越少越好，失误越少，胜利的把握就越大，而忽视了音乐方面。记得在波兰参加完决赛后，我对自己的表现十分满意，周围外界对我的喝彩使我完全沉浸在胜利的兴奋、快乐之中。而比赛的结果出人意料，是少年组第五名，不禁让我大吃一惊，像是一盆冷水从头浇到脚，心头不觉蒙上了一层阴影，产生了压力。波兰比赛在我心中掀起了不小的波澜，我像是在大海上航行的一艘小船，追求所谓完整、完美的错误思想让我偏离了近在咫尺的目标，虽然那次没有达到预想的结果，却让我有了深刻的反思，找到了更准确、更远大的前进方向。

　　从波兰回国后，在林老师的鼓励、指导下，我一直在创新路上探索，直到2001年3月，音乐上才有了重大的突破，算是真正打开了我心灵的音乐之窗，我的事业由此发生了根本性的转折。这期间，2000年10月50

年校庆，我演奏了《茨冈》，2000 年 11 月著名指挥家叶聪看我演奏的普罗科菲耶夫《D 大调第一小提琴协奏曲》，和 2001 年 3 月德国指挥家克劳斯·韦瑟指导《茨冈》，多次的演出使我的悟性大大提高。我在突破自己当中，不断地同阻碍我音乐发展的保守思想斗争。过分地看重技术，其实音乐的整体并不完美，只有你站在比技术更高的一层——音乐，才能真正运用好自己的技术。国际选拔赛得了青年组第一名后，接着，和中国爱乐合作《茨冈》，我又有了新的感悟。接下来连续几场同中国少年交响乐团合作《流浪者之歌》，不断地演出，不断地提高。2001 年 7 月的加拿大夏令营期间，我连获器乐比赛的协奏曲第一名和重奏组第一名，对比 1999 年 7 月的加拿大夏令营器乐比赛，那时我是双双重创与名次无缘，这次夏令营在祖克曼的大师课上得到好评。音乐灵魂的出现，将我的小提琴事业翻开了崭新的一页。不过，当时正在加拿大参加夏令营的俞丽拿老师建议我不要参加"老柴"的比赛，因为我现在的年龄和水平远远不够，差之甚远，"老柴"比赛其实是成人艺术家施展才华的比赛，我根本不急于去参加。可是，我竭尽全力去努力、去提高现有水平，特别是音乐方面的理解和展现，最后还是去了莫斯科。

　　您的书中给我的这种感觉很好，不要让人感到学琴就等于落入苦海，有多么地艰难和可怕，而是给人一种活力，一种发奋向上的精神，只要努力地拼搏去做就会有希望的，这也是我希望的。"老柴"比赛不要让人感到我的获奖是特别地意外，这是我刻苦学琴 14 年来老师培养的结果，在舞台上锻炼的结果，特别是我的恩师林耀基老师给了我一生都用不完的知识，是他在牵着我的手完成了"老柴"比赛。

　　现在我出国留学了，未来充满机遇与挑战，我将会把握机会迎接挑战。

陈曦口述

2004 年 7 月 2 日于北京

后记一

2004年的7月初，我终于把这本书写完了。陈曦正巧回国演出，我拿给他看，他由于在国内的演出结束后还要去加拿大演出，只匆匆看了一遍，谈了一点他的感想，提了改动的意见。是否要按照他的意见改？我仔细考虑了一下，这本书仅仅是我从一个做母亲、做妻子的角度讲述我们一家人努力奋斗的过程，既不代表陈曦，也不代表他父亲陈康对某些事情和问题方面的观点、看法。所以，我决定把他的想法放在《附记》里，读者仍可以从中对陈曦有更进一步的了解。

在写作的过程中，很多关心陈曦的老师、朋友们都向我提出同一个问题：陈曦现在还很年轻，可以说是人生刚刚起步，未来的路还很漫长，给他写"传"早了点吧，还是谨慎为好。其实我的这本书并不是为他作"传"。我的动机和目的只有两个：一是书中详细记录了陈曦参加第12届柴科夫斯基国际音乐比赛的全过程，为中国辉煌的音乐赛事留下宝贵的第一手资料，我想与大家共同分享这份荣誉和快乐；二是在陪陈曦学琴告一段落后，我急于把我们学琴的成功经验及所犯的错误，甚至遇到的不幸讲给学琴的孩子们和他们的家长，给他们提供一份鲜活的教材，让他们借鉴我们成功经验，同时吸取我们的教训。我也曾问过陈曦出书会不会对你产生不好的影响，他坦诚地说："妈妈，你不要担心我，我该怎么做还怎么做，不会受任何影响。我只是希望你的书早点出来，有更多的孩子和家长读你的书。"

孩子是棵娇嫩的幼苗，爱护他们、培植他们是我们的责任。也许有的人读完这本书后会产生不让孩子学琴的想法，认为学琴太残酷、太冒风险。希望我出书的动机和效果能够一致，让今后学琴的孩子们避开这些坎坷风险，健康愉快地在高雅音乐的陶冶下，培养高尚的情操、高贵的品质、高雅的气质和高超的琴艺，成为中国乃至世界优秀的音乐艺术人才。

陈曦看完书稿后诧异不解地问我："妈妈，给你提一条意见，书里提到流泪的地方太多了，这至于吗？我怎么那时没看到？"我说："儿子，母亲流泪时也怕孩子心酸，她要尽量地回避而偷偷自饮。"想来我说的这句话，也只有等儿子为人父时才能真正理解。不是没有眼泪写不成书，而是写这本书不能不流泪啊！在整本书中我用心、用情、用泪来写，忏悔我的过错。正因为儿子童年的那段不幸让我流下了悔恨的泪水，在他7年之后莫斯科夺银、站在世界的领奖台上时，我不能不因联想而流下更多的眼泪。

陈曦的恩师林耀基教授非常关心本书，对大部分章节仔细阅读并提出宝贵意见。沈阳市文联主席木青老师、乐评家赵世民老师、李天骄女士对此书给予了很大支持、指教和帮助，特别是刘向荣女士对于书的结构调整、文字语言的艺术提炼付出了艰辛的劳动，中央音乐学院王次炤院长在百忙中为本书写序我深感荣幸，在此，向以上各位及所有关心我们的老师、朋友们表示最深切地谢意！

感谢中央音乐学院出版社给予的大力支持。

李建华

2004 年 7 月 12 日

后记二

　　《晨曦初露》这本书出版已经有 13 年了，很多家长是看到这本书后才让孩子学习小提琴的，很多年轻的音乐爱好者、音乐家也是看着这本书长大的。中央音乐学院附中附小的陪读家长们曾无数次对我说："陈曦妈妈，你写的这本书我们不知看了多少遍啊，书上很多话我们都画上了重点反复给孩子读，尤其是林耀基老师的教学口诀和你写的陈曦和林老师上课的故事真是太感人了，对我们不是小提琴专业的学生来讲，同样很有启发和实际的教育意义。"这足以让我欣慰无比了。

　　亲爱的读者们可能最为关心的是陈曦留学以后的发展。2003 年他留学美国柯蒂斯音乐学院，毕业后就读美国耶鲁大学音乐学院，获得硕士学位，也荣获耶鲁大学音乐学院最高荣誉奖——院长奖。2014 年他回到母校中央音乐学院，任教于管弦系。作为一名小提琴教师，他的教学成果突出：2015 年获文化部全国小提琴比赛暨"文华奖"优秀教师"园丁奖"、中央音乐学院优秀教师奖；2017 年学生江枕毅在第 24 届意大利安德烈·波斯塔契尼国际小提琴比赛中获得少年组第三名，并在一个月后，在举世瞩目的第十届柴科夫斯基国际青少年比赛中获得第三名！年仅 32 岁的陈曦成为我国唯一一位既是柴科夫斯基大赛获奖者，又是柴科夫斯基青少年大赛获奖者导师的双料音乐家！

　　在演奏生涯中，他再次经受了巨大的磨难。2011 年他的左手出现问题不能拉琴了，甚至教学示范都做不了，面对这残酷的现实，我们企盼医生给一个希望，给一句托底的话。可是，国内和国外医生给出的结论如同晴天霹雳：手术！只有手术还有希望！而且成功率仅有 50%~75%，这意味着演奏生涯将要终结。"难道天要灭我？"他在十万分、百万分的悲痛中含泪呐喊。我安慰他说："也许老天爷就是让你安心做教学，给你关上一扇窗，打开了一扇门。""不！我不甘心，我演出、教学都要，我不能离开舞台！！！"他悲愤地怒吼着。为了献身艺术，他毅然选择了手术。经过两年多的康复，现在，他依然活跃在世界小提琴演奏的舞台上。2016~2017 年乐季，陈曦被深圳交响乐团邀请作为驻团艺术家，并与林大叶总监一起在欧洲卢布尔雅那，艾米利亚 - 罗马涅等重量级音乐节演出，而具有欧洲十大音乐节之称的梅拉诺音乐节更是汇聚了斯卡拉歌剧院、巴黎管弦乐团、里卡多夏伊、希拉里哈恩等世界顶级乐团与大师，陈曦在演奏完西贝柳斯《d 小调小提琴协奏曲》后，应欧洲观众的热烈要求两次加演，充分得到了欧洲观众的认可！

2009 年由著名音乐人邹铁夫监制、星文唱片公司发行的《妈妈教我一支歌》在中国大卖，多次再版；2011 年由世界最大的 Naxos 唱片公司出版了波兰作曲家李宾斯基（波兰著名的李宾斯基 - 维尼亚夫斯基比赛就是纪念他和维尼亚夫斯基）的随想曲精选。唱片里陈曦分别使用了极其名贵的 1708 年的斯特拉迪瓦里"红宝石"小提琴和 1724 年的瓜内里·德尔·耶稣古董小提琴。

作为中国在演奏与教学均有突出成就的音乐家，陈曦多次被日本 NHK、韩国 KBS、俄罗斯国家电视台、美国 CNN、英国 BBC 电视台采访并作专题节目。他的音乐会被法国、美国、加拿大、韩国等广播电台播放。他还参加录制了中央电视台《音乐人生》《艺术人生》，湖南卫视《快乐大本营》《天天向上》等综艺节目。中国邮政"魅力中国"系列也为陈曦出版纪念邮票。2015 年陈曦在中国首部音乐电影《大音》中与单簧管家王弢、著名演员寇镇海一起担任领衔主演并实音演奏音乐。

被称为"中国十大著名小提琴家"之一的陈曦还非常关注小提琴的普及教育，为琴童写教材，上指导课，担任夏令营音乐总监等。

著名小提琴教育大师、陈曦的恩师林耀基先生生前评价陈曦说："陈曦是我国自己培养的柴科夫斯基国际大奖的获得者，完成了我的梦想，他是一个用心演奏的小提琴家，一个潜心钻研音乐的好学生。陈曦的获奖代表着中央音乐学院小提琴的教学成果，代表着一个时代的高峰。"

林耀基大师离开我们近10年了，我深深地怀念他，我曾作为大师课上的"旁听生"受益匪浅，还得到了大师给予的"林老师助教"的美誉，本书的完成并得到社会的认可完全得益于他的教诲、指引。

2015年初，我在北京办起了琴之家小提琴艺术培训中心，希望能将林耀基大师教学的理念、思想和方法传递给琴童们，让孩子们从小热爱音乐，热爱小提琴，学好小提琴。都说人到暮年能做自己喜欢的事情就是幸福，那我属于幸福的人。

再版《晨曦初露》，里面增添了200余幅陈曦不同时期的成长照片和与很多有影响人物的合影，让读者看其书，观其人，有趣味，印象深。总之，希望大家继续喜欢这本书，愿本书成为每个琴童家庭的必备书，激励音乐人生的励志书。

在此，我深切感谢中央音乐学院俞峰院长为此书写序，感谢各位艺术大家、师长、音乐同仁寄语陈曦，寄语《晨曦初露》。

感谢中央音乐学院出版社为积极热忱推荐出版本书所做出的辛苦努力。

李建华

2018年元月于北京